Direito Civil

OBRIGAÇÕES

2ª Edição

Cleyson de Moraes Mello

Professor Adjunto da UERJ
Professor do PPGD da UERJ
Diretor Adjunto da Faculdade de Direito de Valença
Professor Titular da Unesa e FDV
Membro do Instituto dos Advogados do Brasil – IAB

Direito Civil

OBRIGAÇÕES

2ª Edição

Freitas Bastos Editora

Direitos exclusivos da edição e distribuição em língua portuguesa:

Maria Augusta Delgado Livraria, Distribuidora e Editora

Editor: *Isaac D. Abulafia*
Revisão: *Madalena Moisés*
Capa e Diagramação: *Jair Domingos de Sousa*

DADOS INTERNACIONAIS PARA CATALOGAÇÃO
NA PUBLICAÇÃO (CIP)

M477c

Mello, Cleyson de Moraes
Direito civil : obrigações/ Cleyson de Moraes Mello. – 2. ed. –
Rio de Janeiro : Freitas Bastos Editora, 2017.
425 p. ; 23cm.

ISBN - 978-85-7987-279-2

1. Obrigações (Direito) – Brasil. – Sínteses, compêndios, etc. I. Título.

CDD- 346.8102

Freitas Bastos Editora

Tel./Fax: (21) 2276-4500
freitasbastos@freitasbastos.com
vendas@freitasbastos.com
www. freitasbastos.com

A vida eterna aos que, com perseverança em fazer o bem, procuram glória, honra e incorrupção;

Mas a indignação e a ira aos que são contenciosos, desobedientes à verdade e obedientes à iniquidade;

Tribulação e angústia sobre toda a alma do homem que faz o mal; primeiramente do judeu e também do grego;

Glória, porém, e honra e paz a qualquer que pratica o bem; primeiramente ao judeu e também ao grego;

Porque, para com Deus, não há acepção de pessoas.

Porque todos os que sem lei pecaram, sem lei também perecerão; e todos os que sob a lei pecaram, pela lei serão julgados.

Porque os que ouvem a lei não são justos diante de Deus, mas os que praticam a lei hão de ser justificados.

(Romanos 2: 7-13)

Para Márcia, pela cumplicidade, incentivo e apoio em cada momento. Minha querida companheira de todas as horas.

A *filosofia* é este acontecimento de fundo, onde a *essência da verdade se desenrola pela história do homem.* É nessa história que o homem ganha sustentação interior. [...] É um *acontecimento fundamental na história do próprio homem, em si mesmo* (e não de um indivíduo humano qualquer), que tem o caráter de um questionamento todo próprio, um questionamento *que transforma e em que se transforma a essência do homem.* Um acontecimento fundamental que não está entregue ao bel-prazer de uma época e de um povo, mas que é mais antigo do que nós mesmos e que passa por cima de nós. Para nós resta a questão se compreendemos essa necessidade ou se acreditamos poder desvencilhar-nos dessa necessidade.

Martin Heidegger[1]

Aos Amigos

Antônio Celso Alves Pereira,
Antônio Pereira Gaio Júnior,
Carlos Eduardo Guerra de Moraes,
João Eduardo de Alves Pereira,
Ricardo Lodi Ribeiro e
Vanderlei Martins.

1 HEIDEGGER, Martin. *Ser e verdade:* da essência da verdade. Tradução: Emmanuel Carneiro Leão. Petrópolis: Vozes, 2007, p. 215-216.

DO MESMO AUTOR

- *Código Civil comentado*. Volume I. Rio de Janeiro: Freitas Bastos, 2002 (esgotado). Coautoria com diversos autores.
- *Código Civil comentado*. Volume II. Rio de Janeiro: Freitas Bastos, 2002 (esgotado). Coautoria com diversos autores.
- *Direitos Humanos* – coletânea de legislação. Rio de Janeiro: Freitas Bastos, 2002. Organizador com Thelma Araújo Esteves Fraga.
- *Novos Direitos* – os paradigmas da pós-modernidade. Niterói: Impetus, 2004. Coautoria com diversos autores.
- *Condomínio*. 2. ed. Rio de Janeiro: Freitas Bastos, 2005. Coautoria com Thelma Araújo Esteves Fraga.
- *Direito Civil* – parte geral. Niterói: Impetus, 2004. Coautoria com Thelma Araújo Esteves Fraga.
- *Direito Civil* – Contratos – Parte Geral. Rio de Janeiro: América Jurídica, 2006. Coautoria com Thelma Araújo Esteves Fraga.
- *Responsabilidade Civil e a Interpretação pelos Tribunais*. Rio de Janeiro: Freitas Bastos, 2006.
- *O que é o Direito?* Rio de Janeiro: Freitas Bastos, 2006.
- *Hermenêutica e Direito*. Rio de Janeiro: Freitas Bastos, 2006.
- *Introdução ao Estudo do Direito*. Rio de Janeiro: Freitas Bastos, 2006.
- *Introdução à Filosofia do Direito, à Metodologia da Ciência do Direito e à Hermenêutica Contemporâneas* – um atuar dinâmico da Magistratura na perspectiva civil constitucional. A (re)produção do Direito. Rio de Janeiro: Freitas Bastos, 2008.
- *Curso de Direito Civil* – parte geral. Rio de Janeiro: Freitas Bastos, 2008.
- *Curso de Direito Civil* – obrigações. Rio de Janeiro: Freitas Bastos, 2008.
- *Curso de Direito Civil* – contratos. Rio de Janeiro: Freitas Bastos, 2008.

- *Fundamentos do Direito* – homenagem ao Professor Sebastião Trogo. Rio de Janeiro: Freitas Bastos, 2008. Coautoria com diversos autores.
- A Constitucionalização do Direito. *Revista Comemorativa dos 40 anos da FDV. Valença: Valença,* 2008.
- *Curso de Direito Civil:* Direito das Coisas. Rio de Janeiro: Freitas Bastos, 2009.
- Hermenêutica. In: *Revista Comemorativa dos 60 anos da Academia Valenciana de Letras – AVL. Valença,* 2009.
- *Código Civil comentado.* 3. ed. Rio de Janeiro: Freitas Bastos, 2010.
- *Direito Civil Constitucional, direitos da personalidade e dignidade da pessoa humana.* Juiz de Fora: Editar, 2011. Coautoria com diversos autores.
- *Fundamentos do Direito*: estudos em homenagem ao Professor Paulo Nader. Juiz de Fora: Editar, 2011. Coautoria com diversos autores.
- *Hermenêutica, direitos fundamentais e dignidade da pessoa humana.* Juiz de Fora: Editar, 2011. Coautoria com diversos autores.
- *Direito e(m) Verdade.* Rio de Janeiro: Freitas Bastos, 2011.
- *Condomínio.* Rio de Janeiro: Freitas Bastos, 2012.
- *Código Civil comentado e interpretado.* 4. ed. Campo Grande, Mato Grosso do Sul: Contemplar, 2012.
- *Responsabilidade civil e sua interpretação pelos tribunais.* 2. ed. Campo Grande: Contemplar, 2012.
- *Constituição da República anotada e interpretada.* Campo Grande: Contemplar, 2012.
- *Locação e Despejo.* 2. ed. Rio de Janeiro: Freitas Bastos, 2013.
- *Código de Processo Civil comentado e interpretado.* Rio de Janeiro: Freitas Bastos, 2013. Coautoria com Marcia Ignácio de Moraes Mello.
- *Lei nº 8.112/90 comentada e interpretada.* 1. ed. Rio de Janeiro: Freitas Bastos, 2014. Coautoria com José Maria Pinheiro Madeira.
- *Direito e(m) verdade:* os novos caminhos da hermenêutica jurídica. 2. ed. 1. ed. Rio de Janeiro: Freitas Bastos, 2014.
- *Lei nº 8.666/93 comentada e interpretada*: Lei de Licitação e Contratos Administrativos. 1. ed. Rio de Janeiro: Freitas Bastos, 2014. Coautoria com José Maria Pinheiro Madeira.
- *As dimensões sociais, jurídicas, políticas e econômicas do processo:* estudos em

homenagem ao Professor Antônio Pereira Gaio Júnior. 1. ed. Juiz de Fora: Editar, 2014. Coautoria com diversos autores.

- *Os novos caminhos do direito*: estudos em homenagem ao professor José Augusto Galdino da Costa. 1. ed. Juiz de Fora: Editar, 2014. Coautoria com diversos autores.
- *Legislação Imobiliária*. 1. ed. Rio de Janeiro: Freitas Bastos, 2015. Coautoria com Neimar Roberto de Sousa e Silva.
- *Diálogos jurídicos na contemporaneidade*: estudos em homenagem ao professor José Maria Pinheiro Madeira. 1. ed. Juiz de Fora: Editar, 2015. Coautoria com diversos autores.
- *Direitos fundamentais e dignidade da pessoa humana*. 1. ed. Rio de Janeiro: Freitas Bastos, 2015. Coautoria com Thiago Moreira.
- *O Direito em movimento*. 1. ed. Juiz de Fora: , 2015. Coautoria com diversos autores.
- *Direito, Filosofia e Processo*: estudos em homenagem ao Professor Luis Carlos de Araújo. 1. ed. Juiz de Fora: Editar, 2015. Coautoria com diversos autores.
- *Curso do Novo Código de Processo Civil*. Rio de Janeiro: Freitas Bastos, 2015. Coautoria com diversos autores.
- *Código de Processo Civil comentado*. Belo Horizonte: Del Rey, 2015, Coautoria com Antônio Pereira Gaio Júnior.
- *Locação e Despejo*. 2. ed. Rio de Janeiro: Freitas Bastos, 2015.
- *Controle de Constitucionalidade*. Rio de Janeiro: Freitas Bastos, 2016. Coautoria com Guilherme Sandoval Góes
- *Código de Defesa do Consumidor comentado*. Rio de Janeiro: Freitas Bastos, 2016. Coautoria com Antônio Pereira Gaio Júnior.
- *Código Civil comentado*. 5. ed. Rio de Janeiro: Freitas Bastos, 2016.
- Direito das Coisas. Direito Civil. 2 ed. Rio de Janeiro: Freitas Bastos, 2017.
- Obrigações. Direito Civil. 2 ed. Rio de Janeiro: Freitas Bastos, 2017.
- Contratos. Direito Civil. 2 ed. Rio de Janeiro: Freitas Bastos, 2017.
- Parte Geral. Direito Civil. 3 ed. Rio de Janeiro: Freitas Bastos, 2017.
- Famílias. Direito Civil. Rio de Janeiro: Freitas Bastos, 2017.

PREFÁCIO

(2ª Edição)

Distinguiu-me o estimado e competente amigo, Prof. Doutor Cleyson de Moraes Mello a honraria de apresentar um dos volumes de sua prestigiosa Coleção de Direito Civil, mais precisamente este que trata do relevantíssimo tema das Obrigações no âmbito do Direito Civil brasileiro.

Como muito gosto e satisfação assim a faço e cumpro dividi-la em duas partes.

Em primeiro, apresentar o autor, o que se faz despiciendo quanto aos seus méritos acadêmicos! Prof. Cleyson tem por demais conhecida e reconhecida sua envergadura intelectual e autoral, tendo contribuído superlativamente com produção intelectual da melhor qualidade e em variadas e qualitativas temáticas, merecendo de nós todos os maiores e melhores adjetivos voltados àqueles que se dedicam às letras jurídicas com comprometimento, competência e atestado de fé.

Já em segundo, louvar o conteúdo da obra que aqui se faz atestada.

Enfrentar e dominar o campo das Obrigações na sistemática civil pátria é tema para corajosos e obstinados!

Digo isso não somente pela complexidade histórica e criativa dos conteúdos obrigacionais que estiveram presentes em textos legais que antecederam o Código Civil de 2002 e a que este também se fazem presentes, bem como pela própria realização da razão prática que envolve o modelo obrigacional entre nós.

É sabido que, em um país onde o índice de analfabetismo é galopante, quando estamos diante da letra da lei obrigacional, o desconhecimento legal torna o cidadão comum refém de sua própria ignorância e diante disso, o mando pelo desmando, o descumprimento pelo pseudo cumprimento obrigacional em uma de suas múltiplas formas e modalidades, estabelecem entre as razões teóricas e práticas um desafio maior para aqueles que, como o presente autor, desejam buscar o equilíbrio no enfrentamento das vontades e realidades, vida e lei, realidade e abstração.

Por tudo, Cleyson consegue, no equilíbrio das palavras – virtude somente alcançada por aqueles que dominam, verdadeiramente, suas próprias letras! – atingir o alvo pretendido, ou seja, dar vida às letras da lei, tornando o conteúdo das Obrigações longe daquilo que bem define Ihering como o "fantasma do direito", mas sim e aqui, a "verdade do direito" em sede obrigacional.

Está de parabéns o autor e a Editora Freitas Bastos.

Juiz de Fora, verão de 2016

Antônio Pereira Gaio Júnior
Pós-Doutor em Direito pela Universidade de Coimbra/PT
Pós Doutor em Democracia e Direitos Humanos
pelo Ius Gentium Conimbrigae – FDUC/PT
Doutor em Direito pela Universidade Gama Filho
Mestre em Direito pela Universidade Gama Filho
Prof. Adjunto da Universidade Federal Rural do Rio de Janeiro – UFRRJ/ITR

PREFÁCIO

(1ª Edição)

Cleyson de Moraes Mello é doutor em Direito pela Universidade Gama Filho e mestre em Direito pela Universidade Estácio de Sá, onde também se graduou no bacharelado. Foi analista de projetos na Fundação Vale do Rio Doce, onde ingressou como engenheiro. Sempre buscando novos desafios, ingressou na faculdade de Direito quando já possuía um estável emprego e um curso de nível superior. Logo após o término do curso, ingressou no mestrado e se apaixonou pela vida acadêmica, tendo privilegiado tal atuação a ponto de se desligar completamente da função que exercia para se transformar em professor de uma das unidades da universidade onde cursou seu mestrado e graduação.

Desde 2003 participa da organização de diversas obras jurídicas, cerca de vinte e cinco, em algumas na coordenação pedagógica e em outras como coautor.

É um professor brilhante e cativante, e mais que isso, **um amigo ímpar**. O convívio mais estreito me fez observar a lisura de seu caráter e o seu grande grau de generosidade para com todos. É pessoa que agrega e realiza, que contemporiza.

Todo o seu percurso profissional já seria suficiente para justificar a admiração nutrida por todos nós. Entretanto, muito mais do que um profissional bem-sucedido, o autor é um ser humano especial, que pensa e atua eficazmente em direção ao que vislumbra.

As suas realizações foram possíveis porque é um homem que leva a sério tudo o que faz. É daquelas pessoas incapazes de assumir qualquer tarefa sem que possa lhe dedicar tempo suficiente para fazer o melhor. É exigente consigo mesmo e com aqueles com quem trabalha. Por isso, nós, que convivemos com ele, somos, permanentemente, estimulados a buscar novos projetos. E, na busca permanente dessa evolução, foi escrita por ele esta obra, fruto do seu estudo e trabalho.

Thelma Araujo Esteves Fraga
Juíza de Direito

APRESENTAÇÃO

Difícil para mim é falar sobre o trabalho de um amigo a quem dedico toda admiração e respeito pela sua trajetória como cientista do Direito e como pessoa dinâmica em todas as missões abraçadas durante sua curta trajetória no tempo, por se tratar de uma pessoa jovem, e longa e prodigiosa trajetória intelectual, desenvolvida nestes últimos anos de dedicação à pesquisa jurídica. Sendo assim, já me coloco em suspeição inicialmente, a ser perdoado pelos que não o conhecem. Essa minha suspeição não é para ser lida com desconfiança pelos leitores deste livro, porém traçará um caminho a ser seguido e confirmado por todos aqueles que cultuam e cultivam o estudo do Direito Civil como trilha segura para alcançar o conhecimento.

Conheci o Prof. Cleyson quando ainda frequentávamos os bancos escolares como discentes de Direito e nele já se notava uma carreira sólida: é aquela árvore maior, cujos galhos sobressaem sobre as demais árvores da floresta. Certamente será mais frondosa e estará mais visível que as demais. Certamente será mais frutuosa que as demais. Certamente será mais bela que as demais. Certamente será mais castigada pelos ventos que as demais. O seu tronco, porém, terá o cerne mais compacto e tenho certeza de que será capaz de enfrentar com mais solidez as tempestades e os tormentos da vida.

Voltando ao quotidiano, posso afirmar que o Dr. Cleyson, além de uma formação sólida em Engenharia, resolveu mudar de ares ao se dedicar ao estudo do Direito. E com a mesma capacidade organizacional e intelectual que lhe é peculiar, destacou-se como estudante de escol durante a formação em bacharel em Direito, vindo a ingressar no curso de mestrado, logo em seguida; conseguindo, por méritos inigualáveis galgar ao doutorado em Direito, com a sua tese sobre Heidegger, coroando definitivamente uma carreira começada nos anos noventa e meteoricamente sendo concluída em tão pouco espaço temporal.

A sua dedicação ao estudo das letras jurídicas já torna rotineira a produção de livros sobre os diversos temas de Direito, com a produção de mais dez livros. Este livro, porém, tem um sabor especial para os seus admiradores, pois se trata de um livro de *Obrigações*, a sua mais recente realização. Trata-se de um guia àqueles que pretendem começar a caminhada rumo ao conhecimento do Direito Civil e também para quem já está embrenhado no dia a dia de uma carreira e quer absorver os ensinamentos de quem se dedica dia e noite à pesquisa. Talvez seja este livro o preferido também pelo autor, pois traz a viva mensagem de quem trabalhou uma tese de doutorado e sente a necessidade de compartilhar os seus conhecimentos de maneira sintética com os demais estudiosos do ramo.

Este é um livro para os alunos que queiram beber da fonte cristalina daqueles que têm a organização e a inteligência dos grandes mestres de nosso mundo jurídico. Foi escrito por alguém que sabe, como poucos, atingir objetivos ousados.

Parabéns, Prof. Cleyson, por ter a oportunidade de lançar esse conhecimento para todos que buscam o saber!

Obrigado, Prof. Cleyson, pela oportunidade que nos dá, neste momento, de usufruir de seus conhecimentos!

Prof. Msc. Belizário Meira Neto
Mestre em Direito pela Universidade Estácio de Sá
Professor de Direito Civil da Universidade Estácio de Sá
Advogado e Médico-Veterinário

SUMÁRIO

EFEITOS DAS OBRIGAÇÕES DO ADIMPLEMENTO E EXTINÇÃO DAS OBRIGAÇÕES

DO INADIMPLEMENTO DAS OBRIGAÇÕES

INTRODUÇÃO

HERMENÊUTICA E DIGNIDADE DA PESSOA HUMANA

GISELDA HIRONAKA ensina que "*eticidade, sociabilidade, operabilidade* e *sistematicidade* foram os traços característicos principais do Código Civil que temos em vigor, no Brasil. Seu grande mentor, o jus-filósofo Miguel Reale, desejou exatamente construir uma nova ordem hermenêutica, de sorte a conferir ao magistrado a atribuição de matizar suas decisões com maior participação pessoalizada, voltada para os valores éticos, levando sempre em consideração – e primeiro – o valor da pessoa humana como fonte de todos os demais valores."[1]

Daí é necessário trilharmos os caminhos da hermenêutica e adentrarmos um colorido especial acerca da dignidade da pessoa humana antes mesmo de enfrentarmos os princípios contratuais que estruturam o nosso Código Civil brasileiro.

De acordo com Ingo Sarlet, "no pensamento filosófico e político da antiguidade clássica, verificava-se que a dignidade (*dignitas*) da pessoa humana dizia, em regra, com a posição social ocupada pelo indivíduo e o seu grau de reconhecimento pelos demais membros da comunidade, daí poder falar-se em uma quantificação e modulação da dignidade, no sentido de se admitir a existência pessoas mais dignas ou menos dignas. Por outro lado, já no pensamento estoico, a dignidade era tida como a qualidade que, por ser inerente ao ser humano, o distinguia das demais criaturas, no sentido de que todos os seres humanos são dotados da mesma dignidade, noção esta que se encontra, por sua vez, intimamente ligada à noção de liberdade pessoal de cada indivíduo (o homem como ser livre e responsável por seus atos e seu destino), bem como a ideia de que todos os seres humanos, no que diz com a sua natureza, são iguais em dignidade. Com efeito, de acordo com o jurisconsulto político e filósofo romano Marco Túlio Cícero, é a natureza quem descreve que o homem deve levar em conta os interesses de seus semelhantes, pelo simples fato de também serem homens, razão pela qual todos estão sujeitos às mesmas leis naturais, de acordo com as quais é proibido que uns prejudiquem

1 HIRONAKA, Giselda. Principiologia contratual e a valoração ética no Código Civil Brasileiro. Civilistica.com. Rio de Janeiro, a. 3, n. 1, jan.-jun./2014. Disponível em: <http://civilistica.com/principiologia-contratual-e-a-valoracao-etica-no-codigo-civil-brasileiro/>. 03 out. 2016.

aos outros, passagem na qual (como, de resto, encontrada em outros autores da época) se percebe a vinculação da noção de dignidade com a pretensão de respeito e consideração a que faz jus todo ser humano. Assim, especialmente em relação a Roma – notadamente a partir das formulações de Cícero, que desenvolveu um compreensão da dignidade desvinculada do cargo ou posição social – é possível reconhecer a coexistência de um sentido moral (seja no que diz às virtudes pessoais do mérito, integridade, lealdade, entre outras, seja na acepção estoica referida) e o sociopolítico de dignidade (aqui no sentido da posição social e política ocupada pelo indivíduo)."[2]

Dessa maneira, é possível afirmar que os primórdios da dignidade da pessoa humana encontram-se na antiguidade clássica e o seu sentido e alcance estava relacionado à posição que cada indivíduo ocupava na sociedade. A palavra *dignidade* provém do latim *dignus,* que representa aquela pessoa que *merece estima e honra,* ou seja, aquela pessoa que é importante em um grupo social.

No período medieval, a dignidade da pessoa humana passou a entrelaçar-se aos valores inerentes à filosofia cristã. Melhor dizendo: a ideia de dignidade passa a ficar vinculada a cada individuo, lastreada no pensamento cristão em que o homem é criação de Deus, sendo salvo de sua natureza originária por Ele e possuindo livre arbítrio para a tomada de suas decisões. Severino Boécio (480-524) é o divisor de águas de dois tempos: a antiguidade e o medievo. Boécio é, pois, o precursor da definição filosófica de pessoa (humana), embora seu desenvolvimento pleno tenha se dado na metade do século XIII. O seu contributo foi situar a pessoa humana no horizonte da racionalidade a partir de sua condição de singularidade. A partir de Boécio, a noção de pessoa como substância individual e racional elevou o ser humano a uma nova esfera de dignidade e responsabilidade, implicando em nova perspectiva de ser e estar no mundo.

De acordo com Savian Filho[3] e Ricardo Antonio Rodrigues[4], "Boécio elabora no capítulo III do texto *Contra Eutychen et Nestorium* a definição de *persona* que se tornará clássica no pensamento medieval e moderno. Já presente no contexto das controvérsias teológicas dos primeiros séculos, em oposição com natura (*physis*) e *essentia* (*ousia*), *persona* tornou-se palavra central também para a antropologia filosófica e teológica. Para um breve histórico dos

2 SARLET, Ingo Wolfgang. *A eficácia dos direitos fundamentais: uma teoria geral dos direitos fundamentais na perspectiva constitucional.* 10. ed. Porto Alegre: Livraria dos Advogados; 2011, p. 34-36.

3 BOÉCIO. *Escritos* (OPUSCULA SACRA). Tradução, introdução, estudos introdutórios e notas Juvenal Savian Filho. Prefácio de Marilena Chauí. São Paulo: Martins Fontes, 2005, p. 225-227.

4 RODRIGUES, Ricardo Antonio. *Severino Boécio e a invenção filosófica da dignidade humana.* In: *Seara Filosófica.* N. 5, Verão, 2012, p. 3-20.

principais passos da evolução do conceito, convém considerar que há sempre controvérsias em torno dessa palavra, mas que passou por seu significado ligado ao teatro, sentido de máscara, inclusive ligada à antiguidade greco-romana do culto à divindade Perséfone, onde a tal objeto se chamava *phersu*, e era usado nos rituais religiosos; depois o próprio sentido do teatro, inclusive é essa conotação mais aproximada se considerarmos a língua grega. O sentido geral dos romanos é que *persona* não era apenas o objeto em si, mas também o papel desempenhado por cada ator, e ligando-se ao Direito e ao sentido político, tal máscara não caracterizava algo de essencial, pois era a expressão do papel mutável e não essencial exercido por quem a usava. Tinha como uma conotação de personalidade no sentido do não essencial, isso em se tratando do século I. Já para os gregos, *prosopón* tinha uma conotação que transcendia o aspecto gramatical, jurídico, religioso, e fundava-se num caráter mais filosófico de insurreição contra o trágico da existência, que somos também contingência e isso implica numa luta para a afirmação da liberdade. Parece haver uma relação entre a leitura de Boécio, Agostinho e os padres capadócios, pois a ideia de individualidade, substância, etc. tem relação direta com a leitura trinitária de Deus. Ou seja, não há como negar que a leitura filosófica e antropológica de Boécio sobre a pessoa humana tenha um viés fortíssimo da teologia trinitária cristã."

Para Boécio, o primordial não é o coletivo como fundamento, mas o sujeito que pensa e reflete e, por isso, é capaz de viver em comunidade. Assim, a contribuição de Boécio foi deslocar o sentido de racionalidade e individualidade como condição primeira, destacando a noção de individualidade com o acento na racionalidade da pessoa. Na visão do autor, as coisas inanimadas, os animais, os vegetais não podem nunca ser elevados à condição de pessoa, mas somente dos seres portadores de alma racional.[5]

Boécio afirma que "disso tudo decorre que, se há pessoa tão somente nas substâncias, e naquelas racionais, e se toda substância é uma natureza, mas não consta nos universais, e, sim, nos indivíduos, a definição que se obtém de pessoa é a seguinte: 'substância individual de natureza racional'".[6] Aqui a pessoa humana ganha um estatuto de "superioridade" aos demais seres, exceto aos anjos e às pessoas divinas.

Boécio, "ao enfatizar a dimensão da natureza racional e do caráter individual da pessoa, sua definição ao considerar que a pessoa humana, como na tradição cristã, é imagem da própria Trindade, essa ênfase na dimensão racional e individual acabou sendo o pressuposto central, não só no cristianismo, mas em toda cultura ocidental para o que denominamos de dignidade humana."[7]

5 Ibid.
6 Ibid.
7 Ibid.

Dessa forma, a compreensão da dignidade humana é vista a partir de um estatuto ontológico. A própria condição humana, o simples fato de sermos humanos, representa a garantia de certos direitos fundamentais fundados numa dignidade que é a priori.

BOAVENTURA DE BAGNOREGIO (São Boaventura) também elaborou uma síntese filosófica sobre pessoa ao escrever o *De Trinitate* em 1254-7. De acordo com Ricardo Antonio Rodrigues, São Boaventura, "certamente tenha se dado conta de que a pessoa divina não pode ser interpretada dentro do mesmo estatuto epistêmico que se apreende e compreende intelectivamente qualquer ente, ou como algo similar a uma coisa, pois a relação que é uma herança da noção trinitária, e por analogia aplicada à pessoa humana. [...] a pessoa humana como relação, é condição de estar e ser-no-mundo com os demais seres e coisas, e, com isso, não esteja apenas orientada para um solipsismo, ou mesmo uma solidão fechada e desesperadora que angustia e oprime. Para o nosso autor, a pessoa como relação é abertura, projeção e orientação que tende ao transcendente, aos outros e ao mundo. A relação como categoria essencial (São Boaventura, Hex., col. 12, n. 14) dispõe a condição humana como singularidade, incomunicabilidade e suprema dignidade (São Boaventura, III Sent., d. 5, a. 2, q. 2, ad.1)." [8]

Assim, a expressão da pessoa humana como alguém e não como algo, portanto, para Boaventura lhe dá "um caráter de dignidade diferenciada, inspira-se num movimento imitativo, mas com as devidas proporções e diferenças da realidade trinitária. Com isso, é possível pensarmos a pessoa, segundo o autor, no caso do humano, não apenas como coisa ou mesmo supercoisa, mas como um existente em processo, e numa perspectiva do devir, que é sendo; uma recorrente vocação a ser o que se é e o que se deve ser num complexo feixe ou nó de relações, como no exemplo da Trindade, algo que racionalmente é apreensível, de certo modo e até certo ponto, mas, que em sua mais profunda realidade, mantém-se mistério. [...] Assim, dentro desse horizonte a pessoa humana como semelhança da trindade não é um produto acabado ou uma essência fechada, mas perspectiva, eterna possibilidade, uma incomunicabilidade que tende à saída de si como projeção que se identifica ao relacionar-se, ao tender com tudo e com todos. Não que lhe falte algo que se consiga através da relação, mas a relação aperfeiçoa, mas que só se dá pela singularidade e pela realidade concreta do que se é.[...] A pessoa humana na perspectiva bonaventuriana possui uma exigência própria de ser que o impele a ser mais sempre, quase que de uma forma imperativa no sentido do "torna-te quem tu deves ser". E esse ser mais tem um significado de que a relação que o situa e o identifica pode agregar ao seu ser, não um acréscimo

8 RODRIGUES, Ricardo Antonio. *A pessoa humana é relação*. In: Thaumazein. Ano IV, número 08, Santa Maria (dezembro de 2011), p. 73-87.

identitário que lhe falte, mas a possibilidade de enriquecer ainda mais a sua realidade singular e pessoal ao encontrar-se com a alteridade."[9]

Vale destacar que o conceito da pessoa humana na concepção bonaventuriana como relação é importantíssimo para o direito, já que traduz a relação com os outros, o cuidado, a alteridade, característica fundamental da norma jurídica. É essencial para a compreensão do direito como relação jurídica de cooperação, ou seja, o ser com os outros.

Santo Tomás de Aquino (1225-1274), a partir da sistematização plena da cultura grega e latina, desencadeou o chamado *humanismo filosófico*. Com ele a pessoa humana é vista como portadora de uma dignidade vigorosa por ser Imagem de Deus. Há indícios de que Tomás de Aquino tenha escrito a Suma Teológica, pelo menos a primeira parte, segundo alguns cronologistas, entre 1265 e 1271, ou seja, mais ou menos uma década após Boaventura ter redigido suas conclusões sobre a Trindade.[10]

São Tomás de Aquino afirma que "o termo dignidade é algo absoluto e pertence à essência", situando-o como um requisito inerente à condição humana.[11] Bruno Amaro Lacerda diz que Tomás de Aquino, partindo da definição de "pessoa" formulada por Boécio ("substância individual de natureza racional"), explica que "o homem é uma substância racional porque tem o domínio de seus atos, agindo por si mesmo e não pelo comando de outros seres. Em outras palavras, o homem é livre, pois tem o poder de determinar-se, de agir por si mesmo. Isso lhe confere uma superioridade em relação a todas as outras substâncias (entes) que não compartilham da mesma potência. Essa superioridade é chamada expressamente de dignidade: "Ora, é grande dignidade subsistir em uma natureza racional. Por isso, dá-se o nome pessoa a todo indivíduo dessa natureza, como foi dito" (Suma Teológica, I, 29, 3)."[12]

Dessa forma, com São Tomas de Aquino, a dignidade da pessoa humana fincou fundamento na ideia de que o ser humano fora criado à imagem e semelhança de Deus, mas sobretudo na capacidade de autodeterminação inerente à natureza humana. O ser humano é livre por sua natureza, vivendo em função de usa própria vontade. Nos estudos de São Tomas de Aquino, é possível perceber o destaque para a liberdade do homem o que, certamente, auxiliou Kant em seus estudos sobre a autonomia ética do ser humano.

Outro destaque na filosofia relacionada à *dignidade da pessoa* é Giovanni Pico. Ele nasceu em Mirandola, norte da Itália, em 24 de fevereiro de 1463, e faleceu em Florença, também na Itália, em 17 de novembro de 1496. Den-

---

9 Ibid.

10 Ibid.

11 AQUINO, São Tomás de. *Suma de Teología*. 4. ed. Madri: Biblioteca de Autores Cristianos, 2001, p.411.

12 LACERDA, Bruno Amaro. *A dignidade humana em Giovanni Pico Della Mirandola. In: Revista Legis Augustus* (Revista Jurídica). Vol. 3, n. 1, p. 16-23, setembro 2010.

tre suas obras, é importante destacar o *Discurso sobre a dignidade do homem*, uma espécie de manifesto renascentista do homem, descrito como centro do mundo (antropocentrismo).

De acordo com as lições de Bruno Amaro Lacerda, Giovanni Pico "não se limita a dizer que o homem é livre para escolher seus próprios fins, mas que, ao escolhê-los, o homem encontra a sua própria essência. O homem não é apenas o "animal racional" capaz de escolher, mas o ser que está fadado a escolher. É como se Deus houvesse condenado o homem à escolha, dado a ele a capacidade de, por seus atos livres, tornar-se o que deve ser. Percebe-se, então, que o homem está acima dos animais não simplesmente por ser racional, mas porque a razão o impele em direção a algo que nenhum animal pode conseguir: a determinação do seu próprio ser. É interessante relacionar essa constatação com outro aspecto da filosofia de Pico, o apreço pela magia, vista não como poder sobrenatural, mas como capacidade de conhecer a natureza, de descobrir seus segredos e transformá-la. O homem não está apenas "no mundo", ele também atua "sobre o mundo", coloca-o a seu serviço. [...] Isto é interessante porque mostra de que modo o homem é semelhante a Deus. O homem, ser livre, é capaz de atos de criação, de transformação de si mesmo e do mundo onde vive. Sua dignidade decorre dessa capacidade criadora e inovadora, que o torna imagem de Deus, microcosmo que reflete, em escala menor, o poder divino da criação.

O que torna Pico um dos primeiros renascentistas é essa visão da dignidade humana como capacidade de autodeterminação e criação a partir da transformação da natureza. A razão e a inteligência do homem não possuem exclusivamente um alcance ético, mas também um viés poiético (de *poiésis*: produção, fabricação). A originalidade de Pico, que o torna elo de duas eras, a Medieval e a Moderna, está nessa visão do homem. A liberdade é o dom que o homem recebeu. Sua dignidade está em saber usá-lo bem, transformando o mundo e a si mesmo em direção ao melhor [...] O melhor, assim, é tudo aquilo que eleva o homem, que o torna construtor, criador, uma espécie de demiurgo do mundo, aproximando-o de Deus. É isso que, segundo Pico, converte o homem em um ser digno, merecedor de respeito por parte dos outros homens: o autoaperfeiçoamento, a capacidade de se tornar, pelo uso da razão, um "animal celeste", próximo à máxima perfeição."[13]

Importante destacar, também, o contributo de Marsilio Ficino (1433-1499) no Humanismo renascentista, em especial, quanto à noção de dignidade da pessoa humana.[14]

---

13 Ibid.

14 MASSAÚ, Guilherme Camargo. Dignidade humana e *Marsilio Ficino:* a perspectiva do Renascimento. In: *Revista Direitos Humanos e Democracia Unijuí*. Unijuí, ano 2, n. 3, jan./jun, 2014, p. 128-124.

De acordo com Guilherme Camargo Massaú, "é possível visualizar em Ficino (como em Pico Della Mirandola) obra e atuação, uma ideia histórica diretamente ligada a um momento 'original' da visão ocidental, trata-se de um percurso de representações teológicas específicas que contribuíram para a formação do conceito de dignidade, estruturando pensamentos filosóficos puros, muitas vezes, ainda, de conceitualidade com base teológica.

A ideia de dignidade de Ficino enraizou-se, sobretudo, na imagem e semelhança do homem com Deus [...] O conceito de semelhança de Deus do homem de Ficino não se baseia somente sobre o parentesco de essência presumido e principiológico entre o espírito humano e o divino. Tal perspectiva é fundamentada, especialmente, com a posição mediana cósmica do homem e seu papel intermediário no universo. A partir da representação platônica do provir e, simultaneamente, a do regresso, o florentino tenta demonstrar que o *mens* do homem origina-se do espírito divino e, ao mesmo tempo, da sua determinação finalística. A *mens* é *speculum Dei*, Deus é correlato da consciência da dignidade humana."[15]

Outrossim, é a partir da filosofia kantiana, pensamento antropocentrista, que o conceito de dignidade humana passa a ser uma qualidade peculiar e insubstituível do ser humano. Em Kant, o homem é compreendido como ser racional e não como mero objeto social. É a partir de sua racionalidade que o homem é qualificado como pessoa (um ser racional como um fim em si mesmo, provido de razão). Dessa maneira, somente o ser humano é pessoa, já que este é racional. Kant ensina que "age de tal sorte que consideres a humanidade, tanto na tua pessoa como na pessoa de qualquer outro, sempre e simultaneamente como fim e nunca simplesmente como meio [...] os seres racionais estão submetidos à lei segundo a qual cada um deles jamais se trate a si mesmo ou aos outros simplesmente como meio, mas sempre e simultaneamente como fim em si [...] o homem não é uma coisa, não é, por consequência, um objeto que possa ser tratado simplesmente como meio, mas deve, em todas as suas ações, ser sempre considerado como um fim em si."[16] [17]

Dessa forma, a maior qualidade de uma pessoa é, pois, a sua dignidade, como elemento fundamental e inerente à pessoa humana. Verifica-se, pois, que o conceito de dignidade humana foi construído historicamente alinhado a evolução do pensamento humano.

Pensar o Direito em sua forma mais originária, este é o desafio em dire-

15 Ibid.

16 KANT, Immanuel. *Fondements de la métaphysique des Moeurs*. Paris: Librairie Philosophique J. Vrin, 1992. p. 105-111.

17 BARCELLOS, Ana Paula. *A eficácia jurídica dos princípios constitucionais*. O princípio da dignidade da pessoa humana. Rio de Janeiro: Renovar, 2002, p. 107: "[...] Pode-se dizer que, para Kant, o homem é um fim em si mesmo – e não uma função do Estado, da sociedade ou da nação – dispondo de uma dignidade ontológica. O Direito e o Estado, ao contrário, é que deverão estar organizados em benefício dos indivíduos [...]."

ção às sendas da realização da tutela da dignidade da pessoa humana. É um pensar o Direito com as lentes voltadas para o mais essencial: a dignidade humana como valor fundamental da Constituição da República (art. 1°, III, da CRFB/88).

O "saber" jurídico não pode ficar atrelado ao ente, dominado pela sua estrutura, mas sim deve caminhar sempre para além deste, ultrapassando-o, constantemente. O operador jurídico deve procurar superar o texto da lei, em busca do seu fundamento – em direção ao ser. O saber essencial do Direito não está posto, não é algo dado, objetificado (entitativo), mas sim desvelado ao julgador na análise do caso concreto decidendo. É um "saber" essencial que passa por cima do ente e procura atingir a sua forma mais originária. Somente quando ultrapassamos o ente, em busca do seu ser, as "proposições" jurídicas terão alguma justificação.

Nesse contexto, HEIDEGGER, na obra Sobre o Humanismo, afirma que "somente na medida em que o homem, *ec-sistindo* na Verdade do Ser, pertence ao Ser, é que pode provir do próprio Ser a recomendação das prescrições que se tornarão para o homem lei e regra. Em grego, recomendar é *némein.* O *nómos* não é apenas a lei, porém, mais originalmente, a recomendação protegida pelo destinar-se do Ser. Só essa recomendação pode dispor o homem para o Ser. E somente essa disposição pode trazer e instaurar obrigações. Do contrário, toda a lei permanecerá e continuará apenas um produto (das Gemächte) da razão humana. Mais essencial para o homem do que todo e qualquer estabelecimento de regras é encontrar um caminho para a morada da Verdade do Ser."[18]

O esquecimento da Verdade do Ser em favor da "coisificação" do Direito, não pensado em sua essência, é o sentido de sua decadência. Sem a percepção desta essência todo o esforço e o cuidado para se "dizer o direito" transborda no vazio. As normas jurídicas em abstrato devem ganhar mais plenitude e colorido se considerarmos os estudos avançados de hermenêutica jurídica e concretude judicial, uma vez que aquela deixa de ser considerada como hermenêutica de orientação metodológico-científica (modo de conhecer) para ser estudada como hermenêutica ontológica (modo de ser).

A dogmática jurídica não pode esconder as vicissitudes da realidade material (mundo vivido) que o Direito deve tutelar, em especial, nas questões diretamente relacionadas ao Homem, sua dignidade e personalidade.

Sem focar o Direito na dignidade da pessoa humana, como pode o operador do Direito aplicar as regras do direito posto? O primeiro passo é, pois, conhecer a dimensão ontológica do Direito.

A partir desse novo *locus hermenêutico*, a relação jurídica deve ser com-

18 HEIDEGGER, Martin. *Sobre o Humanismo*. Tradução de Emmanuel Carneiro Leão. 2. ed. Rio de Janeiro: Tempo Brasileiro, 1995, p. 94-95.

preendida como a realização do Direito, inserida no seu contexto histórico-cultural, ou seja, a ideia de relação jurídica deve estar em harmonia com os direitos fundamentais, com vistas a repersonalização da pessoa. É a realização do direito conduzida por uma questão prévia: a sintonia do Direito com os cânones da tutela da dignidade da pessoa humana. Daí a necessidade de nova racionalidade a partir de uma perspectiva ontológico-existencial.[19] Melhor dizendo: é a possibilidade de análise do fenômeno jurídico a partir de suas vicissitudes totalitárias concretas no mundo da vida. É a relação jurídica ajustada a uma nova dinâmica social de inter-relação humana vista a partir de suas especificidades concretizantes. É o Direito inserido na pós-modernidade.

É justamente por isso que os operadores do direito precisam ajustar a dogmática jurídica ao novo, ao efêmero, ao *poder-ser*, à diversidade, à diferença, ao pluralismo, bem como enfrentar as relações jurídicas a partir de sua dinamicidade espaço-tempo-cultural.

O jurista não pode fechar os olhos para esta nova realidade, refugiando-se num formalismo positivista que prescinda de aproximações com a hermenêutica filosófica e constitucional. É desta forma que o Direito não pode se ancorar no paradigma epistemológico da filosofia da consciência e na subjetividade. Observa-se a entificação do Direito. O Direito deve restar harmonioso com o modo de ser-no-mundo (mundo da vida). Dessa maneira é possível reconhecer o fundamento da concretização normativa desejada.

O pensamento jurídico não pode ser concebido a partir de um predomínio imposto pelos limites da razão e edificado com os poderes da racionalidade abstrata. A transcendência existencial torna-se uma alavanca de evolução da ciência jurídica, já que a concretização normativa ficará garantida por meio dos pilares do círculo hermenêutico.

A superação da filosofia da consciência, da relação sujeito-objeto, do subjetivismo, é à busca do homem em sua essência, como possibilidade e modo de ser-no-mundo, ou seja, é o caminho em direção a uma humanização do Direito. É o caminho para a (de)sentificação do Direito, já que um ente não pode fundar os entes. É a partir da hermenêutica como modo de ser-no-mundo que o Direito deve procurar caminhar por uma área de valores humanos peculiares, subtraídos à lógica formal do direito positivo.[20]

---

19 MELLO, Cleyson de Moraes. *Hermenêutica e Direito*. Rio de Janeiro: Freitas Bastos, 2006.

20 Nessa linha de pensamento, Gianni Vattimo afirma que "se é verdade que é preciso procurar obter também no campo das ciências humanas uma forma de rigor e de exatidão que satisfaça as exigências de um ser metódico, isto deve fazer-se desde que se reconheça o que existe no homem de irredutível e peculiar; e esse núcleo é o humanismo da tradição, centrado em torno da liberdade, da escolha, da imprevisibilidade do comportamento, isto é, da sua constitutiva historicidade." VATTIMO, Gianni. *O fim da modernidade:* niilismo e hermenêutica na cultura pós-moderna. Tradução: Maria de Fátima Boavida. Lisboa: Presença, 1987. p. 32.

O Direito é um sendo, é um acontecer, é uma abertura de possibilidades. O ser deve ser compreendido a partir do homem em seu próprio acontecer, historicamente situado. A hermenêutica, com o viés da ontologia fundamental, procura interrogar o ser por meio da historicidade e da temporalidade do ser-aí, ou seja, compreender a questão do ser fora do contexto da tradição metafísica.

Desse modo, é a partir do pensar originário que a ciência jurídica vai desdobrando o seu jogo de preceitos legais. No viço dessa originalidade, pensar o Direito quer dizer: vir e chegar à plenitude de ser no Direito é a clareira, *aletheia*; é a essência do pensamento jurídico em seu desvelar-se, em seu dar-se originário. Vê-se, pois, a produção do Direito e não, simplesmente, a sua (re)produção jurídica. É essa operação do pensamento jurídico que possibilita a sua renovação pela (re)fundamentação de seu ser.

A compreensão é a própria abertura do ser-no-mundo, bem como é um existencial. Todo o compreender é derivado dessa compreensão existencial, que é a própria luz, iluminação, abertura, clareira, revelação do ser-aí, Alethéia.

O Direito deve ser compreendido de modo originário e autêntico, desvinculado dos conceitos ingênuos e opiniões que a tradição em si as carrega. Há que se buscar uma abertura mais abrangente e mais originária do Direito.

É certo que na civilização moderna o conceito de pessoa brilha como estrela de primeira grandeza em seus mais diversos matizes nos campos da Moral, do Direito, da Filosofia, da Antropologia, da Sociologia, da Psicologia, da Religião, etc. Daí as diversas linhas teóricas e paradigmas que possuem como epicentro o conceito de pessoa. Nesta perspectiva, torna-se difícil a busca de uma definição precisa acerca da dignidade da pessoa humana, em especial, na seara jurídica.

Na filosofia moderna, duas linhas teóricas condicionam-se mutuamente:[21] "é a reformulação do conceito de pessoa no campo conceptual da metafísica da subjetividade, intentada por Descartes e pelos cartesianos, que é o alvo da crítica empirista; e é a polêmica com essa crítica que leva Kant ao último e mais radical aprofundamento da concepção de pessoa em direção ao terreno da subjetividade absoluta. Na verdade, de Descartes a Kant e de Hobbes a Hume o conceito de pessoa oscila entre a unidade da consciência-de-si e a pluralidade das representações do Eu, aquela primeira e originária, essas coordenadas nominalisticamente nas múltiplas designações de que a pessoa é objeto."

Portanto, que é o homem? A despeito da interrogação filosófica sobre o homem no correr dos séculos, considerando o paradigma heideggeriano, é na dimensionalidade do *Dasein* que a dignidade da pessoa humana e a sua

21 VAZ, Henrique Cláudio Lima. *Antropologia filosófica II*. 4. ed. São Paulo: Loyola, 2003, p. 195.

personalidade desvelar-se-ão, uma vez que neste espaço o homem não é um ente, senão o aí-do-ser. É um novo paradigma de fundamentação do direito, já que pautado na dimensionalidade ontológica da pessoa humana.

Hoje em dia, o dizer o Direito nos chega por meio de um pensamento jurídico alienante e silente, pautado em um positivismo legalista. Angustiante por natureza, a busca desenfreada pela segurança jurídica sufoca cada vez mais o pensar original. Um sistema jurídico axiologicamente neutro, a-temporal, a-histórico já representa um perigo a ser evitado e uma ameaça a ser controlada pelos juristas. Caso contrário, imperar-se-á por toda a parte uma atitude de subserviência ao texto legal, representando, assim, a inautenticidade do Direito, isto é, a reificação do Direito. Isso representa uma prestação jurisdicional restrita às atividades lógicas, científicas, cuja visão objetivista dos entes está em distonia com o mais digno de ser pensado, qual seja: o pensar o ser e a verdade da faticidade do ser-aí.

Dessa maneira, o estatuto legitimador do Direito não será mais de cunho objetivista. Uma espécie de antropologia da faticidade abre-se como único lugar para a problematização do homem e da Filosofia.[22] E por que não dizer do Direito? É, pois, um novo plano para se dizer o Direito em que se dão ente e ser, no nível do ente privilegiado. É a filosofia de Hedeigger ancorada nos teoremas da diferença ontológica e círculo hermenêutico. É neste nível que o Direito passa a receber seu estatuto legitimador.

Caberá, pois, a jurisdição constitucional enfrentar as questões acerca da natureza da dignidade da pessoa humana a partir das especificidades dos casos concretos decidendos (concretude judicial), a partir de uma (re)fundamentação do pensamento jurídico.[23]

A dignidade da pessoa humana deve ser reconhecida pelo Direito, não como questão de validade da norma jurídica, senão como sentido do ser, como algo preexistente e anterior a todo fenômeno jurídico. É uma espécie de *a priori* do conhecimento na ontologia como hermenêutica da faticidade, como analítica existencial. É, pois, o Dasein como ser-no-mundo, como pressuposto de qualquer teoria do conhecimento ou fenômeno jurídico.

Em Ser e Tempo, Heidegger chama a atenção, logo no início, para a importância da compreensão pré-ontológica do ser. O filósofo afirma que "esse ente que cada um de nós somos e que, entre outras, possui em seu ser a possibilidade de questionar, nós o designamos com o termo pre-sença. A colocação explícita e transparente da questão sobre o sentido do ser requer uma

22 STEIN, Ernildo. *Nas proximidades da Antropologia*: ensaios e conferências filosóficas. Ijuí: Unijuí, 2003, p. 16.

23 Neste contexto, existem doutrinadores que negam a possibilidade de os juízes ingressarem na esfera do conteúdo ético da dignidade, já que tal tarefa deve ser efetuada a partir de um debate público que se processará na esfera parlamentar.

explicação prévia e adequada de um ente (pre-sença) no tocante ao ser ser."[24]

Heidegger afirma, em entrevista ao *Der Spiegel*, que Dasein (pre-sença, ser-aí) "não é sinônimo nem de homem, nem de ser humano, nem de humanidade, embora conserve uma relação estrutural. Evoca o processo de constituição ontológica de homem, ser humano e humanidade. É na pre-sença que o homem constrói o seu modo de ser, a sua existência, a sua história, etc."[25]

Dessa maneira, a compreensão da dignidade da pessoa humana não é uma compreensão empírica de algo enquanto algo, e sim condição de possibilidade desta última.

É necessário, pois, que o elemento nuclear da noção de dignidade da pessoa humana seja reconduzido a uma matriz heideggeriana, cujo ser-no-mundo é constituição necessária e fundamental do *Dasein*. É um existencial. O esquecimento da Verdade do Ser em favor da avalanche do ente, não pensado em sua essência, é o sentido da "decadência", mencionada em *Ser e Tempo*. Da mesma forma, o esquecimento da tutela da dignidade humana em favor da idéia minimalista do homem-objeto, é o sentido da "decadência" do Direito.

A metafísica pensa o homem a partir da animalitas. Ela não o pensa na direção de sua humanitas.[26] É dessa maneira que Heidegger remete o ser humano para o lugar da compreensão do ser. Em *Sobre o Humanismo*, o filósofo afirma que "só se pode dizer ec-sistência da essência do homem, isto é, do modo humano de "ser", pois somente o homem, até onde alcança a nossa experiência, foi introduzido no destino da ec-sistência."[27]

Heidegger chama a ec-sistência do homem o estar na clareira do Ser. "Esse modo de ser só é próprio do homem. Assim entendida, a ec-sistência não é apenas o fundamento de possibilidade da razão, *ratio*. É também onde a essência do homem conserva a proveniência de sua determinação."[28]

Assim, o que o homem é repousa em sua ec-sistência. A ec-sistência em Heiddeger não se identifica com o conceito tradicional de existentia. Ele afirma que "Kant apresenta a existentia como sendo realidade, no sentido de objetividade da experiência. Hegel determina a existentia, como a ideia da subjetividade absoluta, que se sabe a si mesma. Nietzsche concebe a existentia, como o eterno retorno do mesmo."[29]

Dessa maneira, na esteira da concepção heideggero-gadameriana, a dignidade da pessoa humana deve ser pensada no âmbito da "compreensão do

24 HEIDEGGER, Martin. *Ser e tempo*. Parte I. Tradução: Márcia Sá Cavalcante Schuback. 12. ed. Petrópolis: Vozes, 2002, p. 33.

25 Revista Tempo Brasileiro, n. 50, jul./set. 1977. In: HEIDEGGER, Martin. *Ser e Tempo*. Parte I. Tradução: Márcia Sá Cavalcante Schuback. 12. ed. Petrópolis: Vozes, 2002, p. 309.

26 HEIDEGGER, op.cit., 1995, p. 40.

27 Ibid., p. 41

28 Ibid.

29 Ibid. p. 43-44

Ser", isto é, a partir da analítica existencial do "ser-no-mundo". Na concretude judicial, a partir das circunstâncias do caso concreto decidendo, sempre que o indivíduo for considerado como objeto cognoscível (como ente – direito coisificado), a sua dignidade será atingida de forma inequívoca.

É neste sentido que doutrina e jurisprudência possuem papel relevante nessa mudança de postura. A noção de dignidade da pessoa humana vai se conformando, a partir do momento em que o Direito é desvelado a partir da ec-sistência. Pois é ec-sistindo que o homem pode pensar a Verdade do Ser. A ec-sistência do homem é uma ec-sistência Histórica.[30] O que se percebe é a necessidade de contextualização histórico-cultural da dignidade da pessoa humana.

Os princípios que permeiam a dignidade da pessoa humana estão fincados no rol dos direitos da personalidade, bem como ancorados no conjunto de direitos fundamentais, de tal sorte que, caso ocorra (des)respeito pela vida, pela integridade psicofísica, pela moral, ou imagem do ser humano, ou suas condições mínimas de existência sejam violadas estar-se-á diante da violação da dignidade da pessoa humana.

O Ser não pode ser pensado partir do ente, tal qual a metafísica do "esquecimento do ser". A Verdade do Ser, como a própria clareira, permanece oculta à metafísica. Heidegger afirma que "o Ser se clareia para o homem no projeto ec-stático. Todavia, esse projeto não cria o Ser. Ademais, o projeto é Essencialmente um projeto lançado. O que lança no projeto, não é o homem mas o próprio Ser. Esse destina o homem na ec-sistência do Da-sein, como sua Essência."[31]

Heidegger procura "destruir" a metafísica ocidental, ancorada em concepções objetificantes, para introduzir uma relação entre ser humano e coisas que precede qualquer relação. É no viés ontológico que a compreensão do ser como *Dasein* supera os paradigmas objetificantes.

Neste contexto Heidegger afirma que "ora, o que uma coisa é, em seu ser, não se esgota em sua objetividade e principalmente quando a objetividade possui o caráter de valor. Toda valorização, mesmo quando valoriza positivamente, é uma subjetivação. Pois ela não deixa o ente ser mas deixa apenas que o ente valha, como objeto de sua atividade (*Tun*). O esforço extravagante, de se provar a objetividade dos valores, não sabe o que faz. Dizer-se que "Deus" é o "valor supremo", é uma degradação da Essência de Deus. Pensar em termos de valor é aqui – como alhures – a maior blasfêmia, que jamais se possa pensar com relação ao Ser. Pensar contra os valores não significa, por conseguinte, tocar os tambores da desvalorização (*Wertlosigkeit*) e da nuli-

30 Ibid., p. 59.
31 Ibid., p. 61.

dade (*Nichtigkeit*) do ente, mas significa: propôr ao pensamento, contra a subjetividade do ente, como simples objeto, a clareira da Verdade do Ser."[32]

Dessa forma, o pensamento jurídico objetificante somente será superado a partir da (re)fundamentação do Direito. O fundamento se dá a partir do ser-no-mundo. Mundo é a clareira do Ser, a qual o homem se expõe por sua Essência lançada.[33] Heidegger explica que o homem nunca é homem como um "sujeito" se referindo a objetos, de sorte que sua Essência esteja na relação sujeito-objeto. Ao contrário, o homem é, em sua Essência, primeiro ec-sistente na abertura do Ser.[34]

Na esfera jurídica, ao se pensar o Direito, deve-se pensar a questão da Verdade do Ser, ou seja, pensar a *humanitas do homo humanus*. É no pensamento da ec-sistência do Direito que se deixa de lado a obliteração e arbitrariedade do julgador. A concretização da dignidade da pessoa humana nesta perspectiva caminha na direção da Essência do homem, isto é, na direção da Verdade do Ser (o homem mais do que o *animal rationale*). É, pois, o humanismo do Direito que pensa a humanidade do homem na proximidade do Ser.

Daí que o substrato material da dignidade da pessoa humana somente será desvelado se o operador do direito caminhar inicialmente em direção ao seu fundamento mais originário, qual seja: *Dasein*, ser-no-mundo, ser-aí, presença. É a partir deste *locus hermenêutico* que se irradiam os preceitos e regras que orientará o homem, experimentado a partir da ec-sistência do Ser, historicamente situado.

Somente na ec-sistência do homem na Verdade do Ser é que o Direito poderá ser (des)velado de forma legítima constituindo o lugar originário de sua dignidade e personalidade.

A dignidade da pessoa humana é, pois, um sendo. Melhor dizendo: uma conjuntura, sempre de acordo com o destino histórico do homem que mora na Verdade do Ser. Logo, a contextualização histórico-cultural da dignidade da pessoa humana é necessária e relativa.

Daí a necessidade de correlação entre *direito* e *pessoa*. Bruno Amaro Lacerda já alerta que "as Constituições, todavia, não dizem *o que é* a dignidade humana, apenas a garantem em seu texto como princípio fundamental. É preciso, então, preencher a norma *de sentido*: devemos compreender *o que é o homem e por qual razão ele possui uma dignidade que deve ser socialmente protegida*."[35]

Perez Luño ensina que "os direitos humanos surgem como um conjunto de faculdades e instituições que, em cada momento histórico, concretizam as

32 Ibid., p.78.
33 Ibid. p.79.
34 Ibid.
35 LACERDA, Bruno Amaro. *A Dignidade Humana Em Giovanni Pico Della Mirandola. In: Revista Legis Augustus* (Revista Jurídica). Vol. 3, n. 1, p. 16-23, setembro 2010.

exigências de dignidade, liberdade e igualdade humanas, as quais devem ser reconhecidas positivamente pelos ordenamentos jurídicos, nos planos nacional e internacional."[36]

Aqui, vale lembrar, o teor do art. 1º da Declaração Universal da ONU (1948) que diz: "todos os seres humanos nascem livres e iguais em dignidade e direitos. Dotados de razão e consciência, devem agir uns para com os outros em espírito e fraternidade."

Para José Alfredo de Oliveira Baracho, "a pessoa é um *prius* para o direito, isto é, uma categoria ontológica e moral, não meramente histórica ou jurídica."[37] De acordo com o constitucionalista a "pessoa é todo indivíduo humano, homem ou mulher, por sua própria natureza e dignidade, à qual o direito se limita a reconhecer esta condição."[38]

Já a autora portuguesa Cristina Queiroz ensina que é fundamental a elucidação do conceito jurídico-constitucional de *dignidade*. Vejamos: "Este conceito de "dignidade" sofreu igualmente uma evolução. Não se refere ao indivíduo desenraizado da abstracção contratualista setecentista ("teorias do contrato social"), mas o ser, na sua dupla dimensão de "cidadão" e "pessoa", inserido numa determinada comunidade, e na sua relação "vertical" com o Estado e outros entes públicos, e "horizontal" com outros cidadãos. A ideia de "indivíduo" não corresponde hoje ao valor (individualista) da independência, mas ao valor (humanista) da autonomia, em que se inclui, por definição, a relação com os outros, isto é, a sociablilidade. O conceito de "pessoa jurídica" não constitui hoje somente a partir da "bipolaridade" Estado/indivíduo, antes aponta para um sistema "multipolar", no qual as grandes instituições sociais desempenham um papel cada vez mais relevante."[39]

No mesmo sentido, o ministro Ricardo Lewandowski, na Ação Direta De Inconstitucionalidade nº 3.510-0, diz que "a dignidade humana não só constitui o cerne dos direitos fundamentais, como configura, igualmente, um dos pilares da própria República, conforme consigna, de modo solene, o art. 1º, III, da vigente Carta Magna. Daí cuidar-se de um valor que transcende a pessoa compreendida como ente individual, consubstanciando verdadeiro parâmetro ético de observância obrigatória em todas as interações sociais. [...] Cumpre ressaltar, porém, que a dignidade da pessoa humana, na qualidade de "núcleo essencial" da Carta de 1988, ou seja, enquanto valor que ostenta a maior hierarquia em nosso ordenamento jurídico, do ponto de vista axiológico, não se resume apenas a um imperativo de natureza ética ou

36 PEREZ LUÑO, Antonio Enrique. *Derechos humanos, Estado de derecho e Constitución*. 4. ed. Madrid: Tecnos, 1991, p. 48.

37 BARACHO, José Alfredo de Oliveira. *Direito Processual Constitucional*. Belo Horizonte: Fórum, 2006, p. 106.

38 Ibid.

39 QUEIROZ, Cristina. *Direitos fundamentais sociais*. Coimbra: Coimbra, 2006, p. 19-20.

moral, mas configura um enunciado dotado de plena eficácia jurídica, achando-se, ademais, refletido em diversas normas de caráter positivo, formal e materialmente constitucionais.

Esse enunciado, com efeito, não apenas empresta significado a diferentes dispositivos da Carta Magna, sobretudo àqueles que tratam dos direitos fundamentais em sentido estrito, como também encontra menção expressa em vários outros artigos disseminados em seu texto. Por exemplo, quando estabelece: no art. 170, que a ordem econômica "tem por fim assegurar a todos existência digna"; ou no art. 226, § 6º, que o planejamento familiar funda-se "nos princípios da dignidade humana e da paternidade responsável"; ou, ainda, no art. 227, *caput*, que a criança e o adolescente têm, com absoluta prioridade, dentre outros, o direito "à dignidade" e "ao respeito"."[40]

A expressão *dignidade humana* já era encontrada na Constituição Alemã de *Weimar* de 1919. Ao tratar da vida econômica, disciplinou no artigo 151 que "*A ordem econômica deve corresponder aos princípios da justiça tendo por objetivo garantir a todos uma existência conforme a dignidade humana. Só nestes limites fica assegurada a liberdade econômica do indivíduo*".

José Afonso da Silva ensina que "a dignidade da pessoa humana não é uma criação constitucional, pois ela é um desses conceitos *a priori*, um dado preexistente a toda a experiência especulativa, tal como a própria pessoa humana. A constituição, reconhecendo a sua existência e a sua eminência, transformou-a num valor supremo da ordem jurídica."[41]

Após a Segunda Guerra Mundial, com a Declaração Universal dos Direitos do Homem, em 1948, vários países adotaram o princípio da dignidade da pessoa humana em suas constituições. Podemos citar: a Alemanha (art. 1º, inciso I), a Espanha (preâmbulo e art. 10.1), a Grécia (art. 2º, inc. I), a Irlanda (preâmbulo) e Portugal (art. 1º). A Constituição da Itália (art. 3º – "dignidade social"), a Constituição da Bélgica (art. 23 – "aos belgas e estrangeiros que se encontram em território belga o direito de levar uma vida de acordo com a dignidade humana"), a Constituição da República Federativa do Brasil (art. 1º, inciso III), Paraguai (preâmbulo), Cuba (art. 8º), Venezuela (preâmbulo), Peru (art. 4º), Bolívia (art. 6, inciso II), Chile (art. 1), Guatemala (art. 4). Constituição da Rússia aprovada em 1993 (art. 12-1), dentre outras.[42]

A *dignidade da pessoa humana*, hoje, é o epicentro do ordenamento jurídico e imprescindível seu entrelaçamento com o estudo dos direitos fundamentais e do Direito Constitucional de forma geral no contexto do Estado Democrático e Social de Direito instituído pela Constituição Federal de 1988.

40 Disponível em: <http://www.stf.jus.br/arquivo/cms/noticiaNoticiaStf/anexo/adi3510RL.pdf>. Acesso em: 26 jun 2014.

41 SILVA, José Afonso da. A dignidade da pessoa humana como valor supremo da democracia. *Revista de Direito Administrativo*, n. 212, 1998, p. 91.

42 SARLET, Ingo Wolfgang. *Dignidade da pessoa humana e os direitos fundamentais na Constituição Federal de 1988*. Porto Alegre: Livraria do Advogado, 2001, p. 63-65.

É, pois, um conceito em eterno processo de construção e desenvolvimento histórico-culturalmente situado no mundo da vida que vai se concretizando (aqui o papel do hermeneuta e exegeta é fundamental) a partir da práxis constitucional.

Em relação à dignidade da pessoa humana, Jürgen Habermas ensina que "é o sismógrafo que indica o que é constitutivo de uma ordem jurídica democrática [...] o portal através do qual o conteúdo igualitário e universalista da moral é importado para o direito."[43]

Em Portugal, a Constituição da República Portuguesa de 1976 aponta no seu artigo 1º que "Portugal é uma República soberana baseada na dignidade da pessoa humana e na vontade popular e empenhada na construção de uma sociedade livre, justa e solidária". Dessa maneira, é possível afirmar que a pessoa humana antecede a organização política do Estado, bem como as relações jurídico-sociais têm como primazia a própria pessoa. É neste diapasão que CANOTILHO afirma que a elevação da dignidade da pessoa humana é a trave mestra de sustentação e legitimação da República e da respectiva compreensão da organização do poder político.[44]

Neste sentido, o Tribunal Constitucional Português, por meio do Conselheiro Bravo Serra, no Acordão nº 105/90[45], já decidiu acerca da *dignidade da pessoa humana* que "não se nega, decerto, que a «dignidade da pessoa humana» seja um valor axial e nuclear da Constituição portuguesa vigente, e, a esse título, haja de inspirar e fundamentar todo o ordenamento jurídico. Não se trata efectivamente — na afirmação que desse valor se faz logo no artigo 1º da Constituição — de uma mera proclamação retórica, de uma simples «fórmula declamatória», despida de qualquer significado jurídico-normativo; trata-se, sim, de reconhecer esse valor — o valor eminente do homem enquanto «pessoa», como ser autónomo, livre e (socialmente) responsável, na sua «unidade existencial de sentido» — como um verdadeiro princípio regulativo primário da ordem jurídica, fundamento e pressuposto de «validade» das respectivas normas». E, por isso, se dele não são dedutíveis «directamente», por via de regra, «soluções jurídicas concretas», sempre as soluções que naquelas (nas «normas» jurídicas) venham a ser vasadas hão de conformar-se com um tal princípio, e hão de poder ser controladas à luz das respectivas exigências (sobre o que fica dito, v., embora não exactamente no mesmo contexto - Vieira de Andrade, Os Direitos Fundamentais na Constituição Portuguesa de 1976, Coimbra, 1983, pp. 106, e segs. e, especialmente, pp. 130 e segs.). Quer tudo

43 HABERMAS, Jürgen. *Um Ensaio sobre a Constituição da Europa*. Tradução: Mirian Toldy; Teresa Toldy. Lisboa: Edições 70, 2012, p. 37.

44 CANOTILHO, Joaquim José Gomes. *Direito Constitucional e Teoria da Constituição*. 7. ed. Coimbra: Almedina, 2010, p.235-236.

45 Disponível em: <http://www.tribunalconstitucional.pt/tc/acordaos/19900105.html.> Acesso em: 07 fev. 2014.

isto dizer — em suma — que o princípio da «dignidade da pessoa humana» é também seguramente, só por si, padrão ou critério possível para a emissão de um juízo de constitucionalidade sobre normas jurídicas.

Simplesmente, não pode também deixar de reconhecer-se que a ideia de «dignidade da pessoa humana», no seu conteúdo concreto — nas exigências ou corolários em que se desmultiplica —, não é algo de puramente apriorístico (cfr. Gomes Canotilho e Vital Moreira, Constituição da República Portuguesa Anotada, 1º vol., 2ª ed., Coimbra, 1984, p. 70, anotação IV) e ou a-histórico, mas algo que justamente se vai fazendo (e que vai progredindo) na história, assumindo, assim, uma dimensão eminentemente «cultural». Para dizer ainda com Vieira de Andrade: «o valor da dignidade da pessoa humana [...] corresponde a uma potencialidade característica do ser humano, que se vai actualizando nas ordens jurídicas concretas» (ob. cit., p. 113). Ora, este ponto reveste-se da máxima importância, quanto à possibilidade de emitir um juízo de inconstitucionalidade sobre determinada solução legal, com base tão só em que ela viola esse valor, ideia ou princípio.

É que, se o conteúdo da ideia de dignidade da pessoa humana é algo que necessariamente tem de concretizar-se histórico-culturalmente, já se vê que no Estado moderno — e para além das projecções dessa ideia que encontrem logo tradução ao nível constitucional em princípios específicos da lei fundamental (maxime, os relativos ao reconhecimento e consagração dos direitos fundamentais) — há-de caber primacialmente ao legislador essa concretização: especialmente vocacionado, no quadro dos diferentes órgãos de soberania, para a «criação» e a «dinamização» da ordem jurídica, e democraticamente legitimado para tanto, é ao legislador que fica, por isso, confiada, em primeira linha, a tarefa ou o encargo de, em cada momento histórico, «ler», traduzir e verter no correspondente ordenamento aquilo que nesse momento são as decorrências, implicações ou exigências dos princípios «abertos» da Constituição (tal como, justamente, o princípio da «dignidade da pessoa humana»). E daí que — indo agora ao ponto — no controlo jurisdicional da constitucionalidade das soluções jurídico-normativas a que o legislador tenha, desse modo, chegado (no controlo, afinal, do modo como o legislador preencheu o espaço que a Constituição lhe deixou, precisamente a ele, para preencher) haja de operar-se com uma particular cautela e contenção. Decerto, assim, que só onde ocorrer uma real e inequívoca incompatibilidade de tais soluções com o princípio regulativo constitucional que esteja em causa — real e inequívoca, não segundo o critério subjectivo do juiz, mas segundo um critério objectivo, como o será, p. ex. (e para usar aqui uma fórmula doutrinária expressiva), o de «todos os que pensam recta e justamente» —, só então, quando for indiscutível que o legislador, afinal, não «concretizou», e antes «subverteu», a matriz axiológica constitucional por onde devia orientar-se, será lícito aos tribunais (e ao Tribunal Constitucional em particular) concluir pela inconstitucionalidade das mesmas soluções.

E, se estas considerações são em geral pertinentes, mais o serão ainda quando na comunidade jurídica tenham curso perspectivas diferenciadas e pontos de vista díspares e não coincidentes sobre as decorrências ou implicações que dum princípio «aberto» da Constituição devem retirar-se para determinado domínio ou para a solução de determinado problema jurídico. Nessa situação sobretudo — em que haja de reconhecer-se e admitir-se como legítimo, na comunidade jurídica, um «pluralismo» mundividencial ou de concepções — sem dúvida cumprirá ao legislador (ao legislador democrático) optar e decidir.

Ora, crê-se que quanto vem de expor-se é já suficiente para dever arredar-se a pretendida inconstitucionalidade da norma do artigo 1785º, nº 2, primeira parte, do Código Civil, por violação do princípio constitucional da «dignidade da pessoa humana»."

Para Luis Roberto Barroso, a dignidade da pessoa humana representa "um espaço de integridade moral a ser assegurado a todas as pessoas por sua só existência no mundo."[46]

Na Alemanha, por meio do artigo 1º da Lei Fundamental, a dignidade da pessoa humana se coloca como o valor central do Direito Constitucional, derivando, pois, o exercício de todos os demais direitos fundamentais básicos. Dessa forma, na Alemanha, a dignidade humana é considerada o "mais fundamental de todos os direitos do homem", não podendo ser violada sob quaisquer circunstâncias.

Neste sentido, Karl Larenz ensina que "[...] Haverá que dizer, sem vacilar, que à vida humana e, do mesmo modo, à dignidade humana, corresponde uma escalão superior ao de outros bens, em especial os bens materiais. O Tribunal Constitucional Federal dá claramente uma prevalência valorativa, mesmo frente a outros direitos fundamentais, aos direitos de liberdade de opinião e de liberdade de informação, por causa do seu <significado, pura e simplesmente constitutivo> para a convivência democrática [...]."[47]

Os direitos fundamentais carregam em si um patrimônio histórico-constitucional que devem desvelar um passado, presente e futuro, resultado

46 BARROSO, Luís Roberto. *Curso de Direito Constitucional Contemporâneo*. Os conceitos fundamentais e a construção do novo modelo. São Paulo: Saraiva, 2009, p. 252. "[...] A dignidade relaciona-se tanto com a liberdade e valores do espírito quanto com as condições materiais de subsistência. O desrespeito a esse princípio terá sido um dos estigmas do século que se encerrou e a luta por sua afirmação, um símbolo do novo tempo. Ele representa a superação da intolerância, da discriminação, da exclusão social, da violência, da incapacidade de aceitar o outro, o diferente, na plenitude de sua liberdade de ser, pensar e criar [...]."

47 LARENZ, Karl. *Metodologia da Ciência do Direito*. Lisboa: Fundação Calouste Gulbenkian, 1997, p.586.

de uma espiral hermenêutica onde o intérprete deve restar situado. Melhor dizendo: é um projetar-se em que passado e futuro se entrelaçam a partir de uma interpretação dos direitos fundamentais, tendo como epicentro o *princípio da dignidade da pessoa humana*.[48]

Neste contexto, as normas constitucionais principiológicas ganham força na construção do direito, já que este necessita de uma exegese constitucional adequada aos dias atuais, ou seja, uma construção aberta de forma a abarcar os novos paradigmas de uma sociedade pluralista e democrática. A sociedade atual é marcada por diversas diferenças, ideologias e projetos de vida que traduzem em si um relativismo social. A jurisprudência constitucional historicamente concreta deve refletir, pois, a abertura constitucional necessariamente adequada.

Ainda em relação a *dignidade da pessoa humana*, Luis Roberto Barroso aponta três observações relevantes. Vejamos: "A primeira: a dignidade da pessoa humana é parte do conteúdo dos direitos materialmente fundamentais, mas não se confunde com qualquer deles. Tampouco é a dignidade um direito fundamental em si, ponderável com os demais. Justamente ao contrário, ela é o parâmetro da ponderação, em caso de concorrência entre direitos fundamentais. Em segundo lugar, embora seja qualificada como um valor ou princípio fundamental, a dignidade da pessoa humana não tem caráter absoluto. É certo que ela deverá ter precedência na maior parte das situações em que entre em rota de colisão com outros princípios, mas, em determinados contextos, aspectos especialmente relevantes da dignidade poderão ser sacrificados em prol de outros valores individuais ou sociais, como na pena de prisão, na expulsão do estrangeiro ou na proibição de certas formas de expressão. Uma última anotação: a dignidade da pessoa humana, conforme assinalado acima, aplica-se tanto nas relações entre indivíduo e Estado como nas relações privadas."[49]

Importante destacar, também, as lições de Jorge Miranda ao afirmar que "a Constituição confere uma unidade de sentido, de valor e de concordância prática ao sistema dos direitos fundamentais. E ela repousa na digni-

48 SARMENTO, Daniel. *A ponderação de interesses na Constituição Federal. Rio de Janeiro*: Lumen Juris, 2002, p. 59-60: "[...] Nessa linha, o princípio da dignidade da pessoa humana representa o epicentro axiológico da ordem constitucional, irradiando efeitos sobre todo o ordenamento jurídico e balizando não apenas os atos estatais, mas também toda a miríade de relações privadas que se desenvolvem no seio da sociedade civil e do mercado. A despeito do caráter compromissório da Constituição, pode ser dito que o princípio em questão é o que confere unidade de sentido e valor ao sistema constitucional, que repousa na ideia de respeito irrestrito ao ser humano – razão última do Direito e do Estado [...]."

49 BARROSO, Luis Roberto. *A dignidade da pessoa humana no Direito Constitucional Contemporâneo*: Natureza Jurídica, Conteúdos Mínimos e Critérios de Aplicação. Disponível em: <http://www.luisrobertobarroso.com.br/wp-content/uploads/2010/12/Dignidade_texto-base_11dez2010.pdf>. Acesso em: 10 fev. 2014.

dade da pessoa humana, ou seja, na concepção que faz a pessoa fundamento e fim da sociedade e do Estado."[50]

No mesmo sentido, Flávia Piovesan ensina que "seja no âmbito internacional, seja no âmbito interno (à luz do Direito Constitucional ocidental), a dignidade da pessoa humana é o princípio que unifica e centraliza todo o sistema normativo, assumindo especial prioridade. A dignidade humana simboliza, desse modo, verdadeiro superprincípio constitucional, a norma maior a orientar o constitucionalismo contemporâneo, nas esferas local e global, dotando-lhe de especial racionalidade, unidade e sentido."[51]

Na mesma linha, Ana Paula de Barcellos sustenta que "as normas-princípios sobre a dignidade pessoa humana são, por todas as razões, as de maior grau de fundamentalidade na ordem jurídica como um todo. A elas devem corresponder as modalidades de eficácia jurídica mais consistentes."[52]

Ives Gandra Martins Filho, em artigo, publicado no Jornal Correio Braziliense, intitulado "O que significa dignidade da pessoa humana?", merecendo transcrição, ensina que:[53]

"Muito se tem usado a expressão 'dignidade da pessoa humana' para defender direitos humanos fundamentais, mas sem se chegar ao âmago do conceito e seus corolários ineludíveis. Daí a invocação da expressão em contextos diametralmente opostos, para justificar, seja o direito à vida do nascituro, seja o direito ao aborto. Diante de tal paradoxo, *mister* se faz trazer alguns elementos de reflexão sobre realidades e sofismas na fixação de um conceito de 'dignidade da pessoa humana' que sirva de base sólida à defesa dos direitos essenciais do ser humano, sob pena de deixá-los sem nenhum amparo efetivo e, por conseguinte, sem garantia de respeito.

A dignidade é essencialmente um atributo da pessoa humana: pelo simples fato de 'ser' humano, a pessoa merece todo o respeito, independentemente de sua origem, raça, sexo, idade, estado civil ou condição social e econômica. Nesse sentido, o conceito de dignidade da pessoa humana não pode ser relativizado: a pessoa humana não perde sua dignidade quer por suas deficiências físicas, quer mesmo por seus desvios morais. Deve-se, nesse último caso, distinguir entre o crime e a pessoa do criminoso. O crime deve ser punido, mas a pessoa do criminoso deve ser tratada com respeito, até no cumprimento da pena a que estiver sujeito. Se o próprio criminoso deve ser tratado com respeito, quanto mais a vida inocente.

---

50 MIRANDA, Jorge. Manual de Direito Constitucional. V. 4. Coimbra: Coimbra Editores, 1988, p. 166.

51 PIOVESAN, Flávia. *Direitos humanos e o Direito Constitucional Internacional*. 13. ed. São Paulo: Saraiva, 2012, p. 87.

52 BARCELLOS, Ana Paula de. *A eficácia jurídica dos princípios constitucionais*: o princípio da dignidade da pessoa humana. Rio de Janeiro: Renovar, 2002, p. 202-203.

53 MARTINS FILHO, Ives Gandra. *O que significa dignidade da pessoa humana?* Jornal Correio Braziliense, de 08-09-08. p. 27.

Com efeito, a ideia de dignidade da pessoa humana está na base do reconhecimento dos direitos humanos fundamentais. Só é sujeito de direitos a pessoa humana. Os direitos humanos fundamentais são o 'mínimo existencial' para que possa se desenvolver e se realizar. Há, ademais, uma hierarquia natural entre os direitos humanos, de modo que uns são mais existenciais do que outros. E sua lista vai crescendo, à medida que a humanidade vai tomando consciência das implicações do conceito de dignidade da vida humana. Por isso, Tomás de Aquino, ao tratar da questão da imutabilidade do Direito Natural, reconhecia ser ele mutável, mas apenas por adição, mediante o reconhecimento de novos direitos fundamentais.

Nesse diapasão, seguiram as sucessivas declarações dos Direitos Humanos Fundamentais (francesa de 1789 e da ONU de 1948), desenvolvendo-se a ideia de diferentes 'gerações' de direitos fundamentais: os de primeira geração, como a vida, a liberdade, a igualdade e a propriedade; os de segunda geração, como a saúde, a educação e o trabalho; e os de terceira geração, como a paz, a segurança e o resguardo do meio ambiente.

Ora, só se torna direito humano fundamental a garantia de um meio ambiente saudável, quando se toma consciência de que o descuido da Natureza pode comprometer a existência do homem sobre o planeta. Assim, os direitos humanos de terceira geração dependem necessária e inexoravelmente dos direitos de primeira geração. Daí que, sendo o direito à vida o mais básico e fundamental dos direitos humanos, não pode ser relativizado em prol de outros valores e direitos. Sem vida não há outro direito a ser resguardado.

Assim, a defesa do aborto, em nome da dignidade da pessoa humana, ao fundamento de que uma vida só é digna de ser vivida se for em 'condições ótimas de temperatura e pressão' é dos maiores sofismas que já surgiram, desde os tempos de Sócrates, quando Cálicles tentava demonstrar, com sua retórica, que o natural era a prevalência do mais forte sobre o mais fraco. Não é diferente com aqueles que defendem o sacrifício de vidas inocentes em nome quer da cura de doenças graves, quer do bem-estar psicológico da mulher.

Uma coisa é o sacrifício voluntário do titular do direito à vida, para salvar outra vida, outra coisa bem diferente é a imposição do sacrifício por parte do mais forte em relação ao mais fraco, que não tem sequer como se defender, dependendo que outros o façam por ele por puro altruísmo (consola saber que 83% da população brasileira, em recente pesquisa jornalística, é contrária ao aborto de anencéfalos). Sempre pareceu um gesto de extrema covardia suprimir a vida nascente e indefesa, e mais ainda quando se procura revestir tal gesto de uma áurea de nobreza, em nome da dignidade. Seria o caso de perguntar àqueles que serão suprimidos se realmente não quereriam viver, nas condições que sejam. Do contrário, o que se está criando é a sociedade dos perfeitos, dos mais fortes e aptos, pura eugenia.

Desde a autorização para a instrumentalização de fetos humanos com vistas a pesquisas científicas (verdadeiras cobaias humanas, canibalizadas), passando pela discussão quanto ao aborto do anencéfalo (cujo índice de ocorrências subirá astronomicamente no caso de liberação, atestando-se anencefalia para toda criança indesejada), até se chegar ao aborto puro e simples, o caminho que vai sendo trilhado no desrespeito ao direito humano mais fundamental, sob o rótulo de se lutar por uma vida digna, faz com que as discussões judiciais sobre os demais direitos humanos passem a ser mera perfumaria em cortes herodianas que já condenaram as mais indefesas das criaturas humanas. Daí a necessidade de se resgatar o conceito de dignidade da pessoa humana, limpando-o de matizações que acabam por reduzir a pessoa, de sujeito em mero objeto de direito alheio".

Vale lembrar, também, a importância do fenômeno denominado de *constitucionalização do direito*. Ricardo Guastini entende tal fenômeno como "un proceso de transformación de un ordenamiento, al término del cual, el ordenamiento en custtión resulta totalmente 'impregnado' por las normas constitucionales. Un ordenamiento jurídico constitucionalizado se caracteriza por una Constitución extremadamente invasora, entrometida, capz de condicionar tanto la legislación como la jurisprudencia y el estilo doctrinal, la acción de los actores políticos así como las relaciones sociales."[54]

No Brasil, a importância do Direito Civil Constitucional despontou com um artigo de Maria Celina Bodin de Moraes, publicado em 1991, e que se intitulava precisamente 'A caminho de um Direito Civil Constitucional'.[55] Outro texto paradigmático é o artigo "Premissas metodológicas para a constitucionalização do Direito Civil", de Gustavo Tepedino.[56]

Com o advento do Código Civil Brasileiro de 2002 ganham destaque as cláusulas gerais e os direitos da personalidade. As cláusulas gerais devem ser interpretadas em harmonia com os princípios fundantes da Constituição da República, já que o intérprete jurídico deve colorir a exegese civilística com os matizes axiológicos da principiologia constitucional. Nesse momento, os valores civilísticos de índole liberal devem ser mitigados pelos valores coletivos de solidariedade e justiça social.

Antes do advento do novo Código Civil de 2002, Francisco Amaral já alertava sobre as tendências do Direito Civil contemporâneo, a saber:[57]

54 GUASTINI, Ricardo. *Estudios de teoria constitucional.* UNAM/Fontamara, México, 2003, p. 153.

55 MORAES, Maria Celina Bodin de. A caminho de um Direito Civil constitucional. In: *Revista Direito, Estado e Sociedade*, nº 1, 2. ed., jul.-dez. 1991. Departamento de Ciências Jurídicas da PUC-Rio, p. 59-73 apud NEGREIROS, Teresa. *Teoria do Contrato* – novos paradigmas. Rio de Janeiro. Renovar. 2002. p. 63

56 TEPEDINO, Gustavo. *Temas de Direito Civil.* Rio de Janeiro. Renovar. 1999. p. 1-22.

57 AMARAL, Francisco. *Direito Civil* – Introdução. 3. ed. Rio de Janeiro: Renovar, 2000, p. 151-153.

I) Interpenetração crescente do Direito Civil com o Constitucional e a consequente superação da clássica dicotomia direito público-direito privado.
II) Personalização do Direito Civil, no sentido da crescente importância da vida e da dignidade da pessoa humana, elevadas à categoria de direitos e de princípio fundamental da Constituição. É o personalismo ético da época contemporânea.
III) Desagregação do Direito Civil, face ao surgimento de ramos jurídicos autônomos, que se formam devido à complexidade das relações jurídicas. Por exemplo, direito imobiliário, direito bancário, direito previdenciário, etc.
IV) Reservas à Codificação. O Código Civil deixa de ser o "estatuto orgânico da vida privada", em virtude da necessidade da releitura do Código Civil à luz dos princípios constitucionais.
V) Surgimento dos microssistemas jurídicos. É a chamada "Era dos Estatutos" que surgem para disciplinar temas específicos.

É, pois, uma nova essência contida na exegese das relações jurídicas interprivadas. Referimo-nos à chamada *alteridade* ou *alteritas*. É um agir pensando no *outro*, isto é, o "*eu*" reclama um agir pressupondo o "*outro*"; o *ego*, o *alter*. Não podemos pensar o "eu", sem nesse pensar ir já envolto o "outro". Esta alteridade é, pois, da essência do Direito Civil Constitucional. Desde Tomás de Aquino (1225 – 1274) até os recentes estudos do Existencialismo, a alteridade esteve e está presente. O *eu* e o *outro* são como os dois polos da relação jurídica, sempre *plural*, nunca *singular*. Ora é aqui que justamente se nos impõe a ideia de superação do individualismo de índole liberal, já que as relações jurídicas se aproximam mais à ideia de *colaboração, convivência, mundo vivido, solidariedade* e *justiça social*. É, pois, a essência da alteridade que se desvela ao mundo jurídico.

Estes elementos não podem ser pensados como grandezas estáticas, abstratas, formais. É uma ideia de relação jurídica interprivada que se equivale a uma coexistência, ou um existir lado a lado que se impõe em sua dinamicidade do mundo vivido. São grandezas dinâmicas de um movimento próprio a que podemos chamar de "ontológico".

Na esteira da filosofia de Heidegger, Sartre, Jaspers, a personalidade humana deve ganhar *status* de valor jurídico de cunho existencialista, já que esta não pode ficar aprisionada ao rol de direitos subjetivos típicos adotado pelo Código Civil. Daí a importância do entrelaçamento principiológico entre o *Direito Civil* e os *direitos humanos-direitos fundamentais*.

É não menos que (re)visitar os institutos jurídicos do Direito Civil a partir de uma hermenêutica plural individualizadora cunhada por uma essencial unidade socializadora, a partir da qual a relação jurídica de direito privado é vista como *uns* e *muitos*, como *eu* e *outro*, como uma relação jurídica irremediavelmente lastreada pelos princípios fundamentais de proteção da dignidade da pessoa humana (art. 1º, III, CRFB/88), solidariedade social (art. 3º, I, CRFB/88), valor social da livre iniciativa (art. 1º, IV, CRFB/88) e igualdade substancial (art. 3º, III, CRFB/88). É, pois, uma essência relacional de cariz civil-constitucional.

Ora, dentro deste diapasão, torna-se necessário o abandonamento do papel puramente *descritivo* das normas jurídicas, em especial, das normas constitucionais, com vistas a ser uma força normativa constitutiva do homem historicamente situado.

Daí a necessidade de uma reflexão crítica do Direito Constitucional tendo como ponto de partida a questão do sentido do homem e sua consequente mutabilidade social, isto é, a partir desta compreensão do Direito, esperam-se respostas concretas historicamente adequadas a partir das novas questões que surgem na sociedade hodierna.

Aqui, mais uma vez, estamos à frente das seguintes questões: *o que é o direito*? *qual o seu sentido*? *como ele deve ser interpretado e aplicado*? É possível dizer o direito dissociado de sua historicidade do mundo da vida?

Importante destacar as lições de Gustavo Zagrebelsky ao afirmar que a "historia constitucional es cambio, es contingencia política, es acumulación de experiencia del pasado en el presente, es realidad social, es relación entre pasado y futuro, es movimiento de sujetos *a priori* indefinibles, es imprevisibilidad de problemas y espontaneidad de soluciones."[58]

Como visto acima, o conteúdo da dignidade da pessoa humana se relaciona estreitamente com o *núcleo dos direitos fundamentais*. Devemos reconhecer, ainda, que o princípio da dignidade da pessoa humana está, também, intrinsecamente correlacionado com o denominado "mínimo existencial", isto é, um conjunto de condições mínimas básicas para a existência da pessoa. Aqui, mais uma vez, vale destacar as lições de Ricardo Lobo Torrres ao dizer: "[...] Não é qualquer direito mínimo que se transforma em mínimo existencial. Exige-se que seja um direito a situações existenciais dignas. [...] Sem o mínimo necessário à existência cessa a possibilidade de sobrevivência do homem e desaparecem as condições iniciais da liberdade. A dignidade humana e as condições materiais da existência não podem retroceder aquém de um mínimo, do qual nem os prisioneiros, os doentes mentais e os indigentes podem ser privados [...]."[59]

Barroso, da mesma forma, ensina que "[...] Dignidade da pessoa humana expressa um conjunto de valores civilizatórios incorporados ao patrimônio da humanidade. O conteúdo jurídico do princípio vem associado aos di-

58 ZAGREBELSKY. Gustavo. *Historia y Constitución*. Madrid: Trotta, 2005, p. 36.

59 TORRES, Ricardo Lobo. *O direito ao mínimo existencial*. Rio de Janeiro: Renovar, 2009, p. 36.

reitos fundamentais, envolvendo aspecto dos direitos individuais, políticos e sociais. Seu núcleo material elementar é composto do mínimo existencial, locução que identifica o conjunto de bens e utilidades básicas para a subsistência física e indispensável ao desfrute da própria liberdade. Aquém daquele patamar, ainda quando haja sobrevivência, não há dignidade. O elenco de prestações que compõem o mínimo existencial comporta variação conforme a visão subjetiva de quem o elabore, mas parece haver razoável consenso de que inclui: renda mínima, saúde básica e educação fundamental. Há, ainda, um elemento instrumental, que é o acesso à justiça, indispensável para a exigibilidade e efetivação dos direitos [...]"[60]

Em apresentação de discurso na ONU, em 23 de junho de 2014, o ministro Luis Roberto Barroso afirmou que "o núcleo essencial dos direitos humanos equivale a uma reserva mínima de justiça (Alexy) a ser respeitada ou promovida pela sociedade e pelo Estado. Chega-se aqui ao conceito de mínimo existencial, que inclui o acesso a algumas prestações essenciais – como educação básica e serviços de saúde –, assim como a satisfação de algumas necessidades elementares, como alimentação, água, vestuário e abrigo. Este conjunto mínimo de direitos sociais é exigível judicialmente e não deve ficar na dependência do processo político majoritário."[61]

Aqui vale lembrar, ainda, as lições de Humberto D'Ávila acerca dos postulados. Para o autor, estes consubstanciam verdadeiras *metanormas*, isto é, normas que estabelecem a maneira pelas quais outras normas devem ser aplicadas. Ora, neste sentido, seria possível afirmar que a *dignidade da pessoa humana é postulado normativo*, isto é, uma *metanorma*, conferindo, pois, significância aos *direitos fundamentais*.[62]

60 BARROSO, Luís Roberto. *Fundamentos teóricos e filosóficos do novo Direito Constitucional brasileiro. Revista de Direito da Procuradoria-Geral do Estado do Rio de Janeiro*. Rio de Janeiro, volume 54, 2001, p. 72.

61 Disponível em: <http://www.migalhas.com.br/Quentes/17,MI203146,101048-Ministro+Barroso+Desenvolvimento+sustentavel+deve+incorporar+a>. Acesso em: 24 jun 2014.

62 ÁVILA, Humberto. *Teoria dos princípios*: da definição à aplicação dos princípios jurídicos. 5. ed. São Paulo: Malheiros, 2006, p. 121-166.

Capítulo 1
RELAÇÃO JURÍDICA

1.1. Conceito

A relação jurídica é uma relação social qualificada pelo Direito. No entanto, nem toda relação social interessa ou é protegida pelo Direito. Os laços de amizade, as relações de cortesia, podem servir de exemplo de relações sociais que não fazem parte do fenômeno jurídico.

MANUEL A. DOMINGUES de Andrade define relação jurídica como toda situação ou relação da vida real (social) juridicamente relevante (produtiva de consequências jurídicas), isto é, disciplinada pelo Direito.[1] PAULO DOURADO DE GUSMÃO ensina que a relação jurídica "é o vínculo que une duas ou mais pessoas, decorrente de um fato ou de um ato previsto em norma jurídica, que produz efeitos jurídicos, ou, mais singelamente, vínculo jurídico estabelecido entre pessoas, em que uma delas pode exigir de outra determinada obrigação".[2] FRANCISCO AMARAL a define como "o vínculo que o Direito reconhece entre pessoas ou grupos, atribuindo-lhes poderes e deveres. Representa uma situação em que duas ou mais pessoas se encontram, a respeito de bens ou interesses jurídicos".[3]

Das definições apresentadas acima, verifica-se que dois são os requisitos necessários para a existência de uma relação jurídica, a saber: a) a ocorrência de uma relação intersubjetiva que traduza um vínculo entre duas ou mais pessoas; e b) que este vínculo corresponda a uma hipótese normativa que venha a produzir efeitos jurídicos.

A relação jurídica brota a partir de acontecimentos ou fatos da vida social que o Estado considerou relevante regular por meio do Direito.

1.2. Elementos da Relação Jurídica

A doutrina é divergente quanto aos elementos da relação jurídica. MANUEL A. DOMINGUES DE ANDRADE[4] enumera os sujeitos, o objeto, o fato

1 ANDRADE, Manuel A. de. *Teoria geral da relação jurídica*. Vol. I. Coimbra: Livraria Almedina, 1997. p. 2.

2 GUSMÃO, Paulo Dourado de. *Introdução ao estudo do direito*. 33. ed. Rio de Janeiro: Forense, 2003. p. 254.

3 AMARAL, Francisco. *Direito Civil:* introdução. 6. ed. Rio de Janeiro: Renovar, 2006. p. 159.

4 ANDRADE, Manuel A de. Op. Cit, p. 19.

jurídico e a garantia. Já PAULO NADER entende que integram a relação jurídica os seguintes elementos: sujeitos, objeto e vínculo de atributividade.[5] MIGUEL REALE anota que são quatro os elementos fundamentais de uma relação jurídica: um sujeito ativo, um sujeito passivo, um vínculo de atributividade e um objeto.[6]

1.3. Sujeitos da Relação Jurídica

O titular de *poderes* é chamado *sujeito ativo*, enquanto o *sujeito passivo* é aquele responsável pelos *deveres*. As relações jurídicas podem apresentar ou não uma pluralidade subjetiva, ou seja, é possível que em um dos polos (ou nos dois polos) de uma relação jurídica exista mais de um sujeito. É o caso de uma relação jurídica em que num dos polos existe um *credor* e nos outros vários *devedores*.

Assim, os sujeitos da relação jurídica são aquelas pessoas em sentido jurídico que estão vinculadas, dentro da relação, uma como titular de poderes, proteções, faculdades que o ordenamento jurídico lhe confere, outra como titular de deveres, uma vez que se situam numa posição ativa ou passiva da relação jurídica.

1.4. Vínculo de Atributividade

É o "*link* jurídico" estabelecido entre os sujeitos de uma relação jurídica, isto é, através desse vínculo, por exemplo, que o sujeito ativo tem o direito de exigir o cumprimento do dever por parte do sujeito passivo. E este tem o dever jurídico de cumprir a obrigação.[7]

KARL LARENZ designa relação jurídica como um "nexo jurídico" entre pessoas. O termo "nexo" indica que "toda relación significa una "vinculación" – de uno o varios participantes, o de todos los demás en relación con el único titular . La "vinculación" es primariamente de tipo *normativo*; fácticamente se traduce, por lo general, en que el "vinculado" (esto es, el obligado) há de contar con inconvenientes si actúa en contra su vinculación".[8]

1.5. Objeto da Relação Jurídica

É o fim específico almejado pelos sujeitos da relação jurídica. Em linhas gerais, o objeto de uma relação jurídica são as *coisas* que possuem existência material. Ocorre que o objeto de uma relação jurídica pode ser, ainda, consti-

5 NADER, Paulo. *Introdução ao estudo do Direito*. 21. ed. Rio de Janeiro: Forense, 2001. p. 292.
6 REALE, Miguel. *Lições preliminares de Direito*. 27. ed. São Paulo: Saraiva, 2003, p. 217-218.
7 MELLO, Cleyson de Moraes. *Introdução ao estudo do Direito*. Rio de Janeiro: Freitas Bastos, 2006, p. 323.
8 LARENZ, Karl. *Derecho Civil:* parte general. Traducción y notas de Miguel Izquierdo y Macías-Picavea. Madrid: Editoriales de Derecho Reunidas, 1978, p. 248.

tuído de uma *ação* (comportamento positivo – fazer ou uma abstenção – não fazer), de um *direito* (cessão de um crédito) ou da *própria pessoa* (nos direitos pessoais de família – a disputa da guarda de um filho, a adoção de uma criança).[9]

1.6. Relação Jurídica Simples e Plurilateral

A relação jurídica *simples* é aquela que envolve apenas duas pessoas, uma no pólo ativo e outra no pólo passivo. Já as relações jurídicas plurilaterai s contêm mais de uma pessoa em um dos pólos da relação jurídica.

1.7. Relação Jurídica Relativa e Absoluta

A *relação jurídica relativa* (relação jurídica *erga singuli)* é aquela relacionada aos direitos pessoais (credor e devedor). Neste caso, o sujeito passivo é uma pessoa ou um grupo de pessoas. A *relação jurídica absoluta* (relação jurídica *erga omnes)* é aquela que trata dos direitos reais, direitos autorais e direitos personalíssimos. O sujeito passivo é a coletividade, já que toda a sociedade possui o dever jurídico de não ferir o direito subjetivo do agente (direito de propriedade, direito ao nome, a vida, etc.).

1.8. Relação Jurídica de Direito Público e de Direito Privado

Na relação jurídica de direito público o Estado encontra-se como sujeito ativo desta relação jurídica, já que este atua impondo o seu poder de *imperium*. Daí a relação jurídica ser denominada de subordinação. A relação jurídica de direito privado é aquela integrada apenas por particulares, em plano de igualdade. Nesse caso, a relação jurídica é de coordenação. Em raras situações, o Estado poderá figurar como sujeito em um dos polos da relação jurídica em igualdade de condições com o particular, ou seja, integra a relação jurídica sem o seu poder de império. FRANCISCO AMARAL ensina que qualquer relação jurídica, principalmente de direito privado, representa uma situação em que duas ou mais pessoas (elemento subjetivo) se encontram a respeito de uns bens ou interesses jurídicos (elemento objetivo).[10]

---

9 Ibid., p. 324.

10 AMARAL, Francisco. *Direito Civil:* introdução. 3. ed. Rio de Janeiro: Renovar, 2000, p. 167.

Capítulo 2

OS DIREITOS SUBJETIVOS

2.1 Conceito

Os *direitos subjetivos* correspondem a um dos conceitos principais da construção jurídica e traduz um conceito relativamente moderno, já que sua formação foi lastreada na própria concepção do *pensamento individualista*. As regras do *direito objetivo* que regem a vida em sociedade são estabelecidas em função do próprio homem.

Todavia, a noção de Direito concebido como atributo de um sujeito já era encontrado na baixa Idade Média (século XIII), a partir das obras de Duns Scoto e Guilherme de Occam. Esta concepção também é desenvolvida na Escola espanhola de Direito Natural (séculos XVI e XVII) em que o Direito em sentido subjetivo é visto como *potestas* e *facultas*. A sua visão moderna é comandada por Grocio e Pufendorf, por meio das correntes do jusnaturalismo racionalista dos séculos XVII e XVIII.

Para os defensores do direito natural, os direitos subjetivos estão relacionados com a própria essência do homem. Vários estudos e teorias foram criados para explicar os problemas dos direitos subjetivos nas esferas técnica e filosófica.

As principais teorias clássicas que procuram fundamentar os direitos subjetivos são: a *teoria da vontade*, a *teoria do interesse* e a *teoria eclética*.

A *teoria da vontade,* comandada por autores como Savigny, Puchta, Windscheid, Del Vecchio, a partir de um pressuposto filosófico kantiano, procura relacionar os direitos subjetivos com a questão da autonomia da vontade. É famosa a definição dos direitos subjetivos realizada pelo alemão Windscheid como "*uma potência ou poder de vontade concedido pela ordem jurídica*", ou seja, uma vontade juridicamente protegida.

A *teoria do interesse* é orquestrada por Rudolf Von Jhering e trata a questão dos direitos subjetivos como um "*interesse juridicamente protegido*" Esta teoria está fundamentada em dois elementos, a saber: um substantivo, o interesse; e outro formal, o procedimento jurídico de defesa de tais interesses.

Estas teorias, em última análise, procuravam centrar seus esforços no desenvolvimento da seguinte questão: os direitos subjetivos são definidos pelo poder da vontade ou pela proteção dos interesses dos indivíduos. Estas teorias sofreram severas críticas, já que seria possível a existência de direitos subjetivos *sem vontade* e *sem interesse.*

Já a *teoria eclética*, protagonizada por Jellinek, procura mesclar as duas teses anteriores: a tese da vontade e a tese do interesse, ao afirmar que o conceito de direito subjetivo é "um interesse tutelado pela lei mediante o reconhecimento da vontade individual".

Vale destacar que existem *posições críticas* em relação às noções de direito subjetivo conforme mencionadas. São elas: a) as teorias sociológicas de Comte, Durkheim e Duguit; e b) as teorias de caráter nacional-socialista fundadas na visão totalitária do Estado, defendidas por Carl Schmitt e Karl Larenz.

Em suma, os direitos subjetivos podem ser concebidos como o poder que a ordem jurídica confere às pessoas de agir de determinada forma e exigir de outrem algum comportamento positivo ou negativo. O direito é chamado de subjetivo, já que pertence ao sujeito titular do direito, constituindo-se um poder de atuação do sujeito reconhecido e limitado pelo ordenamento jurídico.[1]

Francisco Amaral define direito subjetivo como "um poder de agir conferido a uma pessoa individual ou coletiva, para realizar seus interesses nos limites da lei, constituindo-se juntamente com o respectivo titular, o sujeito de direito, em elemento fundamental do ordenamento jurídico".[2]

Nesse sentido, melhor será considerar o direito subjetivo como um *poder de agir para a realização de um interesse*, pressupondo a existência de uma relação jurídica. (Poder legítimo de atuação individual).[3]

2.2. Classificação

2.2.1. Direitos absolutos e direitos relativos

Os direitos subjetivos, do ponto de vista dogmático, podem ser classificados como *direitos absolutos* e *direitos relativos.* Os primeiros são exercidos contra qualquer pessoa, já que são oponíveis *erga omnes*, tais como os *direitos da personalidade* (direito à vida, direito à integridade física e moral, direito à honra, direito ao nome, etc.) e os *direitos reais.*

Os *direitos relativos,* pelo contrário, são chamados de *erga singuli,* e são exercitados contra aquele sujeito que deve cumprir a obrigação. Os direitos de crédito são relativos, já que dirigem precisamente a uma determinada pessoa.

1 MELLO, Cleyson de Moraes. *Introdução ao estudo do Direito.* Rio de Janeiro: Freitas Bastos, 2006, p. 325.
2 AMARAL, Francisco. *Direito Civil*: introdução. 3. ed. Rio de Janeiro: Renovar, 2000, p. 185.
3 Ibid., p. 191.

2.2.2. Direitos patrimoniais e direitos não patrimoniais

Os direitos subjetivos podem ser classificados em direitos patrimoniais e não patrimoniais. Aqueles apresentam objeto jurídico economicamente apreciável, estes não são suscetíveis de avaliação econômica, tais como os direitos da personalidade (vida, honra, etc.). Estes são considerados inalienáveis e oponíveis *erga ommes*.

2.2.3. Direitos reais e direitos obrigacionais (direitos pessoais, direitos de crédito)

Os direitos obrigacionais têm por objeto uma prestação, ou seja, o sujeito passivo (devedor) deve cumprir uma obrigação (ação ou emissão) em favor do sujeito ativo (credor). Já os direitos reais estão relacionados a um objeto que é uma coisa. Os direitos reais são oponíveis *erga ommes,* enquanto os direitos obrigacionais são oponíveis *erga singuli.*

2.3. Direito Potestativo

2.3.1. Conceito

O adjetivo potestativo, do latim *potestativu*, é aquilo que é revestido de poder, ou seja, algo que fica subordinado à vontade ou ao arbítrio de uma ou outra das partes.

Os *direitos potestativos* são aqueles em que a faculdade de agir do titular não corresponde a uma obrigação de outrem. Este se mantém em estado de sujeição em relação àquele. O direito potestativo é, pois, o *poder jurídico* atribuído ao titular do direito no qual uma outra pessoa deve suportar os efeitos do ato (estado de sujeição).

Leoni Lopes de Oliveira afirma que os *direitos potestativos* são "aqueles em que se atribui ao seu titular o poder de produzir, mediante sua exclusiva declaração de vontade, a modificação, ou extinção de uma relação jurídica, com efeitos jurídicos em relação ao outro ou outros sujeitos da referida relação jurídica. Nos direitos potestativos, os sujeitos que assumem a situação jurídica subjetiva passiva não têm, como nos direitos subjetivos, uma situação de obrigação, mas estão submetidos a admitir os efeitos produzidos em decorrência da exclusiva manifestação de vontade do titular do direito potestativo".[4]

2.3.2. Classificação

O direito potestativo pode ser classificado como:[5] a) Constitutivo – caso do direito preferência,[16] que possui o locatário para a aquisição do imóvel

4 LOPES DE OLIVEIRA, J. M. Leoni. *Introdução ao Direito*. Rio de Janeiro: Lumen Juris, 2004, p. 427.

5 Ibid., p. 197-198.

locado, no momento em que o proprietário decidir aliená-lo, etc. b) Mc ficativo – por exemplo, no caso das obrigações alternativas, artigo 252 Código Civil, em que a escolha da prestação cabe ao devedor, etc. c) Extinti – característico na renúncia ou revogação do mandato (art. 682, I – CCB), n anulação do contrato, na despedida do empregado, etc.

2.3.3. Diferenças com o direito subjetivo

Francisco Amaral afirma que ao direito subjetivo contrapõe-se um dever, o que não ocorre com o direito potestativo,[6] em que o sujeito passivo encontra-se em estado de sujeição, devendo suportar os efeitos do ato.[7]

Assim, a distinção poderia ser estruturada da seguinte forma:[8]

	Oposição ?	Violação ?	Gera pretensão ?
Direitos Subjetivos	Sim. Dever jurídico [9]	Sim	Sim
Direitos Potestativos	Não. Somente Estado de sujeição	Não pode ser violado	Não. Ato pode ser modificado de forma unilateral

2.4. Faculdade Jurídica

São os poderes de agir decorrentes do direito subjetivo. O artigo 1.228 do Código Civil brasileiro dispõe que o proprietário tem a *faculdade de usar, gozar e dispor* da coisa como bem lhe aprouver, ou seja, são as faculdades jurídicas que o proprietário possui originadas do direito de propriedade (direito subjetivo). Assim, a *faculdade* está compreendida no *Direito*.

2.5. Dever Jurídico

É o comportamento (positivo ou negativo) que o sujeito passivo deve observar face ao direito subjetivo do titular da relação jurídica, consoante as regras estabelecidas pelo ordenamento jurídico. No direito de propriedade (direitos absolutos), toda a sociedade encontra-se com o dever jurídico de abstenção, ou seja, todos os indivíduos devem respeitar o direito subjetivo do proprietário para que este possa usar, gozar e dispor de seu bens, sem a interferência das demais pessoas. Neste caso, estaremos diante de um caso de relação jurídica *erga omnes*.

6 Segundo o *Dicionário eletrônico Aurélio século XXI*, potestativo significa revestido de poder.
7 Ibid., p. 197.
8 MELLO. Op. Cit., p. 327.
9 *Uma pessoa está juridicamente obrigada a certa conduta consoante o ordenamento jurídico. Implica em um dever ser, isto é, em caso de conduta diversa -> aplica-se uma sanção.*

Capítulo 3

DIREITO CIVIL CONSTITUCIONAL

Conceito e Importância

O termo “direitos fundamentais” é encontrado na dogmática jurídica várias expressões, tais como: “direitos humanos”, “direitos do homem”, direitos subjetivos públicos”, “liberdades públicas”, “direitos individuais”, liberdades fundamentais” e “direitos humanos fundamentais”.[1]

No próprio texto constitucional, a expressão direitos fundamentais se apresenta de forma diversificada, tais como: a) direitos humanos (art. 4º, II da CRFB/88); b) direitos e garantias fundamentais (Título II e art. 5º, § 1º, da CRFB/88); c) direitos e liberdades constitucionais (art. 5º, LXXI da CRFB/88) e d) direitos e garantias constitucionais (art. 60, § 4º, IV da CRFB/88).

A compreensão dos direitos fundamentais é vital para a superação do direito positivo, já que pretende aproximá-lo da filosofia do Direito. É uma espécie de aproximação do direito com a moral. Daí a importância do estudo do Direito Civil em harmonia com os direitos fundamentais, na busca de uma fundamentação constitucional para as decisões dos casos concretos na esfera interprivada.

Gregorio Peces-Barba Martínez ensina que “en los derechos fundamentales el espíritu y la fueza, la moral y el Derecho están entrelazados y la separación los mutila, los hace incomprensibles. Los derechos fundamentales son una forma de integrar justicia y fuerza desde la perspectiva Del individuo propio de la cultura antropocentrica del mundo moderno”.[2]

Não obstante o insucesso de consenso conceitual e terminológico relativo aos direitos fundamentais,[3] alguns pontos de encontro entre tantos conceitos elaborados podem nos fazer chegar a uma conceituação aceitável, onde

---

1 SARLET, Ingo Wolfgang. *A eficácia dos direitos fundamentais*. 3. ed. Porto Alegre: Livraria do Advogado, 2003, p. 31.

2 MARTÍNEZ, Gregorio Peces-Barba. *Lecciones de derechos fundamentales*. Madrid: Dykinson, 2004, p. 31.

3 José Afonso da Silva entende que são “aqueles que reconhecem autonomia aos particulares, garantindo a iniciativa e a independência aos indivíduos diante dos demais membros da sociedade política e do próprio Estado”. SILVA, José Afonso da. *Curso de Direito Constitucional Positivo*. 24. ed. São Paulo: Malheiros, 2004, p. 191.

os direitos fundamentais são prerrogativas/instituições (regras e princípios) que se fizeram e se fazem necessárias ao longo do tempo, para formação de um véu protetor das conquistas dos direitos do homem (que compreendem um aspecto positivo, a *prestação*, e um negativo, a *abstenção*) positivados em um determinado ordenamento jurídico, embasados, em especial, na dignidade da pessoa humana, tanto em face das ingerências estatais, quanto, segundo melhor doutrina, nas relações entre particulares (seja esta proteção positivada ou não, é inegável a constitucionalização do direito privado, e, por consequência, a força normativa da constituição nestas relações), onde, em ambos os casos podem possuir eficácia imediata (chamada eficácia direta dos direitos fundamentais nas relações privadas), ou imediata no primeiro caso e mediata no segundo (chamada eficácia indireta dos direitos fundamentais nas relações privadas), ou, ainda só possuindo eficácia no primeiro caso (não aplicabilidade dos direitos fundamentais nas relações privadas), conforme o ordenamento no qual se encontram os referidos direitos.

Na precisa lição de JOSÉ AFONSO DA SILVA[4] qualificar tais direitos como fundamentais é apontá-los como situações jurídicas essenciais sem as quais o homem "não se realiza, não convive e, às vezes nem sobrevive; fundamentais do *homem* no sentido de que a todos, por igual, devem ser, não apenas formalmente reconhecidos, mas concreta e materialmente efetivados", o que nos leva à intrínseca ligação de tais direitos ao princípio da dignidade humana e da igualdade.

MARÇAL JUSTEN FILHO afirma que direito fundamental "consiste em um conjunto de normas jurídicas, previstas primariamente na Constituição e destinadas a assegurar a dignidade humana em suas diversas manifestações, de que derivam posições jurídicas para os sujeitos privados e estatais."[5]

JORGE MIRANDA define os direitos fundamentais como "direitos ou as posições jurídicas ativas das pessoas enquanto tais, individual ou institucionalmente consideradas, assentes na Constituição, seja na Constituição formal, seja na Constituição material. [...] os direitos fundamentais podem ser entendidos *prima facie* como direitos inerentes à própria noção de pessoa, como direitos básicos de pessoa, como os direitos que constituem a base jurídica da vida humana no seu nível atual de dignidade."[6]

MARCELO GALUPPO ensina que "os direitos humanos transformaram-se em direitos fundamentais somente no momento em que o princípio do discurso se transformou no princípio democrático, ou seja, quando a argumentação prática dos discursos morais se converte em argumentação

4 SILVA, José Afonso da, *Op. cit.*, p. 178.

5 JUSTEM FILHO, Marçal. *Curso de Direito Administrativo*. 8.ed. Belo Horizonte: Fórum, 2012, p.140.

6 MIRANDA, Jorge. *Manual de Direito Constitucional*, Tomo IV, 3.ed. Coimbra: Coimbra Editora, 2000, p.7-10.

jurídica limitada pela faticidade do direito, que implica sua positividade e coercibilidade, sem, no entanto, abrir mão de sua pretensão de legitimidade. Os direitos fundamentais representam a constitucionalização daqueles direitos humanos que gozaram de alto grau de justificação ao longo da história dos discursos morais, que são, por isso, reconhecidos como condições para a construção e o exercício dos demais direitos."[7]

Já BACELAR GOUVEIA entende direitos fundamentais como "posições jurídicas ativas das pessoas integradas no Estado-Sociedade, exercidas por contraposição ao Estado-Poder, positivadas no texto constitucional."[8] Desta definição é possível perceber os três elementos dos direitos fundamentais, a saber: (a) subjetivo (contraponto entre o particular e o Estado-Poder), (b) objetivo (conjunto de vantagens que decorre na proteção conferida pelos direitos fundamentais) e (c) formal (consagração dos direitos fundamentais na Constituição).

Neste ponto vale destacar as lições de CRISTINA QUEIROZ quanto à dupla dimensionalidade dos direitos fundamentais: "a dupla natureza (doppel Gestalt) dos direitos e liberdades fundamentais [...] na medida em que não garantem apenas direitos subjetivos, mas também princípios objetivos básicos para a ordem constitucional democrática do Estado de direito".[9]

3.2 A Concepção dos *Direitos Fundamentais* na Constituição de 1988

O Título II (Dos Direitos e Garantias Fundamentais) da Constituição da República Federativa do Brasil de 1988 apresenta um rol extenso de direitos fundamentais. Somente o artigo 5° constitucional contempla 77 incisos.[10]

Já o artigo 7°, com seus 34 incisos, apresenta um vasto rol de direitos sociais dos trabalhadores.

O catálogo dos direitos fundamentais consagrados na Constituição abarca vários direitos em suas variadas dimensões: direito à vida, à liberdade, à propriedade, direitos sociais básicos, direito ao meio ambiente ecologicamente equilibrado (art. 225 da CRFB/88), proteção ao consumidor, dentre outros.

Os direitos fundamentais podem ser classificados, de acordo com sua multifuncionalidade, em dois grandes grupos, a saber:[11]

---

7 GALUPPO, Marcelo Campos. O que são direitos fundamentais? In: SAMPAIO, José Adércio Leite. (Coord.) *Jurisdição constitucional e direitos fundamentais*. Belo Horizonte: Del Rey, 2003, p. 213-250.

8 GOUVEA, Jorge Bacelar. *Manual de Direito Constitucional*, V.II. 3.ed. Coimbra: Almedina, 2010, p.1031.

9 QUEIROZ, Cristina. *Direito Constitucional*: As Instituições do Estado Democrático e Constitucional. Coimbra: Coimbra Editora, 2009, p. 365.

10 O artigo 5° apesar de exaustivo, não apresenta cunho taxativo.

11 SARLET, op. cit., p. 246.

a) *direitos de defesa*, aí incluídos os direitos de liberdade, igualdade, as garantias, bem como parte dos direitos sociais (liberdades sociais) e políticos. São direitos que impõem uma abstenção por parte do Estado e, em regra, representam os direitos subjetivos;

b) *direitos a prestações* integrados pelos direitos a prestações em sentido amplo, tais como os direitos à proteção e à participação na organização e procedimento, assim como pelos direitos a prestações em sentido estrito, representados pelos direitos sociais de natureza prestacional.

É necessário lembrar a cláusula de abertura prevista pelo art. 5°, § 2°, da Constituição. Nesse sentido, cumpre referir que o "conceito materialmente aberto dos direitos fundamentais consagrado pelo art. 5°, § 2°, da CF aponta para a existência de direitos fundamentais positivados em outras partes do texto constitucional e até mesmo em tratados internacionais, bem assim para a previsão expressa da possibilidade de se reconhecer direitos fundamentais não escritos, implícitos nas normas do catálogo, bem como decorrentes do regime e dos princípios da Constituição".[12]

Vale destacar que o catálogo dos direitos fundamentais constitui em si uma concretização do princípio fundamental da dignidade da pessoa humana (art. 1°, inciso III, da CRFB/88). Daí que o princípio da dignidade humana constitui um *locus* hermenêutico aberto que deve ser harmonizado com a diversidade de valores que se manifestam nas sociedades complexas e plurais. É a questão da intersubtividade e alteridade da norma jurídica, já que a dimensão intersubjetiva da dignidade humana deve ser compreendida a partir da relação do ser humano com os demais membros da sociedade em que vive.

3.3 Diferença entre *Direitos Fundamentais* e *Direitos Humanos*

Segundo Ingo WOLFGANG SARLET, a distinção é de que o termo *direitos fundamentais* "se aplica para aqueles direitos do ser humano reconhecidos e positivados na esfera do direito constitucional positivo de determinado Estado, ao passo que a expressão "direitos humanos" guardaria relação com os documentos de direito internacional por referir-se àquelas posições jurídicas que se reconhecem ao ser humano como tal, independentemente de sua vinculação com determinada ordem constitucional, e que, portanto, aspiram à validade universal, para todos os povos e tempos, de tal sorte que revelam um inequívoco caráter supranacional (internacional)".[13]

Dessa maneira, os *direitos fundamentais* representam os direitos reconhecidos pelo ordenamento constitucional interno de cada Estado e os *direi-*

12 SARLET, op. cit., p. 79.
13 Ibid., p. 33-34.

tos humanos são aqueles reconhecidos pelo direito internacional com validade universal e de contornos mais amplos e imprecisos.

Da mesma forma, as lições de ANTONIO-ENRIQUE PÉREZ LUÑO, "Los derechos humanos suelen venir entendidos como un conjunto de facultades e instituciones que, en cada momento histórico, concretan las exigencias de la dignidad, la libertad y la igualdad humanas, las cuales deben ser reconocidas positivamente por los ordenamientos jurídicos a nivel nacional e internacional. En tanto que con la noción de los derechos fundamentales se tiende a aludir a aquellos derechos humanos garantizados por el ordenamiento jurídico positivo, en la mayor parte de los casos en su normativa constitucional, y que suelen gozar de una tutela reforzada".[14]

3.4 As dimensões dos *direitos fundamentais*

O processo de reconhecimento dos direitos fundamentais no âmbito do direito positivo dá margem a sua compreensão a partir das características de seu conteúdo. Tais características podem ser agrupadas em dimensões (gerações):

a) *Direitos fundamentais da primeira geração*: são aqueles de índole liberal-individualista, fruto do pensamento liberal-burguês do século XVIII, que representam os direitos individuais frente ao Estado. Os direitos fundamentais de primeira geração estão relacionados aos direitos de cunho jusnaturalista, tais como: os direitos à vida, à liberdade, à propriedade, à igualdade (igualdade formal) perante a lei. Nesta dimensão estão incluídos, também, os direitos de participação política e as liberdades de expressão coletiva (liberdades de expressão, imprensa, manifestação, reunião, associação, etc.)

b) *Direitos fundamentais da segunda geração*: os direitos fundamentais da segunda geração estão relacionados aos direitos econômicos, sociais e culturais. Como observa Ingo Sarlet, estes direitos "não englobam apenas direitos de cunho positivo, mas também as assim denominadas 'liberdades sociais', do que dão conta os exemplos da liberdade de sindicalização, do direito de greve, bem como do reconhecimento de direitos fundamentais aos trabalhadores, tais como o direito a férias e ao repouso semanal remunerado, a garantia de um salário mínimo, a limitação da jornada de trabalho".[15]

c) *Direitos fundamentais da terceira geração*: os direitos fundamentais da terceira geração são aqueles denominados de direitos de solida-

14 PEREZ LUÑO, Antonio-Enrique. *Los derechos fundamentales*. 8. ed. Madrid: Tecnos, 2004, p. 46.

15 SARLET, op. cit., p. 53.

riedade. São caracterizados pelos direitos transindividuais, também chamados direitos coletivos e difusos e que, no geral, compreendem os direitos do consumidor e dos direitos relacionados à proteção do meio ambiente, respectivamente.

d) *Direitos fundamentais da quarta geração*: os direitos fundamentais da quarta geração são os direitos de manipulação genética, relacionados à biotecnologia e bioengenharia, e que tratam de questões sobre a vida e a morte, sobre cópias de seres humanos, e que requerem uma discussão ética prévia.

e) *Direitos fundamentais da quinta geração*: os direitos fundamentais da quinta geração estão relacionados aos direitos da realidade virtual, que surgem do grande desenvolvimento da cibernética.

a) *Direitos fundamentais da sexta geração?* Os direitos de *sexta dimensão* para Agra são aqueles relacionados com a questão dos direitos dos animais.[16] Aqui, a discussão é acirrada já que os animais, de acordo com o Código Civil brasileiro são considerados bens semoventes e não sujeitos de direito. Interessante notar que várias pesquisas em sede de mestrado e doutorado em Direito caminham no sentido desta discussão, ou seja, o direito dos animais não humanos.[17]

Vale lembrar que a UNESCO proclamou, em 27 de janeiro de 1978, a Declaração dos Direitos dos Animais. A partir desta declaração, os animais passam a ser protegidos ao se tornarem seres de direito.[18]

---

16 Ibid.

17 Neste sentido, ver: FRISKE, Gabriela. *O Direito dos Animais não Humanos*. Juiz de Fora: UNIPAC, Dissertação de Mestrado, 2013. Ver também: (1) EBERLE, Simone. *Deixando a Sombra dos Homens*: Uma Nova Luz sobre o Estatuto Jurídico dos Animais. 2006. 431 f. Tese de Doutorado (Direito Civil) - Faculdade de Direito da Universidade Federal de Minas Gerais. Belo Horizonte, 417 p.; (2) LOURENÇO, Daniel Braga. *Direito dos animais*: fundamentação e novas perspectivas. Porto Alegre: Sergio Antônio Fabris Editor, 2008, 566 p.; (3) OST, François. *A Natureza à Margem da Lei* - A ecologia à prova do direito. Trad. Joana Chaves. Lisboa: Instituto Piaget, 1995, 172 p.; (4) SINGER, Peter. *Ética Prática*. Trad. Jefferson Luiz Camargo. São Paulo: Martins Fontes, 2002, 399 p.; (5) SINGER, Peter. *Libertação Animal*. Trad. Marly Winckler. Porto Alegre: Lugano, 2004 e (6) SUNSTEIN, Cass R. *The Rights of Animals*, in: The University of Chicago Law Review, vol. 70, 2003.

18 DECLARAÇÃO UNIVERSAL DOS DIREITOS DOS ANIMAIS

Art. 1°) Todos os animais nascem iguais perante a vida e têm os mesmos direitos à existência.

Art. 2°) O homem, como a espécie animal, não pode exterminar outros animais ou explorá-los violando este direito; tem obrigação de colocar os seus conhecimentos a serviço dos animais.

Art. 3°) 1) Todo animal tem direito a atenção, aos cuidados e a proteção dos homens. 2) Se a morte de um animal for necessária, deve ser instantânea, indolor e não geradora de angústia.

3.5 Direitos fundamentais no âmbito das relações entre particulares

Nos últimos anos, a questão do Direito Civil Constitucional está em voga, ou seja, discute-se a influência do Direito Constitucional na esfera jurídica civilística, em que se indaga o papel dos princípios e das regras constitucionais aplicado às normas infraconstitucionais. É o fenômeno denominado de "constitucionalização do Direito Civil".

A dogmática e a codificação civilista não pode ser interpretada dissociada dos valores e princípios constitucionais. Daí a importância, cada vez maior, do estudo do Direito Civil em harmonia e consonância com a normativa constitucional.

Nesses termos, um pensamento originário começa a fluir no campo jurídico-civilístico. Esse caminhar foi guiado não só pela filosofia constitucional, bem como por estudiosos do vigor de LUIZ EDSON FACHIN, FRANCISCO AMARAL, GUSTAVO TEPEDINO, MARIA CELINA BODIN DE MORAES, TERESA NEGREIROS, JUDITH MARTINS-COSTA, DANIEL SARMENTO,

---

Art. 4º) 1) Todo animal pertencente a uma espécie selvagem tem direito a viver livre em seu próprio ambiente natural, terrestre, aéreo ou aquático, e tem direito a reproduzir-se, 2) Toda privação de liberdade, mesmo se tiver fins educativos, é contrária a este direito.

Art. 5º) 1) Todo animal pertencente a uma espécie ambientada tradicionalmente na vizinhança do homem tem direito a viver e crescer no ritmo e nas condições de vida e liberdade que forem próprias da sua espécie; 2) Toda modificação desse ritmo ou dessas condições, que forem impostas pelo homem com fins mercantis, é contrária a este direito.

Art. 6º) 1) Todo animal escolhido pelo homem para companheiro tem direito a uma duração de vida correspondente á sua longevidade natural; 2) Abandonar um animal é ação cruel e degradante.

Art. 7ª) Todo animal utilizado em trabalho tem direito à limitação razoável da duração e da intensidade desse trabalho, alimentação reparadora e repouso.

Art. 8º) 1) A experimentação animal que envolver sofrimento físico ou psicológico, é incompatível com os direitos do animal, quer se trate de experimentação médica, científica, comercial ou de qualquer outra modalidade; 2) As técnicas de substituição devem ser utilizadas e desenvolvidas.

Art. 9º) Se um animal for criado para alimentação, deve ser nutrido, abrigado, transportado e abatido sem que sofra ansiedade ou dor.

Art. 10º) 1) Nenhum animal deve ser explorado para divertimento do homem; 2) As exibições de animais e os espetáculos que os utilizam são incompatíveis com a dignidade do animal.

Art. 11º) Todo ato que implique a morte desnecessária de um animal constitui biocídio, isto é, crime contra a vida.

Art. 12º) 1) Todo ato que implique a morte de um grande número de animais selvagens, constitui genocídio, isto é, crime contra a espécie; 2) A poluição e a destruição do ambiente natural conduzem ao genocídio.

Art. 13º) 1) O animal morto deve ser tratado com respeito; 2) As cenas de violência contra os animais devem ser proibidas no cinema e na televisão, salvo se tiverem por finalidade evidencias ofensa aos direitos do animal.

Art. 14º) 1) Os organismo de proteção e de salvaguarda dos animais devem ter representação em nível governamental; 2) Os direitos do animal devem ser defendidos por lei como os direitos humanos.

dentre outros, que já trilharam caminhos inesperados sempre adornados com novas cores. São estes autores que estão dispostos a conhecer e a buscar a essência do Direito Civil, em seu sentido originário.

Daí a necessidade de apresentar, de forma preliminar, no Curso de Direito Civil, a problemática da eficácia das normas de direitos fundamentais no âmbito das relações interprivadas. É um tema que se discute desde a década de 50 do século passado, em especial, na Alemanha sob a denominação de "efeito frente a terceiros dos direitos fundamentais" (*Drittwirkung der Grundrechte*). De igual forma, nos Estados Unidos o assunto é chamado de *state action doctrine*.

As teses ou orientações doutrinárias quanto à eficácia dos direitos fundamentais relativamente a terceiros podem ser agrupadas em: a) a tese de recusa de eficácia; b) a tese da eficácia mediata ou indireta; c) as teses dos deveres de proteção; d) a tese da eficácia direta ou imediata.[19]

Em Portugal e na Espanha, vários autores já enfrentaram o referido tema. JOSÉ JOAQUIM GOMES CANOTILHO, em seu artigo em homenagem a Paulo Bonavides, denominado de "Civilização do Direito Constitucional ou Constitucionalização do Direito Civil? A eficácia dos direitos fundamentais na ordem jurídico-civil no contexto do direito pós-moderno", apresenta alguns exemplos que merecem atenção de todos os juristas.[20]

Vejamos:

"Caso 1 – A urbanização quimicamente branca ou a "*action under color of State law*". O caso conta-se em poucas palavras. Os compradores de moradias dentro de uma urbanização localizada numa cidade norte-americana teriam de aceitar a cláusula contratual de proibição de venda a indivíduos de raça negra. Um dos adquirentes violou a cláusula contratual, alienando a sua propriedade a um "cidadão preto". O problema aí está: será de imputar a violação do princípio da igualdade ao próprio Estado na medida em que este, por meio de seus tribunais, dá razão aos titulares da urbanização, reconhecendo a nulidade da venda em violação de uma cláusula contratual? Mas o que é que é "nulo": é a própria cláusula contratual por amor à Constituição (princípio da igualdade) ou a venda em violação da cláusula por amor à liberdade contratual?

Caso 2 – A "*terceira mulher*": da "*mulher diabolizada*" e da "*mulher exaltada*" à "*mulher criadora do seu papel*". Este caso é hoje sobejamente conhecido como o caso do "diferencialismo das executivas". A história tem mulheres de

19 NOVAIS, Jorge Reis. *Direitos fundamentais*: trunfos contra a maioria. Coimbra: Coimbra Editora, 2006, p. 71-72.

20 CANOTILHO, José Joaquim Gomes. Civilização do direito constitucional ou constitucionalização do direito civil? A eficácia dos direitos fundamentais na ordem jurídico-civil no contexto do direito pós-moderno. In: GRAU, Eros Roberto; GUERRA FILHO, Willis Santiago. Direito constitucional. Estudos em homenagem a Paulo Bonavides. São Paulo: Malheiros, 2001, p. 111-115.

carne e osso e conta-se também em curtas palavras. Uma multinacional propõe a uma sua executiva de *top* a colocação imediata num importante posto de chefia com a cláusula de proibição de gravidez ou de "barriga de aluguer" durante 10 anos. A opção para a mulher de 26 anos é clara: ser mãe ou ser mulher de sucesso. A "proibição de gravidez" é uma cláusula constitucionalmente proibida, mascomo proibir, no mundo da autonomia contratual-global, a inserção de uma condição que mais não é, segundo alguns, que a invenção da "terceira mulher": a "mulher criadora do seu próprio papel"?

Caso 3 – *As antenas parabólicas dos emigrantes portugueses.* O caso vem relatado em revistas alemãs. Vale a pena conhecer a história. Um emigrante português solicitou ao senhorio do prédio que tomara de arrendamento a autorização necessária para colocar no telhado uma antena parabólica de televisão para melhor captar os programas de língua portuguesa. O senhorio denegou tal autorização, e, perante esta recusa, o emigrante português intentou a ação competente junto dos tribunais para o reconhecimento do seu direito fundamental à informação. O êxito junto aos tribunais ordinários foi nulo, mas o mesmo já não aconteceu quando, através de ação constitucional de defesa, o Tribunal Constitucional alemão se teve de pronunciar sobre o assunto. A ordem jurídica dos direitos fundamentais está presente na "ordem dos contratos". Os contratos de arrendamento não são espaços livres de direitos fundamentais como o direito de informar-se e ser informado".

Outros casos e hipóteses no Direito português do problema metódico da aplicação dos direitos fundamentais nas relações jurídicas privadas são apontados por Canotilho em sua obra:[21]

(1) Uma empresa industrial celebrou contratos de trabalho em que os trabalhadores renunciaram a qualquer atividade partidária e à filiação em sindicados. Se as normas consagradoras dos direitos, liberdades e garantias (CRP, arts 46°, 51° e 55°) vinculam entidades privadas, como reagir contra o "desvalor constitucional" de tais contratos de trabalho?

(2) Num congresso de um partido político destinado a escolher os candidatos desse partido às eleições parlamentares, foi excluída a participação de indivíduos de raça negra (hipótese próxima da discutida nos célebres casos da jurisprudência americana, *Smith v. Allright* (1944) e *Terry v. Adams* (1946)). O princípio da igualdade (CRP, art. 13°/2) vinculará ou não, diretamente, uma associação partidária?

(3) A senhora X havia sido contratada como professora por um colégio particular, vinculando-se à "cláusula do celibato". Posteriormente,

21 CANOTILHO, José Joaquim Gomes. *Direito constitucional e teoria da constituição.* 7. ed. Coimbra: Almedina, 2003, p. 1285-1286.

ela celebrou casamento e a empresa proprietária do colégio desencadeou o procedimento do despedimento, invocando a violação de uma cláusula do contrato. A senhora X contestou a ação de despedimento, apelando diretamente para o art. 36°/1 da CRP, que vincularia entidade privadas como a empresa proprietária do colégio (caso já discutido em Portugal, mas com contornos um pouco diferentes, num Parecer da Comissão Constitucional).

(4) A empresa Z contratou dois indivíduos de sexo feminino para o seu serviço de informática, mas condicionou a manutenção do contrato de trabalho a três cláusulas (i) sujeitarem-se a testes de gravidez no momento da admissão; (ii) aceitarem como justa causa de despedimento o fato de ocorrer uma gravidez durante o contrato; (iii) considerarem também como justa causa de despedimento o fato eventual de virem a ser de "mães hospedeiras" (inseminação artificial) durante a vigência do contrato. Como conciliar estas cláusulas com direitos, liberdades e garantias com os direitos à intimidade pessoal (CRP, art. 26°) e o direito de constituir família (CRP, art. 36°/1)?

(5) As entidades patronais e as organizações sindicais celebraram um contrato coletivo de trabalho, onde incluíram a cláusula de *closed-shop*, ou seja, a proibição de contratação de operários não sindicalizados. Como conciliar esta cláusula contratual com os arts 47° e 55°/6 da CRP?

(6) Uma escola particular de alunos deficientes, subsidiada pelo Estado, recusa-se a receber crianças deficientes não batizadas ou cujos pais professem uma religião diferente da ensinada nessa escola. Poderão os pais dessas crianças recorrer diretamente aos arts 13°/2 e 41°/2/3?

Este é um dos dilemas atuais da dogmática jurídica contratual. Até que ponto os direitos fundamentais devem interferir na autonomia e liberdade contratual? Qual o limite que representa a perda da irredutível autonomia do direito privado, já que o conteúdo contratual, por vezes, é alterado pelos tribunais de Justiça em prol da eficácia direta dos direitos fundamentais na ordem jurídica privada. O Direito Civil está em crise.[22]

22 Exemplo interessante é apontado por Stefano Rodotà, destacado por Tepedino da seguinte forma: "a notícia publicada por um tablóide sensacionalista inglês, que pôs em dúvida a paternidade do príncipe William. Insinuou-se então que o herdeiro real poderia ser filho não de Charles, mas de um ex-professor de educação física da princesa Diana. O repórter, aproveitando-se de um descuido do jovem príncipe, acometido de uma gripe, apropriou-se de um lenço de papel por ele utilizado e jogado em uma lata de lixo. Valendo-se também de uma amostra do sangue (ou tecido) do pretenso pai, realizou o confronto das cadeias de DNA, cujo resultado negativo estancou a explosão nas vendas dos jornais populares e a

Se por um lado devemos refletir sobre a eficácia dos direitos fundamentais na ordem jurídica civilística, por outro, devemos ficar atentos a essa influência, para não transformar o Direito Civil em um direito de "não liberdade", já que a gênese do direito privado é a liberdade e autonomia das partes.

Em nome da autonomia da vontade e da liberdade contratual seria possível admitir a violação da dignidade da pessoa humana quando ameaçada por outros particulares? JORGE REIS NOVAIS admite que dessa maneira seria "fazer prevalecer os direitos patrimoniais e o direito de propriedade sobre os direitos de liberdade pessoais, seria sacrificar os direitos fundamentais no altar de uma sacralização da livre iniciativa privada numa hierarquização de prioridades que, objetivamente, oculta o domínio dos economicamente mais poderosos".[23]

Aqui a divergência doutrinária resplandece. Vejamos as lições de NOVAIS: "Por isso, diz-se, quem é mais pelos direitos fundamentais favorece a tese da aplicabilidade direta, quem é mais pela autonomia privada sustentará as outras teses. Quem é pela intervenção estatal de correção das assimetrias sociais e de limitação dos poderes privados, quem tem preocupações igualitárias, sustentará a aplicabilidade geral dos direitos fundamentais, incluindo as relações econômicas e sociais privadas; quem tem maior preocupação com a conservação de um *status* inigualitário favorecerá o acantonamento dos direitos fundamentais nas relações com o Estado, preservando a esfera privada das perturbações implicadas numa generalização indiscriminada dos destinatários dos direitos fundamentais".[24]

Na atualidade, não se pode afirmar que os direitos fundamentais devam ser exercidos somente contra o Estado, deixando a liberdade contratual e a autonomia da vontade livres da interferência do Estado, a serem conduzidas somente pelos particulares.

Na aplicação dos direitos fundamentais nas relações entre particulares ocorrerá colidência ou conflito de um direito fundamental e o princípio da autonomia privada que também representa uma garantia jurídico-constitucional. Contudo, o tema não é apresentado e discutido nos manuais de Direito Civil, razão pela qual a problemática somente é enfrentada em sede de pós-graduação em Direito. Como tantos outros temas, tornou-se necessário

apreensão geral relacionada à sucessão do trono. O Professor Rodotà, analisando a questão, esclareceu apropriadamente que não se tratava apenas de um lenço descartado (*res derelectae*), mas de informações que diziam respeito à própria essência da personalidade daqueles de quem foram apropriados". TEPEDINO, Gustavo. Normas constitucionais e direito civil na construção unitária do ordenamento. In: SOUZA NETO, Cláudio Pereira de; SARMENTO, Daniel. *A Constitucionalização do Direito*: Fundamentos Teóricos e Aplicações Específicas, Rio de Janeiro: Lumen Juris, 2007, p. 318.

23 NOVAIS, op. cit., 78.

24 Ibid., p. 78.

enfrentar a questão da incidência dos direitos fundamentais e sua eficácia no âmbito das relações jusprivatíticas. Não obstante a controvérsia que permeia a dogmática jurídica constitucional, entende-se que os direitos fundamentais se projetam sobre as relações interprivadas de forma a conformá-las sob o manto constitucional. Daí a importância da interpretação do Código Civil à luz dos cânones e dos princípios constitucionais. Nesse contexto, TEPEDINO ensina que "propriedade, empresa, família, relações contratuais tornam-se institutos funcionalizados à realização dos valores constitucionais, em especial da dignidade da pessoa humana, não mais havendo setores imunes a tal incidência axiológica, espécies de zonas francas para atuação da autonomia privada. A autonomia privada deixa de configurar um valor em si mesma, e será merecedora de tutela somente se representar, em concreto, a realização de um valor constitucional".[25]

Dessa maneira, as relações jurídicas privadas devem ser conformadas pelos princípios jurídicos constitucionais, tais como, o princípio da dignidade da pessoa humana (CRFB/88, art. 1°, III), e os princípios do trabalho e da livre iniciativa como valores sociais (CRFB/88, art. 1°, IV), com vistas a construir uma sociedade livre, justa e solidária (CRFB/88, art. 3°, I), a garantir o desenvolvimento nacional (CRFB/88, art. 3°, II), erradicar a pobreza e a marginalização e reduzir as desigualdades sociais e regionais (CRFB/88, art. 3°, III), bem como promover o bem de todos, sem preconceitos de origem, raça, sexo, cor, idade e quaisquer outras formas de discriminação (CRFB/88, art. 3°, IV).

Não obstante a nossa Constituição da República Federativa do Brasil de 1988 não apresentar explicitamente o mandamento da eficácia dos direitos fundamentais a ordem jurídica privada, estes devem possuir eficácia tanto no plano das relações verticais (relações entre indivíduo e Estado) como nas relações horizontais (relações entre particular e particular), com o firme propósito de perseguir uma sociedade livre, justa e solidária.

3.6 A Eficácia dos *Direitos Fundamentais*

A eficácia dos direitos fundamentais está relacionada com a força normativa dos preceitos constitucionais. O artigo 5°, § 1°, da Constituição da República Federativa do Brasil de 1988, determina que "as normas definidoras dos direitos e garantias fundamentais têm aplicação imediata". Além da clássica distinção entre as normas auto-aplicáveis (*self-executing, self-acting,* ou *self-enforcing*) e normas não autoaplicáveis (*not self-executing, not self-ac-*

25 TEPEDINO, Gustavo. Normas constitucionais e direito civil na construção unitária do ordenamento. In: SOUZA NETO, Cláudio Pereira de; SARMENTO, Daniel. *A constitucionalização do direito*: fundamentos teóricos e aplicações específicas, Rio de Janeiro: Lumen Juris, 2007, p. 310-311.

ting, ou *not self-enforcing*) e das diversas concepções doutrinárias existentes, JOSÉ AFONSO DA SILVA apresenta uma teoria tricotômica das normas constitucionais, discriminando-as em três categorias: [26]

III – *normas constitucionais de eficácia plena* – são as normas que dotadas de aplicabilidade direta, imediata e integral, não dependem da atuação do legislador ordinário para que alcancem sua plena operatividade;

III – *normas constitucionais de eficácia contida* – são normas constitucionais de aplicabilidade direta e imediata, mas possivelmente não integral. Algumas normas desse tipo indicam "elementos de sua restrição que não a lei, mas certos conceitos de larga difusão no direito público, tais como ordem pública, segurança nacional ou pública, integridade nacional, bons costumes, necessidade ou utilidade pública, perigo público iminente, etc."; [27]

III – *normas constitucionais de eficácia limitada ou reduzida* – são normas de aplicabilidade indireta e reduzida, já que necessária se faz a intervenção legislativa ordinária para a produção de seus efeitos jurídicos. Estas normas podem ser subdivididas em normas declaratórias de princípios institutivos ou organizativos e normas declaratórias de princípio programático.

Já Maria Helena Diniz classifica as normas constitucionais quanto ao seu efeito, em quatro grupos, a saber: [28]

a) *Normas com eficácia absoluta* – são normas intangíveis e insuscetíveis de alteração, até mesmo por Emenda Constitucional. São normas que independem da atuação do legislador ordinária para geração de efeitos.
b) *Normas com eficácia plena* – são normas que independem da atuação do legislador ordinário para geração de efeitos, criando desde logo direitos subjetivos. Todavia, são suscetíveis de alteração através de emenda constitucional.
c) *Normas com eficácia relativa restringível* – apresentam aplicabilidade direta e imediata, gerando os efeitos jurídicos nela previstos. Estas normas estão sujeitas a restrições previstas na legislação ordinária ou podem depender de regulamentação posterior, reduzindo a sua aplicabilidade.
d) *Normas com eficácia relativa complementável ou dependente de com-*

26 SILVA, José Afonso da. *Aplicabilidade das normas constitucionais*. 3. ed. São Paulo: Malheiros, 1998.
27 Ibid., p. 103-104.
28 DINIZ, Maria Helena. *Norma constitucional e seus efeitos*. 6. ed. São Paulo: Saraiva, 2003.

plementação legislativa, de aplicação apenas mediata (indireta) – são aquelas que não geram efeitos jurídicos desde logo, abrangendo as normas de princípios institutivos e as normas programáticas.

Além das classificações anteriores, Luís Roberto Barroso apresenta a seguinte tipologia das normas constitucionais: [29]

a) *Normas constitucionais de organização* – são normas que têm por objeto organizar o exercício do poder político.
b) *Normas constitucionais definidoras de direitos* – são as normas que devem fixar os direitos fundamentais dos indivíduos.
c) *Normas constitucionais programáticas* – são as normas constitucionais que procuram traçar os fins públicos a serem alcançados pelo Estado.

As diversas concepções e distinções das normas jurídicas constitucionais sob o aspecto da aptidão de geração de efeitos (eficácia jurídica) são fruto do entendimento doutrinário de que inexiste norma constitucional completamente destituída de eficácia. Daí a importância da análise e estudo da graduação da carga eficacial das normas jurídicas.

Para Ingo Wolfgang Sarlet, em todas as classificações se destacam dois grupos de normas: [30]

a) as normas que dependem, para a geração de seus efeitos principais, da intervenção do legislador infraconstitucional (normas constitucionais de baixa densidade normativa) e
b) as normas que, desde logo, por apresentarem suficiente normatividade, estão aptas a gerar seus efeitos e, portanto, dispensam uma *interpositio legislatoris* (normas constitucionais de alta densidade normativa).

Sarlet prefere acompanhar a sistematização binária da norma jurídica, distinguindo entre as normas de *eficácia plena* e as normas de *eficácia limitada ou reduzida*. Vale lembrar que até mesmo as normas constitucionais de baixa densidade normativa apresentam uma normatividade mínima, já que sempre apresentam certo grau de eficácia jurídica.[31]

Dessa forma, levando em consideração a distinção sistemática das normas constitucionais, bem como o teor da norma contida no artigo 5º, § 1º, da Constituição da República Federativa do Brasil de 1988, a melhor exegese

29 BARROSO, Luís Roberto. *O direito constitucional e a efetividade de suas normas*. 5. ed. Rio de Janeiro: Renovar, 2001, p. 94.
30 SARLET, op. cit., p. 237-238.
31 Ibid., p. 238.

deste dispositivo constitucional é no sentido de que ele apresenta um viés principiológico. Melhor dizendo: O artigo 5°, § 1°, de nossa Constituição, representa uma espécie de "mandado de otimização (ou maximização), isto é, estabelecendo aos órgãos estatais a tarefa de reconhecerem a maior eficácia possível aos direitos fundamentais".[32]

A partir da exegese do artigo 5°, § 1°, da CRFB/88, podemos entender que os direitos fundamentais possuem aplicabilidade imediata e plenitude eficacial, bem como incumbe aos poderes públicos atribuir a estas maior eficácia possível (postulado otimizador).

3.7 A importância do Direito Civil Constitucional

A importância do Direito Civil Constitucional "despontou com um artigo de MARIA CELINA BODIN DE MORAES, publicado em 1991, e que se intitulava precisamente 'A caminho de um Direito Civil Constitucional'.[33] Outro texto paradigmático é o artigo "Premissas metodológicas para a constitucionalização do Direito Civil", de GUSTAVO TEPEDINO.[34]

O Código Civil de 1916, fruto das doutrinas individualistas e voluntaristas, tinha como seu valor fundamental o indivíduo (Código de Napoleão). Naquela época, as pessoas tinham por finalidade precípua desmantelar os privilégios feudais, ou seja, queriam contratar, adquirir bens, circular as riquezas sem os óbices legais. Melhor dizendo: O Código Civil de 1916 tinha uma visão individualista do Direito e era baseado nos dogmas do Estado Liberal clássico. O princípio da autonomia da vontade era o alicerce de sustentação do Estado Liberal. Nessa época, o paradigma era a liberdade. Daí o contrato ser considerado justo, desde que firmado sob a égide da autonomia e liberdade das partes. O Estado Liberal não interferia no conteúdo dos contratos. A função do Estado Liberal clássico, na esfera contratual, resumia-se a garantir a liberdade das partes para contratar, já que atendia ao seguinte pressuposto: se as partes fossem livres, tudo o que elas ajustassem seria justo, porque atenderia aos seus interesses jusprivatísticos. Não seria de bom alvitre o Estado intervir na vontade das partes, já que esta era fruto da liberdade e autonomia contratual.

O Código Civil era tido como a Constituição do direito privado. Tal diploma legal era tido "como estatuto único e monopolizador das relações privadas".[35]

---

32 Ibid., p. 258.

33 Maria Celina Bodin de Moraes, A caminho de um direito civil constitucional in *Revista Direito, Estado e Sociedade*, n° 1, 2ª ed., jul-dez. 1991, Departamento de Ciências Jurídicas da PUC-Rio, p. 59-73 apud NEGREIROS, Teresa. *Teoria do contrato* – Novos Paradigmas. Rio de Janeiro. Renovar. 2002. p .63.

34 TEPEDINO, Gustavo. *Temas de direito civil*. Rio de Janeiro. Renovar. 1999. p. 1-22.

35 TEPEDINO, op. cit. p. 3.

No século XX, a burguesia ascende como classe dominante. É na modelagem capitalista que se encontra uma sociedade organizada em torno do lucro e da propriedade privada, sustentada no individualismo e na livre iniciativa. O capitalismo visa tornar a economia mais eficiente, gerando desta maneira mais recursos e riquezas, em um ambiente competitivo e desregulamentado, ou seja, sem as amarras do governo e da política.

Restou-se provado que a liberdade das partes em si e por si não garantia o equilíbrio contratual, isto porque, não obstante a existência da liberdade contratual, em havendo uma parte mais forte que a outra, seja economicamente, seja tecnicamente, a mais forte acabaria impondo a sua vontade, o seu interesse. Por isso, é que começou o dirigismo contratual a temperar o princípio da autonomia da vontade.

A partir do dirigismo contratual, o Estado vai se transformando em Estado intervencionista, começando a intervir na esfera contratual, com o firme propósito de proibir certas cláusulas consideradas abusivas ou impor a inserção de certas cláusulas para proteger o mais fraco.

Também, a estabilidade e a segurança do Código Civil de 1916 começa a declinar a partir dos anos 20, em razão da intervenção cada vez maior do Estado brasileiro na economia (época da eclosão da Primeira Grande Guerra). A partir de então, a dogmática civilística não mais atendia aos anseios sociais e o Estado legislador passou a publicar leis extravagantes, muitas em dissonância com os princípios basilares do Código Civil de 1916.[36]

A partir dos anos 30, o nosso Código Civil de 1916 já tinha perdido seu caráter exclusivo de regulador das relações interprivadas. A legislação extravagante, face à evolução econômica, disputava "pari passu" a importância na sua aplicação. Nessa época, devemos destacar, também, a política legislativa do Welfare State – fenômeno do dirigismo contratual (Constituição de 1934).[37]

A partir da Constituição brasileira de 1946, o Código Civil perde definitivamente seu papel de Constituição do direito privado. Os princípios constitucionais passam a ter maior relevância e influência na exegese dos temas relacionados ao direito privado, "a função social da propriedade, os limites da atividade econômica, a organização da família, matérias típicas do direito privado" ganham proeminência na nova ordem pública constitucional.[38]

Essa publicização do Direito Civil atinge seu ápice com o advento da Constituição da República Federativa do Brasil de 1988, "valorado e interpretado juntamente com inúmeros diplomas setoriais, cada um deles com vocação universalizante. – Era dos Estatutos".[39]

---

36 Ibid., p. 4.
37 Ibid., p. 6.
38 Ibid., p. 7.
39 Ibid., p. 8.

Daí que o direito privado é nominado de direito privado socializado, publicizado, constitucionalizado ou despatrimonializado, no sentido de maior relevo para a realização da personalidade e a tutela da dignidade da pessoa humana, nortes da nova ordem constitucional brasileira. Os princípios e valores constitucionais ganham proeminência no processo de interpretação e aplicação do Direito.

Com o advento do Código Civil brasileiro de 2002, ganham destaque as cláusulas gerais e os direitos da personalidade. As cláusulas gerais devem ser interpretadas em consonância com os princípios fundantes da Constituição da República, já que o intérprete jurídico deve colorir a exegese civilística com os matizes axiológicos da principiologia constitucional. Nesse momento, os valores civilísticos de índole liberal devem ser mitigados pelos valores coletivos de solidariedade e justiça social.

Os direitos da personalidade, inseridos no Código Civil de 2002, devem ser interpretados em sintonia com as cláusulas constitucionais protetivas da personalidade, quais sejam: dignidade humana como valor fundamental da Constituição da República (art. 1°, III, da CRFB/88) e igualdade substancial (art. 3°, III, da CRFB/88).

Na esteira da filosofia existencialista (Heidegger, Sartre, Jaspers), a personalidade humana deve ganhar *status* de valor jurídico de cunho existencialista, já que esta não pode ficar aprisionada ao rol de direitos subjetivos típicos adotado pelo Código Civil. Daí a importância do entrelaçamento principiológico entre o Direito Civil e os direitos humanos.

A personalidade jurídica não pode ser considerada como um reduto do poder do indivíduo, mas sim "como valor máximo do ordenamento, modelador da autonomia privada, capaz de submeter toda a atividade econômica a novos critérios de legitimidade".[40]

Nesse sentido que o autor fala de uma verdadeira "cláusula geral de tutela e promoção da pessoa humana", tomada como valor máximo pelo ordenamento.[41] Vejamos as suas lições:[42]

Cabe ao intérprete ler o novelo de direitos introduzidos pelos arts 11 a 23 do Código Civil à luz da tutela constitucional emancipatória, na certeza de que tais diretrizes hermenêuticas, longe de apenas estabelecerem parâmetros para o legislador ordinário e para os poderes públicos, protegendo o indivíduo contra a ação do Estado, alcançam também a atividade econômica privada, informando as relações contratuais. Não há negócio jurídico ou espaço de liberdade privada que não tenha seu conteúdo redesenhado pelo

40 TEPEDINO, Gustavo. Crise de fontes normativas e técnica legislativa na parte geral do código civil de 2002. In: TEPEDINO, Gustavo. (Org.) *A parte geral do novo código civil* – estudos na perspectiva constitucional. Rio de Janeiro: Renovar, 2002, p. XXV.

41 Ibid., p. XXV.

42 Ibid., p. XXVI.

texto constitucional.

Da mesma forma, antes do advento do novo Código Civil de 2002, FRANCISCO AMARAL já alertava sobre as tendências do Direito Civil contemporâneo, a saber: [43]

1. Interpenetração crescente do Direito Civil com o constitucional e a conseqüente superação da clássica dicotomia direito público-direito privado.
2. Personalização do Direito Civil, no sentido da crescente importância da vida e da dignidade da pessoa humana, elevadas à categoria de direitos e de princípio fundamental da Constituição. É o personalismo ético da época contemporânea.
3. Desagregação do Direito Civil, face ao surgimento de ramos jurídicos autônomos, que se formam devido à complexidade das relações jurídicas. Por exemplo, direito imobiliário, direito bancário, direito previdenciário, etc.
4. Reservas à Codificação. O Código Civil deixa de ser o "estatuto orgânico da vida privada", em virtude da necessidade da releitura do Código Civil à luz dos princípios constitucionais.
5. Surgimento dos microssistemas jurídicos. É a chamada "Era dos Estatutos" que surgem para disciplinar temas específicos.

É nesta linha de pensamento que a personalidade jurídica não pode ser considerada somente como a aptidão de ser titular de direitos e deveres, conforme prescreve o artigo 1º do Código Civil, ou seja, considerada como sinônimo de capacidade jurídica. Ao contrário, a compreensão da personalidade jurídica deve se dar em duas vertentes: a primeira, como a possibilidade de ser sujeito de direitos e deveres e a segunda, e mais relevante, como o sentido existencial do próprio ser humano, visto como valor fundamental de nosso ordenamento jurídico. Neste caso, é o princípio da dignidade da pessoa humana ressoando em sua mais nobre originalidade.

Nesse caso, destaca-se a importância dos estudos avançados de hermenêutica jurídica e Direito Civil Constitucional, uma vez que aquela deixa de ser considerada como hermenêutica de orientação metodológico-científica (modo de conhecer) para ser estudada como hermenêutica ontológica (modo de ser).

Nessa linha, a clássica dicotomia direito público – direito privado não representa nos dias de hoje esferas distintas de atuação do intérprete jurídico, pelo contrário, constituem um conteúdo nuclear comum que representa a

43 AMARAL, Francisco. *Direito civil* – introdução. 3. ed. Rio de Janeiro: Renovar, 2000, p. 151-153.

incidência de vetores axiológicos constitucionais no direito privado. Este fenômeno é chamado de "constitucionalização do Direito Civil" ou "civilização do Direito Constitucional".

O núcleo comum constituído pelo entrelaçamento das normas do direito público e do direito privado refere-se à incidência da principiologia constitucional no âmbito do Direito Civil, especialmente, no que versa sobre direitos da personalidade, direito de família, direito de propriedade[44] e relações negociais, razão pela qual o Direito Civil deve ser estudado à luz dos paradigmas constitucionais com o firme propósito de construir-se uma sociedade justa e solidária.

Na sua peculiar lucidez, GUSTAVO TEPEDINO aponta que o direito público e o direito privado constituíram, para a cultura jurídica dominante na Escola da Exegese, "dois ramos estanques e rigidamente compartimentados. Para o Direito Civil, os princípios constitucionais equivaleriam a normas políticas, destinadas ao legislador e, apenas excepcionalmente, ao intérprete, que delas poderia timidamente se utilizar, nos termos do art. 4º da Lei de Introdução ao Código Civil, como meio de confirmação ou de legitimação de um princípio geral de Direito".[45] Daí que, ainda hoje, muitos operadores do Direito aplicam a legislação ordinária civilista no âmbito das relações de direito privado, desatentos às normas e princípios constitucionais.

Nesse contexto, a dogmática jurídica utilizada nas salas de aula considera o Direito por meio da dicotomia: direito público e direito privado. São professores que pertencem ao departamento de direito público e professores integrantes do departamento de direito privado. Isso sem contar que as disciplinas de hermenêutica jurídica e direito da personalidade, quando muito, são consideradas disciplinas eletivas. É certo que esse modelo é fruto de uma tradição liberal-individualista-normativista no qual o Código Civil sempre desempenhou uma referência normativa predominante e exclusiva no recinto das relações interprivadas.

3.8 Um Novo *Locus Hermenêutico* e a Nova Metódica do Direito Civil

A cultura jurídica operada em salas de aula e nos tribunais de Justiça deve ser desconstruída (visão de um sistema fechado codicista) em busca de

44 Vale destacar que a Constituição de 1934, em seu artigo 113, já determinava que o direito de propriedade não poderá ser exercido contra o interesse social e coletivo. Todavia, a Constituição de 1937 não proibia que o direito de propriedade fosse exercido contrariamente aos interesses sociais e coletivos. A Constituição de 1967 e a Emenda Constitucional de 1969 foram as primeiras Cartas que utilizam o termo "função social da propriedade", conforme art. 157 da Constituição de 1967 e artigo 160 da EC de 1969.

45 TEPEDINO, Gustavo. O código civil, os chamados microssistemas e a constituição: premissas para uma reforma legislativa. In: TEPEDINO, Gustavo (Org.) *Problemas de direito civil-constitucionalemas de direito civil*. Rio de Janeiro. Renovar. 2000. p. 3.

uma postura metodológica mais aberta, prospectiva que dê suporte a uma sociedade complexa e pluralista. Isso não quer dizer que o julgador desconsidere a segurança jurídica e passe a decidir de forma arbitrária (neste caso, estaríamos diante de um Estado-Judiciário). Pelo contrário, a jurisprudência deve reconhecer a eficácia normativa dos princípios constitucionais no âmbito das relações jurídicas de direito privado, bem como recorrer à hermenêutica jurídica não como um conjunto de métodos (hermenêutica metodológica), mas sim como condição de possibilidade (hermenêutica filosófica). É a reconstrução do Direito Civil a partir do como hermenêutico, ou seja, um *locus hermenêutico* constitucional com fincas no princípio fundante da proteção da dignidade da pessoa humana.

Daí que a norma jurídica civilística não pode ser compreendida como um juízo hipotético ancorada nos princípios da lógica formal, a partir de um rigorismo da separação dos mundos do "ser" e "dever ser". O Direito Civil e o Direito Constitucional devem estar em perfeita harmonia, a fim de que possam espelhar a realização e concretização do direito.

Diante disso, as lições de FRIEDRICH MÜLLER são esclarecedoras: "Assim se evidenciou que o positivismo legalista ainda não superado pela teoria e práxis refletidas, com a sua compreensão do direito como sistema sem lacunas, da decisão como uma subsunção estritamente lógica, e com a sua eliminação de todos os elementos da ordem social não reproduzidos no texto da norma é tributário de uma ficção que não pode ser mantida na prática".[46]

A tarefa da práxis do Direito Civil é a concretização de suas normas a partir de uma leitura constitucional de forma que "Direito Civil" e "realidade" sejam os lados de uma mesma moeda.

O operador do Direito deve levar em conta a multiplicidade de situações da vida interprivada em que numa sociedade moderna (ou pós-moderna!) e complexa se impõe a necessidade de realizar uma (re)leitura da dogmática civilística à luz de uma axiologia constitucional.

Pode-se dizer, portanto, que a fundamentação da decisão jurídica deve ser conformada no espaço (*locus*) hermenêutico da juridicidade, vinculada a uma permanente reflexão crítica do homem enquanto ser-no-mundo. Isto significa dizer que as questões jurídicas concretas emergem num quadro cunhado por um horizonte hermenêutico, superando a relação sujeito-objeto.

Nas lições de CASTANHEIRA NEVES, é possível compreender que o problema da interpretação jurídica relaciona-se com o Direito e não com a lei. Vejamos:[47]

46 MÜLLER, Friedrich. *Métodos de trabalho do direito constitucional*. 3. ed. Rio de Janeiro: Renovar, 2005, p. 32-33.

47 NEVES, Castanheira. *O actual problema metodológico da interpretação jurídica* – I. Coimbra: Coimbra Editores, 2003, p. 11-12.

> O problema da interpretação jurídica está, com efeito, a sofrer uma radical mudança de perspectiva no actual contexto metodológico. Deixou de conceber-se tão só e estritamente como *interpretação da lei* para se pensar como *actus* da *realização do Direito*. E isto significa, por um lado, que a realização do Direito não se identifica já com a interpretação da lei, nem nela se esgota; por outro lado, que não será em função da interpretação da lei, tomada abstractamente ou em si, que havemos de compreender a realização do Direito – em termos de se dizer que esta será o que for aquela –, antes é pela própria problemática autônoma e específica realização do Direito, e como seu momento metodológico-normativo, que se haverá de entender o que persista dizer-se interpretação da lei. Com o que o próprio conceito de interpretação jurídica se altera: de interpretação da lei converte-se em *interpretação do Direito*, de novo a *interpretatio legis* se confronta com a *interpretatio iuris*.
>
> É que, se intencional e normativamente o Direito deixou de identificar-se com a lei, também metodologicamente a realização do Direito deixou de ser mera aplicação das normas legais e manifesta-se como o acto judicativamente decisório através do qual, pela mediação embora do critério jurídico possivelmente oferecido por essas normas, mas com ampla actividade normativamente constitutiva, se cumprem em concreto as intenções axiológicas e normativas do direito, enquanto tal. Dir-se-á que, nestes termos, o pensamento jurídico recuperou o concreto, que vai na essencial vocação do direito, depois que o positivismo legalista, com o seu normativismo analítico-dedutivo, o levara a refugiar-se no alienante abstracto.

Uma metódica do Direito Civil destinada a ir além de um núcleo normativo monolítico deve assumir uma postura de que o problema hermenêutico não está fincado no problema de método produzindo um conhecimento de segurança inabalável, mas sim está relacionado ao problema da hermenêutica filosófica. O fenômeno da compreensão perpassa a experiência da Filosofia, a experiência da arte e a experiência da própria história. Todos esses modos de experiência nos apresenta (manifesta) uma verdade que não pode ser verificada com os meios metódicos da ciência.

O filósofo alemão HANS-GEORG GADAMER (1900 – 2002), autor de "*Verdade e método* – esboços de uma hermenêutica filosófica", é um dos autores mais importantes acerca da hermenêutica contemporânea. Gadamer, lastreado em estudos fenomenológicos, entendia que a tradição não podia mais se apoiar nas interpretações metafísicas da razão. Daí que os estudos gadamerianos estão voltados para a consciência histórica, em que a historicidade do sentido tem papel relevante na autocompreensão que o ser humano alcança como participante e intérprete da tradição histórica.

Gadamer procura superar o problema hermenêutico relacionado ao conceito metodológico da moderna ciência. Na introdução de "*Verdade e método*", Gadamer afirma que "o fenômeno da compreensão e da maneira correta de se interpretar o que se entendeu não é apenas, e em especial, um problema da doutrina dos métodos aplicados nas ciências do espírito. Sempre houve também, desde os tempos mais antigos, uma hermenêutica teológica e outra jurídica, cujo caráter não era tão acentuadamente científico e teórico, mas, muito mais, assinalado pelo comportamento prático correspondente e a serviço do juiz ou do clérigo instruído".[48]

A hermenêutica desenvolvida por Gadamer se afasta de uma doutrina de métodos das ciências do espírito e procura caminhar para um olhar além de sua autocompreensão metódica por meio da experiência do homem no mundo. É um (re)pensar o universo da compreensão, já que o filósofo procura refletir sobre a questão da verdade nas ciências do espírito. É um afastamento dos modelos clássicos hermenêuticos, nos quais a exegese era considerada um conjunto de métodos.

Os estudos de Hans-Georg Gadamer estão entrelaçados na sua forma mais original com os estudos antecedentes de HUSSERL, DILTHEY E HEIDEGGER. Nas palavras de Gadamer: "A conscienciosidade da descrição fenomenológica, que Husserl nos tornou um dever, a abrangência do horizonte histórico, onde Dilthey situou todo o filosofar, e, não por último, a compenetração de ambos os impulsos, cuja iniciativa recebemos de Heidegger há décadas, assinalam o paradigma sob o qual se colocou o autor".[49]

3.8.1 O círculo hermenêutico e a questão dos preconceitos

O círculo hermenêutico deve ser compreendido a partir dos estudos heideggerianos, ou seja, a estrutura circular da compreensão é dada a partir da temporalidade do ser-aí (*Dasein*). É o círculo hermenêutico em um sentido ontológico originário, através do qual a verdade se manifesta através do desvelamento do ser.

A compreensão é sempre um projetar-se. Gadamer afirma que "quem quiser compreender um texto realiza sempre um projetar. Tão logo apareça um primeiro sentido no texto, o intérprete prelineia o sentido do todo." [50] Melhor dizendo: a compreensão é um constante reprojetar-se a partir de

48 GADAMER, Hans-Georg. *Verdade e método*: traços fundamentais de uma hermenêutica filosófica. Tradução Flávio Paulo Meurer. Petrópolis: Vozes, 1997. p. 31.

49 Ibid., p. 36.

50 Ibid., p. 402.

determinadas perspectivas do intérprete. As perspectivas do intéprete (opiniões prévias), ou seja, antecipações de sentido do texto não devem ser confundidas com arbitrariedade do julgador.

É nesse sentido que Gadamer ensina que "a compreensão somente alcança sua verdadeira possibilidade, quando as opiniões prévias, com as quais ela inicia, não são arbitrárias. Por isso faz sentido que o intérprete não se dirija aos textos diretamente, a partir da opinião prévia que lhe subjaz, mas que examine tais opiniões quanto à sua legitimação, isto é, quanto à sua origem e validez".[51]

Com isso, o intérprete deve deixar que o texto diga alguma coisa por si, para que se evite a possibilidade do mal-entendido (opiniões prévias que levam à arbitrariedade). Daí que o que importa é "dar-se conta das próprias antecipações, para que o próprio texto possa apresentar-se em sua alteridade e obtenha assim a possibilidade de confrontar sua verdade com as próprias opiniões prévias".[52]

Na verdade, porém, Gadamer fala dos preconceitos. Estes podem ser classificados em positivos e negativos. O caráter negativo está relacionado com a época da Ilustração/Iluminismo (*Aufklärung*) representando um "juízo não fundamentado" e decidido "diante do tribunal da razão"[53] (preconceitos limitadores).[54]

Os preconceitos positivos são aqueles reconhecidos como legítimos e enlaçados com a questão central de uma hermenêutica verdadeiramente histórica.

3.8.2 A questão da pertença

Esse comportamento histórico-hermenêutico, por meio da comunidade de preconceitos fundamentais e sustentadores, é o sentido da pertença.[55] Logo, *pertença* é o momento da tradição no comportamento histórico-hermenêutico.[56]

É a consciência hermenêutica incluída na consciência histórica. Os preconceitos fundamentais e sustentadores são aqueles que tornam possível a compreensão (preconceitos produtivos). Daí que a compreensão é um comportamento produtivo e não (re)produtivo. É o texto "levado a sério na sua pretensão de verdade".[57]

51 Ibid., p. 403.
52 Ibid., p. 405.
53 Ibid., p. 410.
54 Ibid., p. 416.
55 Ibid., p. 442.
56 Ibid., p. 442.
57 Ibid., p. 444.

3.8.3 O tempo em sua produtividade hermenêutica

A compreensão como comportamento produtivo dá-se como um existencial a partir da interpretação temporal aplicada ao modo de ser da pre-sença (*Dasein*), conforme ensinamentos heideggerianos. O tempo é o fundamento que sustenta o acontecer.[58] O *ser é tempo*.[59] Dessa maneira, a questão do tempo está relacionada com a questão central da hermenêutica, ou seja, nesse contexto devemos "distinguir os verdadeiros preconceitos, sob os quais compreendemos, dos falsos preconceitos que produzem os mal-entendidos. Nesse sentido, uma consciência formada hermeneuticamente terá de incluir também a consciência histórica".[60]

Portanto, Gadamer afirma: "Entender é, essencialmente, um processo de história efeitual".[61]

3.8.4 A questão da história efeitual e situação hermenêutica

A consciência da história efeitual está relacionada com a consciência da *situação hermenêutica*. Nas palavras de Gadamer, "quando procuramos compreender um fenômeno histórico a partir da distância histórica que determina nossa situação hermenêutica como um todo, encontramo-nos sempre sob os efeitos dessa história efeitual".[62]

Nas lições de Jean Grondin, por história efeitual (*Wirkungsgeschichte*) entende-se, desde o século XIX, nas ciências literárias, "o estudo das interpretações produzidas por uma época, ou a história de suas recepções. Nela se torna claro que as obras, em determinadas épocas específicas, despertam e devem mesmo despertar diferentes interpretações. A consciência da história efeitual, a ser desenvolvida, está inicialmente em consonância com a máxima de se visualizar a própria situação hermenêutica e a produtividade da distância temporal".[63]

Gadamer entende que a consciência da história efeitual funciona como um princípio no processo de compreensão. A compreensão a partir de uma compreensão objetivista guindada no viés metodológico obnubila o entrelaçamento efeitual-histórico que deve permear o processo hermenêutico. Melhor dizendo: A fé no processo metodológico acaba por obscurecer a própria historicidade.

É dessa maneira que o magistrado, no processo de decisão judicial, deve considerar os efeitos da história efeitual no processo exegético, ou seja, é

---

58 Ibid., p. 445.
59 Para um estudo mais detalhado da temporalidade em Heideger: Ver obra *Ser e tempo*.
60 Ibid., p. 447.
61 Ibid., p. 448.
62 Ibid., p. 449.
63 radução: Benno Dischinger. São Leopoldo: Unisinos, 1999, p. 190.

preciso tornar consciente a própria situação hermenêutica, para melhor "dizer o Direito". Isso ocorre na medida que o julgador analisa o caso concreto decidendo, a partir da interpretação da própria pré-compreensão, consoante ensinamentos heideggerianos. A história efeitual seria o "pano de fundo" do processo decisório, já que o julgador deve inserir-se na situação hermenêutica.

Segundo *"Verdade e método"*, Gadamer ensina que o conceito de situação "se caracteriza pelo fato de não nos encontrarmos diante dela e, portanto, não podemos ter um saber objetivo dela. Nós estamos nela, já nos encontramos sempre numa situação, cuja iluminação é a nossa tarefa, e esta nunca pode se cumprir por completo. E isso vale também para a situação hermenêutica, isto é, para a situação em que nos encontramos face à tradição que queremos compreender. Também a iluminação dessa situação, isto é, a reflexão da história efeitual, não pode ser plenamente realizada, mas essa impossibilidade não é defeito da reflexão, mas se encontra na essência mesma do ser histórico que somos. *Ser histórico quer dizer não se esgotar nunca no saber-se*".[64]

3.8.5 A importância de ter horizontes. A fusão de horizontes

O conceito de situação hermenêutica encontra-se entrelaçado com o conceito de horizontes. Isso porque o julgador, no momento da prestação jurisdicional, deve ampliar e abrir seus horizontes. Segundo Gadamer, horizonte é "o âmbito de visão que abarca e encerra tudo o que é visível a partir de determinado ponto".[65]

Aplicando-se ao meio jurídico, falamos então que o magistrado não tem visão, seus horizontes são limitados ao Códex, da possibilidade de ampliar a exegese civilística aos princípios constitucionais, da abertura de novos horizontes jurídicos em razão do multiculturalismo, dos direitos humanos, etc. Aquele juiz que não possui horizontes é um magistrado que não vê suficientemente longe e que, dessa forma, supervaloriza as regras do Código Civil (é um esforço intelectual reduzido preocupado apenas com o que lhe está mais próximo) sem o entrelaçamento devido com as normas e os preceitos constitucionais. Pelo contrário, a leitura das regras jurídicas interprivadas à luz da axiologia constitucional significa não estar limitado ao mais próximo, mas poder ver para além disso. Aquele que tem horizontes sabe valorizar corretamente o significado de ser magistrado. Assim, a elaboração da *situação hermenêutica* pelo juiz significa a obtenção do horizonte de questionamento correto para as questões que se colocam frente ao magistrado.

Neste contexto, Gadamer afirma que "quem omitir esse deslocar-se ao horizonte histórico a partir do qual fala a tradição, estará sujeito a mal-en-

64 GADAMER, op. cit., 1997, p. 451.
65 Ibid., p. 452.

tendidos com respeito ao significado dos conteúdos daquela. Nesse sentido, parece ser uma exigência hermenêutica justificada o fato de termos de nos colocar no lugar do outro para poder entendê-lo".[66]

Surge então a necessidade do julgador deslocar-se à situação histórica e procurar reconstruir seu horizonte. Por essa razão, Gadamer afirma que "o horizonte é, antes, algo no qual trilhamos nosso caminho e que conosco faz o caminho. Os horizontes se deslocam ao passo de quem se move".[67]

O operador do Direito ou magistrado que permanece alheio às mudanças sociais não realiza o "deslocar-se" para a situação hermenêutica. Há, portanto, a necessidade de compreender o outro homem a partir da intersubjetividade, considerando a alteridade da norma jurídica. Esse deslocar-se não é um ato de subjetividade ou arbitrariedade, nem a submissão do outro aos padrões do julgador, mas significa uma ascensão a uma universalidade hermenêutica. Daí a importância de termos horizontes. Aplicando ao problema hermenêutica as questão de se ter horizontes, Hans-Georg Gadamer afirma que "ganhar um horizonte quer dizer sempre aprender a ver mais além do próximo e do muito próximo, não para apartá-lo da vista, senão que precisamente para vê-lo melhor, integrando-o em um todo maior e em padrões mais corretos".

É evidente que para ganhar para si um horizonte histórico requer um esforço pessoal do magistrado. Ele não pode ficar limitado ao modelo de decisão judicial pautado na lógica formal, de padrão matematizante. Ele deve ir além na busca de novos horizontes e paradigmas de decidibilidade judicial, como ser-no-mundo e mundo vivido.

A questão da decidibilidade judicial é muito importante, em especial, em uma sociedade plural e complexa, em constantes mutações. Daí que essa questão é muito mais complexa do que se pensa, já que cabe ao magistrado proferir sentenças judiciais que não sejam aparentes e superficiais fincadas em uma hermenêutica de superfície, ao contrário deve partir do fato de que uma situação hermenêutica está delimitada pelos preconceitos que trazemos conosco. É um ir além do que já não se consegue ver com a hermenêutica metodológica. Na verdade, o horizonte do presente está num processo de constante formação e mutação que condiciona os nossos preconceitos. A cada momento devemos pôr à prova tais preconceitos, a partir da fusão de horizontes. É o encontro do passado com a tradição da qual nós mesmos procedemos.[68]

Segundo Gadamer, a fusão de horizontes ocorre constantemente na tradição, pois "nela o velho e o novo crescem sempre juntos para uma validez vital,

66 Ibid., p. 453.
67 Ibid., p. 455.
68 Ibid., p. 457.

sem que um e outro cheguem a se destacar explicitamente por si mesmos".[69]

Toda essa tarefa hermenêutica deve ser desenvolvida conscientemente pelo magistrado, já que em si experimenta por si mesma à relação de tensão entre o texto legal e o presente. O julgador não pode decidir a demanda judicial com um comportamento hermenêutico ingênuo, desconsiderando a situação hermenêutica da qual faz parte.

Se formos em direção às lições gadamerianas, encontraremos: "A consciência histórica é consciente de sua própria alteridade e por isso destaca o horizonte da tradição com respeito ao seu próprio. [...] O projeto de um horizonte histórico é, portanto, só uma fase ou momento na realização da compreensão, e não se prende na autoalienação de uma consciência passada, mas se recupera no próprio horizonte compreensivo do presente. Na realização da compreensão tem lugar uma verdadeira fusão horizôntica que, com o projeto do horizonte histórico, leva a cabo simultaneamente sua suspensão. Nós caracterizamos a realização controlada dessa fusão como a tarefa da consciência histórico-efeitual. Enquanto que, na herança da hermenêutica romântica, o positivismo estático-histórico ocultou essa tarefa, temos de dizer que o problema central da hermenêutica se estriba precisamente nela. É o problema da aplicação que está contido em toda compreensão."[70]

3.8.6 A hermenêutica como aplicação

O problema da hermenêutica jurídica de cariz metodológico sofre uma ruptura com Gadamer. Isso porque "compreender é sempre também aplicar".[71]

Uma regra jurídica não pode ser compreendida desalinhada com sua aplicação no instante concreto da decidibilidade judicial. Uma lei somente será compreendida adequadamente se "compreendida em cada instante, isto é, em cada situação concreta de uma maneira nova e distinta".[72]

É o afastamento da tarefa hermenêutica ao modelo metodológico. Gadamer ensina que "a compreensão é menos um método através do qual a consciência histórica se aproxima do objeto eleito para alcançar seu conhecimento objetivo do que um processo que tem como pressuposição o estar dentro de um acontecer tradicional. A própria compreensão se mostrou como um acontecer".[73]

Dessa forma, o sentido de um texto jurídico e sua aplicação a um caso jurídico concreto não são atos separados, ao contrário representam uma unidade exegética.

69 Ibid..
70 Ibid., p. 458.
71 Ibid., p. 461.
72 Ibid.,
73 Ibid., p. 462.

Capítulo 4

INTRODUÇÃO AO DIREITO DAS OBRIGAÇÕES

4.1. Conceito

No mundo da vida se desvelam vários tipos de obrigações, tais como as de ordem moral, familiar, social, pessoal, religiosa, civil, dentre outras. A palavra *obrigação* decorre do verbo *obligare,* composto de *ligare,* que significa ligar, unir, atar, amarrar, vincular. CAIO MÁRIO DA SILVA PEREIRA ensina que o recurso à etimologia é bom subsídio: "*obrigação*, do latim *ob* + *ligatio,* contém uma ideia de vinculação, de liame, de cerceamento da liberdade de ação, em benefício de pessoa determinada ou determinável".[1]

A *obrigação* pode ser definida como o vínculo jurídico que une credor (titular do crédito) e devedor (titular do dever de prestar), pelo qual este deve realizar em favor daquele uma prestação (dar, fazer ou não fazer), suscetível de avaliação pecuniária, sob pena de coação judicial.

Segundo CLÓVIS BEVILÁQUA, *obrigação* é "a relação transitória de direito que nos constrange a dar, fazer ou não fazer alguma coisa economicamente apreciável, em proveito de alguém que, por ato nosso ou de alguém conosco juridicamente relacionado, ou em virtude de lei, adquiriu o direito de exigir de nós essa ação ou omissão".[2]

Com lastro na definição clássica dos romanos *(obligatio est juris vinculum, quo necessitate adstringimur alicujus solvendae rei),* ORLANDO GOMES afirma que obrigação é "um vínculo jurídico em virtude do qual uma pessoa fica adstrita a satisfazer uma prestação em proveito de outra".

Mais sucinto é TITO FULGÊNCIO escrevendo *in Manual Lacerda* que ocorre obrigação civil, "quando uma pessoa tem direito a exigir de outra uma prestação, ou aquela a cuja execução pode o devedor ser constrangido".[3]

1 PEREIRA, Caio Mário da Silva. *Instituições de direito civil*: teoria geral das obrigações. V. II, 20. ed. Rio de Janeiro: Forense, 2003, p. 4.

2 BEVILÁQUA, Clóvis. *Direito das obrigações*. Bahia: José Luiz da Fonseca Magalhães, 1896, p. 5-6.

3 FULGÊNCIO, Tito. In: LACERDA, Paulo. *Manual do código civil brasileiro*: do direito das obrigações. Vol X. Rio de Janeiro: Jacintho Ribeiro dos Santos, 1928, p. 15.

Para o jurista português ANTUNES VARELA, são obrigações em sentido técnico "as relações constituídas entre o comprador, que tem o dever de pagar o preço, e o vendedor, que tem o direito de exigir a entrega dele; entre o senhorio, que tem o dever de proporcionar o gozo temporário do prédio, e o arrendatário, que tem o poder de reclamá-lo; entre o credor da sociedade que exige o pagamento de uma dívida social e a sociedade ou o sócio, que responda por ela; entre a vítima do atropelamento e o condutor responsável pelo acidente.

O termo *obrigação* abrange a relação no seu conjunto e não apenas, como sucede na linguagem comum, o seu lado passivo: compreende, portanto, o *dever de prestar*, que recai sobre uma das partes, bem como o *poder de exigir* a prestação conferido à outra".[4]

O conceito básico de obrigação adotado no Código Civil português, no artigo 397°, é "o *vínculo jurídico por virtude do qual uma pessoa fica adstrita para com outra à realização de uma prestação*" que "*deve corresponder a um interesse do credor, digno de proteção legal*", conforme parte final do n° 2 do artigo 398° do diploma jurídico civilístico português.

O Código Civil brasileiro escusou-se de conceituar a obrigação.

O vínculo jurídico é o liame estabelecido entre os sujeitos de uma relação jurídica, isto é, por meio desse vínculo, por exemplo, que o sujeito ativo tem o direito de exigir o cumprimento do dever por parte do sujeito passivo. E este tem o dever jurídico de cumprir a obrigação.[5]

KARL LARENZ designa relação jurídica como um "nexo jurídico" entre pessoas. O termo "nexo" indica que "toda relación significa una "vinculación" – de uno o varios participantes, o de todos los demás en relación con el único titular. La "vinculación" es primariamente de tipo *normativo*; fácticamente se traduce, por lo general, en que el "vinculado" (esto es, el obligado) ha de contar con inconvenientes si actúa en contra su vinculación".[6]

A relação jurídica é uma relação social qualificada pelo Direito. No entanto, nem toda relação social interessa ou é protegida pelo Direito. Os laços de amizade, as relações de cortesia, podem servir de exemplo de relações sociais que não fazem parte do fenômeno jurídico.

MANUEL A. DOMINGUES DE ANDRADE define relação jurídica como toda a situação ou relação da vida real (social) juridicamente relevante (produtiva de consequências jurídicas), isto é, disciplinada pelo Direito.[7]

---

4 VARELA, João de Matos Antunes. *Das obrigações em geral*. Vol. I, 10. ed. Coimbra: Almedina, 2006, p. 63.

5 MELLO, Cleyson de Moraes. *Introdução ao estudo do direito*. Rio de Janeiro: Freitas Bastos, 2006, p. 323.

6 LARENZ, Karl. *Derecho civil*: parte general. Traducción y notas de Miguel Izquierdo y Macías-Picavea. Madrid: Editoriales de Derecho Reunidas, 1978, p. 248.

7 ANDRADE, Manuel A de. *Teoria geral da relação jurídica*. Vol. I. Coimbra: Livraria Almedina, 1997. p. 2.

PAULO DOURADO DE GUSMÃO ensina que a relação jurídica "é o vínculo que une duas ou mais pessoas, decorrente de um fato ou de um ato previsto em norma jurídica, que produz efeitos jurídicos, ou, mais singelamente, vínculo jurídico estabelecido entre pessoas, em que uma delas pode exigir de outra determinada obrigação".[8]

FRANCISCO AMARAL a define como "o vínculo que o direito reconhece entre pessoas ou grupos, atribuindo-lhes poderes e deveres. Representa uma situação em que duas ou mais pessoas se encontram, a respeito de bens ou interesses jurídicos".[9]

O conceito de obrigação ofertado por WASHINGTON DE BARROS MONTEIRO é o seguinte: "obrigação é a relação jurídica, de caráter transitório, estabelecida entre devedor e credor e cujo objeto consiste numa prestação pessoal econômica, positiva ou negativa, devida pelo primeiro ao segundo, garantindo-lhe o adimplemento através de seu patrimônio".[10]

CLÓVIS DO COUTO E SILVA concebe a obrigação como um processo, ou seja, a obrigação vista a partir de um conceito dinâmico, "em sentido largo, do conjunto de atividades necessárias à satisfação do interesse do credor", superando, destarte o conceito estático e tradicional da relação jurídica obrigacional.[11]

Por fim, inserindo a obrigação como relação jurídica obrigacional de cooperação, PIETRO PERLINGIERI diz que "a obrigação não se identifica no direito ou nos direitos do credor; ela configura-se cada vez mais como uma relação de cooperação. Isto implica uma mudança radical de perspectiva de leitura da disciplina das obrigações: esta última não deve ser considerada o estatuto do credor; a cooperação, é um determinado modo de ser, substitui a subordinação e o credor se torna titular de obrigações genéricas ou específicas de cooperação ao adimplemento do devedor."[12]

É, pois, a relação jurídica obrigacional permeada pela boa-fé, ou seja, adornada pelas cores da cooperação, lealdade, confiança, fidelidade, honestidade com o propósito de cumprimento das obrigações. O Código Civil alemão, por exemplo, diz no seu parágrafo 242 que "§ 242: O devedor deve (está adstrito a) cumprir a prestação tal como o exija a boa-fé, com consideração pelos costumes do tráfego jurídico."[13]

8 GUSMÃO, Paulo Dourado de. Introdução ao estudo do direito. 33. ed. Rio de Janeiro: Forense, 2003. p. 254.

9 AMARAL, Francisco. Direito civil: introdução. 6. ed. Rio de Janeiro: Renovar, 2006. p. 159.

10 PERLINGIERI, Pietro. Perfis do Direito Civil: uma introdução ao direito civil constitucional. Rio de Janeiro: Renovar, 1999, p.212.

11 COUTO E SILVA, Clóvis do. *A Obrigação como Processo*. Rio de Janeiro: FGV, 2007, p.10.

12 PERLINGIERI, Pietro. *Perfis do Direito Civil*: uma introdução ao direito civil constitucional. Rio de Janeiro: Renovar, 1999, p.212.

13 No original: Der Schuldner ist verpflichtet, die Leistung so zu berwirken, wie Treu und Glauben mit Rücksicht auf die Verkehrssitte es erfordern

KARL LARENZ denomina-os "deveres de conduta", que traduzem a estipulação obrigacional firmada entre os contraentes, ou do princípio da boa-fé, ou das circunstâncias, ou, finalmente, das exigências do tráfico, que podem afetar a conduta que de qualquer modo esteja em relação com a execução da obrigação. Esses deveres resultam naturalmente da relação jurídica obrigacional, mas se diferenciam por seu caráter secundário ou complementar do dever primário de adimplemento.[14]

4.2. Elementos da relação jurídica obrigacional

A doutrina é divergente quanto aos elementos da relação jurídica. Manuel A. DOMINGUES DE ANDRADE[15] enumera os sujeitos, o objeto, o fato jurídico e a garantia. Já PAULO NADER entende que integram a relação jurídica os seguintes elementos: sujeitos, objeto e vínculo de atributividade.[16]

MIGUEL REALE anota que são quatro os elementos fundamentais de uma relação jurídica: um sujeito ativo, um sujeito passivo, um vínculo de atributividade e um objeto.[17]

A relação jurídica *simples* é aquela que envolve apenas duas pessoas, uma no polo ativo e outra no polo passivo. Já as relações jurídicas plurilaterais contêm mais de uma pessoa em um dos polos da relação jurídica. Na *relação jurídica obrigacional,* é possível identificar três *elementos essenciais* que a compõem, a saber: a) elemento subjetivo composto pelos sujeitos da relação jurídica obrigacional (credor ou sujeito ativo e devedor ou sujeito passivo); elemento objetivo relacionado ao objeto da relação jurídica (prestação); e c) elemento abstrato (imaterial ou espiritual) atinente ao vínculo jurídico que une os sujeitos da relação jurídica.

4.2.1. Elemento subjetivo

O *elemento subjetivo* da obrigação está relacionado aos sujeitos da relação jurídica obrigacional: um sujeito ativo (credor) e um sujeito passivo (devedor). Portanto, a relação obrigacional é *interpessoal,* já que apresenta uma duplicidade de sujeitos na relação jurídica: o credor e o devedor.

O sujeito ativo (credor, titular do direito subjetivo) é aquele que tem o direito de exigir o cumprimento da prestação e o sujeito passivo (devedor, titular do dever jurídico) é aquele que dever de prestar, ou seja, a pessoa da qual se pode exigir o cumprimento da prestação.

Os sujeitos devem ser determinados (pessoa natural ou jurídica) ou determináveis. Isso porque a *determinabilidade* poderá não ocorrer desde logo

14 LARENZ, Karl. *Derecho de obligaciones*. Trad. Jaime Santos Briz. Madrid: ERDP,1958, p. 22.

15 ANDRADE, Manuel A de. Op. Cit., p.19.

16 NADER, Paulo. *Introdução ao estudo do direito.* 21. ed. Rio de Janeiro: Forense, 2001. p. 292.

17 REALE, Miguel. *Lições preliminares de direito.* 27. ed. São Paulo: Saraiva, 2003, p. 217-218.

no ato de formação da relação obrigacional. É, pois, uma situação transitória, sob pena de não se formar o vínculo obrigacional. Caso frequente de indeterminabilidade inicial do credor é o da promessa de recompensa, em que uma pessoa, mediante anúncios, obriga-se a uma prestação em benefício de quem encontrar seu animal perdido. Neste caso, o devedor é certo e o credor indeterminado, não obstante a obrigação existir desde logo.

A indeterminação do devedor é mais frequente nas obrigações *prop- ter rem*, tais como o pagamento das despesas condominiais, no caso de alienação da unidade condominial.

4.2.2. Elemento objetivo

A relação obrigacional tem sempre por objeto uma *prestação*. Esta pode ser positiva (dar e fazer) ou negativa (não fazer). O objeto da relação obrigacional é a ação ou omissão que o devedor deve cumprir e o credor possui o direito subjetivo (neste caso, denominado de direito obrigacional ou pessoal) de exigir. Melhor dizendo: a prestação é uma conduta que o credor tem direito a obter e que o devedor deve realizar.

Esta conduta (prestação) pode ser classificada em três tipos, a saber:

a) de *dar,* que pode ser de *dar coisa certa* (CC, arts 233 e seguintes) ou de *dar coisa incerta* (CC, art. 243); b) de *fazer,* que pode ser infungível ou fungível (CC, arts 247 e 249) e de emitir declaração de vontade (CPC, art. 639); ou c) de *não fazer* (CC, arts 250 e seguintes).

A *obrigação de dar* pode consistir em *entregar* ou *restituir* alguma coisa. Por exemplo, no contrato de compra e venda, o alienante se obriga a entregar a coisa e o adquirente a entregar o preço. Já no contrato de comodato, o comodatário se obriga a restituir a coisa emprestada gratuitamente.

A *obrigação de fazer* é aquela relacionada à realização de um serviço, ou seja, uma pessoa se obriga a um serviço, seja empregando a sua força física ou intelectual, por exemplo, o professor não "dá aula", mas sim realiza a aula, faz aula. Daí a obrigação docente estar relacionada à *obrigação de fazer* e não obrigação de dar.

Já a *obrigação de não fazer* consiste em uma abstenção do devedor em não realizar certa conduta, ou seja, o devedor se obriga a uma omissão, *e.g.*, a não erguer um prédio com mais de três andares, etc. Dessa maneira, o objeto da relação obrigacional pode ser uma coisa, um serviço, uma abstenção e até mesmo um silêncio. Isso não ocorre com os direitos reais, já que o objeto deste é sempre uma coisa.

Uma característica importante do elemento objetivo da relação obrigacional é o seu *conteúdo econômico*. Isto quer dizer que, para a maioria dos juristas, somente haverá obrigação civil se a prestação se revestir de conteúdo econômico. Assim, a economicidade é indispensável nas obrigações civis, já que a prestação representa para o credor um interesse econômico. Este caráter não é vislumbrado nas obrigações morais, religiosas e sociais. É o caso, por exemplo, da pessoa que se obriga a dizimar. Considerando a natureza religiosa da obrigação, o sujeito não pode ser compelido a cumprir a prestação, já que não pertence ao mundo do Direito.

Ocorre que existem obrigações desprovidas de cunho patrimonial, as quais o credor possui interesse moral ou afetivo no seu cumprimento. Aqui se desvela o *interesse* que o credor tem na prestação. Esta é a linha adotada pelo Código Civil italiano, em especial, em seu artigo 1.174, ao afirmar que *"la prestazione che forma oggetto dell obbligazione deve es- sere suscettibile di valutazione economica e deve corrispondere a un interesse, anche non patrimoniale, del creditore"*. Dessa forma, a prestação em si considerada não necessariamente deve ser suscetível de avaliação econômica. Scuto, em sua obra "*Teoria generale delle obbligazione*", ao analisar o referido artigo italiano, afirma que "nem seria necessário afirmar que a prestação, em si mesma não patrimonial, possa sem mais receber o caráter patrimonial do interesse do credor, interesse que se admite possa se patrimonial independentemente da prestação, ao se dizer, no dito artigo, que tal interesse pode ser também não patrimonial".[18]

Caso assim não se entenda, o que dizer do caráter inestimável do prejuízo moral ou da questão da responsabilidade civil por carência de afeto? A doutrina mais abalizada responde no sentido afirmativo quanto à questão da validade das obrigações de *prestação não patrimonial*. No mesmo sentido, o Código Civil português, em seu artigo 398°, n° 2, prescreve que "*a prestação não necessita de ter valor pecuniário, mas deve corresponder a um interesse do credor, digno de protecção legal*". Portanto, não é necessário que o interesse do credor tenha valor pecuniário.

Vale lembrar, também, que não é obrigatório que o título obrigacional contenha o valor econômico expresso da prestação. Este poderá ser aferido imediatamente, bem como pode ser projetado para o futuro. Dessa forma, o objeto da relação jurídica deve ser lícito, possível, determinado ou determinável, bem como economicamente apreciável (caráter patrimonial).

Quanto à *liceidade* do objeto, CLÓVIS BEVILÁQUA esclarece que "a declaração de vontade deve ser conforme aos fins éticos do Direito, que não pode dar apoio a institutos imorais, cercar de garantias combinações contrárias aos seus preceitos fundamentais. [...] Consequentemente, se o objeto do ato for ofensivo da moral ou das leis de ordem pública, o direito não lhe reconhece validade".[19]

18 SERPA LOPES, Miguel Maria de. *Curso de direito civil:* obrigações em geral. Vol. II. 7. ed. Rio de Janeiro: Freitas Bastos, 2000, p. 23.

19 BEVILÁQUA, Clóvis. *Código civil dos Estados Unidos do Brasil comentado por Clóvis Beviláqua.*

A *possibilidade* do objeto deve ser analisada sob o ponto de vista natural e jurídico. A impossibilidade natural está relacionada com os atos jurídicos que têm por objeto qualquer contrato que recaia sobre indivíduos ou gêneros que inexistem ou cujo objeto seja insuscetível de apropriação (*v.g.*, o ar, a luz, o mar). A impossibilidade jurídica acontece, por exemplo, quando alguém procura transacionar algo fora do comércio ou renuncia aos direitos da personalidade.

A impossibilidade pode ser *originária* (inicial) ou *superveniente*. Aquela existe desde logo, ou seja, com a formação do negócio jurídico; esta surgirá após a celebração do negócio jurídico.

Ainda é possível classificar a impossibilidade como *absoluta (erga omnes)* ou *relativa*. A impossibilidade absoluta é aquela que existe em relação a qualquer devedor. A impossibilidade relativa se refere a este ou àquele sujeito somente. Neste caso, um exemplo é a obrigação do devedor em ministrar uma aula de Direito Civil, sem que tenha conhecimentos e habilidades para a realização do ato. Outra pessoa dotada de conhecimentos jurídicos na esfera cível poderia cumprir a obrigação.

O artigo 106 do nosso Código Civil determina que "a impossibilidade inicial do objeto não invalida o negócio jurídico se for relativa, ou se cessar antes de realizada a condição a que ele estiver subordinado".[20]

Por fim, a impossibilidade pode ser *temporária* ou *perpétua*. Aquela desaparece com o decurso do tempo; esta não.O objeto deve ainda ser *determinado* ou *determinável,* ou seja, se exige a sua descrição e individualização.

4.2.3. Elemento abstrato. Vínculo jurídico obrigacional

O credor somente poderá compelir o devedor a cumprir a prestação em razão do vínculo jurídico obrigacional existente entre ambos. É um liame, é uma espécie de fio condutor invisível que une o titular do direito subjetivo com o titular do dever jurídico. Da obrigação jurídica se desvela um vínculo entre credor e devedor.

Este vínculo obrigacional que cria um amálgama entre credor e devedor traduz para o credor o direito à prestação (crédito) e a pretensão que representa a possibilidade de exigir a prestação; para o devedor o dever de prestar (débito) e a responsabilidade (*haftung*) que se configura na garantia da execução da prestação.

Isso significa que caso ocorra o inadimplemento da prestação, evento comum no mundo jurídico obrigacional, utiliza-se um mecanismo para compelir o devedor a cumprir a obrigação, qual seja: o devedor responde *com o seu patrimônio* pela garantia da prestação.

V. 1. Edição histórica. Rio de Janeiro: Rio, 1976, p. 329.

20 Sem Correspondente ao CC de 1916.

Em épocas remotas, este mecanismo de coerção consistia no fato de o devedor garantir a sua dívida com a sua própria vida. O devedor era, pois, sacrificado em razão do inadimplemento obrigacional. Melhor dizendo: a garantia do pagamento era o próprio corpo do devedor.

Vale destacar que os bens do devedor não ficam indisponíveis a partir do momento de celebração da avença obrigacional, mas sim que tais bens poderão ser expropriados pelo credor no caso de inadimplemento, servindo, pois, de garantia do débito.

Daí porque a existência do defeito do negócio jurídico denominado de fraude contra credores. A fraude contra credores é um defeito do negócio jurídico que não representa um vício do consentimento, senão um vício social. A fraude contra credores não representa uma distonia entre o querer do agente e sua manifestação de vontade. De acordo com LEONI, a fraude contra credores "é todo ato de disposição, a título gratuito ou oneroso, pelo qual o devedor deteriora a própria situação patrimonial, de modo que, em consequência de tais atos, o remanescente de seu patrimônio não possa mais exercer a sua função de garantia patrimonial genérica".[21]

O artigo 158 do nosso Código Civil determina que "os negócios de transmissão gratuita de bens ou remissão de dívida, se os praticar o devedor já insolvente, ou por eles reduzido à insolvência, ainda quando o ignore, poderão ser anulados pelos credores quirografários, como lesivos dos seus direitos.[22]

§ 1° Igual direito assiste aos credores cuja garantia se tornar insuficiente.

§ 2° Só os credores que já o eram ao tempo daqueles atos podem pleitear a anulação deles.

A fraude é, portanto, todo ato que venha a prejudicar ou causar prejuízos para os credores *(eventus damni)*, no sentido de o devedor reduzir a sua situação patrimonial com o firme propósito de não garantir o pagamento de suas dívidas.

Em nosso ordenamento jurídico civilístico, o devedor responde, para o cumprimento de suas obrigações, com todos os seus bens presentes e futuros, salvo as restrições estabelecidas em lei. (CPC, art. 789). É o *princípio da responsabilidade patrimonial do devedor.*

CLÓVIS BEVILÁQUA afirma que "não exige o Código o requisito da má-fé (*consilium fraudis*), que, aliás, ordinariamente, se presume, porém que não é essencial para determinar a fraude e tornar anulável o ato".[23]

21 OLIVEIRA, J. M. Leoni Lopes de. *Novo código civil anotado.* Vol. I. Rio de Janeiro: Lumen Juris, 2004, p. 300.

22 Correspondente ao art. 106 do CC de 1916.

23 BEVILÁQUA, Clóvis. Código civil dos Estados Unidos do Brasil comentado por Clóvis Beviláqua. V. 1. Edição histórica. Rio de Janeiro: Rio, 1976, p. 358.

Os credores quirografários (aqueles que têm como garantia de seu crédito o patrimônio do devedor, ou seja, o credor possui simplesmente a garantia genérica) que não possuem garantia real, bem como os credores com garantia insuficiente para satisfazer os seus créditos possuem legitimação *ad causam* para anular as transmissões gratuitas de bens (doações, repúdio de heranças) e as remissões de dívidas que praticarem os devedores insolventes. O artigo 158, § 2°, dispõe que somente os credores que já o eram ao tempo daqueles atos podem pleitear a anulação dos referidos atos jurídicos. A estes, a lei confere a ação revocatória ou pauliana.

A ação pauliana poderá ser intentada contra o devedor insolvente, a pessoa que com ele celebrou a estipulação considerada fraudulenta, ou terceiros adquirentes que hajam procedido de má-fé (CC, art. 161).[24]

É, pois, um litisconsórcio necessário entre o devedor, o terceiro que com ele celebrou o negócio jurídico, bem como os subadquirentes que tenham agido de má-fe.

Os requisitos indispensáveis para a caracterização da fraude contra credores a título gratuito são: a) existência de um crédito quirografário; b) a insolvência do devedor; c) ato que venha a prejudicar ou causar prejuízos para os credores *(eventus damni).*

Contra *atos de alienação a título oneroso,* estabelece o artigo 159 que "serão igualmente anuláveis os contratos onerosos do devedor insolvente, quando a insolvência for notória, ou houver motivo para ser conhecida do outro contratante".[25]

Neste caso, são pressupostos para a caracterização da fraude contra credores: a) ato de alienação; b) *eventus damni* (prejuízo para os credores); c) conhecimento, por parte do 3°, da insolvência do alienante *(scientia fraudis).2*

O artigo 171, inciso II, do nosso Código Civil determina que é anulável o negócio jurídico por fraude contra credores. É de quatro anos o prazo de decadência para pleitear a anulação do negócio jurídico, contado do dia de realização do referido ato. Ocorre que a jurisprudência tem contado o prazo a partir da data da transcrição do título no registro imobiliário competente. Assim, o termo inicial do prazo decadencial para o credor ajuizar ação objetivando a anulação do negócio jurídico deve coincidir com o momento em que este teve ou podia ter ciência inequívoca da existência do contrato a ser invalidado.

O prazo é decadencial, logo não que se falar em suspensão ou interrupção do prazo. É, pois, um prazo fatal.

Em caráter excepcional, nos dias atuais, o inadimplemento obrigacional pode custar a liberdade do devedor. São as hipóteses do descumprimento

24 Correspondente ao art. 109 do CC de 1916.
25 Correspondente ao art. 107 do CC de 1916.

da obrigação alimentar e da obrigação do depositário infiel. No caso de inadimplemento, o devedor está sujeito à pena de prisão civil, o que representa, portanto, vestígios de longa data.

A partir do advento da *lex poetelia papiria,* em 428 a.C., deslocou-se o eixo da garantia obrigacional do corpo do devedor para o seu patrimônio. Os bens do devedor garantem, portanto, o pagamento da prestação. É a denominada *responsabilidade patrimonial* que representa uma *garantia* ao direito subjetivo do credor que recai sobre o patrimônio do devedor, no caso de inadimplemento obrigacional. Neste diapasão, o artigo 391 do nosso Código Civil preceitua que "pelo inadimplemento das obrigações respondem todos os bens do devedor", salvo, naturalmente, os bens impenhoráveis e inalienáveis, bem como outras hipóteses legais.[26]

Daí se falar em débito *(schuld; debitum)* e responsabilidade *(haftung; obligatio).* Em regra, nas obrigações débito e responsabilidade são os lados da mesma moeda. Todavia, nem sempre *débito* e *responsabilidade* andam juntos, já que existem exceções. Vejamos: a) Nas obrigações naturais e nas dívidas prescritas existe o elemento débito, mas o credor não possui legitimidade de exigir o cumprimento da prestação, ou seja, não existe a responsabilidade. b) Nos contratos de fiança, o fiador responsabiliza-se pelo débito de terceiro (outrem).

Na obrigação do fiador somente existe a *responsabilidade* e não há *débito.* No contrato de fiança, o fiador assume uma obrigação de responder pelo inadimplemento do afiançado. O fiador, na realidade, não é o devedor, já que este assume perante o credor a responsabilidade pelo pagamento, mas não o débito. O débito pertence ao afiançado.

Outrossim, o vínculo existente entre credor e devedor é temporário, já que inexiste obrigação perpétua. Com o pagamento da prestação o vínculo se desfaz. Da mesma forma ocorrerá o desfazimento obrigacional nas hipóteses de impossibilidade da prestação e nos casos de prescrição.

4.3. A natureza jurídica da relação jurídica obrigacional e os novos paradigmas

É uma relação jurídica de cooperação e solidariedade. A obrigação jurídica deve ser compreendida como a realização do Direito, inserida no seu contexto histórico-cultural, ou seja, a ideia de relação jurídica obrigacional deve estar em harmonia com os direitos fundamentais, com vistas à repersonalização da pessoa. É a tutela de interesses patrimoniais (credor e devedor)

26 Por exemplo, o bem de família disposto na Lei 8.009/90 e nos artigos 1.711 a 1.722 do nosso Código Civil.

em sintonia com os cânones da tutela da dignidade da pessoa humana.[27]

É a percepção das relações obrigacionais diante de um novo amálgama econômico-social: *e-mails*, mundo cibernético, moeda virtual, *home internet bankings*, etc. Daí a necessidade de uma nova racionalidade, isto é, a necessidade de (re)pensar o Direito à luz deste novo contexto sociocultural, já que a dogmática jurídica tradicional encontra-se fincada na concepção clássica de "sujeito de direito". É o fenômeno obrigacional atrelado à relação sujeito-objeto (S -> O). O superendividamento é um exemplo da necessidade de (re) pensarmos a relação jurídica obrigacional a partir da superação da relação sujeito-objeto, ou seja, é uma nova racionalidade jurídica a partir de uma perspectiva ontológico-existencial.[28]

Neste contexto, a relação jurídica obrigacional é adornada por um sentido de cooperação entre credor e devedor com vistas ao adimplemento da obrigação. Frise-se: é a superação do esquema sujeito-objeto de índole liberal-individualista em direção a uma relação jurídica sujeito-sujeito que traduza relações jurídicas de intersubjetividade (S -> S). É a humanização do Direito em detrimento da ideologia privatística oitocentista.[29]

A concepção de sujeito de direitos (credor e devedor) deve estar alinhada ao mundo da vida ou mundo vivido (Ernildo Stein). É o interfaceamento do fenômeno obrigacional com a ideia de ser-no-mundo (*Dasein*, na concepção heideggeriana). Melhor dizendo: é a possibilidade de análise do fenômeno obrigacional a partir de suas vicissitudes totalitárias concretas no mundo da vida. É a relação jurídica obrigacional ajustada a uma nova dinâmica social de inter-relação humana vista a partir de suas especificidades concretizantes. É o Direito inserido na pós-modernidade.[30]

Os operadores do Direito precisam ajustar a dogmática jurídica ao novo, ao efêmero, ao poder-ser, à diversidade, à diferença, ao pluralismo, bem como enfrentar as relações jurídicas civilísticas (aí, incluídas as relações entre credor e devedor) a partir de sua dinamicidade espaço-tempo- cultural.[31]

JUDITH MARTINS-COSTA afirma que "com efeito, na contemporânea sociedade, a inter-relação e a interdependência dos membros da comunidade social acentuam-se extraordinariamente, tecendo complexa e intrincada rede de relações, o que é atestado pela sociologia do Direito, que contribui

---

27 MELLO, Cleyson de Moraes. *Código civil interpretado*. Rio de Janeiro: Freitas Bastos, 2007, p. XXIII.

28 MELLO, Cleyson de Moraes. *Hermenêutica e direito*. Rio de Janeiro: Freitas Bastos, 2006.

29 MELLO. Op. Cit., 2007, p. XXIII.

30 Ibid.

31 Ibid.

com a civilística ao descrever categorias que permitam compreender e melhor ordenar a experiência obrigacional. Explicar o fenômeno da vinculação obrigacional apenas pela lei ou pelo poder negocial (como consectário da autonomia privada) já não é suficiente para que a experiência social seja traduzida juridicamente com um mínimo de fidelidade e, muito menos, para que seja ordenada com base em padrões de justiça, como é o papel do Direito. Por isso, outras categorias devem ser agregadas, entre elas a noção de cooperação como uma decorrência do princípio da boa-fé obrigacional, princípio reitor do direito obrigacional contemporâneo".[32]

A autonomia privada fica, pois, condicionada e ancorada no princípio da boa-fé. MÁRIO JÚLIO DE ALMEIDA COSTA ensina que "a autonomia privada consiste na faculdade concedida aos particulares de autorregulamentação dos seus interesses, representando a boa-fé um dos instrumentos consagrados pela ordem jurídica como limite ou complemento dessa livre conformação das relações obrigacionais."[33]

4.4. Relações obrigacionais simples (unas) e complexas (múltiplas)

A relação jurídica obrigacional é denominada de *simples* ou *una* quando o direito subjetivo de uma pessoa está relacionado ao dever jurídico ou estado de sujeição de outrem. A relação jurídica será chamada de *complexa* ou *múltipla* a partir do momento que se desvelam vários direitos que correspondem a deveres ou estados de sujeição originados da mesma relação jurídica.

Vejamos uma hipótese de uma relação obrigacional *simples* ou *una:* uma pessoa empresta um automóvel ao colega de trabalho, para este, durante quinze dias, utilizá-lo em sua lua de mel.

Deste contrato de comodato, nasce o direito subjetivo do comodante (autor do empréstimo) de exigir a restituição do automóvel findo o prazo avençado e o correlativo dever jurídico do comodatário de efetuar a restituição da coisa emprestada.

Os estudos modernos de direito obrigacional tratam até mesmo as relações jurídicas consideradas *simples* e *unas* em sua *complexidade.* É a ideia da relação jurídica como uma *estrutura* ou *processo.*

Isso porque além dos deveres de prestação intrínsecos à relação jurídica obrigacional, há que se salientar os *deveres laterais (Nebenpflichten),* derivados de uma cláusula contratual, de dispositivos da lei *ad hoc* ou do princípio

32 MARTINS-COSTA. Judith. *Comentários ao novo código civil.* Volume V. Tomo I. 2. ed. Rio de Janeiro: Freitas Bastos, 2006, p. 31.

33 ALMEIDA COSTA, Mário Júlio de. *Direito das obrigações.* 10. ed Coimbra: Almedina, 2006, p. 114-115.

da boa-fé. MÁRIO JÚLIO DE ALMEIDA COSTA ensina que "estes deveres já não interessam diretamente ao cumprimento da prestação ou dos deveres principais, antes ao exato processamento da relação obrigacional, ou dizendo de outra maneira, à exata satisfação dos interesses globais envolvidos na relação obrigacional complexa".[34]

Os deveres laterais são encontrados sob vários tipos, tais como os deveres de cuidado, previdência e segurança, os deveres de aviso e de informação, os deveres de notificação, os deveres de cooperação, os deveres de proteção e cuidado relativos à pessoa ao patrimônio da contraparte.[35]

ALMEIDA COSTA exemplifica tais *deveres laterais* da seguinte forma: "o locatário, cujo dever principal de prestação consiste no pagamento da renda ou do aluguer, tem ainda, além de outros, o dever lateral de logo avisar o locador, sempre que cheguem ao seu conhecimento vícios da coisa, ou saiba que a ameaça algum perigo ou que terceiros se arrogam direitos sobre ela, quando o fato seja ignorado pelo locador. Do mesmo modo, ao operário, que tem como dever principal a perfeita realização da tarefa definida no contrato de trabalho, compete o dever lateral de velar pela boa conservação dos maquinismos com que atua. Reciprocamente, poderá falar-se de um dever de proteção e cuidado da entidade patronal, enquanto lhe cabe criar as condições de segurança para os seus trabalhadores, ou do dono de um estabelecimento de comércio em relação aos clientes".35

Os *deveres laterais ou acessórios* de conduta estão hoje genericamente consagrados no direito obrigacional brasileiro nos artigos 113, 421 e 422, que tratam dos princípios de probidade e boa-fé que devem permear os negócios jurídicos.

4.5. *Distinção entre direito real e direito obrigacional (direitos de crédito)*

A distinção entre os *direitos reais* e *direitos obrigacionais* é originariamente lastreada na distinção entre os direitos absolutos e direitos relativos. A *relação jurídica relativa* (relação jurídica *erga singuli)* é aquela relacionada aos direitos pessoais (credor e devedor). Neste caso, o sujeito passivo é uma pessoa ou um grupo de pessoas. A *relação jurídica absoluta* (relação jurídica *erga omnes*) é aquela que trata dos direitos reais, direitos autorais e direitos personalíssimos. O sujeito passivo é a coletividade, já que toda a sociedade possui o dever jurídico de não ferir o direito subjetivo do agente (direito de propriedade, direito ao nome, a vida, etc.).

---

34 ALMEIDA COSTA, Mário Júlio de. *Direito das obrigações*. 10. ed Coimbra: Almedina, 2006, p. 77.

35 Ibid., p. 77-78. MELLO, Cleyson de Moraes; FRAGA, Thelma Araújo Esteves. *Direito civil*. Obrigações. (texto ainda não publicado).

Vejamos as principais diferenças no quadro abaixo:

	Direitos Obrigacionais	**Direitos Reais**
Quanto ao sujeito	sujeito ativo e passivo determinados	Sujeito ativo determinado e sujeito passivo universal
Quanto à ação	ação pessoal contra determinado indivíduo, vinculado à prestação	ação real contra quem detiver a coisa, sendo oponível *erga omnes*
Quanto ao objeto	Prestação	coisa corpórea ou incorpórea
Quanto à previsão legal	ilimitado	Limitado
Quanto à extinção	extingue-se pela inércia	conserva-se até que exista uma situação contrária em proveito de outro titular

MIGUEL MARIA DE SERPA LOPES, na esteira de GANGI, aponta as seguintes diferenças:[36]

1) O dever que corresponde aos direitos de crédito é sempre o de exigir uma prestação enquanto o correspondente aos direitos reais é sempre negativa a obrigação de não turbar o exercício do direito do titular.
2) A obrigação jurídica decorrente dos direitos de crédito é sempre determinada, subjetiva e objetivamente, ao passo que, nos direitos reais, a obrigação recai sobre uma pessoa indeterminada, em consequência do que os direitos e obrigações só têm eficácia, em relação unicamente a uma pessoa determinada, ao passo que os direitos reais se estendem contra todos;
3) Nos direitos das obrigações, em regra, a ação nasce contemporaneamente ao direito, excetuado o caso de obrigação a termo, ao passo que, nos direitos reais, a ação não nasce contemporaneamente do Direito, porém unicamente no momento de sua violação;
4) Alguns direitos reais são suscetíveis de aquisição mediante usucapião, ao passo que nenhum direito creditório pode ser adquirido por esse meio;
5) Os direitos de crédito se extinguem com o seu exercício (salvo aqueles de execução continuada), por força do adimplemento da

36 C. GANGI. Op. Cit., p. 76-80. In: SERPA LOPES, Miguel Maria de. *Curso de direito civil:* Obrigações em geral. Vol. II. 7. ed. Rio de Janeiro: Freitas Bastos, 2000, p. 23.

obrigação, ao passo que o titular do direito real, ao contrário, não perde o direito com o exercitá-lo.

Outra diferença importante é que o direito real está submetido ao princípio da tipicidade *(numerus clausus)*, já que somente a lei poderá criar um direito real. O princípio da tipicidade se aplica aos direitos reais, enquanto as obrigações ficam subordinadas à regra da atipicidade *(numerus apertus)*, uma vez que inexiste qualquer restrição, em princípio, à constituição de qualquer obrigação, condicionada apenas à criatividade e conveniência das partes.

Como dito acima, o titular do direito real não perderá o seu direito no caso de não exercê-lo. Melhor dizendo: a inércia do proprietário por si só, não acarretará a perda da propriedade, salvo se durante o período de sua inércia desvelar-se uma situação jurídica antagônica ao seu direito de propriedade, como a posse de um terceiro.

Já a relação obrigacional, no caso de inércia do credor, acarretará a prescrição que é a perda da pretensão ao crédito. O nosso Código Civil de 2002 resolveu conceituar o instituto jurídico da prescrição como *perda ou extinção da pretensão* (art. 189, CCB). É uma opção que se coaduna com o direito alemão e suíço. Já o Direito italiano considera a prescrição como a perda do próprio direito.[37]

A pretensão, quando não exercida no prazo legal, impossibilita uma pessoa de exigir de outra determinada prestação, ou seja, o cumprimento do direito subjetivo (ação ou omissão). O direito subjetivo é o poder que a ordem jurídica confere às pessoas de agir de determinada forma e exigir de outrem algum comportamento. O direito é chamado de subjetivo, já que pertence ao sujeito titular do direito, constituindo-se um poder de atuação do sujeito reconhecido e limitado pelo ordenamento jurídico. FRANCISCO AMARAL define direito subjetivo como "um poder de agir conferido a uma pessoa individual ou coletiva, para realizar seus interesses nos limites da lei, constituindo-se juntamente com o respectivo titular, o sujeito de direito, em elemento fundamental do ordenamento jurídico".[38]

Frise-se que a prescrição não extingue o direito subjetivo, mas sim a pretensão de seu exercício. Daí que a relação jurídica obrigacional (credor e devedor) continua existindo e o pagamento do débito prescrito é considerado válido, não sendo considerado pagamento indevido (art. 882, CCB Não se pode repetir o que se pagou para solver dívida prescrita, ou cumprir

37 Códice Civile. Art. 2.934 *Estinzione dei diritti.* Ogni diritto si estingue per prescrizione, quando il titolare non lo esercita per il tempo determinato dalla legge. Non sono soggetti alla prescrizione i diritti indisponibili e gli altri diritti indicati dalla legge (248 e seguente, 263, 272, 533, 715, 948, 1422).

38 AMARAL, Francisco. *Direito civil:* introdução. 3. ed. Rio de Janeiro: Renovar, 2000, p. 167.

obrigação judicialmente inexigível). Dessa forma, *a prescrição atinge somente a pretensão de obtenção da prestação devida, restando íntegro o direito subjetivo material da parte e seu respectivo direito processual de ação.*

4.6 Fontes da Obrigação Jurídica

É fonte obrigacional o elemento que gera a obrigação jurídica. São fontes ou causas da obrigação jurídica: a lei, o contrato (o contrato de compra e venda, locação, permuta, etc.), o ato ilícito (a ofensa física, o dano, etc.); a declaração unilateral de vontade (testamento); o abuso de direito, o enriquecimento ilícito ou sem causa, etc.

A obrigação que nasce da própria lei é denominada de *obrigação legal,* tal como a obrigação alimentar. Na realidade, esta obrigação legal não é senão o próprio dever jurídico imposto a todos os membros da sociedade. Daí, não há falar-se em obrigação legal, mas sim de dever jurídico, já que este deverá ser cumprido por todos os membros da sociedade que se amoldem a esta situação jurídica, qual seja, o dever de prestar alimentos.[39]

Os atos jurídicos *lato sensu,* aí incluídos os atos jurídicos *stricto sensu* e os negócios jurídicos, também, constituem fontes das obrigações. Da mesma forma, o ato ilícito é fonte da obrigação de indenizar o dano (responsabilidade civil).

O Código Civil italiano aponta como fontes das obrigações: o contrato, o fato ilícito, ou qualquer fato idôneo a produzi-la. O artigo 1.173 afirma que "Art. 1173 – Fonti delle obbligazioni: Le obbligazioni derivano da contratto (1321 e seguenti), da fatto illecito (2043 e seguenti), o da ogni altro atto o fatto idoneo a produrle (433 e seguenti, 651, 2028 e seguenti, 2033 e seguenti, 2041 e seguenti) in conformità dell ordinamento giuridicâ".

O Código Civil espanhol indica que as obrigações nascem da lei, dos contratos, quase-contratos e dos atos e omissões ilícitas ou nos casos de culpa e negligência. É o que afirma o "Artículo 1089: Las obligaciones nacen de la ley, de los contratos y cuasi contratos, y de los actos y omisiones ilícitos o en que intervenga cualquier género de culpa o negligencia".[40]

39 De acordo com ANTUNES VARELA, o dever jurídico é "a *necessidade imposta pelo direito (objetivo) a uma pessoa de observar determinado comportamento.* É uma *ordem,* um *comando,* uma *injunção* dirigida à inteligência e à vontade dos indivíduos, que só no domínio dos fatos podem cumprir ou deixar de o fazer. Não é simples *conselho,* mera *advertência* ou pura *exortação*; a exigência da conduta (imposta) é normalmente acompanhada da cominação de algum ou alguns dos meios coercitivos (*sanções*) próprios da disciplina jurídica, mais ou menos fortes consoante o grau de exigibilidade social da conduta prescrita". VARELA, João de Matos Antunes. *Das obrigações em geral.* Vol. I, 10. ed. Coimbra: Almedina, 2006, p. 52.

40 Código Civil espanhol. Artículo 1090. Las obligaciones derivadas de la ley no se presumen. Sólo son exigibles las expresamente determinadas en este Código o en leyes especiales, y se regirán por los preceptos de la ley que las hubiere establecido; y, en lo que ésta no

Já o Código Civil português tratou das fontes das obrigações desde o artigo 405° até o artigo 510°. São, portanto, fontes das obrigações no ordenamento jurídico civilístico português: os contratos, os negócios unilaterais, a gestão de negócios, o enriquecimento sem causa e a responsabilidade civil.

De acordo com o jurista português ANTUNES VARELA, além das citadas anteriormente, são fontes obrigacionais: "as obrigações não autónomas, cuja fonte se situa por conseguinte noutros lugares do diploma, alguns casos dispersos de reponsabilidade por factos lícitos (art. 1348°, 2 e 1349, 3) e a obrigação de indenizar (art. 227°) baseada em conduta culposa na preparação ou formação dos contratos (responsabilidade pré-contratual).[41]

Por fim, vale destacar que o Código civil brasileiro de 2002, na mesma linha do Código Civil de 1916, não disciplinou as fontes das obrigações. Daí que esta sistematização ficará a cargo da doutrina e jurisprudência pátrias.

4.7. Obrigação Natural (obrigação imperfeita)

São obrigações sem sanção. De acordo com as lições de CAIO MÁRIO DA SILVA PEREIRA, a obrigação natural é "um *tertium genus*, entidade intermediária entre o mero dever de consciência e a obrigação jurídica exigível, e por isso mesmo plantam-na alguns (Planiol, Ripert e Boulanger) a meio caminho entre a moral e o direito, e menos do que uma obrigação civil".43 São exemplos de obrigações naturais, a dívida de jogo, o pagamento de juros não convencionados (CC 2002, art. 1.262), dentre outros.

Para MANUEL A. DOMINGUES DE ANDRADE, as obrigações naturais "são aquelas relações por via das quais uma pessoa (credor natural) não pode exigir coercivamente de outra (devedor natural) uma dada prestação, mas no caso de ela ser voluntariamente efetivada pode retê-la a título de pagamento e não a título de liberalidade".[42]

Logo, o cumprimento das obrigações naturais é tratado como verdadeiro pagamento, já que a pessoa pode reter para si a prestação, a qual não se podia reclamar judicialmente.

---

hubiere previsto, por las disposiciones del presente libro.
Artículo 1091. Las obligaciones que nacen de los contratos tienen fuerza de ley entre las partes contratantes y deben cumplirse al tenor de los mismos.
Artículo 1092. Las obligaciones civiles que nazcan de los delitos o faltas se regirán por las disposiciones del Código penal.
Artículo 1093. Las que se deriven de actos u omisiones en que intervenga culpa o negligencia no penadas por la ley, quedarán sometidas a las disposiciones del capítulo II del título XVI de este libro.

41 VARELA, João de Matos Antunes. *Das obrigações em geral.* Vol. I, 10. ed. Coimbra: Almedina, 2006, p. 211.

PEREIRA, Caio Mário da Silva. *Instituições de direito civil.* Volume II. 20. ed. Rio de Janeiro: Forense, 2003, p. 28-29.

42 ANDRADE, Manuel A. Domingues de. *Teoria geral das obrigações.* 3. ed. Coimbra: Almedina, 1966, p. 73.

Como afirmado anteriormente, nas obrigações civis existe o débito *(schuld; debitum)* e a responsabilidade *(haftung; obligatio)*. Ocorre que nas obrigações naturais existe o elemento débito, mas o credor não possui legitimidade de exigir o cumprimento da prestação, ou seja, não existe a responsabilidade. Ou seja, a obrigação natural é uma relação obrigacional em que existe um vínculo jurídico ligando o devedor ao credor, mas não há responsabilidade. Existe o *debitum* e não a *obligatio*.

Pode-se afirmar que a obrigação natural é uma obrigação moral? A *obrigação moral* é aquela cujo pagamento é um dever de consciência do devedor. Entretanto, existe uma diferença entre a *obrigação moral* e a *obrigação natural*. Na *obrigação moral* não há vínculo jurídico, enquanto que na *obrigação natural* existe um vínculo jurídico, só que inexiste a responsabilidade.

As obrigações prescritas, isto é, alcançadas pelo fenômeno jurídico da prescrição convertem-se automaticamente em obrigações naturais.

Vale lembrar que nas *obrigações naturais*, verificado o pagamento voluntário pelo devedor, o credor não poderá exigir a sua restituição. É, pois, uma proteção legal dada ao credor que se verificada depois do pagamento. O artigo 882 do nosso Código Civil preceitua que "não se pode repetir o que se pagou para solver dívida prescrita, ou cumprir obrigação juridicamente inexigível".

Da mesma forma, o artigo 814 preceitua que as dívidas de jogo e as apostas são inexigíveis. Vejamos o teor do dispositivo: "as dívidas de jogo ou de aposta não obrigam a pagamento, mas não se pode recobrar a quantia, que voluntariamente se pagou, salvo se foi ganha por dolo, ou se o perdente é menor ou interdito".[43]

O jogo é o contrato pelo qual duas ou mais pessoas se obrigam a pagar ao vencedor uma determinada soma de dinheiro ou objeto determinado. Já a aposta é o contrato firmado por duas ou mais pessoas, de opiniões divergentes sobre determinada coisa ou matéria, que se obrigam entre si a pagar uma certa soma em dinheiro àquele cuja opinião prevalecer.

JOSÉ AUGUSTO DELGADO, ministro do Superior Tribunal de Justiça STJ, sintetiza as regras dispostas no artigo 814 e parágrafos da seguinte forma:[44] a) as dívidas de jogo ou de aposta, quer sejam lícitas ou ilícitas, não obrigam a pagamento; b) não se pode recobrar a quantia que, voluntariamente, se pagou; c) a quantia de dívida de jogo ou de aposta paga voluntariamente pode ser recobrada, quando for ganha por dolo ou se o perdente é menor ou interdito; d) qualquer contrato que encubra ou envolva reconhecimento, novação, ou fiança de dívida de jogo não gera obrigação de cumprimento do pagamento do valor ajustado; e) a nulidade da dívida de jogo ou de aposta

43 Correspondente ao art. 1.477 do CCB/1916.

44 DELGADO, José Augusto. *Comentários ao novo código civil*. Volume XI. Tomo II. Rio de Janeiro: Forense, 2004, p. 147.

não pode ser oposta a terceiro de boa-fé; f) ao jogo não proibido aplica-se, igualmente, a regra de não ser obrigatório o pagamento da quantia ganha pelo parceiro; g) as obrigações decorrentes dos jogos e apostas autorizadas por lei não estão subordinadas ao preceito de que não podem ser exigidas em juízo; h) os prêmios oferecidos ou prometidos para o vencedor em competição de natureza esportiva, intelectual ou artística, desde que os interessados se submetam às prescrições legais e regulamentares, estão sujeitas ao pagamento da obrigação assumida, podendo o direito ser reivindicado em juízo.

Feitas essas considerações, vale transcrever os ensinamentos de SERPA LOPES: "a obrigação natural, tenha ela uma causa lícita ou ilícita, baseia-se nas exigências da regra moral. Apesar de o direito positivo ter legitimado determinada situação jurídica em benefício do devedor, este pode, a despeito disso, encontrar-se em conflito com a própria consciência, e nada obsta a que, desprezando a mercê recebida da lei, realize a prestação a que se sente moralmente obrigado. Assim acontece *v.g.*, se o indivíduo é liberado do débito pela prescrição do respectivo título creditório, ou se é beneficiado com a fulminação de nulidade do negócio jurídico de que seria devedor, se válido fosse. Além disso, a realização de uma obrigação natural constitui um ato intimamente ligado à vontade do devedor. É um movimento partido do seu próprio "eu".[45]

Em sede de direito comparado, o Código Civil português, em seu artigo 402°, afirma que a obrigação natural corresponde a um dever cujo cumprimento não é judicialmente exigível; bem como o artigo 403 diz que "não pode ser repetido o que for prestado espontaneamente em cumprimento de obrigação natural".

Para ANTUNES VARELA, a natureza jurídica da obrigação natural é *obrigação jurídica imperfeita*. Vejamos as suas razões: "Embora a prestação *não seja judicialmente exigível,* visto não ser *acionável* o direito do credor, entende a doutrina dominante que a faculdade concedida a este de reter a prestação espontaneamente efetuada só poderia explicar-se, no plano da lógica jurídica, mediante a existência de um vínculo *prévio* entre o credor e o *naturaliter obligatus.* Entre os dois sujeitos da relação haveria assim uma obrigação jurídica, embora *imperfeita,* expressa num vínculo mais frouxo do que aquele que liga o credor e o devedor no comum das obrigações".[46]

4.8 Obrigações *propter rem* (obrigações ambulatórias)

É um direito pessoal cuja obrigação está umbilicalmente ligada a um direito real (propriedade ou posse). É uma espécie jurídica que fica entre o *direito real* e o *pessoal* (categoria híbrida). PAULO CARNEIRO MAIA, livre do-

45 SERPA LOPES, Miguel Maria de. *Curso de direito civil:* obrigações em geral. Vol. II. 7. ed. Rio de Janeiro: Freitas Bastos, 2000, p. 42.

46 VARELA, João de Matos Antunes. *Das obrigações em geral.* Vol. I, 10. ed. Coimbra: Almedina, 2006, p. 738.

cente de Direito Civil na Faculdade de Direito da Universidade de São Paulo, ensina que as obrigações *propter rem* "configuram direitos mistos e constituem verdadeiro *tercium genus* que revela a existência de direitos que não são puramente reais nem essencialmente obrigacionais. Destinam-se a tutelar relações em conflito dos *jura vicinitatis*. É aceitável, pelos traços diferenciais com as demais, que elas sejam o resultado de composição técnica ou mesmo de transigência entre os dois tipos extremos do direito real e do direito obrigacional, com o escopo de qualificar figuras ambíguas que participam tanto de um quanto de outro." [47]

Da mesma forma, CAIO MÁRIO DA SILVA PEREIRA situa a obrigação *propter rem* no plano de uma obrigação acessória mista. Assim ensina o mestre: "Quando a um direito real acede uma faculdade de reclamar prestações certas de uma pessoa determinada, surge para esta a chamada obrigação *propter rem*. É fácil em tese, mas às vezes difícil naquelas espécies que compõem a zona fronteiriça, precisar o seu tipo. Se se trata, puramente, de exigir prestação em espécie, com caráter autônomo, o direito é creditório, e a obrigação correlata o é *stricto sensu*; se a relação traduz um dever geral negativo, é um *ius in re*, e a obrigação de cada um, no puro sentido de abster-se de molestar o sujeito, pode apelidar-se de obrigação real. Mas, se há uma relação jurídico-real, em que se insere, adjeto à faculdade de não ser molestado, o direito a uma prestação específica, este direito pode dizer-se *ad rem*, e a obrigação correspondente é *propter rem*". [48]

A obrigação *propter rem* é, pois, uma obrigação subjacente a um direito real, isto é, é um direito pessoal que nasce de um direito real. Um exemplo clássico é a cota condominal, já que a garantia do seu pagamento é a própria coisa. A expressão *propter rem* significa *por causa da coisa*. Daí que as obrigações *propter rem* recaem sobre uma pessoa por força de um direito real, com o qual se encontra vinculada. São, portanto, inseparáveis. A pessoa somente será devedora do condomínio se for proprietária da coisa ou o locatário, no caso, de avença com o locador.

Neste sentido, "de início, cumpre esclarecer que as despesas condominiais, compreendidas como obrigações *propter rem*, são de responsabilidade daquele que detém a qualidade de proprietário da unidade imobiliária, ou ainda pelo titular de um dos aspectos da propriedade, tais como a posse, o gozo ou a fruição, desde que este tenha estabelecido relação jurídica direta com o condomínio. Portanto, a responsabilidade pelas despesas de condomínio, ante a existência de promessa de compra e venda, pode recair tanto sobre o promissário comprador quanto sobre o promitente vendedor, a depender das circunstâncias do caso concreto (EREsp 138.389-MG, Segunda

47 MAIA, Paulo Carneiro. Obrigações Propter rem. Disponível em: < http://www.revistas.usp.br/rfdusp/article/view/66400/69010>. Acesso em 12 nov. 2016.

48 PEREIRA. Op. Cit., 2003, p. 41.

Seção, DJ 13/9/1999), sem prejuízo, todavia, de eventual ação de regresso. Importante esclarecer, nesse ponto, que o polo passivo da ação que objetiva o adimplemento de despesas de condomínio não ficará à disposição do autor da demanda. Na verdade, será imprescindível aferir com quem, de fato, foi estabelecida a relação jurídica material. Frise-se, ademais, que não há nenhuma relevância, para o efeito de definir a responsabilidade pelas despesas condominiais, se o contrato de promessa de compra e venda foi ou não registrado, pois, conforme assinalado, não é aquele que figura no registro como proprietário que, necessariamente, responderá por tais encargos. Assim, ficando demonstrado que (i) o promissário comprador se imitira na posse do bem e (ii) o condomínio tivera ciência inequívoca da transação, deve-se afastar a legitimidade passiva do promitente vendedor para responder por despesas condominiais relativas a período em que a posse foi exercida pelo promissário comprador (REsp 1.297.239-RJ, Terceira Turma, DJe 29/4/2014; e AgRg no AREsp 526.651-SP, Quarta Turma, DJe 11/11/2014). Por fim, ressalte-se que o CC, em seu art. 1.345, regulou, de forma expressa, a questão ora analisada, ao dispor que "o adquirente de unidade responde pelos débitos do alienante, em relação ao condomínio, inclusive multas e juros moratórios". REsp 1.345.331-RS, rel. min. Luis Felipe Salomão, Segunda Seção, julgado em 8/4/2015, DJe 20/4/2015.

Os *direitos de vizinhança* e toda a *obrigação tributária* que tem como fonte geradora a propriedade de uma coisa (IPTU, IPVA, etc.), também, são considerados obrigações *propter rem*. Assim, o titular de um *direito sobre a coisa* fica vinculado a um dever de prestar, por exemplo, o pagamento do IPTU, exatamente por causa da titularidade da coisa.

É o que ocorre da mesma forma com a obrigação dos proprietários e locatários de não usarem de forma anormal a propriedade. O artigo 1.277 determina que "o proprietário ou o possuidor de um prédio tem o direito de fazer cessar as interferências prejudiciais à segurança, ao sossego e à saúde dos que o habitam, provocadas pela utilização de propriedade vizinha".

Destaca-se, ainda, que a natureza *propter rem*, por si só, não autoriza a ampliação, sem título, dos bens do executado ou a penhora de bem de propriedade de terceiro. Isso porque, diferentemente dos ônus reais, em que a coisa responde pela dívida, na obrigação *propter rem*, o devedor é quem responde com todos os seus bens, pois, nessa espécie, é a pessoa que se encontra vinculada à coisa. [...] REsp 1.273.313-SP, rel. min. Ricardo Villas Bôas Cueva, julgado em 3/11/2015, DJe 12/11/2015.

Os *direitos de vizinhança* possuem natureza jurídica de obrigação *propter rem*, já que vinculam proprietários ou possuidores de imóveis lindeiros, *v.g.*, a obrigação de não abrir janela a menos de metro e meio. Os *limites entre prédios* e o *direito de tapagem* são considerados obrigações *propter rem.* [49]

49 CC 2002 - Dos Limites entre Prédios e do Direito de Tapagem. Art. 1.297. O proprietário tem direito a cercar, murar, valar ou tapar de qualquer modo o seu prédio, urbano ou rural, e pode constranger o seu confinante a proceder com ele à demarcação entre os

Nesta concepção, o Superior Tribunal de Justiça STJ decidiu que "Direito Civil. Direito de Tapagem. Arts 588, § 1 e 571, ambos do CC. Obrigação *propter rem.* Cerca divisória entre imóveis rurais. Meação de Tapumes Divisórios Comuns. Cobrança de despesas efetuadas pelo proprietário lindeiro. Diversidade de atividades rurais dos vizinhos confinantes. Reflorestamento e criação de gado. Substituição de cerca antiga, que imprescindia de recuperação, para impedir passagem do gado. Legalidade.

– São comuns os tapumes que impedem a passagem de animais de grande porte, como o gado *vacum*, cavalar e muar (art. 588, § 2°, CC), sendo obrigados a concorrer para sua construção e conservação os proprietários de imóveis confinantes (art. 588, § 1, CC), ainda que algum deles não se destine à atividade pecuária, mas a reflorestamento. Apenas na obrigação de cercar imóveis, com a construção de tapumes especiais estes considerados como próprios para deter aves domésticas e animais como cabrito, porcos e carneiros, em seus limites –, é que seria indevida a meação do valor gasto com os reparos neles realizados (art. 588, § 3, CC). (REsp 238.559/MS, rel. ministra NANCY ANDRIGHI, TERCEIRA TURMA, julgado em 20.4.2001, DJ 11.6.2001 p. 202)".

Quanto à natureza da obrigação *propter rem,* o ministro do Superior Tribunal de Justiça, Paulo de Tarso Sanseverino, já decidiu que "é da essência dessa obrigação que ela nasça automaticamente com a titularidade do direito real e somente se extinga com a extinção do direito ou a transferência da titularidade, ressalvadas as prestações vencidas. Como se verifica, não há possibilidade de a obrigação se extinguir por ato de vontade do titular do direito real, pois a fonte da obrigação *propter rem* é a situação jurídica de direito real, não a manifestação de vontade. Logo, a simples pactuação de uma promessa de compra e venda não é suficiente para extinguir a responsabilidade do proprietário pelo pagamento das despesas de condomínio. De outra parte, quanto à finalidade, a obrigação *propter rem* destina-se a manter a conserva-

dois prédios, a aviventar rumos apagados e a renovar marcos destruídos ou arruinados, repartindo-se proporcionalmente entre os interessados as respectivas despesas. § 1° Os intervalos, muros, cercas e os tapumes divisórios, tais como sebes vivas, cercas de arame ou de madeira, valas ou banquetas, presumem-se, até prova em contrário, pertencer a ambos os proprietários confinantes, sendo estes obrigados, de conformidade com os costumes da localidade, a concorrer, em partes iguais, para as despesas de sua construção e conservação. § 2° As sebes vivas, as árvores, ou plantas quaisquer, que servem de marco divisório, só podem ser cortadas, ou arrancadas, de comum acordo entre proprietários. § 3° A construção de tapumes especiais para impedir a passagem de animais de pequeno porte, ou para outro fim, pode ser exigida de quem provocou a necessidade deles, pelo proprietário, que não está obrigado a concorrer para as despesas.
Art. 1.298. Sendo confusos, os limites, em falta de outro meio, se determinarão de conformidade com a posse justa; e, não se achando ela provada, o terreno contestado se dividirá por partes iguais entre os prédios, ou, não sendo possível a divisão cômoda, se adjudicará a um deles, mediante indenização ao outro.

ção da coisa. Nessa esteira, ao se desconstituir a penhora sobre o imóvel, o atendimento da finalidade de conservação acaba sendo comprometido, pois o condomínio passa a depender da incerta possibilidade de encontrar bens penhoráveis no patrimônio do promitente comprador. Vale lembrar, ainda, que a mera possibilidade de penhora do imóvel tem, por si só, o efeito psicológico de desestimular a inadimplência, de modo que a impossibilidade de penhora geraria o efeito inverso, atentando contra a finalidade da obrigação *propter rem,* que é manter a conservação da coisa. Há premente necessidade, portanto, de se firmar uma adequada interpretação da tese firmada pelo rito do art. 543-C do CPC, de modo a afastar interpretações contrárias à natureza e à finalidade da obrigação *propter rem.* Uma interpretação interessante pode ser obtida com a aplicação da teoria da dualidade do vínculo obrigacional à hipótese de pluralidade de direitos subjetivos reais sobre a coisa. Segundo essa teoria, a obrigação se decompõe em débito (*Schuld*), o dever de prestar, e responsabilidade (*Haftung*), a sujeição do devedor, ou terceiro, à satisfação da dívida. Aplicando-se essa teoria à obrigação de pagar despesas condominiais, verifica-se que o débito deve ser imputado a quem se beneficia dos serviços prestados pelo condomínio, no caso, o promitente comprador, valendo assim o brocardo *latino ubi commoda, ibi incommoda.* Até aqui, não há, a rigor, nenhuma novidade. A grande diferença é que o proprietário não se desvincula da obrigação, mantendo-se na condição de responsável pelo pagamento da dívida, enquanto mantiver a situação jurídica de proprietário do imóvel. Essa separação entre débito e responsabilidade permite uma solução mais adequada para a controvérsia, preservando-se a essência da obrigação *propter rem.* Restauram-se, desse modo, as conclusões de um entendimento já trilhado por esta Corte Superior, em voto proferido pelo min. Ruy Rosado de Aguiar no REsp 194.481-SP, Quarta Turma, DJ 22/3/1999. É certo que esse julgado acabou sendo superado, ante os questionamentos do min. Sálvio de Figueiredo Teixeira nos EREsp 138.389-MG, o que influenciou a jurisprudência desta Corte a partir de então. Cabe, portanto, enfrentar os referidos questionamentos. O primeiro diz respeito à possibilidade de o proprietário do imóvel ficar vinculado à obrigação por longos anos, caso o promitente comprador não providencie a lavratura da escritura e o devido registro. Esse questionamento, entretanto, diz respeito exclusivamente à relação obrigacional estabelecida entre o proprietário (promitente vendedor) e o promitente comprador, os quais podem estabelecer prazo para a ultimação do negócio jurídico, inclusive com fixação de multa. Se não o fazem, deixam aberta a possibilidade de o negócio jurídico ficar pendente de exaurimento por longos anos, devendo arcar com as consequências de seus atos.

O outro questionamento diz respeito à possível falta de interesse do proprietário, ou melhor, "quase ex-proprietário", em contestar a ação de cobrança de despesas condominiais, uma vez que o interesse direto seria do promitente comprador, já imitido na posse do imóvel. Sobre esse ponto, cabe ressaltar que o proprietário do imóvel responde pelos débitos condominiais com todo o seu patrimônio, não somente com o imóvel, pois a obrigação *propter rem* não se confunde com os direitos reais de garantia. Não se pode afirmar, portanto, que faltaria interesse ao proprietário em contestar a demanda, pois correrá o risco de sofrer constrição em seu patrimônio pessoal, uma vez que dinheiro e depósitos bancários têm preferência sobre a penhora do imóvel (art. 655, I, do CPC). De outra parte, o promitente comprador poderá, a qualquer tempo, ingressar na demanda como assistente litisconsorcial (art. 54 do CPC), para assumir a defesa de seus interesses.

Por último, não restam dúvidas de que, entre o risco de o condômino inadimplente perder o imóvel e o risco de a comunidade de condôminos ter que arcar com as despesas da unidade inadimplente, deve-se privilegiar o interesse coletivo dessa comunidade em detrimento do interesse individual do condômino inadimplente. Conclui-se, portanto, que os questionamentos referidos no EREsp 138.389-MG não obstam a interpretação da tese à luz da teoria da dualidade da obrigação. (REsp 1.442.840-PR, rel. min. Paulo de Tarso Sanseverino, julgado em 6/8/2015, DJe 21/8/2015).

Outros exemplos de obrigações *propter rem* são apontados por CARLOS ROBERTO GONÇALVES. Vejamos: "na obrigação imposta ao condômino de concorrer para as depesas de conservação da coisa comum (art. 1.315); na do condômino, no condomínio em edificações, de não alterar a fachada do prédio (art. 1.336, III); na obrigação que tem o dono da coisa perdida de recompensar e indenizar o descobridor (art. 1.234); na dos donos de imóveis confinantes, de concorrerem para as despesas de construção e conservação de tapumes divisórios (art. 1.297, § 1°) ou de demarcação entre os prédios (art. 1.297); na obrigação de dar caução pelo dano iminente (dano infecto) quando o prédio vizinho estiver ameaçado de ruína (art. 1.280); na obrigação de indenizar benfeitorias (art. 1.219), etc."50

Já a responsabilidade por débito relativo ao consumo de água e serviço de esgoto é de quem efetivamente obteve a prestação do serviço, trata-se de obrigação de natureza pessoal, não se caracterizando como obrigação propter rem. Assim, o inadimplemento é do usuário que obteve a prestação do serviço, razão por que não cabe responsabilizar o atual usuário por débito pretérito relativo ao consumo de água de usuário anterior. Precedentes citados: REsp 1.267.302-SP, DJe 17/11/2011 e AgRg no REsp 1.256.305-SP, DJe 19/9/2011. AgRg no REsp 1.327.162-SP, rel. min. Napoleão Nunes Maia Filho, julgado em 20/9/2012.

Por fim, vale destacar que o credor fiduciário pode ser responsabilizado pelo pagamento das despesas decorrentes de guarda e conservação de veículo

50 GONÇALVES, Carlos Roberto. *Direito civil brasileiro*. Vol. II. São Paulo: Saraiva, 2004, p. 12.

em pátio de propriedade privada, tendo em vista a retomada da posse direta do bem em decorrência da efetivação de liminar deferida em ação de busca e apreensão do automóvel. O credor fiduciário é o responsável final pelo pagamento das despesas com a estadia do automóvel junto ao pátio privado. No REsp 1.045.857-SP, observou-se que as despesas com a remoção e a guarda do veículo alienado estão vinculadas ao bem e a seu proprietário, o recorrente/ titular da propriedade fiduciária resolúvel (obrigação *propter rem),* enquanto o devedor fiduciante detém apenas a posse indireta do bem. Contudo, nada impede que o recorrente possa reaver esses valores por meio de ação regressiva a ser ajuizada contra a recorrida, que supostamente deu causa à retenção do bem. Consignou-se, todavia, que dispensar o recorrente do pagamento de tais despesas implica amparar judicialmente o locupletamento indevido do credor fiduciário, legítimo proprietário do bem depositado. Precedente citado: REsp 881.270-RS, DJe 19/3/2010. REsp 1.045.857-SP, rel. min. Nancy Andrighi, julgado em 12/4/2011.

4.9 Ônus reais

Ônus real é o gravame que recai diretamente sobre a propriedade alheia móvel ou imóvel a hipoteca, o penhor, o uso, a habitação, o usufruto e a anticrese.[51]

4.10. Obrigações com eficácia real

A obrigação terá eficácia real quando, sem perder seu caráter de direito a uma prestação, se transmita e seja oponível a terceiros que adquiram direito a determinado bem.[52]

Um exemplo clássico é a cláusula de vigência dos contratos de locação, impondo que em caso de venda do imóvel locado, o adquirente fique obrigado a respeitar o contrato até o seu término. Desta forma, aquele que venha a adquirir o imóvel terá que respeitar o contrato e não existe rompimento do princípio da relatividade dos contratos. O contrato traduz um direito real, ou seja, apresenta natureza obrigacional, com característica do direito real. Assim, caso as partes contratantes pactuem no sentido de inserir uma cláusula deste tipo em um contrato de locação e, desde que registrada no Registro de Imóveis (uma vez que é a publicidade dessa cláusula que lhe dá essa característica de oponibilidade *erga omnes*) essa obrigação passa a ter uma eficácia real.

51 NUNES, Pedro. *Dicionário de tecnologia jurídica.* 12. ed., Rio de Janeiro: Freitas Bastos, 1994, p. 619.

52 Direito de preferência (Lei de Locações 8.245/90).

Capítulo 5

OBRIGAÇÕES DE DAR COISA CERTA

5.1. Introdução

Quanto ao objeto da prestação, as obrigações podem ser classificadas em obrigações de dar, fazer e não fazer. A obrigação de dar é conceituada por TEIXEIRA DE FREITAS como "aquela cuja prestação consiste na entrega de uma coisa móvel ou imóvel, seja para constituir um direito real, seja somente para facultar o uso, ou, ainda, a simples detenção, seja, finalmente, para restituí-la ao seu dono".[1]

As *obrigações de dar* importam em seu cumprimento na *entrega* ou *restituição* de determinada coisa pelo devedor ao credor. Assim, no contrato de compra e venda, por exemplo, surgem obrigações para ambos os contratantes: o vendedor deverá *entregar* a coisa vendida e o comprador entregar o preço. De modo geral, todo o contrato de resulte na transferência de domínio ou posse das coisas se traduz em uma obrigação de dar.

A transferência do domínio depende da *tradição* para os bens móveis e o *registro* para os bens imóveis. A *obrigação de dar* não se confunde com a *obrigação de restituir*, já que na obrigação de dar o devedor é obrigado a entregar ao credor a coisa, que pode ser determinada ou indeterminada. É, pois, a obrigação de transferir o domínio ou a posse de uma coisa. Já na *obrigação de restituir*, a coisa já pertencia antes ao credor e a sua posse havia sido transferida, de forma provisória, ao devedor. Este, portanto, se obriga a restituir a coisa. É o caso do locatário, comodatário ou depositário que se obrigam a restituir a coisa, já que receberam a posse direta da coisa.

Logo, na *obrigação de dar* a coisa pertence ao devedor e, na *obrigação de restituir*, ao credor. Na obrigação de dar é preciso fazer a distinção em obrigação de dar coisa certa e obrigação de dar coisa incerta. Isso porque os seus efeitos variam conforme o cunho que se revestem.

Nas *obrigações de dar coisa certa*, o objeto já é indicado no momento da celebração do negócio, ou seja, o credor já tem a certeza daquilo que lhe será entregue.

---

1 In: BEVILÁQUA, Clóvis. *Direito das obrigações*. 6. ed. Rio de Janeiro: Francisco Alves, 1945, p. 60.

Nas *obrigações de dar coisa incerta*, a prestação é apenas indicada pelo seu gênero e quantidade no momento do nascimento do vínculo.

5.2. Obrigações de Dar Coisa Certa

Na obrigação de dar coisa certa, o objeto da prestação é uma coisa certa e determinada. Daí que o devedor é obrigado a entregar a coisa certa estipulada no instrumento contratual e o credor não pode ser compelido a receber outra coisa, ainda que mais valiosa. É, pois, a *regra de ouro* estabelecida no artigo 313, que diz: "o *credor não é obrigado a receber prestação diversa da que lhe é devida, ainda que mais valiosa*".[2] Esta regra traduz o princípio da exatidão no que concerne a obrigação. Em linhas gerais, tem-se pactuado entre as partes contratantes a imodificabilidade do objeto. Esta regra há de ser temperada pelos princípios da boa-fé objetiva, probidade, lealdade e equilíbrio econômico. Veja-se, por exemplo, a regra do artigo 317 do nosso Código Civil.[3]

A obrigação de dar coisa certa abrange-lhe os acessórios. É o que afirma a regra do artigo 233 ao dizer que "a obrigação de dar coisa certa abrange os acessórios dela embora não mencionados, salvo se o contrário resultar do título ou das circunstâncias do caso".[4]

Principal é o bem que existe sobre si, abstrata ou concretamente; acessório, aquele cuja existência supõe a do principal (CCB, art. 92).

5.2.1. Perecimento (perda) da coisa sem culpa e com culpa do devedor

Não havendo culpa do devedor, antes da tradição, ou pendente a condição suspensiva, fica resolvida a obrigação para ambas as partes; se a perda resultar de culpa do devedor, responderá este pelo equivalente e mais perdas e danos (CC, art. 234).[5]

Se a coisa for móvel, a propriedade somente se transferirá ao adquirente com a entrega da coisa, isto é, com a tradição. Daí que enquanto não se operar a tradição, o alienante continuará sendo proprietário da coisa, ainda que já tenha recebido o preço. O artigo 1.267 diz que "a propriedade das coisas não se transfere pelos negócios jurídicos antes da tradição".

O artigo 492 determina que "até o momento da tradição, os riscos da coisa correm por conta do vendedor, e os do preço por conta do comprador".

---

2 Correspondente ao artigo 863 do CCB/1916.

3 Art. 317. Quando, por motivos imprevisíveis, sobrevier desproporção manifesta entre o valor da prestação devida e o do momento de sua execução, poderá o juiz corrigi-lo, a pedido da parte, de modo que assegure, quando possível, o valor real da prestação.

4 Correspondente ao artigo 864 do CCB/1916.

5 Correspondente ao artigo 865 do CCB/1916.

Se a coisa se perder *sem culpa do devedor*, antes da tradição, ou pendente a condição suspensiva, resolve-se a obrigação para ambas as partes (*res perit domino*). É o caso, por exemplo, de a coisa se perder em virtude de ter sido atingida e destruída por um raio. Neste caso, quem suportará o prejuízo? O prejuízo será suportado pelo devedor, já que a propriedade não se transferiu por força da tradição. A coisa perece para o dono (*res periti dominus)*.

Assim, se a coisa perecer antes da tradição, *sem culpa do devedor*, a obrigação fica resolvida para ambas as partes contratantes, desfazendo-se, pois, o vínculo obrigacional e retornando as partes ao *status quo ante*. Vale lembrar que se o preço já tiver sido pago, este deverá ser devolvido pelo devedor. Neste caso, o prejuízo será suportado pelo devedor, já que ele ainda era o proprietário da coisa. É lógico que se a coisa se perder após a tradição, quem suportará o prejuízo será o credor, considerando que a coisa já tenha sido incorporada a seu patrimônio.

Aqui se desvela a teoria do risco. A partir desta teoria, procura-se descobrir aquele que suportará o prejuízo, no caso de a coisa se *perder* ou *deteriorar* antes da tradição, *sem culpa do devedor*.

Todavia, se a coisa se perder *por culpa do devedor*, antes da tradição, ou pendente condição suspensiva, o devedor responde pelo equivalente mais perdas e danos. Melhor dizendo: o devedor é obrigado a pagar o equivalente em dinheiro mais perdas e danos.[6]

É o caso, por exemplo, de um animal já vendido que venha a morrer por falta de vacinação, ou seja, por culpa do devedor. Neste caso, o credor terá direito a receber o equivalente ao que pagou pelo animal, acrescido de perdas e danos.

Aqui se desvela a teoria da responsabilidade, em que se procura descobrir quem suportará o prejuízo, no caso de a coisa se perder ou deteriorar, *por culpa do devedor*.

5.2.2. Deteriorização da coisa sem culpa e com culpa do devedor

O artigo 235 do nosso Código Civil preceitua que "deteriorada a coisa, não sendo o devedor culpado, poderá o credor resolver a obrigação, ou aceitar a coisa, abatido de seu preço o valor que perdeu".[7]

De acordo com ATTILA DE SOUZA LEÃO ANDRADE JR, a deteriorização diz respeito à "perda de qualidade da coisa, reduzindo suas propriedades originariamente intrínsecas de tal forma a prejudicar o seu desempenho, a sua adaptabilidade aos fins a que se destinava, a sua comodidade, o seu con-

6 CC 2002 - Art. 402. Salvo as exceções expressamente previstas em lei, as perdas e danos devidas ao credor abrangem, além do que ele efetivamente perdeu, o que razoavelmente deixou de lucrar.

7 Correspondente ao artigo 866 do CCB/1916.

forto ou a sua beleza".[8]

Deteriorada a coisa na obrigação de dar coisa certa sem culpa do devedor, o credor poderá resolver a obrigação, ou aceitar a coisa no estado em que se encontra, abatido de seu preço o valor que perdeu.

Quanto ao valor do abatimento, as partes podem acordar sobre o valor estimado da perda de valor da coisa, escolher um árbitro (perito) ou levar a demanda ao Poder Judiciário para que solucione o conflito.

Não há que se falar em perdas e danos, já que não houve culpa do devedor. *Sendo culpado o devedor,* poderá o credor exigir o equivalente, ou aceitar a coisa no estado em que se acha, com direito a reclamar, em um ou em outro caso, indenização das perdas e danos (CC, art. 236).[9]

Assim, deteriorada a coisa na obrigação de dar coisa certa com culpa do devedor, o credor poderá exigir o equivalente ou aceitar a coisa no estado em que se acha. Em ambos os casos, será possível pleitear a indenização das perdas e danos, já que a deteriorização ocorreu por culpa do devedor.

5.2.3 Melhoramentos e acrescidos da coisa

"Até a tradição pertence ao devedor a coisa, com os seus melhoramentos e acrescidos, pelos quais poderá exigir aumento no preço; se o credor não anuir, poderá o devedor resolver a obrigação". [10] (CC, art. 237.)

O parágrafo único do artigo 237 determina que "os frutos percebidos são do devedor, cabendo ao credor os pendentes".[11] Os frutos, produtos e rendimentos são bens acessórios. O artigo 60 do Código Civil brasileiro de 1916 afirmava que "entram na classe das coisas acessórias os frutos, produtos e rendimentos".

O artigo 95 do Código Civil atual dispõe que "apesar de ainda não separados do bem principal, os frutos e produtos podem ser objeto de negócio jurídico".[12] Não obstante, a omissão quanto aos rendimentos, estes continuam sendo bens acessórios.

Os *frutos* são as utilidades que a coisa principal gera, de forma normal e periódica, sem desfalcar a sua substância. São, pois, características dos frutos: a) a periodicidade de sua produção; b) preservação da substância da coisa frutífera.

Os *frutos* quanto à origem podem ser classificados como: *frutos naturais, frutos industriais* e *frutos civis*. Os *frutos naturais* são aqueles provenientes da natureza (vegetais e animais, *e.g.*, a cria de um animal); os *frutos indus-*

---

8 ANDRADE JR., Attila de Souza Leão. *Comentários ao novo código civil.* Direito das obrigações. Volume II. Rio de Janeiro: Forense, 2003, p. 5.

9 Correspondente ao artigo 867 do CCB/1916.

10 Correspondente ao artigo 868, caput, do CCB/1916.

11 Correspondente ao artigo 868 p. u. do CCB/1916.

12 Sem Correspondente ao artigo do CC de 1916.

triais são aqueles gerados pela participação humana, por meio do trabalho das pessoas, tais como a fabricação de calçados. Estes são considerados bens acessórios (frutos industriais) em relação à fábrica de calçados; e os *frutos civis* são aqueles que decorrem da lei, como exemplo, os juros (frutos civis que o capital é capaz de gerar, sem perder a sua substância), [13] aluguéis (contraprestação pela utilização da coisa principal, sem perder a sua substância), dividendos (parcela do lucro de uma sociedade anônima atribuída a cada ação, sem perder a sua substância), etc.

Os *rendimentos* são os frutos civis, estas são expressões sinônimas, daí que quando se afirma que uma pessoa vive de "rendimentos" significa dizer que esta pessoa sobrevive com os rendimentos dos aluguéis, juros, dividendos, que representam os frutos civis. Logo, os rendimentos são bens acessórios.

Os *frutos* quanto ao estado podem ser classificados como: frutos pendentes, frutos percebidos ou colhidos, frutos percipiendos e frutos consumidos. Os *frutos pendentes* são aqueles já gerados e ainda não colhidos, por exemplo, os cajus que estão no cajuzeiro. O parágrafo único do artigo 1.214 do nosso Código Civil determina que "os frutos pendentes ao tempo em que cessar a boa-fé devem ser restituídos, depois de deduzidas as despesas da produção e custeio; devem ser também restituídos os frutos colhidos com antecipação".

Os *frutos percebidos ou colhidos* são aqueles que já foram gerados e já estão colhidos, por exemplo, os cajus já colhidos de determinada plantação. O artigo 1.214, *caput*, informa que "o possuidor de boa-fé tem direito, enquanto ela durar, aos frutos percebidos". Da mesma forma, os frutos percebidos aparecem na redação do artigo 1.216 ao dizer que "o possuidor de má-fé responde por todos os frutos colhidos e percebidos, bem como pelos que, por culpa sua, deixou de perceber, desde o momento em que se constituiu de má-fé; tem direito às despesas da produção e custeio". Estes frutos podem ser subdividos em *estantes* e *consumidos*. Aquele é o fruto já colhido e armazenado ou acondicionado para a venda, e este já foi colhido e consumido (destruído ou alienado).

E os *frutos percipiendos* são aqueles que se encontram ligados à coisa e já deveriam ter sido colhidos. O próprio artigo 1.216 faz menção a tais frutos ao afirmar que "[...], bem como pelos que, por sua culpa, deixou de perceber...".

O artigo 237 informa que até a tradição pertence ao devedor a coisa,

---

13 CC - 2002 - Art. 406. Quando os juros moratórios não forem convencionados, ou o forem sem taxa estipulada, ou quando provierem de determinação da lei, serão fixados segundo a taxa que estiver em vigor para a mora do pagamento de impostos devidos à Fazenda Nacional.
CC - 2002 - Art. 407. Ainda que se não alegue prejuízo, é obrigado o devedor aos juros da mora que se contarão assim às dívidas em dinheiro, como às prestações de outra natureza, uma vez que lhes esteja fixado o valor pecuniário por sentença judicial, arbitramento, ou acordo entre as partes.

bem como os melhoramentos e acrescidos à coisa. Estes são provenientes de fatos imprevistos no momento da avença.

O fundamento do referido dispositivo legal é a vedação ao enriquecimento ilícito por parte do comprador, caso ocorra fato que venha a dar causa a melhoramentos e acrescidos na coisa.

Dessa maneira, *até a tradição,* a coisa com os acréscimos e melhoramentos pertence ao devedor. Este, por sua vez, poderá pedir ao credor a diferença em virtude de tal acréscimo ou melhoramento, ainda que já tenha assinado o contrato, tenha recebido o preço ou até mesmo tenha dado a quitação.

É, pois, uma questão de equidade. Considerando que o devedor suporta o prejuízo no caso de deterioração ou perda da coisa sem sua culpa, nada mais justo do que o direito à valorização da coisa no caso de melhoramentos e acréscimos, antes da transferência da propriedade.

Caso o credor não queira ficar com a coisa com os respectivos acréscimos ou melhoramentos, a obrigação fica resolvida, com o consequente desfazimento do vínculo obrigacional, cabendo, destarte, a devolução dos valores já recebidos pelo devedor. O credor, portanto, não fica obrigado a complementar o preço. Neste caso não há falar-se em perdas e danos para o credor, uma vez que o devedor está amparado pelo ordenamento jurídico civilístico.

Neste diapasão, é possível afirmar que *o devedor suporta o risco da perda da coisa e o credor o risco do preço da coisa.* Daí que se a coisa se deteriora, sem culpa do devedor, antes de sua entrega, este deverá suportar o risco da perda da coisa. Por outro lado, o credor suporta o risco do preço da coisa, já que se esta se valorizar antes da tradição, ele terá que complementar o preço, caso queira ficar com a coisa.

A logicidade que permeia a obrigação de dar coisa certa é a busca na rapidez do exaurimento do vínculo obrigacional. Isto porque o devedor, em regra, deve acelerar a entrega da coisa para evitar o risco de sua deterioração e, por outro lado, o credor o recebimento da coisa para evitar um risco de valorização e o consequente complemento do preço, caso queira ficar com ela.

5.3. Obrigações de Restituir

Na obrigação de restituir, a coisa pertence ao credor. A obrigação de restituir é sempre de coisa certa, já que quando a coisa é entregue ao devedor ela está devidamente individualizada.

CARLOS ROBERTO GONÇALVES identifica várias obrigações de restituir em nosso ordenamento jurídico, a saber: as de devolução ou restituição de sinal dado (CC, arts 417 e 420), coisa achada (art. 1.233), recebimento de dívida ainda não vencida em detrimento de outros credores quirografários (art. 162), bens que se encontram na posse de herdeiros da pessoa declarada ausente e que aparece (art. 36), frutos pendentes ao tempo em que cessar a boa-fé do possuidor (art. 1.214, parágrafo único), bens dados em penhor (art. 1.435, IV), frutos e rendimentos percebidos pelo indigno (art. 1.817, parágrafo único), bens sonegados (art. 1.992), etc.[14]

5.3.1. Perecimento (perda) da coisa sem culpa e com culpa do devedor

O artigo 238 determina que "se a obrigação for de restituir coisa certa, e esta, sem culpa do devedor, se perder antes da tradição, sofrerá o credor a perda, e a obrigação se resolverá, ressalvados os seus direitos até o dia da perda".[15]

A perda da coisa é o perecimento total do objeto. Na hipótese do artigo 238, se a perda da coisa ocorreu sem culpa do devedor, o prejuízo ficará a cargo do credor (dono da coisa). É a utilização da regra *res perit domino*. Por exemplo, em um contrato de comodato de um automóvel firmado entre Thelma (comodante dona da coisa) e Hélio (comodatário), cujo objeto se perdeu sem culpa do devedor, a comodante arcará com os prejuízos.

De outra forma, a regra do artigo 239 informa que "se a coisa se perder por culpa do devedor, responderá este pelo equivalente, mais perdas e danos".[72 73]

5.3.2. Deterioração da coisa sem culpa e com culpa do devedor

Dispõe o artigo 240 que "se a coisa restituível se deteriorar sem culpa do devedor, recebê-la-á o credor, tal qual se ache, sem direito a indenização; se por culpa do devedor, observar-se-á o disposto no art. 239".[16] Quanto ao artigo 240, o Conselho da Justiça Federal, na I Jornada de Direito Civil, publicou o Enunciado 15, que diz: "as disposições do art. 236 do novo Código Civil também são aplicáveis à hipótese do art. 240, *in fine*".

Na hipótese de deterioração parcial da coisa na obrigação de restituir coisa certa sem culpa do devedor, o credor receberá a coisa no estado em que se encontra. Por outro lado, considerando que houve culpa do devedor, aplica-se o disposto no artigo 239, isto é, o devedor responde pelo equivalente mais perdas e danos.

---

14 GONÇALVES, Carlos Roberto. *Direito civil brasileiro*. Vol. II. São Paulo: Saraiva, 2004, p. 56.

15 Correspondente ao artigo 869 do CCB/1916.

16 Correspondente ao artigo 871 do CCB/1916.

5.3.3. Melhoramentos e acrescidos da coisa

Na obrigação de restituir, o devedor da obrigação (comodatário, locatário, depositário) somente terá direito aos melhoramentos e acrescidos da coisa, ou seja, o direito à valorização da coisa, se tiver contribuído com o seu trabalho.

É o que diz o artigo 241 do nosso Código Civil: "se, no caso do art. 238, sobrevier melhoramento ou acréscimo à coisa, sem despesa ou trabalho do devedor, lucrará o credor, desobrigado de indenização".[17]

Todavia, "se para o melhoramento, ou aumento, empregou o devedor trabalho ou dispêndio, o caso regular-se-á pelas normas deste Código atinentes às benfeitorias realizadas pelo possuidor de boa-fé ou de má-fé" (CC, art. 242).[18]

Determina o Código, no parágrafo único do artigo 242 que, "quanto aos frutos percebidos, observar-se-á, do mesmo modo, o disposto neste Código, acerca do possuidor de boa-fé ou de má-fé".[19]

Quanto ao possuidor de boa-fé, o artigo 1.214 preceitua que "o possuidor de boa-fé tem direito, enquanto ela durar, aos frutos percebidos". E o parágrafo único do referido dispositivo legal afirma que "os frutos pendentes ao tempo em que cessar a boa-fé devem ser restituídos, depois de deduzidas as despesas da produção e custeio; devem ser também restituídos os frutos colhidos com antecipação".[20]

E o artigo 1.219 dispõe que "o possuidor de boa-fé tem direito à indenização das benfeitorias necessárias e úteis, bem como, quanto às voluptuárias, se não lhe forem pagas, a levantá-las, quando o puder sem detrimento da coisa, e poderá exercer o direito de retenção pelo valor das benfeitorias necessárias e úteis".

Quanto ao possuidor de má-fé, o artigo 1.216 diz: "o possuidor de má-fé responde por todos os frutos colhidos e percebidos, bem como pelos que, por culpa sua, deixou de perceber, desde o momento em que se constituiu de má-fé; tem direito às despesas da produção e custeio".

E o artigo 1.220 declara que "ao possuidor de má-fé serão ressarcidas somente as benfeitorias necessárias; não lhe assiste o direito de retenção pela importância destas, nem o de levantar as voluptuárias".

As benfeitorias compensam-se com os danos, e só obrigam ao ressarcimento se ao tempo da evicção ainda existirem (CC, art. 1.221).

---

17 Correspondente ao artigo 872 do CCB/1916.

18 Correspondente ao artigo 873 caput do CCB/1916.

19 Correspondente ao artigo 873 p.u. do CCB/1916.

20 CC 2002 - Art. 1.215. Os frutos naturais e industriais reputam-se colhidos e percebidos, logo que são separados; os civis reputam-se percebidos dia por dia.

5.4 Do Julgamento das Ações Relativas às Prestações de Fazer, de Não Fazer e de Entregar Coisa

O artigo 497 do CPC diz que "na ação que tenha por objeto a prestação de fazer ou de não fazer, o juiz, se procedente o pedido, concederá a tutela específica ou determinará providências que assegurem a obtenção de tutela pelo resultado prático equivalente.

Parágrafo único. Para a concessão da tutela específica destinada a inibir a prática, a reiteração ou a continuação de um ilícito, ou a sua remoção, é irrelevante a demonstração da ocorrência de dano ou da existência de culpa ou dolo.

Na ação que tenha por objeto a entrega de coisa, o juiz, ao conceder a tutela específica, fixará o prazo para o cumprimento da obrigação (CPC, artigo 498).

Tratando-se de entrega de coisa determinada pelo gênero e pela quantidade, o autor individualizá-la-á na petição inicial, se lhe couber a escolha, ou, se a escolha couber ao réu, este a entregará individualizada, no prazo fixado pelo juiz (CPC, artigo 498, parágrafo único).

A obrigação somente será convertida em perdas e danos se o autor o requerer ou se impossível a tutela específica ou a obtenção de tutela pelo resultado prático equivalente (CPC, artigo 499).

A indenização por perdas e danos dar-se-á sem prejuízo da multa fixada periodicamente para compelir o réu ao cumprimento específico da obrigação (CPC, artigo 500).

Na ação que tenha por objeto a emissão de declaração de vontade, a sentença que julgar procedente o pedido, uma vez transitada em julgado, produzirá todos os efeitos da declaração não emitida (CPC, artigo 501).

5.5 Do Cumprimento de Sentença que Reconheça a Exigibilidade de Obrigação de Entregar Coisa

Não cumprida a obrigação de entregar coisa no prazo estabelecido na sentença, será expedido mandado de busca e apreensão ou de imissão na posse em favor do credor, conforme se tratar de coisa móvel ou imóvel (CPC, artigo 538).

A existência de benfeitorias deve ser alegada na fase de conhecimento, em contestação, de forma discriminada e com atribuição, sempre que possível e justificadamente, do respectivo valor (CPC, artigo 538, § 1º).

O direito de retenção por benfeitorias deve ser exercido na contestação, na fase de conhecimento (CPC, artigo 538, § 2º).

Aplicam-se ao procedimento previsto neste artigo, no que couber, as disposições sobre o cumprimento de obrigação de fazer ou de não fazer. (CPC, artigo 538, § 3º).

5.6 Execução para a Entrega de Coisa Certa

O Código de Processo Civil trata a execução para a entrega de coisa certa nos artigos 806 a 810. Vejamos:

Art. 806. O devedor de obrigação de entrega de coisa certa, constante de título executivo extrajudicial, será citado para, em 15 (quinze) dias, satisfazer a obrigação.

§ 1º Ao despachar a inicial, o juiz poderá fixar multa por dia de atraso no cumprimento da obrigação, ficando o respectivo valor sujeito a alteração, caso se revele insuficiente ou excessivo.

§ 2º Do mandado de citação constará ordem para imissão na posse ou busca e apreensão, conforme se tratar de bem imóvel ou móvel, cujo cumprimento dar-se-á de imediato, se o executado não satisfizer a obrigação no prazo que lhe foi designado.

Art. 807. Se o executado entregar a coisa, será lavrado o termo respectivo e considerada satisfeita a obrigação, prosseguindo-se a execução para o pagamento de frutos ou o ressarcimento de prejuízos, se houver.

Art. 808. Alienada a coisa quando já litigiosa, será expedido mandado contra o terceiro adquirente, que somente será ouvido após depositá-la.

Art. 809. O exequente tem direito a receber, além de perdas e danos, o valor da coisa, quando essa se deteriorar, não lhe for entregue, não for encontrada ou não for reclamada do poder de terceiro adquirente.

§ 1º Não constando do título o valor da coisa e sendo impossível sua avaliação, o exequente apresentará estimativa, sujeitando-a ao arbitramento judicial.

§ 2º Serão apurados em liquidação o valor da coisa e os prejuízos.

Art. 810. Havendo benfeitorias indenizáveis feitas na coisa pelo executado ou por terceiros de cujo poder ela houver sido tirada, a liquidação prévia é obrigatória.

Parágrafo único. Havendo saldo:

I – em favor do executado ou de terceiros, o exequente o depositará ao requerer a entrega da coisa;

II – em favor do exequente, esse poderá cobrá-lo nos autos do mesmo processo.

5.7 Quadro Sinóptico

Segue quadro sinóptico elaborado por Amélia de Pádua: [21]

21 PÁDUA, Amélia do R.M. de. *Direito obrigacional*. Apontamentos.

DAR COISA CERTA		Perda ou Perecimento	Deterioração
Sem culpa do devedor	Antes da tradição ou pendente condição suspensiva	Fica resolvida a obrigação para ambos, suportando o prejuízo o dono da coisa (arts 234 e 238)	Resolve-se a obrigação OU pode o credor aceitar a coisa, abatido de seu preço o valor que perdeu (art. 235)
Com culpa do devedor		Responde o devedor pelo equivalente + PD	Pode o credor exigir o equivalente + PD OU aceitar a coisa no estado + PD (art. 236)
RESTITUIR COISA CERTA		**Perda ou Perecimento**	**Deterioração**
Sem culpa do devedor		Credor suporta o prejuízo sem indenização, ressalvados os direitos até o dia da perda	Credor recebe a coisa, sem direito à indenização
Com culpa do devedor		Devedor responde pelo equivalente + PD	Devedor responde pelo equivalente + PD (pode receber a coisa no estado + PD)

Se os acréscimos ou melhoramentos se agregam à coisa principal

Concurso de vontade ou despesas para o devedor		
Sem	Art. 241	Lucra o credor, desobrigado de indenização
Com	Art. 242	Aplicam-se as regras relativas aos efeitos da posse quanto às benfeitorias realizadas (arts 1.219 e 1.220)

Se a coisa restituível gerar frutos (utilidades que a coisa periodicamente produz, cuja percepção não diminui a sua substância)

Boa-fé do devedor	Tem direito art. 1.214, CC	Locação, comodato
Má-fé do devedor	Arts 1.216 e 1.214, p. único	Comodatário que notificado não restitui a coisa

5.8 Jurisprudência

É possível a imposição de multa diária (art. 461 do CPC) como forma de compelir operadora de plano de saúde a autorizar que hospital realize procedimento médico-hospitalar. Nessa situação, o elemento preponderante da prestação exigida é uma obrigação de fazer, e não de pagar quantia, de modo que não há qualquer óbice à fixação de *astreintes* para a hipótese de descumprimento. Deve-se considerar que a obrigação de dar na qual se inclui a de pagar quantia consiste na entrega de coisa ao credor. A obrigação de fazer, por sua vez, constitui-se na prestação de uma atividade, ou seja, na realização de um fato ou na emissão de uma declaração de vontade. Ocorre que, não raras vezes, a entrega de coisa pressupõe a realização de uma atividade, caso em que a natureza da obrigação deve ser definida pelo seu elemento preponderante. Como já ressaltado, tem-se que, na situação em análise, o elemento preponderante da obrigação da operadora de plano de saúde é um "fazer", consistente em autorizar o hospital a realizar procedimentos médico-hospitalares.

Observe-se que pouco importa ao consumidor se a operadora do plano de saúde vai, posteriormente, efetuar o pagamento das despesas médicas depois de autorizado o tratamento. De fato, caso isso não ocorra, caberá ao hospital, e não ao consumidor, buscar a devida indenização. REsp 1.186.851-MA, Rel. Min. Nancy Andrighi, julgado em 27/8/2013.

Capítulo 6

OBRIGAÇÕES DE DAR COISA INCERTA

6.1. Conceito

A *obrigação de dar coisa incerta*, também denominada de obrigações de gênero, é aquela que o credor não conhece, salvo pelo gênero e quantidade. É o que diz o artigo 243 ao afirmar que "a coisa incerta será indicada, ao menos, pelo gênero e pela quantidade".[1] Portanto, nas obrigações de dar coisa incerta deve-se indicar pelo menos o gênero e a quantidade. Por exemplo, Márcia vende a Raphaella 15 kg de feijão. Neste caso, o gênero é o feijão e os 15 kg a quantidade. Daí a norma do art. 104, II, do CCB.[2]

O jurista português JOÃO DE MATOS ANTUNES VARELA ensina que *genérica* é "obrigação cujo objeto está apenas determinado pelo seu *gênero* (mediante a indicação das notas ou características que o distinguem) e pela sua *quantidade:* a entrega de *vinte almudes de vinho,* o empréstimo de *dez moios de trigo,* a compra de vinte dúzias de ovos ou de cinquenta litros de azeite".[3]

6.2. Escolha e Concentração

A obrigação de dar coisa incerta é uma obrigação de gênero e requer a individualização do objeto através da escolha.[4] A *individualização, escolha, concretização, determinação* ou *concentração* é, pois, a individualização da coisa.

---

1 Correspondente ao artigo 874 do CCB/1916.

2 CC 2002 Art. 104. A validade do negócio jurídico requer: II objeto lícito, possível, determinado ou determinável.
CC 2002 Art. 166. É nulo o negócio jurídico quando: II for ilícito, impossível ou indeterminável o seu objeto.

3 VARELA, João de Matos Antunes. Das obrigações em geral. Vol. I, 10. ed. Coimbra: Almedina, 2006, p. 819-820.

4 Distinção entre obrigação de dar coisa incerta e obrigação alternativa. Estas obrigações não se confundem. A obrigação de dar coisa incerta é uma obrigação de gênero e requer a individualização do objeto através da escolha, enquanto a obrigação alternativa é uma obrigação jurídica complexa com pluralidade de objetos, na qual o devedor cumpre a obrigação quando presta apenas um deles (*plures sunt res in obligatione*).

Após a *individualização da coisa*, a obrigação deve ser tratada como obrigação de dar coisa certa. Daí a regra do artigo 245 que informa que "cientificado da escolha o credor, vigorará o disposto na seção antecedente".[5]

Cabe ao devedor a escolha da coisa, se o contrário não ficou expressamente acordado no contrato (a escolha poderá ficar a cargo do credor ou de terceiro).

O critério na escolha da coisa é determinado pelo artigo 244 ao afirmar que o devedor "não poderá dar a coisa pior nem será obrigado a prestar a melhor".[6] Melhor dizendo: a escolha deverá incidir na coisa média, ou seja, nem a melhor nem a pior. Aqui se busca um equilíbrio nas relações jurídicas obrigacionais.

6.3. Gênero ilimitado e limitado

Havendo deterioração da coisa, sem culpa do devedor, antes da escolha (concentração), como se resolverá essa obrigação? Antes da escolha não poderá o devedor alegar perda ou deterioração da coisa ainda que por força maior ou caso fortuito. O artigo 246 preceitua que "antes da escolha, não poderá o devedor alegar perda ou deterioração da coisa, ainda que por força maior ou caso fortuito".[7] Esta regra é uma exceção ao princípio disposto no artigo 393 do nosso Código Civil.[8]

O devedor não ficará exonerado de cumprir a obrigação, já o *gênero nunca perece*. É, pois, a aplicação do brocardo latino *genus nunquam perit (genus perire non censetur)*.

MANUEL INÁCIO CARVALHO DE MENDONÇA afirma que somente quando feita a escolha que existe coisa certa que possa desaparecer como objeto da obrigação.[9] Verifica-se, portanto, que nas obrigações de dar coisa incerta ao devedor caberá separar (escolha, concentração) logo o produto para que fique exonerado da prestação quando da ocorrência de caso fortuito ou força maior.

Neste sentido, o Tribunal de Justiça de Santa Catarina, na Apelação Cível 98.000923-5, de relatoria do des. Carlos Prudêncio, em 5.8.1998, decidiu que "OBRIGAÇÃO DE DAR COISA INCERTA. GADO BOVINO. COMPROVAÇÃO DE PAGAMENTO PARCIAL ADIANTADO E NÃO REFUTADO PELO

5 Correspondente ao artigo 876 do CCB/1916.

6 Correspondente ao artigo 875 do CCB/1916.

7 Correspondente ao artigo 877 do CCB/1916.

8 CC 2002 Art. 393. O devedor não responde pelos prejuízos resultantes de caso fortuito ou força maior, se expressamente não se houver por eles responsabilizado. Parágrafo único. O caso fortuito ou de força maior verifica-se no fato necessário, cujos efeitos não era possível evitar ou impedir.

9 CARVALHO DE MENDONÇA, Manuel Inácio. *Doutrina e prática das obrigações*. 4. ed. Tomo I. Rio de Janeiro: Forense, 1956, p. 179.

RÉU. INEXISTÊNCIA DE PROVA EM CONTRÁRIO. IMPOSSIBILIDADE DE ALEGAR PERECIMENTO OU PERDA DA COISA, POSTO QUE É GÊNERO (ART. 877 DO CC). A obrigação de dar coisa incerta, *in casu*, quatro mil quilos de gado bovino, consiste em uma relação obrigacional em que o objeto, em vez de determinado e individuado, é referido apenas pelo gênero, espécie e qualidade. No contrato de compra e venda de coisa genérica, pois o vendedor não pode alegar nenhum dos riscos de perecimento ou deterioração da coisa, tais como previstos nos art. 865 e ss do CC no que se refere à coisa certa, porque o gênero não perece, devendo, então, cumprir fielmente sua obrigação".

Vale destacar que se as partes acordarem que o gênero da obrigação de dar coisa incerta é *limitado*, melhor dizendo: circunscrito a um grupo de coisas (por exemplo, limitado aos animais de determinada fazenda), o perecimento de todas as coisas que compõem este gênero de coisas acarretará a extinção da obrigação.

Neste sentido, o Projeto de Lei n° 6.960/2002 propõe uma nova redação ao artigo 246. Vejamos: "Antes de cientificado da escolha o credor, não poderá o devedor alegar perda ou deterioração da coisa, ainda que por força maior ou caso fortuito, salvo se se tratar de dívida genérica limitada e se extinguir toda a espécie dentro da qual a prestação está comprometida".

6.4. Direito Comparado

No direito comparado, em especial, no Direito Civil português a obrigação genérica é tratada nos artigos 539 a 542. Vejamos:

CC PORTUGUÊS. ARTIGO 539°. (Determinação do objecto). Se o objecto da prestação for determinado apenas quanto ao género, compete a sua escolha ao devedor, na falta de estipulação em contrário.

CC PORTUGUÊS. ARTIGO 540°. (Não perecimento do género). Enquanto a prestação for possível com coisas do género estipulado, não fica o devedor exonerado pelo facto de perecerem aquelas com que se dispunha a cumprir.

CC PORTUGUÊS. ARTIGO 541°. (Concentração da obrigação).

A obrigação concentra-se, antes do cumprimento, quando isso resultar de acordo das partes, quando o género se extinguir a ponto de restar apenas uma das coisas nele compreendidas, quando o credor incorrer em mora, ou ainda nos termos do artigo 797°.

CC PORTUGUÊS. ARTIGO 542°. (Concentração por facto do credor ou de terceiro). 1. Se couber ao credor ou a terceiro, a escolha só é eficaz se for declarada, respectivamente, ao devedor ou a ambas as partes, e é irrevogável. 2. Se couber a escolha ao credor e este a não fizer dentro do prazo estabelecido ou daquele que para o efeito lhe for fixado pelo devedor, é a este que a escolha passa a competir.

6.5. Jurisprudência

• COBRANÇA. COMPRA E VENDA. SAFRA DE ARROZ. INADIMPLEMENTO DOS VENDEDORES, QUE NÃO ENTREGARAM O PRODUTO NA DATA PACTUADA, NÃO OBSTANTE A QUITAÇÃO DO PREÇO PELO COMPRADOR. FRUSTRAÇÃO DA SAFRA QUE NEM SEMPRE ESCUSA O DEVEDOR DE CUMPRIR A ENTREGA DE COISA INCERTA. 1. A frustração da safra em virtude de alterações climáticas e interrupção do fornecimento público de água não se constitui em causa justificativa de inadimplemento, porquanto se trata de risco inerente à atividade agrícola. Não configuração de força maior, salvo situações excepcionais, por se tratar de obrigação de dar coisa incerta. Aplicação do disposto no art. 246 do CC. 2. Havendo contrato escrito dando conta da obrigação contraída pelos réus, e sendo incontroverso o seu inadimplemento, impositiva a manutenção da sentença de procedência do pedido. RECURSO DESROVIDO (Recurso Cível n° 71001363811, Terceira Turma Recursal Cível, Turmas Recursais, Relator: Eugênio Facchini Neto, Julgado em 16.10.2007).

• CIVIL E PROCESSO CIVIL. COMPROMISSO. DAÇÃO EM PAGAMENTO. LIMINAR. ABSTENÇÃO DE ALIENAÇÃO DE UNIDADES NÃO INDIVIDUALIZADAS DE EMPREENDIMENTO IMOBILIÁRIO. POSSIBILIDADE. DISPOSITIVOS LEGAIS ANALISADOS: ARTS 176 DA LEI Nº 6.015/73 E 244 DO CC/02.

1. Agravo de instrumento interposto em 04.03.2010. Recurso especial concluso ao gabinete da relatora em 03.04.2012.
2. Recurso especial em que se discute se é juridicamente possível impor à parte o dever de não comercializar unidades indeterminadas de um empreendimento.
3. Nada impede que o proprietário se comprometa a dar em pagamento de dívida unidades indeterminadas de empreendimento imobiliário, desde que haja condições de identificar os bens a serem entregues.
4. Nos termos do art. 244 do CC/02, nas obrigações de dar coisa incerta, salvo disposição em contrário, cabe ao devedor a escolha das coisas determinadas pelo gênero e pela quantidade.
5. Na hipótese dos autos, tendo sido reconhecida a existência de dívida a ser paga pela cessão de 12 vagas de garagem e 271 m2 de salas de determinado empreendimento imobiliário, nada impede a concessão de liminar impondo ao devedor que se abstenha de alie-

nar as unidades indeterminadamente, ficando a cargo do devedor a individualização dos bens a serem gravados.

6. Recurso especial a que se nega provimento.

(REsp 1313270/MG, rel. ministra NANCY ANDRIGHI, TERCEIRA TURMA, julgado em 13/05/2014, DJe 26/05/2014)

6.6 Execução para a Entrega de Coisa Incerta

O Código de Processo Civil trata a execução para a entrega de coisa incerta nos artigos 811 a 813. Vejamos:

Art. 811. Quando a execução recair sobre coisa determinada pelo gênero e pela quantidade, o executado será citado para entregá-la individualizada, se lhe couber a escolha. Parágrafo único. Se a escolha couber ao exequente, esse deverá indicá-la na petição inicial.

Art. 812. Qualquer das partes poderá, no prazo de 15 (quinze) dias, impugnar a escolha feita pela outra, e o juiz decidirá de plano ou, se necessário, ouvindo perito de sua nomeação.

Art. 813. Aplicar-se-ão à execução para entrega de coisa incerta, no que couber, as disposições da Seção I deste Capítulo.

Capítulo 7

OBRIGAÇÕES DE FAZER

7.1. Conceito

A obrigação de fazer *(obligatio faciendi)* consiste numa prestação (ato de fazer) do devedor. É o caso, por exemplo, da obrigação do professor em ministrar aulas ou de um pintor na feitura de um quadro.

7.2. Distinção entre Obrigação de Dar e Obrigação de Fazer

A obrigação de dar não se confunde com a obrigação de fazer. Na obrigação de dar é possível a apreensão da coisa com a finalidade de entregar ao credor, o que não ocorre na obrigação de fazer. Melhor dizendo: na obrigação de dar, o devedor pode ser constrangido pela autoridade judicial a entregar a coisa ao credor, o que não ocorre com a obrigação de fazer, já que nesta o devedor não pode ser constrangido a cumprir a obrigação, resolvendo-se em perdas e danos.

7.3. Classificação das Obrigações de Fazer

A obrigação de fazer pode ser classificada em obrigação de fazer *fungível* (substituível) e obrigação de fazer *não fungível* (infungível, personalíssima ou *intuitu personae)*. Nesta, a figura do devedor é imprescindível (obrigação personalíssima). Exemplo: a pintura de uma obra de arte por um pintor famoso. Naquela, a obrigação poderá ser cumprida por qualquer pessoa que possua a mesma habilidade do devedor. Exemplo: a construção de um muro.

Assim, a obrigação de fazer fungível poderá ser realizada por qualquer profissional, sem prejuízo para o credor, já que não requer uma qualificação especial daquele, podendo ser prestada, em tese, por qualquer pessoa. Na obrigação de fazer infungível, o devedor possui uma qualificação especial, tais como as obrigações assumidas por artistas famosos, os serviços de renomados médicos para a realização de cirurgias ou a defesa de uma causa a ser realizada por um famoso advogado. Considerando que tais obrigações são *intuitu personae,* os credores esperam que tais serviços sejam realizados por tais pessoas, em razão da confiança nelas depositada.

7.4. Consequências do Inadimplemento das Obrigações de Fazer

As obrigações de fazer podem ser inadimplidas de duas maneiras: a) a prestação tornou-se impossível de ser executada *sem culpa do devedor*, ou *por culpa deste*; ou b) quando o profissional podendo cumprir a obrigação se recusa a fazê-lo.

Se a prestação do fato tornar-se impossível sem culpa do devedor, resolver-se-á a obrigação, ficando afastada a responsabilidade do obrigado; se por culpa dele, responderá por perdas e danos (CC, art. 248).[1]

É o caso, por exemplo, do cantor que fica impedido de realizar um show, já que se encontra rouco. Outra solução será dada se o obrigado (cantor) tiver agido com culpa, como na hipótese de o cantor se encontrar complemente embriagado pouco antes do início do espetáculo. Neste caso, o cantor terá que indenizar os prejuízos sofridos pelo contratante.

7.4.1. Obrigações infungíveis

O artigo 247 determina que "incorre na obrigação de indenizar perdas e danos o devedor que recusar a prestação a ele só imposta, ou só por ele exequível".

No caso de ocorrer recusa ao cumprimento de obrigação de *fazer infungível* que importe *trabalho (esforço físico),* poderá o magistrado compelir o devedor a fazê-lo ou seria este um ato de violação ao direito individual de liberdade do obrigado?

De modo geral, tais obrigações são resolvidas em perdas e danos, uma vez que o magistrado não pode compelir o devedor a realizar uma prestação se assim o mesmo não quiser fazê-lo. Seria, pois, uma invasão à liberdade individual do cidadão.

Ocorre que em certos momentos o credor não está interessado nas perdas e danos, senão na realização da prestação avençada. Daí que com o advento do Código de Defesa do Consumidor (CDC), em especial, a regra do artigo 84 trouxe importantes modificações na esfera jurídica civilística ao assegurar o direito do credor à execução específica da obrigação.[2]

---

1 Correspondente ao artigo 879 do CCB/1916.

2 CDC Art. 84. Na ação que tenha por objeto o cumprimento da obrigação de fazer ou não fazer, o juiz concederá a tutela específica da obrigação ou determinará providências que assegurem o resultado prático equivalente ao do adimplemento.

§ 1° A conversão da obrigação em perdas e danos somente será admissível se por elas optar o autor ou se impossível a tutela específica ou a obtenção do resultado prático correspondente.

§ 2° A indenização por perdas e danos se fará sem prejuízo da multa (art. 287 do Código de Processo Civil).

§ 3° Sendo relevante o fundamento da demanda e havendo justificado receio de ineficácia do provimento final, é lícito ao juiz conceder a tutela liminarmente ou após justificação prévia,

Esta regra permite ao juiz adotar uma série de medidas de coerção indireta, para levar ao devedor da obrigação de fazer a realizar o serviço, ou seja, a adoção de providências que assegurem o resultado prático da prestação.

De acordo com o artigo 497 do Código de Processo Civil, "na ação que tenha por objeto a prestação de fazer ou de não fazer, o juiz, se procedente o pedido, concederá a tutela específica ou determinará providências que assegurem a obtenção de tutela pelo resultado prático equivalente.

Para a concessão da tutela específica destinada a inibir a prática, a reiteração ou a continuação de um ilícito, ou a sua remoção, é irrelevante a demonstração da ocorrência de dano ou da existência de culpa ou dolo (Código de Processo Civil, artigo 497, parágrafo único).

No cumprimento de sentença que reconheça a exigibilidade de obrigação de fazer ou de não fazer, o juiz poderá, de ofício ou a requerimento, para a efetivação da tutela específica ou a obtenção de tutela pelo resultado prático equivalente, determinar as medidas necessárias à satisfação do exequente (CPC, artigo 536).

O juiz poderá determinar, entre outras medidas, a imposição de multa, a busca e apreensão, a remoção de pessoas e coisas, o desfazimento de obras e o impedimento de atividade nociva, podendo, caso necessário, requisitar o auxílio de força policial (CPC, artigo 536, § 1º).

O mandado de busca e apreensão de pessoas e coisas será cumprido por 2 (dois) oficiais de justiça, observando-se o disposto no art. 846, §§ 1° a 4° do CPC, se houver necessidade de arrombamento (CPC, artigo 536, § 2º).

O executado incidirá nas penas de litigância de má-fé quando injustificadamente descumprir a ordem judicial, sem prejuízo de sua responsabilização por crime de desobediência (CPC, artigo 536, § 3º).

A multa independe de requerimento da parte e poderá ser aplicada na fase de conhecimento, em tutela provisória ou na sentença, ou na fase de execução, desde que seja suficiente e compatível com a obrigação e que se determine prazo razoável para cumprimento do preceito (CPC, artigo 537).

De acordo com o § 1º do artigo 537 do CPC, o juiz poderá, de ofício ou a requerimento, modificar o valor ou a periodicidade da multa vincenda ou excluí-la, caso verifique que:

---

citado o réu.

§ 4° O juiz poderá, na hipótese do § 3° ou na sentença, impor multa diária ao réu, independentemente de pedido do autor, se for suficiente ou compatível com a obrigação, fixando prazo razoável para o cumprimento do preceito.

§ 5° Para a tutela específica ou para a obtenção do resultado prático equivalente, poderá o juiz determinar as medidas necessárias, tais como busca e apreensão, remoção de coisas e pessoas, desfazimento de obra, impedimento de atividade nociva, além de requisição de força policial.

I se tornou insuficiente ou excessiva;

II o obrigado demonstrou cumprimento parcial superveniente da obrigação ou justa causa para o descumprimento.

O valor da multa será devido ao exequente (CPC, artigo 536, § 2º).

A decisão que fixa a multa é passível de cumprimento provisório, devendo ser depositada em juízo, permitido o levantamento do valor após o trânsito em julgado da sentença favorável à parte. (CPC, artigo 536, § 3º).

A multa será devida desde o dia em que se configurar o descumprimento da decisão e incidirá enquanto não for cumprida a decisão que a tiver cominado (CPC, artigo 536, § 4º).

E quanto à obrigação de fazer infungível que não importe trabalho (esforço físico), mas sim *emitir declaração de vontade,* como exemplo, a outorga de escritura definitiva em cumprimento de compromisso de compra e venda?

Ora, alguém se obriga perante outrem a emitir uma declaração de vontade celebrando um contrato. É o que ocorre nos denominados *contratos preliminares (pacto de contrahendo).* Neste contrato preliminar se desvela uma obrigação de fazer que seja a celebração do contrato definitivo.

7.4.2. Obrigações fungíveis

Se a obrigação for *fungível* caberá ao credor a opção de pedir perdas e danos ou optar pela execução específica, requerendo que ela seja executada por terceiro, à custa do devedor. É o que dispõe o artigo 249 ao dizer que "Se o fato puder ser executado por terceiro, será livre ao credor mandá-lo executar à custa do devedor, havendo recusa ou mora deste, sem prejuízo da indenização cabível".[3]

Em caso de urgência, pode o credor, independentemente de autorização judicial, executar ou mandar executar o fato, sendo depois ressarcido. (CC, art. 249, parágrafo único). Portanto, em caso de urgência na obtenção da obrigação de fazer fungível, o credor poderá se utilizar da autoexecutoriedade na tutela jurisdicional.

7.5 Antecipação da Tutela Específica

GAIO JÚNIOR alerta que ancorado na ideia da efetividade do processo, o titular da obrigação de fazer inadimplida poderá obter a antecipação da tutela pretendida.[4]

---

3 Correspondente ao artigo 881 do CCB/1916.

4 GAIO JÚNIOR, Antônio Pereira. *Tutela específica das obrigações de fazer*. 6. ed. Curitiba:

A tutela provisória de urgência, cautelar ou antecipada, pode ser concedida em caráter antecedente ou incidental (CPC, artigo 294, parágrafo único).

Vejamos o quadro abaixo:

<table>
<tr><th colspan="2">Tutela Provisória
CPC Art. 294. A tutela provisória pode fundamentar-se em urgência ou evidência.

Parágrafo único. A tutela provisória de urgência, cautelar ou antecipada, pode ser concedida em caráter antecedente ou incidental.</th></tr>
<tr><th>Urgência</th><th>Evidência</th></tr>
<tr><td>CPC Art. 300. A tutela de urgência será concedida quando houver elementos que evidenciem a probabilidade do direito e o perigo de dano ou o risco ao resultado útil do processo.

§ 1º Para a concessão da tutela de urgência, o juiz pode, conforme o caso, exigir caução real ou fidejussória idônea para ressarcir os danos que a outra parte possa vir a sofrer, podendo a caução ser dispensada se a parte economicamente hipossuficiente não puder oferecê-la.

§ 2º A tutela de urgência pode ser concedida liminarmente ou após justificação prévia.

§ 3º A tutela de urgência de natureza antecipada não será concedida quando houver perigo de irreversibilidade dos efeitos da decisão.</td><td>CPC Art. 311. A tutela da evidência será concedida, independentemente da demonstração de perigo de dano ou de risco ao resultado útil do processo, quando:

I – ficar caracterizado o abuso do direito de defesa ou o manifesto propósito protelatório da parte;

II – as alegações de fato puderem ser comprovadas apenas documentalmente e houver tese firmada em julgamento de casos repetitivos ou em súmula vinculante;

III – se tratar de pedido reipersecutório fundado em prova documental adequada do contrato de depósito, caso em que será decretada a ordem de entrega do objeto custodiado, sob cominação de multa;

IV – a petição inicial for instruída com prova documental suficiente dos fatos constitutivos do direito do autor, a que o réu não oponha prova capaz de gerar dúvida razoável.

Parágrafo único. Nas hipóteses dos incisos II e III, o juiz poderá decidir liminarmente.</td></tr>
</table>

Juruá Editora, 2016, p. 122.

<table>
<tr><th colspan="2">Tutela Provisória</th></tr>
<tr><th colspan="2">Urgência</th></tr>
<tr><th>Cautelar</th><th>Antecipada</th></tr>
<tr><td>CPC Art. 305. A petição inicial da ação que visa à prestação de tutela cautelar em caráter antecedente indicará a lide e seu fundamento, a exposição sumária do direito que se objetiva assegurar e o perigo de dano ou o risco ao resultado útil do processo.

Parágrafo único. Caso entenda que o pedido a que se refere o caput tem natureza antecipada, o juiz observará o disposto no art. 303.

Art. 306. O réu será citado para, no prazo de 5 (cinco) dias, contestar o pedido e indicar as provas que pretende produzir.

Art. 307. Não sendo contestado o pedido, os fatos alegados pelo autor presumir-se-ão aceitos pelo réu como ocorridos, caso em que o juiz decidirá dentro de 5 (cinco) dias.

Parágrafo único. Contestado o pedido no prazo legal, observar-se-á o procedimento comum.

Art. 308. Efetivada a tutela cautelar, o pedido principal terá de ser formulado pelo autor no prazo de 30 (trinta) dias, caso em que será apresentado nos mesmos autos em que deduzido o pedido de tutela cautelar, não dependendo do adiantamento de novas custas processuais.

§ 1º O pedido principal pode ser formulado conjuntamente com o pedido de tutela cautelar.

§ 2º A causa de pedir poderá ser aditada no momento de formulação do pedido principal.</td><td>CPC Art. 303. Nos casos em que a urgência for contemporânea à propositura da ação, a petição inicial pode limitar-se ao requerimento da tutela antecipada e à indicação do pedido de tutela final, com a exposição da lide, do direito que se busca realizar e do perigo de dano ou do risco ao resultado útil do processo.

§ 1º Concedida a tutela antecipada a que se refere o caput deste artigo:

I – o autor deverá aditar a petição inicial, com a complementação de sua argumentação, a juntada de novos documentos e a confirmação do pedido de tutela final, em 15 (quinze) dias ou em outro prazo maior que o juiz fixar;

II – o réu será citado e intimado para a audiência de conciliação ou de mediação na forma do art. 334;

III – não havendo autocomposição, o prazo para contestação será contado na forma do art. 335.

§ 2º Não realizado o aditamento a que se refere o inciso I do § 1º deste artigo, o processo será extinto sem resolução do mérito.

§ 3º O aditamento a que se refere o inciso I do § 1º deste artigo dar-se-á nos mesmos autos, sem incidência de novas custas processuais.

§ 4º Na petição inicial a que se refere o caput deste artigo, o autor terá de indicar o valor da causa, que deve levar em consideração o pedido de tutela final.

§ 5º O autor indicará na petição inicial, ainda, que pretende valer-se do benefício previsto no caput deste artigo.</td></tr>
</table>

Tutela Provisória	
Urgência	
Cautelar	**Antecipada**
§ 3º Apresentado o pedido principal, as partes serão intimadas para a audiência de conciliação ou de mediação, na forma do art. 334, por seus advogados ou pessoalmente, sem necessidade de nova citação do réu. § 4º Não havendo autocomposição, o prazo para contestação será contado na forma do art. 335. Art. 309. Cessa a eficácia da tutela concedida em caráter antecedente, se: I – o autor não deduzir o pedido principal no prazo legal; II – não for efetivada dentro de 30 (trinta) dias; III – o juiz julgar improcedente o pedido principal formulado pelo autor ou extinguir o processo sem resolução de mérito. Parágrafo único. Se por qualquer motivo cessar a eficácia da tutela cautelar, é vedado à parte renovar o pedido, salvo sob novo fundamento. Art. 310. O indeferimento da tutela cautelar não obsta a que a parte formule o pedido principal, nem influi no julgamento desse, salvo se o motivo do indeferimento for o reconhecimento de decadência ou de prescrição.	§ 6º Caso entenda que não há elementos para a concessão de tutela antecipada, o órgão jurisdicional determinará a emenda da petição inicial em até 5 (cinco) dias, sob pena de ser indeferida e de o processo ser extinto sem resolução de mérito. Art. 304. A tutela antecipada, concedida nos termos do art. 303, torna-se estável se da decisão que a conceder não for interposto o respectivo recurso. § 1º No caso previsto no caput, o processo será extinto. § 2º Qualquer das partes poderá demandar a outra com o intuito de rever, reformar ou invalidar a tutela antecipada estabilizada nos termos do caput. § 3º A tutela antecipada conservará seus efeitos enquanto não revista, reformada ou invalidada por decisão de mérito proferida na ação de que trata o § 2º. § 4º Qualquer das partes poderá requerer o desarquivamento dos autos em que foi concedida a medida, para instruir a petição inicial da ação a que se refere o § 2º, prevento o juízo em que a tutela antecipada foi concedida. § 5º O direito de rever, reformar ou invalidar a tutela antecipada, previsto no § 2º deste artigo, extingue-se após 2 (dois) anos, contados da ciência da decisão que extinguiu o processo, nos termos do § 1º. § 6º A decisão que concede a tutela não fará coisa julgada, mas a estabilidade dos respectivos efeitos só será afastada por decisão que a revir, reformar ou invalidar, proferida em ação ajuizada por uma das partes, nos termos do § 2º deste artigo.

7.6 Execução das Obrigações de Fazer

O Código de Processo Civil trata a execução das obrigações de fazer nos artigos 814 a 821. Vejamos:

Seção I Disposições Comuns

Art. 814. Na execução de obrigação de fazer ou de não fazer fundada em título extrajudicial, ao despachar a inicial, o juiz fixará multa por período de atraso no cumprimento da obrigação e a data a partir da qual será devida.

Parágrafo único. Se o valor da multa estiver previsto no título e for excessivo, o juiz poderá reduzi-lo.

Seção II - Da Obrigação de Fazer

Art. 815. Quando o objeto da execução for obrigação de fazer, o executado será citado para satisfazê-la no prazo que o juiz lhe designar, se outro não estiver determinado no título executivo.

Art. 816. Se o executado não satisfizer a obrigação no prazo designado, é lícito ao exequente, nos próprios autos do processo, requerer a satisfação da obrigação à custa do executado ou perdas e danos, hipótese em que se converterá em indenização.

Parágrafo único. O valor das perdas e danos será apurado em liquidação, seguindo-se a execução para cobrança de quantia certa.

Art. 817. Se a obrigação puder ser satisfeita por terceiro, é lícito ao juiz autorizar, a requerimento do exequente, que aquele a satisfaça à custa do executado.

Parágrafo único. O exequente adiantará as quantias previstas na proposta que, ouvidas as partes, o juiz houver aprovado.

Art. 818. Realizada a prestação, o juiz ouvirá as partes no prazo de 10 (dez) dias e, não havendo impugnação, considerará satisfeita a obrigação.

Parágrafo único. Caso haja impugnação, o juiz a decidirá.

Art. 819. Se o terceiro contratado não realizar a prestação no prazo ou se o fizer de modo incompleto ou defeituoso, poderá o exequente requerer ao juiz, no prazo de 15 (quinze) dias, que o autorize a concluí-la ou a repará-la à custa do contratante.

Parágrafo único. Ouvido o contratante no prazo de 15 (quinze) dias, o juiz mandará avaliar o custo das despesas necessárias e o condenará a pagá-lo.

Art. 820. Se o exequente quiser executar ou mandar executar, sob sua direção e vigilância, as obras e os trabalhos necessários à realização da prestação, terá preferência, em igualdade de condições de oferta, em relação ao terceiro.

Parágrafo único. O direito de preferência deverá ser exercido no prazo de 5 (cinco) dias, após aprovada a proposta do terceiro.

Art. 821. Na obrigação de fazer, quando se convencionar que o executado a satisfaça pessoalmente, o exequente poderá requerer ao juiz que lhe assine prazo para cumpri-la.

Parágrafo único. Havendo recusa ou mora do executado, sua obrigação pessoal será convertida em perdas e danos, caso em que se observará o procedimento de execução por quantia certa.

7.7 Quadro Sinóptico

Inadimplemento			
Sem Culpa		Com Culpa	
Obrigação Fungível	Obrigação Infungível	Obrigação Fungível	Obrigação Infungível
Resolve-se o pacto, as partes voltam ao *status quo ante*.	Resolve-se o pacto, as partes voltam ao *status quo ante*.	Manda realizar por terceiro ou perdas e danos (CC 2002, art. 249). Por exemplo, a reforma de um telhado.	Perdas e danos. (CC 2002, art. 248)

7.8 Jurisprudência

- TJRJ AÇÃO CAUTELAR BUSCA E APREENSÃO APREENSÃO DE MERCADORIA -INOCORRÊNCIA CUMPRIMENTO DE OBRIGAÇÃO DE FAZER. IMPOSSIBILIDADE. OBRIGAÇÃO DE FAZER. Depósito de coisa inexistente impossibilidade física e jurídica em face do auto negativo de busca e apreensão, há impossibilidade física e jurídica na decisão judicial que impõe à parte depositar em juízo, sob pena de multa diária, peças, matrizes, documentos e moldes de existência incerta Provimento parcial do recurso. Tipo da Ação: AGRAVO DE INSTRUMENTO. Número do Processo: 2001.002.17213. Data de Registro: 9.5.2002. Órgão Julgador: SEGUNDA CÂMARA CÍVEL . Des. SÉRGIO CAVALIERI FILHO. Julgado em 27.3.2002.

- TJRJ. Obrigação de fazer. Compra e venda de veículo. Defeito do veículo. Laudo pericial. Ressarcimento dos danos. Ação de obrigação de fazer. Reparação por danos materiais e morais. Compra de veículo zero quilômetro que apresentou defeitos tão logo iniciado o seu uso e que embora providenciada pela concessionária autorizada a substituição de peças por mais de uma vez não conseguiu apesar disso solucionar os problemas constatados. Laudo pericial confirmatório dos fatos alegados na exordial. Sentença dando parcial acolhimento aos pedidos. Apelo pretendendo a reforma do julgado. Resistência injustificável da ré, reconvinte e agora apelante, mormente em se tratando de matéria que envolve direito do consumidor, amparado pelo respectivo código, notadamente em seu artigo 18, parágrafo 1°, inciso i. Recurso ao qual se nega provimento. Tipo da ação: apelação cível . Número do Processo: 2004.001.22373. Órgão Julgador: DÉCIMA CÂMARA CÍVEL. Des. ORLANDO SECCO. Julgado em 16.11.2004.

• Na hipótese de ação civil pública proposta em razão de dano ambiental, é possível que a sentença condenatória imponha ao responsável, cumulativamente, as obrigações de recompor o meio ambiente degradado e de pagar quantia em dinheiro a título de compensação por dano moral coletivo. Isso porque vigora em nosso sistema jurídico o princípio da reparação integral do dano ambiental, que, ao determinar a responsabilização do agente por todos os efeitos decorrentes da conduta lesiva, permite a cumulação de obrigações de fazer, de não fazer e de indenizar. Ademais, deve-se destacar que, embora o art. 3º da Lei nº 7.347/1985 disponha que "a ação civil poderá ter por objeto a condenação em dinheiro ou o cumprimento de obrigação de fazer ou não fazer", é certo que a conjunção "ou" contida na citada norma, bem como nos arts 4º, VII, e 14, § 1º, da Lei nº 6.938/1981, opera com valor aditivo, não introduzindo, portanto, alternativa excludente. Em primeiro lugar, porque vedar a cumulação desses remédios limitaria, de forma indesejada, a Ação Civil Pública, importante instrumento de persecução da responsabilidade civil de danos causados ao meio ambiente – inviabilizando, por exemplo, condenações em danos morais coletivos. Em segundo lugar, porque incumbe ao juiz, diante das normas de Direito Ambiental recheadas que são de conteúdo ético intergeracional atrelado às presentes e futuras gerações –, levar em conta o comando do art. 5º da LINDB, segundo o qual, ao se aplicar a lei, deve-se atender "aos fins sociais a que ela se dirige e às exigências do bem comum", cujo corolário é a constatação de que, em caso de dúvida ou outra anomalia técnico-redacional, a norma ambiental demanda interpretação e integração de acordo com o princípio hermenêutico *in dubio pro natura*, haja vista que toda a legislação de amparo dos sujeitos vulneráveis e dos interesses difusos e coletivos há sempre de ser compreendida da maneira que lhes seja mais proveitosa e melhor possa viabilizar, na perspectiva dos resultados práticos, a prestação jurisdicional e a *ratio essendi* da norma. Por fim, a interpretação sistemática das normas e princípios ambientais leva à conclusão de que, se o bem ambiental lesado for imediata e completamente restaurado, isto é, restabelecido à condição original, não há falar, como regra, em indenização. Contudo, a possibilidade técnica, no futuro, de restauração *in natura* nem sempre se mostra suficiente para reverter ou recompor integralmente, no âmbito da responsabilidade civil, as várias dimensões do dano ambiental causado; por isso não exaure os deveres associados aos princípios do poluidor-pagador e da reparação integral do dano. Cumpre ressaltar que o dano ambiental é multifacetário (ética, temporal, ecológica e patrimonialmente falando, sensível ainda à diversidade do vasto universo de vítimas, que vão do indivíduo isolado à coletividade, às gerações futuras e aos processos ecológicos em si mesmos considerados). Em suma, equivoca-se, jurídica e metodologicamente, quem confunde prioridade da recuperação *in natura* do bem degradado com impossibilidade de cumulação simultânea dos deveres de repristinação natural (obrigação de fazer), compensação ambiental e indenização em dinheiro (obrigação de dar), e abstenção de uso e nova lesão (obrigação de não fazer). REsp 1.328.753-MG, Rel. Min. Herman Benjamin, julgado em 28/5/2013.

Capítulo 8

OBRIGAÇÕES DE NÃO FAZER

8.1. Conceito

A obrigação de não fazer consiste num ato de abstenção do devedor, isto é, refere-se a uma prestação de não fazer (prestação negativa), na qual o devedor fica proibido de não fazer ou praticar determinado ato/conduta. Por exemplo, a obrigação do vizinho de não perturbar o sossego alheio, a obrigação de guardar segredo profissional, a obrigação de não construir prédio além de certa altura, etc.

Extingue-se a obrigação de não fazer, desde que, sem culpa do devedor, se lhe torne impossível abster-se do ato, que se obrigou a não praticar (CC, art. 250).[1] Assim, a obrigação se resolve para ambas as partes, sem perdas e danos, no caso da impossibilidade de cumprir a obrigação de não fazer sem culpa do devedor.

8.2. Inadimplemento

O artigo 251 determina que "praticado pelo devedor o ato, a cuja abstenção se obrigara, o credor pode exigir dele que o desfaça, sob pena de se desfazer à sua custa, ressarcindo o culpado perdas e danos".[2]

O parágrafo único do referido dispositivo preceitua que "em caso de urgência, poderá o credor desfazer ou mandar desfazer, independentemente de autorização judicial, sem prejuízo do ressarcimento devido".[3]

Dessa forma, o credor pode exigir o desfazimento do ato ou desfazer o ato praticado, à custa do devedor. Em ambos os casos é cabível a indenização por perdas e danos (CCB, art. 402).[4]

---

1 Correspondente ao artigo 882 do CCB/1916.

2 Correspondente ao artigo 883 do CCB/1916.

3 Sem correspondência ao CCB/1916.

4 CC 2002 Art. 389. Não cumprida a obrigação, responde o devedor por perdas e danos, mais juros e atualização monetária segundo índices oficiais regularmente estabelecidos, e honorários de advogado.
CC 2002 Art. 402. Salvo as exceções expressamente previstas em lei, as perdas e danos devidas ao credor abrangem, além do que ele efetivamente perdeu, o que razoavelmente deixou de lucrar.

Se não for possível o desfazimento do ato, caberá somente a indenização por perdas e danos.

8.3. Quadro Sinóptico

Inadimplemento – Obrigação de não Fazer		
Sem culpa do devedor	Com culpa do devedor	
Extingue-se a obrigação jurídica. (CC 2002 Art. 250).	Desfazimento possível	Desfazimento impossível
	Opera-se o desfazimento (CC 2002 Art. 251).	Perdas e danos

8.4 Execução das Obrigações de não Fazer

O Código de Processo Civil trata a execução das obrigações de não fazer nos artigos 814, 822 e 823. Vejamos:

> Seção I Disposições Comuns
>
> Art. 814. Na execução de obrigação de fazer ou de não fazer fundada em título extrajudicial, ao despachar a inicial, o juiz fixará multa por período de atraso no cumprimento da obrigação e a data a partir da qual será devida.
> Parágrafo único. Se o valor da multa estiver previsto no título e for excessivo, o juiz poderá reduzi-lo.
>
> [...]
>
> Seção III Da Obrigação de Não Fazer
>
> Art. 822. Se o executado praticou ato a cuja abstenção estava obrigado por lei ou por contrato, o exequente requererá ao juiz que assine prazo ao executado para desfazê-lo.
> Art. 823. Havendo recusa ou mora do executado, o exequente requererá ao juiz que mande desfazer o ato à custa daquele, que responderá por perdas e danos.
> Parágrafo único. Não sendo possível desfazer-se o ato, a obrigação resolve-se em perdas e danos, caso em que, após a liquidação, se observará o procedimento de execução por quantia certa.

8.5. Jurisprudência

• O possuidor ou dono da obra, responsável pela ampliação irregular do imóvel, é legitimado passivo de ação demolitória que vise à destruição do acréscimo irregular realizado, ainda que ele não ostente o título de proprietário do imóvel. Embora o art. 1.299 do CC se refira apenas à figura do proprietário, o art. 1.312 prescreve que "todo aquele que violar as proibições estabelecidas nesta Seção é obrigado a demolir as construções feitas, respondendo por perdas e danos". A norma se destina, portanto, a todo aquele que descumprir a obrigação de não fazer construções que violem as disposições legais, seja na condição de possuidor seja como proprietário. Além do mais, o mesmo entendimento se confirma pelo recurso à analogia com as normas que disciplinam a ação de nunciação de obra nova. Ao prever esse procedimento especial, o CPC, em seu art. 934, III, atribui legitimidade ativa ao município, a fim de impedir que o particularconstrua em contravenção da lei, do regulamento ou de postura. Não há, pois, legitimidade passiva exclusiva do proprietário do imóvel. REsp 1.293.608-PE, rel. min. Herman Benjamin, julgado em 4/12/2012.

Capítulo 9

OBRIGAÇÕES ALTERNATIVAS

9.1. Introdução

A *obrigação jurídica simples* é aquela relação jurídica que contém somente um credor, um devedor e um objeto. Já na *obrigação jurídica complexa* existe pluralidade de credores, devedores e objetos.

As obrigações jurídicas complexas com pluralidade de objetos (prestações) podem ser classificadas em *obrigações cumulativas (conjuntivas)* e *obrigações alternativas.*

9.1.1. Diferença entre obrigações cumulativas (conjuntivas), obrigações alternativas e obrigações facultativas

Nas obrigações *cumulativas* ou *conjuntivas,* com pluralidade de objetos, o devedor deve prestar todos os objetos. Por exemplo, Diego se compromete a doar a Karina um automóvel e uma bicicleta. Logo, o doador somente cumprirá sua obrigação quando efetuar a doação dos dois objetos (automóvel e bicicleta). Assim, nas obrigações cumulativas existem duas ou mais prestações que devem ser realizadas em sua totalidade. Isto quer dizer que o adimplemento total da obrigação somente ocorrerá quando todas as prestações se realizarem. O implemento de apenas uma das prestações acarreta um inadimplemento parcial passível de ser recusado pelo credor.

A *obrigação alternativa* ocorre nas relações jurídicas complexas com pluralidade de objetos (prestações), na qual o devedor cumpre a obrigação quando presta apenas um deles *(plures sunt res in obligatione).* Existe, pois, uma pluralidade de prestações, em que apenas uma delas será objeto do vínculo obrigacional. Por exemplo: uma pessoa firma um contrato com outra se comprometendo a entregar um automóvel ou uma motocicleta. Considerando que a avença está relacionada a uma obrigação alternativa, o devedor cumprirá sua obrigação entregando apenas um dos objetos.

A *obrigação facultativa* não é tratada pelo Código Civil brasileiro. Portanto, não existe regramento sobre as obrigações facultativas. Na hipótese de acordo que contenha obrigações facultativas, o devedor tem o direito de substituir a prestação devida por outra anteriormente acordada com o credor. Melhor dizendo: na relação jurídica obrigacional de cunho facultativo existe apenas um objeto que deve ser prestado pelo devedor. Ocorre que o devedor tem uma faculdade de substituir este objeto por outro para o cumprimento de sua obrigação. Por exemplo, Leandro se compromete com Angélica a entregar-lhe um automóvel Maverick V8. Todavia, no contrato existe uma cláusula facultando ao devedor (Leandro), caso queira, em vez de entregar o automóvel citado, entregar uma motocicleta Ninja 1000. Vale destacar que o objeto do contrato é apenas um, qual seja: a entrega do automóvel Maverick V8. Logo, perecendo o objeto principal do contrato, ficará extinta a obrigação.

9.2. Direito de Escolha

Como dito acima, a *obrigação alternativa* ocorre numa pluralidade de prestações, em que apenas uma delas será objeto do vínculo obrigacional. A pretensão, neste caso, conforme lições de PONTES DE MIRANDA, "dirige-se a duas ou mais prestações, de modo que só uma delas, determinada pela escolha, se haja de realizar. A indeterminação, com que nasce o crédito, serve ao credor ou ao devedor, tal como se o hóspede pode escolher, dentre os pratos do dia (entrada, peixe, carne e sobremesa), ou a legatária pode escolher o anel de brilhante ou os brincos, ou como se o vendedor de café pode entregar o tipo *a* ou o tipo b. A pretensão é uma só; uma só obrigação".[1]

O que vem a ser escolha? Considerando que nas obrigações alternativas ocorre uma pluralidade de prestações, a *escolha* é um *ato unilateral de vontade* em que se se determina qual das prestações deve ser paga.

Com o exercício do direito de escolha, a obrigação múltipla se transforma em obrigação simples, tendo como objeto da relação jurídica àquela prestação que foi escolhida, desaparecendo, pois, as demais prestações.

Segundo ANTUNES VARELA, a *escolha* é "o ato de *opção* ou *seleção*, por meio do qual se opera, em regra, a concentração da obrigação numa das prestações em alternativa a que o devedor se encontra adstrito. A escolha converte o estado provisório de *pluralidade disjuntiva* dos objetos da obrigação na *unicidade* de objeto própria das obrigações simples, pondo assim termo à indeterminação inicial da prestação".[2]

O artigo 252 do nosso Código Civil determina que "nas obrigações alternativas, a escolha cabe ao devedor, se outra coisa não se estipulou".[3] Dessa

1 PONTES DE MIRANDA. Tratado de direito privado. Parte especial. Tomo XXII. 2. ed. Rio de Janeiro: Borsoi, 1958, p. 124.

2 VARELA, João de Matos Antunes. Das obrigações em geral. Vol. I, 10. ed. Coimbra: Almedina, 2006, p. 833.

3 Correspondente ao artigo 884, caput, do CCB/1916.

maneira, os contratantes podem estipular expressamente no instrumento contratual a quem caberá o direito de escolha, caso contrário, na omissão de cláusula contratual, caberá ao devedor a escolha.

Assim, em princípio, a escolha é definitiva e irrevogável, não podendo ser modificada, salvo se dispuserem as partes em contrário. Ocorre que quando a obrigação for de prestações periódicas, a faculdade de opção poderá ser exercida em cada período (CCB, art. 252, § 2°).[4]

Isto quer dizer que ao fim de cada período, o devedor poderá realizar nova escolha. ANTÔNIO CHAVES exemplifica a questão da seguinte forma: "Digamos que *a* tenha arrendado seu sítio a b, pelo preço anual de mil sacas de café ou do valor correspondente em dinheiro. Temos uma obrigação alternativa que se renova todos os anos, porque todos os anos *b* deverá pagar mil sacas de café ou o valor correspondente em dinheiro. Pode o devedor efetuar duas, três prestações da mesma modalidade, pagando anuidades sucessivas em sacas de café. Mas isso não o inibe da prestação em dinheiro e de escolher a que bem entender nos anos seguintes".[5]

Não pode o devedor obrigar o credor a receber parte em uma prestação e parte em outra (CCB, art. 252, § 1°).[6] É, pois, o *princípio da indivisibilidade da prestação.* O devedor possui o direito de escolha ou opção, entretanto não pode obrigar o credor a receber parte em uma prestação, e parte em outra. Vejamos o seguinte exemplo: Galdino se obriga a dar-me vinte mil reais, ou quarenta livros de sua biblioteca, ele não poderá dar-me metade em livros, e metade em dinheiro.

Neste caso, existe a possibilidade de o credor recusar o pagamento, posto que parcial e irregular.

No caso de falecimento do devedor, o direito de opção ou escolha passará aos seus herdeiros, caso não tenha sido realizado antes do falecimento.

O Código Civil brasileiro trouxe duas inovações, quais sejam: as regras constantes dos parágrafos 3° e 4°. O parágrafo 3° do artigo 252 informa que "no caso de pluralidade de optantes, não havendo acordo unânime entre eles, decidirá o juiz, findo o prazo por este assinado para a deliberação". Aqui se trata da hipótese de multiplicidade tanto de objeto quanto de sujeito.

O parágrafo 4° do artigo 252 preceitua que "se o título deferir a opção a terceiro, e este não quiser, ou não puder exercê-la, caberá ao juiz a escolha se não houver acordo entre as partes".

4 Correspondente ao artigo 884, § 2°, CCB/1916.

5 CHAVES, Antônio. Tratado de direito civil. Volume II. Direito das obrigações. Tomo I. 3.ed. São Paulo: Revista dos Tribunais, 1984, p. 98.

6 Correspondente ao artigo 884, § 1°, CCB/1916.

Outra questão relevante é saber em que momento se deve considerar como fixada a escolha (opção) pelo devedor? Qual o prazo que o devedor teria para concentrar o débito (ato de comunicar ao credor qual a prestação que escolheu)? Em tese poderá ser feita a qualquer tempo, inclusive no momento do pagamento. Melhor seria que o devedor realizasse a escolha no momento do pagamento, uma vez que indicada a escolha não poderá haver alteração do objeto.

Outrossim, se a escolha for do credor, este deverá realizar a escolha (opção) em prazo razoável, de forma que o devedor possa cumprir a obrigação. Suponhamos que a obrigação alternativa fosse a reforma de um automóvel ou a construção de uma casa. Neste caso, a escolha pelo credor não poderia ocorrer no momento do pagamento, já que a obrigação não teria tempo hábil para ser cumprida. O nosso Código Civil não informa o prazo, até mesmo porque este vai depender de cada caso concreto. O credor não poderá, pois, alegar mora do devedor se o prazo dado a este for exíguo para o cumprimento da prestação. Em caso de litígio, caberá ao magistrado verificar se o prazo dado pelo credor é suficiente ou não para o cumprimento da obrigação.

Em relação ao Código de Processo Civil de 2015, o artigo 800, *caput*, afirma que nas *obrigações alternativas*, quando a escolha couber ao devedor, esse será citado para exercer a opção e realizar a prestação dentro de 10 (dez) dias, se outro prazo não lhe foi determinado em lei ou em contrato. Devolver-se-á ao credor a opção, se o devedor não a exercer no prazo determinado (CPC, artigo 800, § 1º).

A escolha será indicada na petição inicial da execução quando couber ao credor exercê-la (CPC, artigo 800, § 2º).

9.3. Impossibilidade ou Inexequibilidade de Cumprimento de uma das Prestações

A vantagem das *obrigações alternativas* consiste, segundo CUNHA GONÇALVES, em oferecer ao credor maior certeza de ser pago ou receber a coisa convencionada do que na obrigação simples ou com prestação única; pois que perecendo uma das coisas, há sempre a possibilidade de receber a outra, salvo se ambas se perderem.[7]

O artigo 253 do CCB informa que "se uma das duas prestações não puder ser objeto de obrigação ou se tornada inexequível, subsistirá o débito

7 CUNHA GONÇALVES, Luiz da. Tratado de direito civil. Volume IV. Tomo II. São Paulo: Max Limonad, 1958, p. 908.

quanto à outra".[8]

Nas obrigações alternativas, a responsabilidade pelos riscos vai variar conforme a escolha da coisa pertencendo ao credor ou ao devedor. Vamos examinar as hipóteses:

I) Sendo a escolha do devedor:

a) Se ambas as coisas perecem *por culpa do devedor*, ou seja, impossibilidade de cumprimento de TODAS as prestações por culpa do devedor, competindo ao devedor a escolha. A solução dada pelo diploma civilístico é o pagamento pelo devedor do valor da prestação que por último se impossibilitou, acrescidos de perdas e danos que o caso determinar. É o que determina o artigo 254 do CCB: "se, por culpa do devedor, não se puder cumprir nenhuma das prestações, não competindo ao credor a escolha, ficará aquele obrigado a pagar o valor da que por último se impossibilitou, mais as perdas e danos que o caso determinar".[9]

Por que será que o devedor deverá pagar o valor da prestação que por último se impossibilitou? A razão é que no momento em que uma das prestações se impossibilitou, ocorreu a concentração do débito na prestação remanescente, tornando-se, pois a obrigação em simples. Uma outra questão se apresenta: e se não for possível determinar qual das prestações primeiro se impossibilitou (uma espécie de cronologia das perdas)? O nosso Código Civil não apresenta uma regra para esta situação fática, porém, deve-se entender, que, cabendo a escolha ao devedor, este optaria pela prestação menos onerosa.

b) Se uma das coisas perece *por culpa do devedor* ou *sem culpa do devedor*, concentra-se automaticamente o débito na prestação remanescente. Haverá, pois, a chamada *concentração automática do débito* que significa que o devedor ficará obrigado a entregar ao credor a obrigação remanescente. Vejamos o seguinte exemplo: Galdino (devedor) firma contrato estipulando obrigação alternativa com Adriano (credor) de entregar sua caminhonete ou sua motocicleta de corrida. A escolha cabe ao devedor e esta ainda não ocorreu. A sua motocicleta é furtada (por culpa ou sem culpa do devedor), logo, ocorrerá a concentração automática do débito na prestação remanescente.

8 Correspondente ao artigo 885 do CCB/1916.

9 Correspondente ao artigo 886 do CCB/1916.

c) Se ambas as obrigações perecem *sem culpa do devedor*. Neste caso, se não houve culpa do devedor, resolve-se à obrigação, voltando as partes ao *status quo ante*. Aqui, quem suporta o prejuízo econômico é o devedor (a coisa perece para o dono) e o credor não poderá requerer perdas e danos. Neste caso extinguir-se-á a obrigação, isto é, ficará resolvida a obrigação para ambas as partes da relação contratual. É o que determina o artigo 256 do CCB ao dizer que "se todas as prestações se tornarem impossíveis sem culpa do devedor, extinguir-se-á a obrigação".[112]

II) Sendo a escolha do credor:

a) Impossibilidade de uma ou todas as prestações *por culpa do devedor*, em casos de escolha pelo credor. Existem duas hipóteses no corpo do artigo 255.[10]

1ª) Na impossibilidade de uma das prestações: o credor terá direito a exigir a prestação subsistente, acrescida de perdas e danos; ou terá direito de exigir o valor da outra prestação com perdas e danos. 2ª) Na impossibilidade de todas as prestações: neste caso, o credor poderá pedir o valor de qualquer das duas prestações, além da indenização por perdas e danos (CC 2002, arts 389, 402 e 404). Neste caso, não haverá a chamada concentração automática do débito, a razão é que o credor não poderá ficar excluído do seu direito de escolha, dentro do possível, é claro.

b) Na impossibilidade de uma das prestações *sem culpa do devedor*, ou seja, nas hipóteses de caso fortuito ou força maior. Aqui ocorrerá a concentração automática do débito na prestação restante.

9.4. Obrigação Facultativa

Como dito acima, a *obrigação facultativa* não é tratada pelo Código Civil brasileiro. Neste caso, o devedor tem o direito de substituir a prestação devida por outra anteriormente acordada com o credor. Na relação jurídica obrigacional de cunho facultativo existe apenas um objeto que deve ser prestado pelo devedor. Ocorre que o devedor tem uma faculdade de substituir este objeto por outro para o cumprimento de sua obrigação.

---

10 CCB. Art. 255. Quando a escolha couber ao credor e uma das prestações tornar-se impossível por culpa do devedor, o credor terá direito de exigir a prestação subsistente ou o valor da outra, com perdas e danos; se, por culpa do devedor, ambas as prestações se tornarem inexeqüíveis, poderá o credor reclamar o valor de qualquer das duas, além da indenização por perdas e danos. (Correspondente ao artigo 887 do CCB/1916.)

No Direito português, são as chamadas *obrigações com faculdade alternativa*. É a que tem por objeto uma só prestação, mas em que o devedor tem a faculdade de se desonerar mediante a realização de uma outra, sem a necessidade da aquiescência posterior do credor.[11] É a chamada *facultas alternativa*.[12]

ANTUNES VARELA exemplifica: "O bibliófilo colecionador vende a um amigo um exemplar de uma certa obra de data muito antiga, mas reserva-se a faculdade de, em lugar desse, entregar um outro exemplar de edição mais recente, embora de melhor aspecto gráfico".[13]

Já PONTES DE MIRANDA apresenta outro exemplo: "é o caso de quem contrata para pagar em dólares, mas acrescenta-se que, se o devedor o entender, poderá prestar o preço em cruzeiros".[14]

Não há que confundir, pois, as *obrigações alternativas* com as *obrigações facultativas (obrigações com faculdade alternativa)*. Várias são as diversidades estruturais entre tais obrigações, dentre as quais destacam-se:

a) A *obrigação alternativa* é uma obrigação múltipla em que existem duas ou mais prestações possíveis, em que o credor ou o devedor escolherá uma delas. Já na *obrigação facultativa*, a obrigação é simples, existindo apenas uma prestação. O que ocorre, neste caso, é a existência de uma prestação substitutiva (subsidiária).

b) Nas obrigações *alternativas*, a escolha em regra cabe ao devedor, porém pode ser realizada pelo credor (instrumento da autonomia da vontade). Já nas *obrigações facultativas*, a faculdade de substituir a prestação é exclusiva do devedor. A prestação somente poderá ser substituída por aquela que estiver prevista no contrato.

c) Nas *obrigações alternativas*, na hipótese de perda de uma das prestações, com ou sem culpa do devedor, ocorrerá a concentração automática do débito, o devedor ficará obrigado a entregar a prestação remanescente. Já na obrigação facultativa, no caso de perecimento da prestação, sem culpa do devedor, não há falar-se de prestação remanescente, já que a segunda prestação é subsidiária. Perdendo-se a única prestação que é simples, sem culpa, resolve-se a obrigação.

d) Nas *obrigações facultativas*, caso o devedor não cumpra a obrigação nem a substitua pela prestação subsidiária, caberá ao credor requerer o equivalente acrescido de perdas e danos somente em relação à prestação principal. Nas *obrigações alternativas*, havendo equivalência o credor poderá reclamar o equivalente e as perdas e danos em relação a qualquer um dos bens.

11 VARELA. Op. Cit., p. 842-843.
12 PONTES DE MIRANDA. Op. Cit., p. 141.
13 VARELA. Op. Cit., p. 843.
14 PONTES DE MIRANDA. Op. Cit., p. 141-142.

9.5. Quadro Sinóptico

Segue, abaixo, Quadro Sinóptico elaborado por Amélia de Pádua:

PD = Perdas e Danos

Impossibilidade de todas as prestações	
Sem culpa do devedor	Exonera o devedor
Com culpa do devedor, escolha do devedor	Pagar o valor da prestação que por último se impossibilitou e PD (Art. 254)
Com culpa do devedor, escolha do credor	Pode o credor reclamar o valor de qualquer uma delas e PD (art. 255, 2a parte)
Com culpa do credor	Exonera o devedor
Impossibilidade parcial (uma das prestações)	
Sem culpa do devedor	Concentração do débito na prestação subsistente (art. 253)
Com culpa do devedor, escolha do devedor	Idem (art. 253)
Com culpa do devedor, escolha do credor	Pode exigir a prestação remanescente ou valor da que se impossibilitou + PD
Com culpa do credor	Devedor realiza a parte possível ou restante, podendo exigir indenização por danos que sofrer

PÁDUA, Amélia do R.M. de. *Direito obrigacional.* Apontamentos.

9.6. Direito Comparado

CC PORTUGUÊS. ARTIGO 543° (Noção). 1. É alternativa a obrigação que compreende duas ou mais prestações, mas em que o devedor se exonera efectuando aquela que, por escolha, vier a ser designada. 2. Na falta de determinação em contrário, a escolha pertence ao devedor.

CC PORTUGUÊS. ARTIGO 544° (Indivisibilidade das prestações). O devedor não pode escolher parte de uma prestação e parte de outra ou outras, nem ao credor ou a terceiro é lícito fazê-lo quando a escolha lhes pertencer.

CC PORTUGUÊS. ARTIGO 545° (Impossibilidade não imputável às partes). Se uma ou algumas das prestações tornarem-se impossíveis por causa não imputável às partes, a obrigação considera-se limitada às prestações que forem possíveis.

CC PORTUGUÊS. ARTIGO 546° (Impossibilidade imputável ao devedor). Se a impossibilidade de alguma das prestações for imputável ao devedor e a escolha lhe pertencer, deve efectuar uma das prestações possíveis; se a escolha pertencer ao credor, este poderá exigir uma das prestações possíveis, ou pedir a indemnização pelos danos provenientes de não ter sido efectuada a prestação que se tornou impossível, ou resolver o contrato nos termos gerais.

CC PORTUGUÊS. ARTIGO 547° (Impossibilidade imputável ao credor). Se a impossibilidade de alguma das prestações for imputável ao credor e a escolha lhe pertencer, considera-se cumprida a obrigação; se a escolha pertencer ao devedor, também a obrigação se tem por cumprida, a menos que este prefira efectuar outra prestação e ser indemnizado dos danos que houver sofrido.

CC PORTUGUÊS. ARTIGO 548° (Falta de escolha pelo devedor). O credor, na execução, pode exigir que o devedor, dentro do prazo que lhe for fixado pelo tribunal, declare por qual das prestações quer optar, sob pena de se devolver ao credor o direito de escolha.

CC PORTUGUÊS. ARTIGO 549° (Escolha pelo credor ou por terceiro) À escolha que o credor ou terceiro deva efectuar é aplicável o disposto no artigo 542°.

Capítulo 10
OUTRAS MODALIDADES OBRIGACIONAIS

10.1. Obrigações Condicionais

A condição constitui um dos elementos acidentais do negócio jurídico. A condição é uma cláusula inserida pela vontade das partes, que subordina a eficácia do negócio a um evento futuro e incerto. É o que determina o teor do artigo 121 ao preceituar: "considera-se condição a cláusula que, derivando exclusivamente da vontade das partes, subordina o efeito do negócio jurídico a evento futuro e incerto".[1]

Dessa maneira, a condição é a ocorrência de um evento futuro e incerto que condiciona a eficácia do negócio jurídico, ou seja, deste acontecimento depende o nascimento ou extinção do próprio direito.

São requisitos da *condição:* a) voluntariedade; b) futuridade; c) incerteza; d) possibilidade; e) licitude.

A *voluntariedade* significa que a condição é estabelecida pela vontade das partes. É a chamada *condictio facti,* ou seja, a condição voluntária estabelecida pelas partes visando condicionar a eficácia do negócio jurídico a um evento futuro e incerto. A condição voluntária (*condictio facti*) não se confunde com a condição legal (*condictio iuris*), já que esta é estabelecida pela lei. É considerada imprópria a denominada condição legal, uma vez que trata-se dos requisitos ou pressupostos legais de um certo efeito jurídico. As condições legais não possuem natureza negocial, já que são estatuídas por lei.

A *futuridade* traduz que o evento que condiciona a eficácia do negócio jurídico terá de ser futuro.

A *incerteza* significa que o evento que condiciona a eficácia do negócio poderá ocorrer ou não. Se o evento for certo, haverá termo, e não condição. O elemento *possibilidade* está relacionado ao fato de o evento condicionador ser física e juridicamente possível.

Quanto à *licitude,* o artigo 122, 1ª parte, informa que "são lícitas, em geral, todas as condições não contrárias à lei, à ordem pública ou aos bons

---

1 Correspondente ao artigo art. 114 do CC de 1916.

costumes". Isto quer dizer que as condições estipuladas pelas partes, no seio da autonomia privada, estão sujeitas ao juízo de mérito da licitude.

Vale destacar que as condições são admitidas nos atos de caráter patrimonial, não sendo admitidas nos atos relacionados aos direitos de família puros e os direitos personalíssimos. Daí que não comportam o elemento condição, por exemplo, o casamento, o reconhecimento de filho,[2] a adoção, a emancipação, dentre outros.[3] Portanto, na *obrigação condicional* há de existir um acontecimento incerto e futuro.

10.2. Obrigações a Termo

O *termo* é o momento determinante do início e fim de um prazo. Este pode ser medido em horas, dias, meses e anos. O artigo 131 determina que "o termo inicial suspende o exercício, mas não a aquisição do direito".[4] Portanto, o termo não suspende a aquisição do direito, já que traduz um evento futuro e certo. De forma contrária, a condição subordina a eficácia do negócio a evento futuro e incerto.

O *termo* pode ser *convencional* ou *legal*. Aquele é estabelecido entre as partes, este é estabelecido pela norma jurídica. O termo pode determinar o início ou a cessação da eficácia do negócio jurídico. Aquele que dá início denomina-se termo inicial *(dies a quo),* caso contrário, se determinar a cessação da eficácia do negócio, será chamado de termo final *(dies ad quem).*

Ao termo inicial e final aplicam-se, no que couber, as disposições relativas à condição suspensiva e resolutiva (CC, art. 135).[5] Assim, nas *obrigações a termo,* a prestação será cumprida no dia que é marcado para determinado negócio ou ato. Por exemplo, o devedor vai pagar a prestação num dia previamente fixado.

10.3. Obrigações Modais ou com Encargo

São as obrigações oneradas com encargo. O *encargo* ou *modo* é uma determinação imposta pelo autor da *liberalidade* que não suspende a aquisição nem o exercício do direito, salvo quando imposto como condição suspensiva. O encargo é muito utilizado na espécie de doação modal (doação com encargo). O encargo é um ônus atribuído ao beneficiário da liberalidade.[6]

2 CC 2002 Art. 1.613. São ineficazes a condição e o termo apostos ao ato de reconhecimento do filho.

3 CC 2002 Art. 1.808. Não se pode aceitar ou renunciar a herança em parte, sob condição ou a termo.

4 Correspondente ao artigo 123 do CC de 1916.

5 Correspondente ao artigo 124 do CC de 1916.

6 CC 2002 Art. 555. A doação pode ser revogada por ingratidão do donatário, ou por inexecução do encargo.

CC 2002 Art. 559. A revogação por qualquer desses motivos deverá ser pleiteada dentro de

O artigo 136 do nosso Código Civil informa que "o encargo não suspende a aquisição nem o exercício do direito, salvo quando expressamente imposto no negócio jurídico, pelo disponente, como condição suspensiva".[7]

Considera-se não escrito o encargo ilícito ou impossível, salvo se constituir o motivo determinante da liberalidade, caso em que se invalida o negócio jurídico (CC, art. 137).

10.4. Obrigações Genéricas e Específicas

As *obrigações genéricas* são aquelas que estão indicadas apenas pelo gênero a que pertencem, "e nesta ordem obriga-se alguém a entregar determinado produto ou um tipo de mercadoria, como uma porção de certo cereal, uma quantidade de semoventes".[8]

As *obrigações específicas* estão consubstanciadas em uma coisa ou atividade determinada, com a respectiva indicação e particularização.

10.5. Obrigações de Meio e de Resultado

Nas *obrigações de meio,* o devedor não se vincula ao êxito, não assegura ao credor que satisfará integralmente o seu interesse econômico, uma vez que o devedor apenas assume a obrigação de utilizar-se de todos os meios, de toda a sua técnica, de toda a sua arte para se alcançar a prestação esperada pelo credor. É o caso, por exemplo, das prestações assumidas por profissionais liberais.

O credor que não tiver o seu interesse satisfeito apenas poderá pleitear indenização se ficar provada a culpa do devedor. Por exemplo, se o cliente não foi absolvido no Tribunal do Júri, em princípio, o advogado não responderá pelo insucesso da demanda. O cliente terá que provar que o advogado foi negligente, bisonho, em sua defesa. Na obrigação do profissional liberal, em regra, desde que não seja uma relação consumeira, aplicar-se-á a teoria subjetiva da culpa.

Nesse sentido, MARIA CELINA BODIN DE MORAES e GISELA SAMPAIO DA CRUZ GUEDES destacam que "o exemplo mais comum de "obrigação de meios", aventado pela doutrina, é justamente o do contrato de prestação de serviços profissionais celebrado por médicos e por advogados. É claro que o paciente que procura um médico deseja restabelecer sua saúde, assim como o litigante quer que seu advogado ganhe a causa. Tais resultados, entretanto, não são – ou pelo menos não deveriam ser – parte do pactuado. O que o paciente deve exigir é que o médico lhe dispense um tratamento adequado,

---

um ano, a contar de quando chegue ao conhecimento do doador o fato que a autorizar, e de ter sido o donatário o seu autor.

7 Correspondente ao artigo 128 do CC de 1916.

8 RIZZARDO, Arnaldo. *Direito das obrigações.* 3. ed. Rio de Janeiro: Forense, 2007, p. 205.

diligente e conforme a ciência médica; não pode, porém, exigir que o médico proporcione a cura. Da mesma forma, o cliente não pode cobrar do advogado uma sentença que lhe seja favorável. Quer isto dizer, por outras palavras, que o conteúdo da obrigação não é um resultado determinado, mas a própria atividade do devedor, isto é, "os meios tendentes a produzir o resultado almejado".[9]

Já na *obrigação de resultado*, o devedor encontra-se vinculado ao êxito. Neste caso, o devedor assegura ao credor que atenderá ao seu interesse econômico. Neste caso, o inadimplemento se presume culposo. É o caso, por exemplo, dos contratos de transporte. O passageiro deverá ser conduzido, de forma incólume, ao seu destino. Os fornecedores de serviço em geral, respondem pela teoria do risco, ou seja, assumem perante o credor que entregarão o produto sem defeito e que não venha a causar dano ao credor.

Vale destacar que, no caso dos cirurgiões plásticos, há quem entenda ser obrigação de meio, enquanto outros entendem constituir uma obrigação de resultado. Somente analisando o caso concreto decidendo é possível a identificação do modelo obrigacional pertinente.

Quanto às obrigações de resultado, mais uma vez citando MARIA CELINA BODIN DE MORAES e GISELA SAMPAIO DA CRUZ GUEDES: "Na outra ponta, estão entre os exemplos de 'obrigações de resultado', via de regra, os contratos de transporte e de empreitada. No contrato de transporte de pessoas, por exemplo, se a pessoa transportada não chega incólume ao destino previsto, fica configurado o inadimplemento por parte do transportador. A importância da cláusula de incolumidade é tão grande, que esta obrigação é considerada inerente ao próprio contrato. Do mesmo modo, descumpre o contrato de empreitada o construtor que não produz o edifício com a segurança e as especificidades previstas no contrato. A lógica é a mesma: tanto o transportador quanto o construtor tinham, perante o outro contratante, um débito específico, que consistia em alcançar o fim predeterminado."[10]

10.6. Obrigações de Garantia

A obrigação de garantia é aquela que tem por escopo ampliar a garantia do credor ou eliminar um risco que pesa sobre ele ou até mesmo as suas consequências. Vejamos, por exemplo, a decisão do ministro Raul Araújo, do STJ: "O incorporador, como impulsionador do empreendimento imobiliário em condomínio, atrai para si a responsabilidade pelos danos que possam advir da inexecução ou da má execução do contrato de incorporação, abarcando-se os danos resultantes de construção defeituosa (art. 31, §§ 2º e 3º, da Lei nº

9 BODIN DE MORAES, Maria Celina; GUEDES, Gisela Sampaio da Cruz. Civilistica.com. Rio de Janeiro, a. 4, n. 2, 2015. Disponível em: Acesso em: 06 nov. 2016.

10 Ibid.

4.591/1964). Ainda que o incorporador não seja o executor direto da construção do empreendimento imobiliário, mas contrate construtor, permanece responsável juntamente com ele pela solidez e segurança da edificação (art. 618 do CC). *In casu*, trata-se de obrigação de garantia assumida solidariamente com o construtor. Por conseguinte, o incorporador é o principal garantidor do empreendimento no seu todo, solidariamente responsável com outros envolvidos nas diversas etapas da incorporação. Essa solidariedade decorre da natureza da relação jurídica estabelecida entre o incorporador e o adquirente de unidades autônomas e também de previsão legal, não podendo ser presumida (art. 942, *caput*, do CC; art. 25, § 1º, do CDC; e arts 31 e 43 da Lei nº 4.591/1964). Conclui-se, assim, que o incorporador e o construtor são solidariamente responsáveis por eventuais vícios e defeitos de construção surgidos no empreendimento imobiliário, sendo que o incorporador responde mesmo que não tenha assumido diretamente a execução da obra. REsp 884.367-DF, Rel. Min. Raul Araújo, julgado em 6/3/2012" (grifo nosso).

Outros exemplos da *obrigação de garantia* são a do segurador e a do fiador, da mesma forma a garantia do contratante quanto aos vícios redibitórios, a do alienante em relação aos riscos da evicção, dentre outras.

Capítulo 11
OBRIGAÇÕES DIVISÍVEIS E INDIVISÍVEIS

11.1. Conceito de Obrigações Divisíveis e Indivisíveis

Se a relação jurídica obrigacional possui somente um credor e um devedor, presume-se que seja indivisível. Para que ocorra o parcelamento da prestação, é necessário um prévio ajuste entre as partes. Assim, nada impede que se parcele a prestação havendo um só credor e um só devedor, mas desde que exista um ajuste prévio.

A *obrigação divisível* é aquela que pode ser dividida em partes iguais e distintas, ou seja, a prestação admite fracionamento sem prejuízo do seu valor proporcional. Na obrigação *indivisível,* a prestação deve ser entregue por inteiro ao credor, seja pela sua natureza, por exigência da lei ou por prévio ajuste entre as partes.

Os *bens divisíveis* são os que se podem fracionar sem alteração na sua substância, diminuição considerável de valor, ou prejuízo do uso a que se destinam (CCB, art. 87). Os bens naturalmente divisíveis podem tornar-se indivisíveis por determinação da lei ou por vontade das partes (CCB, art. 88).

A obrigação assumida por *A, B,* e *C* de entregar R$ 1.000,00 a *D* é divisível; é indivisível a obrigação de *A, B* e *C* entregar a *D* uma vaca para ser utilizada em exposição. Note-se que o dinheiro em si é indivisível, já que não podemos pegar uma nota de R$ 100,00 e dividi-la, uma vez que será destruída em sua essência. As partes resultantes da divisão da nota de cem reais não conservarão a mesma qualidade do inteiro. Da mesma forma é o exemplo da vaca. Esta não poderá ser fracionada para participar de exposições. De forma contrária, se a vaca fosse entregue a *D*, açougueiro, destinada à venda de cortes de carnes, ela poderia ser entregue de forma fracionada. Daí, é importante se analisar a prestação e não às coisas em si mesmas.

CLÓVIS BEVILÁQUA afirma que "são divisíveis as obrigações cujas prestações são susceptíveis de cumprimento parcial, e indivisíveis aquelas cujas prestações somente por inteiro podem ser cumpridas. É a prestação, que, por seu objeto, imprime o caráter de divisível ou indivisível à obrigação".[1]

Da mesma forma, CARVALHO DE MENDONÇA afirma que a indivisibilidade é uma característica da prestação e não do objeto dela.[2]

A questão da *divisibilidade* e *indivisibilidade* da prestação obrigacional possui acentuado relevo quanto às obrigações com pluralidade de sujeitos. A relação jurídica obrigacional contendo apenas um credor e um devedor é denominada de *simples* ou *única*. Quando existe uma multiplicidade de sujeitos, as obrigações são chamadas de *complexas* ou *compostas*. As obrigações divisíveis e indivisíveis pertencem à espécie destas, já que se desvelam com mais de um devedor ou mais de um credor nos polos da relação jurídica.

Este concurso ou multiplicidade de sujeitos pode ser:

a) Originário: quando a obrigação já nasce com pluralidade de credores ou de devedores.

b) Sucessivo: a obrigação nasce una em credor ou devedor, e ao longo do tempo convola-se em pluralidade de sujeitos (ativos ou passivos), quer por sucessão hereditária, quer por atos entre vivos (como nos casos de novação ou cessão).

O artigo 257 do nosso Código Civil preceitua que "havendo mais de um devedor ou mais de um credor em obrigação divisível, esta presume-se dividida em tantas obrigações, iguais e distintas, quantos os credores ou devedores".[3] É uma regra proveniente do Direito romano denominada de *concursu partes fiunt* (a prestação será dividida em tantas parcelas quantos forem os credores e devedores).

Importantes consequências jurídicas decorrem da divisibilidade das prestações. Vejamos:

1ª) cada um dos credores só tem direito de exigir a sua parte no crédito;

2ª) cada um dos devedores só tem de pagar a sua parte na dívida, exceto se ficar estabelecida a solidariedade;

3ª) o devedor que paga a dívida por inteiro a um dos vários credores não fica desobrigado em relação aos outros. Isto porque não existindo a solidariedade, o devedor não é responsável pela dívida toda;

4ª) o credor que se recusar a receber a parte que lhe pertence no crédito, por pretender o pagamento integral, poderá ser constituído em mora. Nesse sentido, afirma RIZZARDO que "não pode ele recursar o recebimento de parte do crédito sob o argumento do recebimento total. Como as obrigações não se fundem pela solidariedade, cada devedor tem o direito de livrar-se da dívida, notificando o credor, constituindo-o em mora, e consignando o valor";[4]

1 BEVILÁQUA, Clóvis. *Código civil comentado*. Vol. IV. Rio de Janeiro: Rio, 1976, p. 29.

2 CARVALHO DE MENDONÇA, Manuel Inácio. *Doutrina e prática das obrigações*. 4. ed. Tomo I. Rio de Janeiro: Forense, 1956, p. 278.

3 Correspondente ao artigo 890 do CCB/1916.

4 RIZZARDO, Arnaldo. *Direito das obrigações*. 3. ed. Rio de Janeiro: Forense, 2007, p. 189.

5ª) a constituição em mora operada pelo credor em relação a um dos devedores não prejudica aos demais;

6ª) a responsabilidade pelos juros da mora não se estende aos devedores não culpados;

7ª) a suspensão da prescrição a um dos devedores não aproveita aos outros. O artigo 201 do nosso Código Civil informa que "suspensa a prescrição em favor de um dos credores solidários só aproveitam aos outros se a obrigação for indivisível";

8ª) a interrupção da prescrição por um dos credores não aproveita aos outros. O artigo 204, 1ª parte, do CCB 2002, diz que "a interrupção da prescrição por um credor não aproveita aos outros";

9ª) Caso o devedor efetue o pagamento da última parcela, ou seja, a quitação da última parcela numa obrigação divisível, presume-se que houve a quitação de todas (presunção relativa).

O artigo 258 apresenta a noção de *obrigação indivisível.* Esta ocorre quando "a prestação tem por objeto uma coisa ou um fato não suscetíveis de divisão, por sua natureza, por motivo de ordem econômica, ou dada a razão determinante do negócio jurídico".[5]

11.2. Espécies de Indivisibilidade

A indivisibilidade da prestação pode decorrer: a) da disposição da lei (legal); b) da natureza da própria prestação (física); e c) da vontade das partes (contratual).[6]

O ordenamento jurídico, de forma cogente, poderá determinar a indivisibilidade da obrigação, tal como aquela estabelecida no artigo 4°, inciso II, da Lei nº 6.766/79, que estabelece como um dos requisitos urbanísticos para loteamento a área mínima de $125m^2$ (cento e vinte e cinco metros quadrados) e frente mínima de 5 (cinco) metros, salvo quando o loteamento se destinar a urbanização específica ou edificação de conjuntos habitacionais de interesse social previamente aprovados pelos órgãos públicos competentes.

A própria natureza da obrigação poderá determinar a indivisibilidade da obrigação, por exemplo, a obrigação de entregar um bem semovente.

A própria vontade das partes poderá caracterizar a indivisibilidade da obrigação. É a chamada indivisibilidade contratual ou convencional. É o caso de os contratantes estipularem a entrega de 100 sacas de café. É, pois, uma indivisibilidade acordada entre os contratantes, já que tais sacas de café poderiam ser entregues de forma parcelada.

Outra espécie de *indivisibilidade* é a *judicial*, aqui o magistrado condena o devedor a pagar o débito (por exemplo, nas ações de ressarcimento por atos ilícitos) de uma única vez.

5 Sem correspondência ao CCB-1916.

6 CARVALHO DE MENDONÇA. Op. Cit., p. 280.

Uma inovação trazida pelo artigo 258 do nosso Código Civil é a *indivisibilidade por motivo econômico*. Esta indivisibilidade recairá sobre aqueles bens que só possuam valor econômico quando vendidos em grande quantidade, como alfinetes, grampos, clips, dentre outros.

11.3. A Indivisibilidade com Pluralidade de Devedores

Se, havendo dois ou mais devedores, a prestação não for divisível, cada um será obrigado pela dívida toda (CCB, art. 259).[7] Neste caso, sendo a obrigação indivisível, cada devedor fica obrigado pela dívida inteira, como se fosse uma obrigação solidária. Entretanto, a *indivisibilidade* não se confunde com a *solidariedade*. CLÓVIS BEVILÁQUA ensina que "o devedor solidário está obrigado pela totalidade da obrigação; se porém, a obrigação é indivisível, o devedor somente paga a totalidade por não ser possível a divisão: ele deve apenas uma parte [...]. A solidariedade é subjetiva, está nas pessoas, em virtude da *causa obligationis;* a indivisibilidade é subjetiva-objetiva, porque, se recai sobre as pessoas, resulta do objeto da prestação, que se não pode dividir".[8]

O devedor, que paga a dívida, sub-roga-se no direito do credor em relação aos outros coobrigados (CCB, art. 259, parágrafo único).[9] É uma espécie de sub-rogação legal, já que o devedor que pagou fica em lugar do credor em face dos outros devedores.[10]

Vejamos o seguinte exemplo: Belizário é credor de obrigação indivisível, no valor de R$ 50 mil reais, cujos devedores são os seguintes: Márcia (devedora de R$ 10 mil reais); Galdino (devedor de 15 mil reais) e Doria (devedor de R$ 25 mil reais). Sendo a obrigação pactuada como indivisível, cada devedor responde pela dívida toda. Dessa maneira, Belizário poderá exigir a quantia de R$ 50 mil reais de qualquer um dos devedores. Se Márcia pagar a dívida toda, ela se sub-roga no direito do credor em relação aos demais devedores. Aqui haverá sub-rogação legal, para que ela possa exigir dos demais devedores os seus respectivos quinhões. Também haverá, neste caso, a cessação da indivisibilidade. A ação de regresso terá que ser realizada individualmente em face de cada um dos devedores e seus respectivos quinhões.

Na hipótese de falecimento de um dos devedores, deixando filhos, a in-

7 Correspondente ao artigo 891, *caput*, do CCB/1916.

8 BEVILÁQUA. Op. Cit., p. 31.

9 Correspondente ao artigo 891, p. u. do CCB/1916.

10 Ação de cobrança. Ressalvados da partilha os direitos e ações sobre imóvel objeto de contrato de particular de promessa de compra e venda firmado pelo casal, os quais haveriam de ser transferidos, por doação, aos filhos, permanece íntegra a obrigação do exmarido no tocante às parcelas vincendas do pacto. Quitado o débito por sua ex-mulher, visando a evitar a rescisão do contrato por inadimplemento, e tratando-se de obrigação de natureza indivisível, sub-rogou-se a recorrente nos direitos do credor em metade do valor despendido. Inteligência do ART. 891 do CÓDIGO CIVIL de 1916. APELAÇÃO PROVIDA. (Apelação Cível n° 70007330947, Vigésima Câmara Cível, Tribunal de Justiça do RS, Relator: José Conrado de Souza Júnior, julgado em 12.11.2003).

divisibilidade da obrigação continua em relação aos codevedores. Dessa maneira, um dos herdeiros do devedor falecido pode ser cobrado pela totalidade da dívida, sub-rogando-se no direito de cobrar os demais devedores (neste caso, incluindo os seus irmãos demais herdeiros).

Igualmente, vale lembrar que o *caput* do artigo 204 determina que "a interrupção da prescrição por um credor não aproveita aos outros. Semelhantemente, a interrupção operada contra o codevedor, ou seu herdeiro, não prejudica os demais coobrigados".[11] Esta é a regra geral, pela qual os efeitos da prescrição são pessoais. Trata-se, pois, do princípio de *personam adpersonam non fit interruptio civilis nec active nec passive}3S* Por este princípio, a interrupção da prescrição somente produz efeitos entre as pessoas que tomam parte dela.

As exceções à regra geral, previstas no artigo 204, caput, do CCB, estão previstas nos parágrafos do referido artigo. Vejamos:

"§ 1° A interrupção por um dos credores solidários aproveita aos outros; assim como a interrupção efetuada contra o devedor solidário envolve os demais e seus herdeiros"}39 A regra deste parágrafo é uma consequência da solidariedade ativa ou passiva.[12]

"§ 2° A interrupção operada contra um dos herdeiros do devedor solidário não prejudica os outros herdeiros ou devedores, senão quando se trate de obrigações e direitos indivisíveis".[13] *Na sucessão em que existem vários herdeiros, não há que se falar em solidariedade, salvo quando se tratar de obrigações e direitos indivisíveis. Logo, a indivisibilidade não se altera pela sucessão.*

"§ 3° A interrupção produzida contra o principal devedor prejudica o fiador".[14] Aqui, é o caso de uma prestação garantida pela fiança. A interrupção operada contra o principal devedor prejudica o fiador, já que a regra desvela o princípio da *acessoriedade,* pelo qual "o acessório segue o principal".

11.4. A Indivisibilidade com Pluralidade de Credores

No caso de *pluralidade de credores,* o artigo 260 preceitua que "se a pluralidade for dos credores, poderá cada um destes exigir a dívida inteira, mas o devedor ou devedores desobrigar-se-ão, pagando:[15] I – a todos conjuntamente;[16]

II – a um, dando este caução de ratificação dos outros credores.[145]

11 Correspondente ao artigo 176, *caput,* do CC de 1916.

12 Art. 264. Há solidariedade, quando na mesma obrigação concorre mais de um credor, ou mais de um devedor, cada um com direito, ou obrigado, à dívida toda.
Art. 265. A solidariedade não se presume; resulta da lei ou da vontade das partes.
Art. 266. A obrigação solidária pode ser pura e simples para um dos cocredores ou codevedores, e condicional, ou a prazo, ou pagável em lugar diferente, para o outro.

13 Correspondente ao artigo 176, § 2°, do CC de 1916.

14 Correspondente ao artigo 176, § 3°, do CC de 1916.

15 Correspondente ao artigo 892, caput, do CCB/1916.

16 Correspondente ao artigo 892, I, do CCB/1916.

Neste caso, sendo a obrigação indivisível, qualquer um dos cocredores poderá exigir a dívida por inteiro. Não há falar-se de solidariedade da obrigação que produz o mesmo efeito, senão da indivisibilidade da prestação com pluralidade de credores.

Vejamos o seguinte exemplo: A, *B* e *C* são credores de R$ 1.000,00, cada um em relação a D. Portanto, o total da dívida é de R$ 3.000,00 (três mil reais). As partes acordaram no contrato que a obrigação seria indivisível. Logo, o devedor (D) desobrigar-se-á pagando a todos conjuntamente, ou a um deles, dando este caução de ratificação dos outros credores. A caução de ratificação é uma espécie de autorização dada a um dos credores para que este possa receber os quinhões dos demais credores. No mundo da vida (mundo vivido), basta um simples recibo dos demais credores. Esta caução tem por finalidade precípua desobrigar o devedor para com os demais credores, bem como protegê-lo contra eventuais demandas judiciais. Esta caução de ratificação pode consistir, também, "na garantia real ou pessoal oferecida pelo credor que recebe o pagamento integral de que os outros credores concordam com a validade do pagamento feito, autorizam o ato, renunciam o direito de impugnar o negócio jurídico".[17]

Vale relembrar que se há muitos credores e a obrigação é divisível, cada credor só tem sua parte no crédito; sendo muitos os devedores, cada qual só é obrigado à sua parte no crédito; sendo muitos os devedores, cada qual só é obrigado à sua parte no débito.[18] E se no momento em que o devedor for efetuar a prestação um dos credores não possuir a autorização dos demais credores? O devedor poderá pagar a dívida inteira a este credor e exigir deste uma caução de recebimento da dívida. Esta caução poderá ser real (representada por uma coisa) ou pessoal (por exemplo, um fiador). Esta caução terá por objetivo garantir que este credor entregará os quinhões dos demais credores.

E na hipótese de o devedor não encontrar os seus credores? Neste caso, o devedor deverá propor ação consignatória.

E se a obrigação for solidária? Se a obrigação for solidária, o devedor poderá pagar a dívida toda a qualquer um dos credores, sem necessidade de caução de ratificação dos demais credores.

E no caso de falecimento de um dos credores? A obrigação é indivisível, logo, cada um dos credores poderá exigir a dívida toda. Portanto, um único herdeiro do credor falecido teria legitimidade para cobrar toda a dívida. Vale lembrar que uma das características da indivisibilidade da obrigação é a unicidade da prestação.[19] Vejamos alguns exemplos apresentados por CARVA-

17 CARVALHO SANTOS, J.M. de. *Código Civil brasileiro interpretado*. 6. ed. Vol XI. Rio de Janeiro: Freitas Bastos, 1953, p. 163.

18 CARVALHO DE MENDONÇA. Op. Cit., p. 295.

19 Se a obrigação fosse solidária, no caso de falecimento de um dos credores, a solução seria

LHO SANTOS:[20]

a) *Na obrigação de dar:* se Pedro promete dar uma servidão de passagem pelo seu prédio para os de João, Joaquim e Luiz. Este direito sendo indivisível, cada um destes, seja João, seja Joaquim ou Luiz poderá, *de per si*, intentar ação contra Pedro pelo total.

b) *Na obrigação de fazer:* o construtor Pedro obriga-se a construir um prédio para Paulo, Luís e Sancho. Qualquer destes pode intentar ação contra Pedro, para que faça a construção. O mesmo se diga se o credor fosse um e viesse a falecer deixando herdeiros.

c) *Na obrigação de não fazer*: Pedro obriga-se a não embaraçar a vista de um prédio pertencente a Paulo, Sancho e Luís ou a não lhes embaraçar a passagem pelos seus prédios. Qualquer deles pode acionar Pedro para obrigá-lo a cumprir a obrigação.

Em relação à prescrição, vale lembrar a regra do artigo 201 que informa "suspensa a prescrição em favor de um dos credores solidários, só aproveitam aos outros se a obrigação for indivisível".[150 151]

CLÓVIS BEVILÁQUA anota que "a suspensão do curso da prescrição ou a impossibilidade de seu início importa num benefício, e este somente pode ser invocado pela pessoa em favor de quem foi estabelecido. Por isso, apesar da solidariedade da obrigação, os credores não favorecidos pelo benefício da suspensão sujeitam-se aos efeitos da prescrição, que não corre contra o seu consorte beneficiado, por qualquer dos motivos de incapacidade, de ausência ou outro dos que a lei contempla. Se, porém, a obrigação é indivisível, o benefício se estende a todos pela própria natureza das coisas".[21]

Ilustremos, para melhor entendimento, com alguns exemplos. O primeiro é de CARPENTER e refere-se, de forma equivalente, ao Código Civil de 1916: "A, B, C obtêm de D uma escritura, na qual este confessa dever-lhes, solidariamente, a quantia de nove contos de réis.

Vencida a dívida e não paga, nascem para A, B, C as ações pessoais de cobrança[22] contra D, cada ação para cobrança do débito integral de nove contos, e nasce ao mesmo tempo para D a prescrição daquelas ações, prescrição que começa a correr e que ficará consumada ao cabo de 30 anos.

Sucede, porém, que, mobilizado o exército nacional em tempo de guerra, vai A nele servir por dez anos.

Porquanto, A poderá exercitar sua ação enquanto não estiver completo o prazo de quarenta anos, porque a prescrição da sua ação esteve suspensa

---

a aplicação da regra do artigo 270 do CCB: "Art. 270. Se um dos credores solidários falecer deixando herdeiros, cada um destes só terá direito a exigir e receber a quota do crédito que corresponder ao seu quinhão hereditário, salvo se a obrigação for indivisível". Correspondente ao artigo 901 do CCB/1916.

20 CARVALHO SANTOS, J. M. de. *Código Civil brasileiro interpretado.* Volume XI. 6. ed. Rio de Janeiro: Freitas Bastos, 1953, p. 161.

21 BEVILÁQUA, Clóvis. *Código Civil dos Estados Unidos do Brasil comentado por Clóvis Beviláqua.* V. 1. Edição histórica. Rio de Janeiro: Rio, 1976, p. 449-450.

22 Leia-se, na ambiência do CC de 2002, "pretensões".

por dez anos, ao passo que B e C somente poderão exercitar as suas ações enquanto não estiver completo o prazo de trinta anos, porque o favor da suspensão concedido a A não lhes aproveita".[23]

Assim sendo, se um dos credores for beneficiado com a suspensão da prescrição, como exemplo, por estar servindo ao governo brasileiro no exterior, e considerando que a suspensão decorre de uma causa pessoal, pergunta-se: neste caso, a suspensão da prescrição em relação a um dos credores na *obrigação indivisível* atinge os demais? A resposta é afirmativa, já que o artigo 201 determina que "suspensa a prescrição em favor de um dos credores solidários, *só aproveitam os outros se a obrigação for indivisível*"}[24] Neste caso, se a obrigação fosse solidária, a suspensão da prescrição não atingiria os demais credores.

O segundo exemplo, mais recente, é fornecido por CARLOS ROBERTO GONÇALVES: "existindo três credores contra devedor comum, de importância em dinheiro, sendo um dos credores absolutamente incapaz, por exemplo, a prescrição correrá contra os demais credores, pois a obrigação de efetuar o pagamento em dinheiro é divisível, ficando suspensa somente em relação ao menor. Se se tratasse, porém, de obrigação indivisível (de entregar um animal, p. ex.), a prestação somente começaria a fluir, para todos, quando o incapaz completasse 16 anos. Sendo o direito indivisível, a suspensão aproveita a todos os credores".[25]

Por sua vez, o artigo 261 do nosso Código Civil afirma que "se um só dos credores receber a prestação por inteiro, a cada um dos outros assistirá o direito de exigir dele em dinheiro a parte que lhe caiba no total".[26]

Vimos acima que no caso de obrigação indivisível com pluralidade de credores, cada credor pode exigir a dívida inteira do devedor. Daí que o credor que receber a dívida por inteiro deverá apresentar caução de ratificação dos demais credores. (CCB, art. 260, II). Dessa forma, ao receber a prestação por inteiro, este credor deverá pagar a cada um dos outros credores a quota-parte específica. Também nas relações internas entre cocredores cessa a indivisibilidade.

11.5. A Indivisibilidade com Pluralidade de Credores nos Casos de Remissão, Transação, Novação, Compensação ou Confusão

A remissão da dívida significa o perdão da dívida. O artigo 385 determina que "a remissão da dívida, aceita pelo devedor, extingue a obrigação, mas sem prejuízo de terceiro". Assim, se um dos cocredores remitir a dívida,

23 CARPENTER, Luiz Frederico Sauerbronn. Prescrição. In: LACERDA, Paulo de. *Manual do Código Civil brasileiro.* Parte geral. Vol. IV. Rio de Janeiro: Jacintho Ribeiro dos Santos, 1929, p. 275-276.

24 Correspondente ao artigo 171 do CC de 1916.

25 GONÇALVES, Carlos Roberto. *Direito Civil brasileiro:* parte geral. Vol. I. São Paulo: Saraiva, 2003, p. 476.

26 Correspondente ao artigo 893 do CCB/1916.

somente ficará perdoada a quota-parte deste credor. Logo, não é possível que cocredor perdoe a dívida por inteiro, já que estaria prejudicando os demais credores. Daí que o artigo 262 determina que "a obrigação não ficará extinta para com os outros, mas estes só a poderão exigir, descontada a quota do credor remitente". [27]

Vamos esclarecer a questão com o seguinte exemplo: Albert, Anderson, Edson e Romar são credores de Leda (devedora), cujo objeto do contrato é a entrega de um boi avaliado em R$ 2.000,00 (dois mil reais). Albert remitiu a dívida de Leda. Neste caso, qual seria a solução? Anderson, Edson e Romar deverão exigir a entrega do boi, pagando a Leda o valor de R$ 500,00 (quinhentos reais) referentes à quota-parte de Albert que remitiu a dívida. Assim, os outros credores poderão exigir a obrigação descontada a quota do credor remitente.

Vejamos outro exemplo, apresentado por TITO FULGÊNCIO:[28] a Caio, Titius e Seio foi legada a servidão de trânsito, e Caio renuncia-a em favor do herdeiro devedor (ou herdeiros). Neste caso, a obrigação não fica extinta para com os outros credores, a dizer, o herdeiro devedor não fica com tal remissão desonerado em face dos credores não remitentes.

TITO FULGÊNCIO ensina que "remir é dispor, não pode dispor quem não é proprietário, e Caio, no exemplo, não é representante de Titius e Seio, nem é senhor da totalidade do crédito, que é comum e individuo, e de que não podem condôminos ser despojados por fato de outrem, em que não foram ouvidos".[160]

Vale destacar que a regra do desconto da quota do credor remitente não é absoluta, já que nem sempre com a remissão se desvela num benefício real. Neste ponto, mais uma vez, destacam-se as lições de TITO FULGÊNCIO:

"O Código fala em desconto da quota, o que evidentemente supõe uma quota, uma vantagem, um benefício real, efetivo do remitente, do qual se aproveitam aos outros credores. E não existe o benefício, se os demais credores nada lucraram a mais do que obteriam se não houvesse a remissão, se o lucro está representado por zero, é visto, nada haver a descontar ou embolsar.

MOURLON torna isso claro no exemplo: deveis uma servidão de vista a Primus, Secundus e Tertius, comproprietários de uma casa, e Primus vos fez remissão da dívida. Os dois outros credores não vos devem indenização nenhuma, porque a remissão, que vos foi feita pelo concredor, não lhes aproveita em coisa alguma. Sejam dois, ou sejam três, a ver sobre o prédio serviente, o resultado quanto a estes em nada se mudou".[29]

---

27 Correspondente ao artigo 894, *caput*, do CCB/1916.

28 FULGÊNCIO. Tito. In: LACERDA, Paulo de. *Manual do Código Civil brasileiro.* Do Direito das obrigações. Volume X. Rio de Janeiro: Jacintho Ribeiro dos Santos, 1928, p. 208-209. Ibid.

29 Ibid., p. 210.

No mesmo sentido, CLÓVIS BEVILAQUA afirma que "nem sempre haverá indenização ou desconto a fazer. Se não há vantagem na remissão, nada há que indenizar. Se, por exemplo, a obrigação é de obter certa servidão e um dos credores perdoa a dívida, com isso nada lucraram os outros, por isso nada têm que descontar ou indenizar".[30]

Já o parágrafo único do mesmo dispositivo legal determina que "o mesmo critério se observará no caso de transação, novação, compensação ou confusão".[31] Assim, o mesmo acontecerá nos casos de transação (CCB, arts 840 a 850), novação (CCB, arts 360 a 367), compensação (CCB, arts 368 a 380) e confusão (CCB, arts 381 a 384), institutos jurídicos que serão estudados nos capítulos posteriores.

11.6. Perda da Indivisibilidade

O artigo 263 informa que não cumprida a obrigação indivisível, esta se transforma em perdas e danos. Vejamos: "Perde a qualidade de indivisível a obrigação que se resolver em perdas e danos".[164 165]

É necessário, pois, a verificação da *responsabilidade pela culpa*. Assim, na obrigação indivisível com pluralidade de devedores, é necessário verificar se o inadimplemento ocorreu por culpa de todos os devedores ou se a culpa foi de apenas um deles. A solução apresentada pelo CCB encontra-se prevista nos § 1° e § 2° do artigo 263.[32] Vejamos: Se houver culpa de todos os devedores, responderão todos por partes iguais; já se for de um só a culpa, ficarão exonerados os outros, respondendo só esse pelas perdas e danos.

O Conselho da Justiça Federal, na VI Jornada de Direito Civil, publicou o enunciado 540 que diz "havendo perecimento do objeto da prestação indivisível por culpa de apenas um dos devedores, todos respondem, de maneira divisível, pelo equivalente e só o culpado, pelas perdas e danos."[33]

30 BEVILÁQUA, Clóvis. *Código Civil comentado*. Vol. IV. Rio de Janeiro: Rio, 1976, p. 34.

31 Correspondente ao artigo 894, p.u. do CCB/1916.

32 Correspondente ao artigo 895, § 1°, do CCB/1916.

33 Justificativa: O art. 263 do CC, em seu § 2º, ao tratar da perda do objeto da obrigação indivisível, prevê que, "se for de um só a culpa, ficarão exonerados os outros, respondendo só esse pelas perdas e danos".
A grande maioria da doutrina (Álvaro Villaça Azevedo, Maria Helena Diniz, Sílvio de Salvo Venosa, Nelson Rosenvald e Cristiano Chaves de Farias), interpretando o § 2º de acordo com o *caput* do art. 263 ("Perde a qualidade de indivisível a obrigação que se resolver em perdas e danos"), afirma que, havendo perda da prestação por culpa de apenas um dos devedores, não há isenção ou redução da responsabilidade dos demais, que, de maneira divisível, respondem pelo equivalente e só o culpado, pelas perdas danos.
Nesse sentido, Sílvio de Salvo Venosa afirma: "mas pelo valor da prestação, evidentemente, responderão TODOS" (Direito Civil, v. 2, 11ª ed. São Paulo: Atlas, p. 108).
Diante da clareza da doutrina e da lógica do sistema, o enunciado só tem razão de ser em virtude da discordância de Flávio Tartuce: "Entendemos que a exoneração mencionada no parágrafo em análise é total, eis que atinge tanto a obrigação em si quanto a indenização

Alguns exemplos melhor esclarecerão esta questão:

Thelma, Thamar e Patrícia venderam um cachorro labrador a Paul e depois se recusaram a entregar o animal. A prestação que era indivisível passou a ser divisível, em razão da conversão em perdas e danos. Esta obrigação deverá ser resolvida em perdas e danos, já que houve culpa de todos os devedores. Neste caso, o credor poderá cobrar o equivalente mais perdas e danos. O equivalente é a substituição da coisa (neste caso, o cachorro) pelo valor em dinheiro. O credor terá que cobrar o valor individualmente referente aos quinhões de cada devedor. Neste caso, não há falar-se em solidariedade entre os devedores da prestação.[34]

Outra solução seria no caso de culpa de apenas um devedor e não de todos. Neste caso, pelas perdas e danos responderá apenas o devedor culpado, restando os demais devedores exonerados da obrigação. Noutro exemplo, Thelma, Thamar e Patrícia venderam um cachorro labrador a Paul, ficando acordado entre os devedores que Thelma cuidaria do filhote até o dia da entrega; Thamar cuidaria das vacinas e cuidados veterinários e Patrícia ficou encarregada de transportar o animal até a residência de Paul. Thema e Thamar cumpriram rigorosamente o combinado, todavia, Patrícia resolveu transportar o animal após embriagar-se voluntariamente em uma festa realizada no canil. No percurso da viagem, em razão da embriaguez, sofre um acidente automobilístico, e o animal vem a falecer.

Aqui não há falar-se mais no cumprimento da obrigação originária indivisível, mas sim do equivalente dela e perdas e danos. No exemplo, apenas um dos devedores deu azo ao inadimplemento da obrigação. Logo, apenas o culpado responderá por perdas e danos, ficando os demais exonerados conforme regra do § 2° do artigo 263 do Código Civil brasileiro. Frise-se que os demais devedores responderão, no entanto, pelo pagamento dos quinhões de suas quotas, ou seja, todos os devedores responderão pelo equivalente, conforme artigo 234 do CCB. Como dito acima, o equivalente é a substituição da coisa (neste caso, o cachorro) pelo valor em dinheiro.

Quanto às perdas e danos, considerando que a culpa é meramente pessoal, somente o devedor culpado responderá.

11.7. Jurisprudência

- TJRJ Cobrança de Cotas Condominiais. O débito relativo à quota-parte nas despesas de condomínio em edificações constitui uma obrigação indivisível (artigo 891, *caput*, do Código Civil), podendo ser exigido por inteiro de cada um dos coproprietários da unidade, ainda que esta se encontre na posse de apenas um deles. Descabimento de prova pericial para apurar se

suplementar" (Direito Civil, 4ª ed. São Paulo: Método, v. 2, p. 115).

34 Na solidariedade, o credor poderá cobrar o equivalente por inteiro de qualquer um dos devedores.

os valores cobrados estão de acordo com o que foi fixado na assembleia-geral, visto que tais valores podem ser aferidos por meio de simples exibição de documentos. Alegação de excesso de cobrança que não pode ser levada em conta porque os réus se limitaram a afirmar que os valores realmente devidos são muito inferiores aos exigidos, sem expor os motivos do seu inconformismo nem mencionar os valores que reputam devidos. Tipo da Ação: APELAÇÃO CÍVEL Número do Processo: 2001.001.21358. Data de Registro: 5.6.2002. Órgão Julgador: DÉCIMA SEXTA CÂMARA CÍVEL. Des. MÁRIO ROBERT MANNHEIMER. Julgado em 16.4.2002.

11.8. Direito Comparado

CC PORTUGUÊS. ARTIGO 534° (Obrigações divisíveis). São iguais as partes que têm na obrigação divisível os vários credores ou devedores, se outra proporção não resultar da lei ou do negócio jurídico, mas entre os herdeiros do devedor, depois da partilha, serão essas partes fixadas proporcionalmente às suas quotas hereditárias, sem prejuízo do disposto nos nºs 2 e 3 do artigo 2098°.

CC PORTUGUÊS. ARTIGO 535° (Obrigações indivisíveis com pluralidade de devedores). 1. Se a prestação for indivisível e vários os devedores, só de todos os obrigados pode o credor exigir o cumprimento da prestação, salvo se tiver sido estipulada a solidariedade ou esta resultar da lei. 2. Quanto ao primitivo devedor da prestação indivisível sucedam vários herdeiros, também só de todos eles tem o credor a possibilidade de exigir o cumprimento da prestação.

CC PORTUGUÊS. ARTIGO 536° (Extinção relativamente a um dos devedores). Se a obrigação indivisível se extinguir apenas em relação a algum ou alguns dos devedores, não fica o credor inibido de exigir a prestação dos restantes obrigados, contanto que lhes entregue o valor da parte que cabia ao devedor ou devedores exonerados.

CC PORTUGUÊS. ARTIGO 537° (Impossibilidade da prestação). Se a prestação indivisível se tornar impossível por facto imputável a algum ou alguns dos devedores, ficam os outros exonerados.

CC PORTUGUÊS. ARTIGO 538° (Pluralidade de credores). 1. Sendo vários os credores da prestação indivisível, qualquer deles tem o direito de exigi-la por inteiro, maso devedor, enquanto não for judicialmente citado, só relativamente a todos, em conjunto, pode-se exonerar. 2. O caso julgado favorável a um dos credores aproveita aos outros, se o devedor não tiver, contra estes, meios especiais de defesa.

Capítulo 12

OBRIGAÇÕES SOLIDÁRIAS

12.1. Noção e Características

Existe solidariedade, quando na mesma obrigação concorre mais de um credor, ou mais de um devedor, cada um com direito, ou obrigado, à dívida toda. A solidariedade não se presume, resulta da lei ou da vontade das partes (CCB, art. 265).[1] Daí que a solidariedade somente poderá ocorrer em obrigações complexas com pluralidade subjetiva. Dessa forma, é possível classificarmos a solidariedade em: a) *solidariedade ativa* (pluralidade de credores); b) *solidariedade passiva* (pluralidade de devedores); e *solidariedade mista* (pluralidade de credores e devedores).

A solidariedade foi criada pelos romanos, como exceção à regra do *concursu partes fiunt.*

De acordo com MAYNS, a origem desta instituição encontra-se na *estipulatio,* forma civil que os romanos empregaram para dar força executória a uma promessa.[2]

Designaram-se os co-interessados pelos nomes *correi* ou *duo rei promittendi,* quando se tratava de devedores.

Na antiguidade, a *solidariedade* era denominada de *correalidade.* O nome solidariedade passa a ser utilizado por volta do século XVIII, e deduz-se do latim *in solidum.*

Segundo BEVILÁQUA, "a distinção doutrinária, entre solidariedade perfeita, ou *correalidade,* e solidariedade simples ou imperfeita, ou segundo a técnica de SAVIGNY, correalidade imprópria, *unaechte Correalitaet,* não teve ingresso em nosso Código Civil, como não teve no alemão. Dizse que na correalidade ou solidariedade perfeita, há unidade de obrigação com pluralidade de sujeitos; e na solidariedade simples ou imprópria, há pluralidade de obrigações e unidade de execução".[3]

ANTUNES VARELA afirma que "a obrigação diz-se *solidária*, pelo seu lado passivo, quando o credor pode exigir a prestação integral de qualquer

1 Correspondente ao artigo 896, p.u. do CCB/1916.

2 FULGÊNCIO. Tito. In: LACERDA, Paulo de. *Manual do Código Civil brasileiro.* Do direito das obrigações. Volume X. Rio de Janeiro: Jacintho Ribeiro dos Santos, 1928, p. 224.

3 BEVILÁQUA, Clóvis. *Código Civil comentado.* Vol. IV. Rio de Janeiro: Rio, 1976, p. 36.

dos devedores e a prestação efetuada por um destes os libera a todos perante o credor comum".[4]

Vejamos um exemplo: Márcia, Elaine, Ana Carolina e Gustavo devem R$ 1.000,00 a Fernando, como preço da bicicleta que lhe compraram, sendo solidária a obrigação. Neste caso, o credor Fernando poderá exigir de qualquer um dos quatro devedores a entrega de toda a soma devida; e a prestação efetuada por qualquer dos devedores libera os demais em face de Fernando (credor).

A solidariedade ativa ocorre quando "qualquer dos credores tem a faculdade de exigir do devedor a prestação por inteiro, e a prestação efetuada pelo devedor a qualquer deles libera-o em face de todos os outros credores".[5]

Aqui, o exemplo poderia ser o seguinte: Leonardo deve R$ 900,00 a José Rogério, Galdino e Sidney em regime de solidariedade. Assim, qualquer um dos três credores pode exigir de Leonardo (devedor) a entrega de toda a soma devida. A prestação dos R$ 900,00 efetuada a Galdino exonera o devedor Leonardo perante todos os outros credores. Se Galdino fica insolvente, após o recebimento da prestação, não conseguindo repartir o valor devido com os outros credores, são estes (cocredores), e não o devedor Leonardo, quem suportará o prejuízo.

Considerando tais exemplos, verifica-se que no regime da solidariedade se desvelam, pois, as *relações internas* e as *relações externas*.

É no plano das *relações externas* que existe a ligação entre credores e devedores. É neste plano que a solidariedade opera, já que transforma os vários vínculos em um só.

No plano das *relações internas*, isto é, das relações entre devedores, na solidariedade passiva, e das relações entre os credores, na solidariedade ativa o que existe é *corresponsabilidade* e não solidariedade.

No exemplo acima acerca da *solidariedade ativa*, vislumbram-se as seguintes relações: a) a *relação externa* é formada pelo vínculo entre credores (José Rogério, Galdino e Sidney) e o devedor (Leonardo), com *solidariedade ativa;*[6] b) a *relação interna* é o vínculo entre os credores, existindo corresponsabilidade entre eles e não solidariedade, ou seja, aquele credor que recebeu o valor integral (no caso, o credor Galdino), ficará responsável perante os demais credores de entregar os seus respectivos quinhões.

A solidariedade é, pois, um modo de assegurar o cumprimento da prestação, estimulando e facilitando o pagamento do débito.

---

4 VARELA, João de Matos Antunes. *Das obrigações em geral.* Vol. I, 10. ed. Coimbra: Almedina, 2006, p. 751.

5 Ibid., p. 752.

6 Nas relações externas, a ligação ocorre entre sujeitos que estão em pólos opostos, a solidariedade atua para converter os diferentes vínculos em um só (como se houvesse um único credor e um único devedor).

12.2. Diferenças entre Obrigação Solidária e Obrigação Indivisível

Para identificarmos as principais diferenças entre a *solidariedade* e a *indivisibilidade*, vejamos o quadro demonstrativo do tratamento dado à obrigação solidária e à obrigação indivisível realizado por Nélson Nery Júnior e Rosa Maria de Andrade Nery:[7]

Solidariedade (entre sujeitos – ativos e/ou passivos)	**Indivisibilidade** (do objeto)
a) Decorre do título (do pacto ou da lei); v. *v.g.* CC 585 (CC/1916 1.255); CC 680 (CC/1916 1.314); CC 829 (CC/1916 1.493); CC 932 (CC/1916 1.521); CC 154 (CC/1916 101 *caput* e § 1°)	a) Decorre da natureza (física ou jurídica) da prestação (CC 258)
b) O devedor paga o todo porque deve o todo (CC 264; CC/1916 896 par. ún.). O credor recebe por inteiro porque é credor do título.	b) O devedor paga o todo porque não tem como ratear a coisa sem prejudicar-lhe a natureza; não tem como repartir a coisa porque é naturalmente indivisível o objeto (CC 259; CC/1916 891)
c) Analisa-se o fenômeno sob o aspecto subjetivo (dos sujeitos)	c) A situação é vista sob o ângulo objetivo (dos objetos)
d) Visa facilitar a exação do crédito e o pagamento do débito	d) Assegura a unidade da prestação. Ex.: cavalo, terreno
e) Cessa com a morte do devedor ou do credor	e) Subsiste enquanto a prestação suportar (a morte não encerra a natureza da coisa)
f) As perdas e danos devidas em decorrência da solidariedade continuam com esse caráter (CC 271; CC/1916 902, correspondente em parte)	f) A indivisibilidade não acompanha as perdas e danos. Ela termina quando a obrigação se converte em perdas e danos *(cessante causa, cessat efectus)* (CC 263; CC/1916 895)

A solidariedade resulta da *lei* ou da *vontade das partes* estabelecida no contrato, e uma das razões é a existência da ideia de *corresponsabilidade* entre os sujeitos nas *relações internas* de uma obrigação solidária. Ora, ninguém pode ser corresponsável por outrem sem que o deseje ou por preceito legal. Este é um dos motivos para que na ocorrência de morte de um dos credores

7 NÉRY JÚNIOR, Nélson; NERY, Rosa Maria de Andrade. *Código Civil comentado.* 4. ed. São Paulo: Revista dos Tribunais, 2006, p. 344.

solidários, cesse para os seus herdeiros a solidariedade, ou seja, eles não manifestaram a sua vontade no sentido de assumir tal corresponsabilidade.

Vejamos alguns exemplos de solidariedade estipulada por lei:

1) CDC. Art. 18. Os fornecedores de produtos de consumo duráveis ou não duráveis respondem solidariamente pelos vícios de qualidade ou quantidade que os tornem impróprios ou inadequados ao consumo a que se destinam ou lhes diminuam o valor, assim como por aqueles decorrentes da disparidade, com a indicações constantes do recipiente, da embalagem, rotulagem ou mensagem publicitária, respeitadas as variações decorrentes de sua natureza, podendo o consumidor exigir a substituição das partes viciadas.

2) CDC Art. 19. Os fornecedores respondem solidariamente pelos vícios de quantidade do produto sempre que, respeitadas as variações decorrentes de sua natureza, seu conteúdo líquido for inferior às indicações constantes do recipiente, da embalagem, rotulagem ou de mensagem publicitária, podendo o consumidor exigir, alternativamente e à sua escolha.

3) CDC Art. 25. § 1° Havendo mais de um responsável pela causação do dano, todos responderão solidariamente pela reparação prevista nesta e nas seções anteriores. § 2° Sendo o dano causado por componente ou peça incorporada ao produto ou serviço, são responsáveis solidários seu fabricante, construtor ou importador e o que realizou a incorporação.

4) CDC Art. 28. O juiz poderá desconsiderar a personalidade jurídica da sociedade quando, em detrimento do consumidor, houver abuso de direito, excesso de poder, infração da lei, fato ou ato ilícito ou violação dos estatutos ou contrato social. A desconsideração também será efetivada quando houver falência, estado de insolvência, encerramento ou inatividade da pessoa jurídica provocados por má administração. [...] § 3° As sociedades consorciadas são solidariamente responsáveis pelas obrigações decorrentes deste código.

5) CDC Art. 34. O fornecedor do produto ou serviço é solidariamente responsável pelos atos de seus prepostos ou representantes autônomos.

6) CTN Solidariedade. Art. 124. São solidariamente obrigadas: I – as pessoas que tenham interesse comum na situação que constitua o fato gerador da obrigação principal; II as pessoas expressamente designadas por lei. Parágrafo único. A solidariedade referida neste artigo não comporta benefício de ordem.

7) CTN Art. 125. Salvo disposição de lei em contrário, são os seguintes os efeitos da solidariedade: I o pagamento efetuado por um dos obrigados aproveita aos demais; II a isenção ou remissão de crédito exonera todos os obrigados, salvo se outorgada pessoalmente a um deles, subsistindo, nesse caso, a solidariedade quanto aos demais pelo saldo; III a interrupção da prescrição, em favor ou contra um dos obrigados, favorece ou prejudica aos demais.

8) CCB 2002 Art. 154. Vicia o negócio jurídico a coação exercida por terceiro, se dela tivesse ou devesse ter conhecimento a parte a que aproveite, e esta responderá solidariamente com aquele por perdas e danos.

9) CCB 2002 Art. 829. A fiança conjuntamente prestada a um só débito por mais de uma pessoa importa o compromisso de solidariedade entre elas, se declaradamente não se reservarem o benefício de divisão. Parágrafo único. Estipulado este benefício, cada fiador responde unicamente pela parte que, em proporção, lhe couber no pagamento.[8]

10) CC 2002 Comodato. Art. 585. Se duas ou mais pessoas forem simultaneamente comodatárias de uma coisa, ficarão solidariamente responsáveis para com o comodante.

11) CC 2002 Entre os mandantes. Art. 680. Se o mandato for outorgado por duas ou mais pessoas, e para negócio comum, cada uma ficará solidariamente responsável ao mandatário por todos os compromissos e efeitos do mandato, salvo direito regressivo, pelas quantias que pagar, contra os outros mandantes.

12) CC 2002 Entre os gestores. Art. 867. Se o gestor se fizer substituir por outrem, responderá pelas faltas do substituto, ainda que seja pessoa idônea, sem prejuízo da ação que a ele, ou ao dono do negócio, contra ela possa caber. Parágrafo único. Havendo mais de um gestor, solidária será a sua responsabilidade.

13) CC 2002 Coautores do Ato Ilícito. Art. 942. Os bens do responsável pela ofensa ou violação do direito de outrem ficam sujeitos à reparação do dano causado; e, se a ofensa tiver mais de um autor, todos responderão solidariamente pela reparação. Parágrafo único. São solidariamente responsáveis com os autores os coautores e as pessoas designadas no art. 932.

14) CC 2002 Entre os sócios. Art. 990. Todos os sócios respondem solidária e ilimitadamente pelas obrigações sociais, excluído do benefício de ordem, previsto no art. 1.024, aquele que contratou pela sociedade.

15) CC 2002 Entre o administrador e a sociedade. Art. 1.012. O administrador, nomeado por instrumento em separado, deve averbá-lo à margem da inscrição da sociedade, e, pelos atos que praticar, antes de requerer a averbação, responde pessoal e solidariamente com a sociedade.

16) CC 2002 Entre os administradores. Art. 1.016. Os administradores respondem solidariamente perante a sociedade e os terceiros prejudicados, por culpa no desempenho de suas funções.

8 Verifica-se que entre os fiadores existe a solidariedade decorrente da lei. Existirá solidariedade entre os fiadores e o devedor perante o credor? Em tese não, já que a fiança não importa em solidariedade entre devedor e fiador(es), salvo se as partes assim estabeleçam expressamente em contrato. Existe, pois, o benefício de ordem, ou seja, inicialmente deve-se cobrar ao devedor.

17) CC 2002 Entre os administradores pelas novas operações após a dissolução da sociedade. Art. 1.036. Ocorrida a dissolução, cumpre aos administradores providenciar imediatamente a investidura do liquidante, e restringir a gestão própria aos negócios inadiáveis, vedadas novas operações, pelas quais responderão solidária e ilimitadamente. Parágrafo único. Dissolvida de pleno direito a sociedade, pode o sócio requerer, desde logo, a liquidação judicial.

18) CC 2002 Entre os sócios comanditados e sócios comanditários. Art. 1.045. Na sociedade em comandita simples tomam parte sócios de duas categorias: os comanditados, pessoas físicas, responsáveis solidária e ilimitadamente pelas obrigações sociais; e os comanditários, obrigados somente pelo valor de sua quota. Parágrafo único. O contrato deve discriminar os comanditados e os comanditários.

19) CC 2002 Entre os sócios na sociedade limitada pela integralização do capital social. Art. 1.052. Na sociedade limitada, a responsabilidade de cada sócio é restrita ao valor de suas quotas, mas todos respondem solidariamente pela integralização do capital social.

20) CC 2002 Entre os condôminos de cota em sociedade limitada. Art. 1.056. A quota é indivisível em relação à sociedade, salvo para efeito de transferência, caso em que se observará o disposto no artigo seguinte. [...] § 2° Sem prejuízo do disposto no art. 1.052, os condôminos de quota indivisa respondem solidariamente pelas prestações necessárias à sua integralização.

21) CC 2002 Entre os membros do conselho fiscal na sociedade limitada. Art. 1.070. As atribuições e poderes conferidos pela lei ao conselho fiscal não podem ser outorgados a outro órgão da sociedade, e a responsabilidade de seus membros obedece à regra que define a dos administradores (art. 1.016).

22) CC 2002 Entre os diretores depois de esgotados os bens sociais na sociedade em comandita por ações. Art. 1.091. Somente o acionista tem qualidade para administrar a sociedade e, como diretor, responde subsidiária e ilimitadamente pelas obrigações da sociedade. § 1° Se houver mais de um diretor, serão solidariamente responsáveis, depois de esgotados os bens sociais.

23) CC 2002 Dos sócios pelas obrigações sociais na sociedade cooperativa. Art. 1.095. Na sociedade cooperativa, a responsabilidade dos sócios pode ser limitada ou ilimitada. [...] § 2° É ilimitada a responsabilidade na cooperativa em que o sócio responde solidária e ilimitadamente pelas obrigações sociais.

24) CC 2002 Penhor. Art. 1.460. O devedor do título empenhado que receber a intimação prevista no inciso III do artigo antecedente, ou se der por ciente do penhor, não poderá pagar ao seu credor. Se o fizer, responderá solidariamente por este, por perdas e danos, perante o credor pignoratício.

25) CC 2002 Entre os testamenteiros. Art. 1.986. Havendo simultaneamente mais de um testamenteiro, que tenha aceitado o cargo, poderá cada

qual exercê-lo, em falta dos outros, mastodos ficam solidariamente obrigados a dar conta dos bens que lhes forem confiados, salvo se cada um tiver, pelo testamento, funções distintas, e a elas se limitar.

26) Na Lei 8.245, de 18 de outubro de 1991. Dispõe sobre as locações dos imóveis urbanos e os procedimentos a elas pertinentes. Art. 2° Havendo mais de um locador ou mais de um locatário, entende-se que são solidários se o contrário não se estipulou. Parágrafo único. Os ocupantes de habitações coletivas multifamiliares presumem-se locatários ou sublocatários.

27) No Decreto-Lei n° 58, de 10 de dezembro de 1937. Dispõe sobre o loteamento e a venda de terrenos para pagamentos em prestações. Art. 13. O contrato transfere-se por simples trespasse lançado no verso das duas vias, ou por instrumento separado, sempre com as formalidades dos parágrafos do art. 11. § 1° No primeiro caso, presume-se a anuência do proprietário. À falta do consentimento não impede a transferência, mas torna os adquirentes e os alienantes solidários nos direitos e obrigações contratuais. § 2° Averbando a transferência para a qual não conste o assentimento do proprietário, o oficial dela lhe dará, ciência por escrito.

A solidariedade não se presume, resulta da lei ou da vontade das partes. Vale lembrar que a solidariedade não pode ser estabelecida pelo magistrado. Assim decidiu o Desembargador Dálvio Leite Dias Teixeira, na Apelação Cível n° 70013614268, da Décima Segunda Câmara Cível do Tribunal de Justiça do Rio Grande do Sul, em 6.7.2006: "APELAÇÃO CÍVEL. AÇÃO ORDINÁRIA DE COBRANÇA. ADMINISTRAÇÃO PÚBLICA. DESPESAS COM HABITAÇÃO E ALIMENTAÇÃO EM EXECUÇÃO CONTRATUAL. RESPONSABILIDADE PELO PAGAMENTO. A solidariedade, por força de expressa disposição da lei civil (art. 896 do CC/1916 e art. 265 do NCC), resulta unicamente da lei ou da vontade das partes. Não se presume, nem pode ser estabelecida pelo juiz para resolver controvérsia de difícil solução. O Município assumiu a responsabilidade de proporcionar ao trabalhador as condições para a execução do contrato, seja pela existência de cláusula contratual nesse sentido, seja pela reiteração de prática na execução do contrato. Outra conclusão não seria razoável, tendo em vista a condição social do servidor, a remuneração fixada para o seu trabalho e a prática reiterada na execução do contrato até aquele momento. Quantum debeatur reduzido. Provimento ao apelo do servidor. Parcial provimento ao apelo do Município".

Outra diferença é que enquanto a indivisibilidade pode ocorrer tanto nas obrigações simples quanto nas obrigações múltiplas, a solidariedade só aparece nas obrigações múltiplo-subjetivas, com o intuito de facilitar o pagamento. O objetivo da solidariedade é transformar o que é múltiplo em único, ou seja, trata a multiplicidade de credores como se fosse um só credor ou a multiplicidade de devedores como se fosse um só devedor. Isto vem a facilitar o pagamento. É o princípio da unicidade da prestação.

Assim, nas *obrigações solidárias* cada um dos credores poderá agir como se fosse o único credor da relação jurídica obrigacional; da mesma forma, cada um dos devedores será tratado como se fossem um só.

Neste aspecto a solidariedade se aproxima da indivisibilidade, mas não se confundem. Na indivisibilidade, o credor recebe por inteiro e o devedor é compelido a pagar por inteiro, já que não existe a possibilidade de ratear a coisa.

12.3. Elementos Acidentais e Lugar do Pagamento

O artigo 266 determina que "a obrigação solidária pode ser pura e simples para um dos cocredores ou codevedores, e condicional, ou a prazo, ou pagável em lugar diferente, para o outro".[9]

A solidariedade é a unidade do vínculo obrigacional. CLÓVIS BEVILÁQUA ensina que essa unidade "não desaparece, nem se altera, porque intervenha, em relação a um dos sujeitos, certa modalidade acessória de condição ou de prazo, que não exista em relação aos outros. A obrigação é uma só; a condição e o prazo são cláusulas adicionais, que lhe não atingem à essência".[10]

Assim, existe a possibilidade de a obrigação solidária ser condicional ou a termo para uns e pura e simples para outros.[11]

É pois a aplicação do princípio da variabilidade. Por exemplo, na solidariedade passiva é possível que se pactue uma condição suspensiva ou a termo em relação ao codevedor B.

Da mesma forma se pode variar o lugar do pagamento, se um dos devedores tiver de pagar no Rio de Janeiro e o outro na Fortaleza, essa circunstância não influi sobre a solidariedade.[179 180]

O Conselho da Justiça Federal, na IV Jornada de Direito Civil estabeleceu que "CJF Enunciado 347 Art. 266. A solidariedade admite outras disposições de conteúdo particular além do rol previsto no art. 266 do Código Civil".

9 Correspondente ao artigo 897 do CCB/1916.

10 BEVILÁQUA, Clóvis. Código civil comentado. Vol. IV. Rio de Janeiro: Rio, 1976, p. 37.

11 e anos expiram no dia de igual número do de início, ou no imediato, se faltar exata correspondência. § 4° Os prazos fixados por hora contar-se-ão de minuto a minuto.

CC 2002 - Art. 133. Nos testamentos, presume-se o prazo em favor do herdeiro, e, nos contratos, em proveito do devedor, salvo, quanto a esses, se do teor do instrumento, ou das circunstâncias, resultar que se estabeleceu a benefício do credor, ou de ambos os contratantes.

CC 2002 - Art. 134. Os negócios jurídicos entre vivos, sem prazo, são exeqüíveis desde logo, salvo se a execução tiver de ser feita em lugar diverso ou depender de tempo.

CC 2002 - Art. 135. Ao termo inicial e final aplicam-se, no que couber, as disposições relativas à condição suspensiva e resolutiva.

12.4. Da Solidariedade Ativa

12.4.1. Conceito e características

Na solidariedade ativa, encontram-se vários credores e um só devedor. A relação de obrigação solidária significa dizer que cada um desses credores poderá agir como se fosse o único credor, consequentemente cada um deles poderá compelir o devedor a pagar por inteiro independentemente de autorização dos demais ou de oferecimento de caução. Da mesma forma o devedor poderá escolher qualquer um dos credores para pagar por inteiro. A solidariedade ativa foi criada para facilitar o pagamento do devedor.

O artigo 267 preceitua que "cada um dos credores solidários tem direito a exigir do devedor o cumprimento da prestação por inteiro".[12]

A conta-poupança conjunta é um dos exemplos de contrato de solidariedade ativa. Neste sentido, vejamos a decisão proferida na 1ª Vara Cível da Comarca de Ponta Grossa: "A conta-poupança conjunta constitui contrato de solidariedade ativa, de modo que o crédito, em sua totalidade, poderá ser exigido por qualquer um dos credores. 2. Os juros acrescidos à poupança se incorporam ao capital, devido a sua própria natureza, razão pela qual devem ser capitalizados a espelhar o valor correto da divida em execução. Recurso a que se nega seguimento. VISTOS e examinados estes autos de AGRAVO DE INSTRUMENTO N° 342.918-3, da 1a Vara Cível da Comarca de Ponta Grossa, em que é agravante BANCO ITAÚ S/A e agravados MARCO ANTONIO CAMACHO COSTA E OUTRO.

I – RELATÓRIO Volta-se o presente recurso contra decisão interlocutória pela qual indeferiu-se exceção de pré-executividade que visava a nulidade do processo de execução. Para assim decidir, sustentou o magistrado que não procede a alegação de ilegitimidade ativa *"ad causam"*, visto que o exequente e os demais co-titulares da conta-poupança eram credores solidários, bem como, decidiu ainda, no tocante à capitalização, que os juros remuneratórios "devem ser capitalizados, vez que, como ocorrem nas contas-poupanças, se incorporam ao capital". (fls. 55) Sustenta o agravante que um dos exequentes não pode receber o valor relativo à conta-poupança sem a anuência dos demais co-titulares, havendo "absoluta ilegitimidade ativa para requerer direito de crédito de terceiros, não integrantes da lide". Além disso a sentença exequenda não dispôs acerca da capitalização de juros, o que foi inserido nos cálculos apresentados na execução. Pede efeito suspensivo e, ao final, a reforma da decisão recorrida. (fls. 54/56) É o relatório. II A DECISÃO E SUA FUNDAMENTAÇÃO As controvérsias que se apresentam nos autos cingem-se à ilegitimidade ativa de um dos exequentes e a capitalização de juros. No tocante ao primeiro ponto, cabe salientar que a conta-poupança conjunta

12 Correspondente ao artigo 898 do CCB/1916.

trata-se de contrato de solidariedade, de modo que, conforme dispõe o artigo 267 do Código Civil, "Cada um dos credores solidários tem direito a exigir do devedor o cumprimento da prestação por inteiro". Dessa forma, por serem solidários em conta-poupança conjunta, qualquer um dos credores poderá exigir o crédito na sua totalidade. No tocante à capitalização, não procede a alegação, porque essa forma de contagem de juros pertence à própria natureza da poupança. O Superior Tribunal de Justiça, a propósito dos temas, assim se pronunciou: "EMBARGOS À EXECUÇÃO. AÇÃO CIVIL PÚBLICA AJUIZADA PELA APADECO. LEGITIMIDADE. ALCANCE DOS EFEITOS DA SENTENÇA. CONTA-CONJUNTA E SALDO NO PERÍODO BASE. JUROS REMUNERATÓRIOS. JUROS DE MORA. HONORÁRIOS (...) 3. Sendo a conta-poupança conjunta um contrato de solidariedade ativa, o crédito poderá ser exigido por qualquer um dos credores na sua totalidade. 4. Os juros remuneratórios devem ser capitalizados, uma vez que tal capitalização decorre da própria natureza da demanda. [...]" (STJ, AI n° 738.348-PR, Decisão Monocrática, Min. Carlos Alberto Menezes Direito, DJ em 2.10.02). Este agravo, portanto, é manifestamente improcedente, encontrando-se, além do mais, em confronto a jurisprudência dominante do Superior Tribunal de Justiça. III DISPOSITIVO Nessas condições, forte no art. 557, caput, do CPC, por ser improcedente e se encontrar este recurso em confronto com a jurisprudência dominante do Superior Tribunal de Justiça, nego-lhe seguimento. Curitiba, 2.5.06. Juiz Xisto Pereira – Relator, Substituto em Segundo Grau.[13]

Vale destacar que com o falecimento de um dos depositantes, o outro poderá fazer o levantamento do depósito integral. É o que ficou decido no Recurso Extraordinário 16.736, na 2ª. Turma, do Supremo Tribunal Federal, de Relatoria do Ministro Edgard Costa, em 21.11.1950. Vejamos a ementa: "DEPOSITOS CONJUNTOS; FALECIMENTO DE UM DOS DEPOSITANTES; LEVANTAMENTO PELO OUTRO DE DEPOSITO INTEGRAL; APLICAÇÃO DO ART. 898 DO CÓDIGO CIVIL" (DJ 22.8.1952).

A conta conjunta em referência não deve ser confundida com outra modalidade de depósito bancário, impropriamente denominada *conta solidária,* em que os depositantes só podem movimentar em conjunto os valores depositados.

13 AGRAVO DE INSTRUMENTO. AÇÃO DE COBRANÇA. CADERNETAS DE POUPANÇA. DIFERENÇAS DE CORREÇÃO MONETÁRIA RESULTANTES DE EXPURGOS INFLACIONÁRIOS. PLANOS BRESSER E VERÃO. CO-TITULARI- DADE. POSTULAÇÃO DO CRÉDITO. LITISCONSÓRCIO ATIVO FACULTATIVO. Existindo solidariedade entre os co-titulares da conta-poupança, o crédito perseguido, relativo aos expurgos inflacionários ocorridos durante os Planos Bresser e Verão, pode ser exigido por inteiro por qualquer deles, pois são credores solidários da instituição financeira, conforme artigo 267 do Código Civil de 2002 (CC/1916, art. 898). Precedentes desta Corte e do egrégio Tribunal Regional Federal da 4a Região. AGRAVO DE INSTRUMENTO PROVIDO, POR DECISÃO MONOCRÁTICA. (Agravo de Instrumento N° 70017978479, Primeira Câmara Especial Cível, Tribunal de Justiça do RS, Relator: Miguel Ângelo da Silva, Julgado em 11.12.2006).

A solidariedade ativa se verifica, também, no artigo 12 da Lei 209, de 2 de janeiro de 1948, que dispõe sobre a forma de pagamento dos débitos dos pecuaristas.

Da mesma forma, nos contratos de cofre de segurança, já que se permite a utilização e abertura a qualquer dos interessados isoladamente.

WASHINGTON DE BARROS MONTEIRO elenca as seguintes consequências advindas do citado artigo 267 do Código Civil de 2002: "a) qualquer credor pode promover medidas assecuratórias e de conservação dos direitos; b) assim, se um deles constitui em mora o devedor comum, a todos aproveitam os seus efeitos; c) a interrupção da prescrição, requerida por um, estende-se a todos, de conformidade com o art. 204, § 1°, do Código Civil de 2002. De modo idêntico sucede com a suspensão da prescrição, se indivisível o objeto da obrigação (art. 201 do Cód. Civil de 2002); d) qualquer credor pode ingressar em juízo com a ação adequada, assim obtendo o cumprimento da prestação, com a extinção da dívida. Mas só pode executar a sentença o próprio credor-autor e não outro, estranho à lide (Cód. Proc. Civil, art. 567); e) se um dos concredores se torna incapaz, nenhuma influência exercerá tal circunstância sobre a solidariedade; f) finalmente, se um dos credores decai da ação, não ficam os outros inibidos de acionar, por sua vez, o devedor comum".

O artigo 268 determina que "enquanto alguns dos credores solidários não demandarem o devedor comum, a qualquer daqueles poderá este pagar".

No momento em que um dos credores aciona o devedor, cessa o direito deste de escolha. Melhor dizendo: o devedor só poderá escolher o credor a quem pagar, enquanto não for judicialmente afrontado por um dos credores.

Enquanto não houver ação de cobrança, o devedor poderá pagar a qualquer um dos co-credores solidários. Daí que se um dos credores ingressar com uma ação de cobrança (ação judicial), somente a este o devedor deverá efetuar o pagamento. Não podemos esquecer que "quem paga mal, paga duas vezes".

Assim, iniciado o processo de execução por qualquer dos credores solidários, verifica-se, pois, a prevenção, extinguindo-se o direito de escolha do devedor. Não pode participar da execução da sentença quem não foi parte da relação processual.

CARVALHO SANTOS adverte que "o devedor, em virtude da solidariedade, obriga-se a efetuar o pagamento a qualquer um dos credores, de sorte que não pode opor qualquer alegação para se negar ao primeiro que reclamar o cumprimento da obrigação".[14]

Algumas questões podem surgir:

---

14 CARVALHO SANTOS, J. M. de. Código civil brasileiro interpretado. Volume XI. 6. ed. Rio de Janeiro: Freitas Bastos, 1953, p. 201.

I) Será possível o devedor, depois de citado por um credor para efetuar o pagamento, recobrar e recuperar seu direito de escolha? Sim, em diversas hipóteses, notadamente se o autor desistir da demanda, se houver preempção da instância, ou, se separadas as prevenções, na houver provas de anterioridade de uma.[15]

II) Se a demanda de prevenção for intentada antes do vencimento do prazo da prestação ou do implemento da condição? TITO FULGÊNCIO responde que "a demanda é irregular no fundo, e, portanto, não priva o devedor de pagar a qual dos credores lhe aprouver depois de vencido o prazo ou cumprida a condição, e mesmo antes, se quiser renunciar o benefício (DURANTON, LAROMBIÈRE, DEMOLOMBE, MASSÈ ER VERGÈ (sur ZACHARIAE), julgando estes entretanto que enquanto não for a demanda julgada prematura, é obstáculo à liberação do devedor (MELUCCI)"[16]

III) Numa obrigação pecuniária, no valor de R$ 12.000,00 (doze mil reais), não possuindo o devedor o valor da prestação, poderá ele substituir o valor desta por seu automóvel? E se um dos credores solidários aceitar o automóvel sem consultar os demais concredores? Neste caso, o credor que recebeu o automóvel ficará responsável (co-responsabilidade) perante os demais concredores pelos seus respectivos quinhões de acordo com a obrigação original.

IV) A obrigação solidária envolvendo compensação: Maria Eduarda (A), Matheus (B) e Lucas (C) são credores de Leonardo (D) de uma dívida de R$ 6.000,00 (seis mil reais), cabendo a cada um dos credores o valor de R$ 2.000,00 (dois mil reais), solidariamente. Ocorre que Leonardo (D) é credor, em outra relação jurídica obrigacional, de Maria Eduarda (A), no valor de R$ 3.500,00 (três mil e quinhentos reais). Matheus (B) cobra o valor total da dívida a Leonardo (D). Neste momento poderá Leonardo (D) alegar que possui um crédito de R$ 3.500,00 (três mil e quinhentos reais) junto a Maria Eduarda (A) e compensar a dívida? Neste caso, Leonardo (D) poderá compensar somente até o limite do quinhão de Maria Eduarda (A), isto é, ele poderá compensar até o valor de R$ 2.000,00.

CARVALHO DE MENDONÇA afirma que "relativamente à compensação, o modo por que ela opera na solidariedade ativa é absolutamente equiparado ao pagamento. Se o pagamento feito pelo devedor comum a um dos credores solidários pode ser oposto aos outros, a compensação, que é uma forma de pagamento, extingue igualmente a obrigação".[17]

V) Se a confusão abrange toda a dívida solidária, extingue-se toda ou somente em partes? Neste caso, "o credor em quem se opera a confusão repu-

15 Ibid., p. 203-204.

16 FULGÊNCIO. Tito. In: LACERDA, Paulo de. Manual do código civil brasileiro. Do direito das obrigações. Volume X. Rio de Janeiro: Jacintho Ribeiro dos Santos, 1928, p. 254.

17 CARVALHO DE MENDONÇA, Manuel Inácio. Doutrina e prática das obrigações. 4. ed. Tomo I. Rio de Janeiro: Forense, 1956, p. 316.

ta-se ter recebido o pagamento e é obrigado a restituir aos seus co-credores o equivalente das partes que lhes possam caber".[18]

A confusão na solidariedade opera-se, pois, até a concorrente quantia do respectivo quinhão do crédito ou da dívida, subsistindo a solidariedade quanto ao mais.[19]

VI) Da mesma forma, a transação traduz um efeito liberatório. Concluída a transação entre um dos credores solidários e o devedor, extingue a obrigação deste para com os outros.[20]

VII) Se no exemplo acima, Leonardo (D) paga toda a dívida a Maria Eduarda (A). Se esta recebe por inteiro o pagamento e não repassa os quinhões de Matheus e Lucas (também credores)? O devedor ficará exonerado da dívida, bastando exibir a quitação integral da dívida.

O pagamento feito a um dos credores solidários extingue a dívida até o montante do que foi pago (CCB, art. 269).[195 196]

A quitação que o devedor receber de um dos credores poderá ser oposta aos demais credores, extinguindo a dívida.

O parágrafo único do artigo 900 do Código Civil de 1916 estendia o mesmo efeito do pagamento à remissão, novação e compensação. Neste sentido consagra o Ministro JOÃO LUIZ ALVES que o referido artigo consagra uma das qualidades essenciais da obrigação solidária ativa. "Desde que qualquer credor pode exigir a dívida toda (art. 898),[21] a sua quitação, remissão, compensação ou novação extingue a obrigação, salvo o direito dos co-credores contra o que recebe, remite, nova ou compensa a mesma dívida (art. 903)"

12.4.2. Falecimento de um dos credores solidários

Diz o artigo 270 que "se um dos credores solidários falecer deixando herdeiros, cada um destes só terá direito a exigir e receber a quota do crédito que corresponder ao seu quinhão hereditário, salvo se a obrigação for indivisível".[22]

Vejamos a seguinte hipótese: Fernanda, Adriana e Mariana são credoras solidárias de Tiago do valor de R$ 15 mil reais, cabendo a cada uma o valor de R$ 5 mil reais. Mariana falece, deixando dois filhos como herdeiros: José e João.

Daí que cada herdeiro somente poderá exigir e receber a quota do crédito que corresponde ao seu quinhão hereditário, qual seja, o valor de R$ 2.500,00 (dois mil e quinhentos reais).[23]

---

18 Ibid., p. 319.
19 Ibid., p. 318.
20 Ibid., p. 319.
21 Atual artigo 267 do CCB de 2002.
22 Correspondente ao artigo 901 do CCB/1916.
23 FULGÊNCIO. Tito. In: LACERDA, Paulo de. Manual do código civil brasileiro. Do direito

A solidariedade não desaparece. Ela subsiste em relação aos demais credores, perdendo a sua eficácia somente em relação aos herdeiros., salvo se a obrigação for indivisível.

Todavia, alerta CLÓVIS BEVILÁQUA que "se o credor falecido deixar, apenas um herdeiro, para este se transfere a totalidade de seu direito e, consequentemente, a mudança de sujeito, em nada, altera a solidariedade. Pela mesma razão, ainda quando sejam dois ou mais herdeiros, se agirem conjuntamente, podem, exigir a dívida por inteiro. E assim acontecerá, naturalmente, antes da partilha".[24]

12.4.3. Perdas e danos

Caso a obrigação solidária se converta em perdas e danos, a solidariedade subsiste. É o que determina a regra do artigo 271 ao afirmar que "convertendo-se a prestação em perdas e danos, subsiste, para todos os efeitos, a solidariedade.

Ora, a solidariedade está relacionada aos sujeitos e não à prestação, logo aquela deve subsistir.

12.4.4. Remissão e recebimento do pagamento

O credor que tiver remitido a dívida ou recebido o pagamento responderá aos outros pela parte que lhes caiba (CCB, art. 272).[25] Trata-se, pois, das relações internas entre os credores solidários. Vamos esclarecer a questão com as seguintes hipóteses:

I. Um dos credores solidários perdoa a dívida toda sem qualquer autorização dos demais concredores. José é devedor (D) de R$ 30 mil reais de Ângelo (Credor 1), Marcelo (Credor 2) e Jack (Credor 3), solidariamente, cabendo a cada um o valor de R$ 10 mil reais. Ocorre que José obtém de Ângelo o perdão de toda a dívida ficando, pois, completamente exonerado. Não podemos esquecer que Ângelo pode agir como se fosse um único credor. Neste caso, Ângelo vai responder perante os demais credores (Marcelo e Jack) pelos seus respectivos quinhões, ou seja, Ângelo responde por R$ 20 mil reais junto aos demais concredores.

II. Se um dos credores solidários perdoa somente o seu quinhão. Supondo, no exemplo dado acima, que Ângelo perdoe somente o seu quinhão. Aqui a obrigação continua solidária em relação aos outros credores (Marcelo e Jack), diminuída do quinhão do credor remitente (Ângelo). Em outras palavras, José passa a ser devedor do valor de R$ 20 mil reais em relação a Marcelo e Jack.

---

das obrigações. Volume X. Rio de Janeiro: Jacintho Ribeiro dos Santos, 1928, p. 265-266.

24 BEVILÁQUA, Clóvis. Código civil comentado. Vol. IV. Rio de Janeiro: Rio, 1976, p. 42.

25 Correspondente ao artigo 903 do CCB/1916.

III. E no caso de o devedor pagar integralmente a um dos credores solidários? Neste caso, o credor que haja recebido todo o pagamento deverá responder aos outros co-credores as respectivas cotas do crédito.

Quando se fala em pagamento devem-se incluir os vários modos de solver a dívida, quais sejam: novação, compensação, transação e confusão.

12.4.5. Exceções pessoais (meios de defesa)

A *exceção* quer dizer *defesa*. As exceções podem ser classificadas em: a) pessoais e b) comuns.

O artigo 273, sem correspondência ao Código Civil de 1916, preceitua que "a um dos credores solidários não pode o devedor opor as exceções pessoais oponíveis aos outros". Regra semelhante já existia para o caso de solidariedade passiva, conforme estabelecido no artigo 281 do CC de 2002.

A *exceção* ou *defesa pessoal* é aquela que se refere a um ou algum dos credores, ou seja, não diz respeito à obrigação de todos os credores, somente sendo oponível a determinado credor. O fundamento é, pois, inerente a fato ou circunstância relacionado à pessoa de um ou de alguns dos credores. Por exemplo: a) as nulidades relativas, tais como os vícios de consentimento; b) a remissão parcial, quando realizada por um dos credores; c) o benefício do termo ou da condição concedido por um dos credores; d) a condição resolutiva.

A *exceção* ou *defesa comum*, pelo contrário, pode ser oposta pelo devedor a todos os credores. São exemplos de exceções comuns: a) a arguição de nulidade absoluta; b) o falso motivo (CCB, art. 140) quando se refeir a todos os credores; c) o benefício do termo ou da condição, quando estipulado por todos os concredores para a totalidade da obrigação; d) a exceção do contrato não cumprido (CCB, art. 476); e) o pagamento da prestação, mesmo se for realizado por um terceiro; f) a dação em pagamento quando se aceite receber a coisa, em substituição a prestação devida; g) o depósito em consignação; h) a novação; i) a perda da coisa sem culpa do devedor; j) a remissão total da dívida; e k) a prescrição.

Portanto, de acordo com a regra do artigo 273, na obrigação solidária ativa, o devedor demandado por um dos credores solidários não poderá opor as exceções (defesas) pessoais que poderiam ser oponíveis aos demais concredores. Ele somente poderá opor as exceções pessoais ao credor que o tiver demandado. Por exemplo, se um dos credores solidários concedeulhe a remissão de seu quinhão. Logo, o devedor não poderá opor tal exceção pessoal aos demais credores. Da mesma forma, não pode o devedor opor defesa (exceção) em relação aos demais concredores em face de um vício de vontade que atinja um só dos credores (por exemplo, uma suposta coação ou dolo praticado apenas por um dos credores).

Todavia, o devedor poderá opor *defesa* ou *exceção* a todos os credores solidários nas hipóteses de exceções comuns apresentadas acima.

12.4.6. Efeitos da coisa julgada

O artigo 274, também de forma inovadora, determina que "o julgamento contrário a um dos credores solidários não atinge os demais, mas o julgamento favorável aproveita-lhes, sem prejuízo de exceção pessoal que o devedor tenha direito de invocar em relação a qualquer deles."[26] (Redação dada pela Lei 13.105/2015)

A referida regra trata, pois, dos efeitos subjetivos da coisa julgada na hipótese de solidariedade ativa.

A primeira parte do dispositivo afirma que "o julgamento contrário a um dos credores solidários não atinge aos demais". Assim, vejamos o seguinte exemplo: Gabriella (credora A), Irene (credora B) e Rachel (credora C) são credoras solidárias de Adriano (devedor comum), no valor de R$ 3.000,00 (três mil reais), cabendo a cada uma delas o valor de R$ 1.000,00. Grabriella ingressa com uma ação de cobrança em face de Adriano. Ocorre que o pedido dela foi julgado improcedente (sentença de mérito de caráter negativo). Os efeitos desta decisão judicial não vão atingir os demais concredores, neste caso, Irene e Rachel. Dessa maneira, qualquer uma destas poderá ingressar com uma ação de cobrança contra o devedor comum, no caso Adriano.

A segunda parte do artigo informa que "[...] o julgamento favorável aproveita-lhes, [...]". Neste caso, aproveitando o exemplo acima, se o pedido é julgado procedente, os efeitos da coisa julgada se estendem aos demais credores, no caso: Irene e Rachel. Em outras palavras, estas se beneficiam dos efeitos da coisa julgada no caso de procedência do pedido. Daí que as demais credoras poderão se utilizar da decisão judicial obtida por Gabriella como título executivo judicial, executando, pois, Adriano.

A terceira parte da regra foi alterada pela Lei 13.146/2015 para "sem prejuízo de exceção pessoal que o devedor tenha direito de invocar em relação a qualquer deles."

A necessidade de alteração deste dispositivo já era alertada por Fredie Didier Jr ao ensinar que "a) se um dos credores vai a juízo e perde, qualquer que seja o motivo (acolhimento de exceção comum ou pessoal), essa decisão não tem eficácia em relação aos demais credores; b) se o credor vai a juízo e ganha, essa decisão beneficiará os demais credores, salvo se o(s) tiver(em) exceção pessoal que possa ser oposta a outro credor não participante do processo, pois, em relação àquele que promoveu a demanda, o(s) devedor(es) nada mais pode(m) opor".[27]

26 Redação anterior: O julgamento contrário a um dos credores solidários não atinge os demais; o julgamento favorável aproveita-lhes, a menos que se funde em exceção pessoal ao credor que o obteve. Sem correspondência

27 DDIER JR., Fredie. Regras Processuais no Novo Código Civil. São Paulo: Saraiva, 2014,

12.5. Da Solidariedade Passiva

12.5.1. Conceito e características

A solidariedade passiva fortalece o credor, já que nesta o credor pode escolher livremente qualquer dos devedores para cobrar. A insolvência de qualquer um dos devedores não afeta a tranquilidade do credor.

A solidariedade passiva é muito mais frequente que a solidariedade ativa, já que na maioria dos casos ela é imposta pelo credor.

O *fundamento* da solidariedade é, pois, duplo, a saber: "no interesse do credor, porque torna mais seguro o crédito, colocando-o ao abrigo de uma eventual insolvência de um dos devedores; no interesse dos próprios devedores, porque lhes facilita o crédito, dadas as garantias que oferece".[28]

No mesmo sentido, ORLANDO GOMES ensina que "a segurança e garantia que as obrigações solidárias oferecem favorecem sua disseminação e concorreram para a expansão do crédito. Por isso, tornaram-se frequentes no comércio jurídico".[29]

De igual forma, TITO FULGÊNCIO escreve que "a solidariedade é benefício do credor para facilitar a cobrança, e é estipulada, ou imposta por lei, no intuito justamente de tornar, perante o credor, cada um dos sujeitos passivos da obrigação o devedor único, o responsável pela totalidade da obrigação, ainda sendo esta divisível".[30]

Os requisitos da solidariedade ativa são: a) multiplicidade de devedores; b) unidade da prestação; e c) pela declaração de vontade das partes em estabelecer a solidariedade passiva ou determinação legal.

O artigo 275 determina que "o credor tem direito a exigir e receber de um ou de alguns dos devedores, parcial ou totalmente, a dívida comum; se o pagamento tiver sido parcial, todos os demais devedores continuam obrigados solidariamente pelo resto".[31]

CLÓVIS BEVILAQUA ensina que "havendo conjunção solidária de devedores, o credor poderá pedir o cumprimento da obrigação a qualquer dos codevedores, sem que este possa invocar o *beneficium divisionis*; porque cada um dos sujeitos passivos da obrigação é devedor único da totalidade, perante o credor, ainda que a obrigação seja divisível".[32]

Se o pagamento tiver sido parcial, todos os demais devedores continuam solidariamente obrigados pelo restante da dívida. Portanto, a exigência e o

---

p.76.

28 CARVALHO SANTOS, J. M. de. Código civil brasileiro interpretado. Volume XI. 6. ed. Rio de Janeiro: Freitas Bastos, 1953, p. 221.

29 GOMES, Orlando. Obrigações. 17. ed. Rio de Janeiro: Forense, 2007, p. 85.

30 FULGÊNCIO. Tito. In: LACERDA, Paulo de. Manual do código civil brasileiro. Do direito das obrigações. Volume X. Rio de Janeiro: Jacintho Ribeiro dos Santos, 1928, p. 284.

31 Correspondente ao artigo 904 do CCB/1916.

32 BEVILÁQUA, Clóvis. Código civil comentado. Vol. IV. Rio de Janeiro: Rio, 1976, p. 44.

recebimento parcial da prestação de um dos devedores, não desata o laço de solidariedade passiva com os demais codevedores.

Vejamos alguns exemplos de solidariedade passiva no CCB de 2002:

a) Art. 154. Vicia o negócio jurídico a coação exercida por terceiro, se dela tivesse ou devesse ter conhecimento a parte a que aproveite, e esta responderá solidariamente com aquele por perdas e danos; b) Comodato. Art. 585. Se duas ou mais pessoas forem simultaneamente comodatárias de uma coisa, ficarão solidariamente responsáveis para com o comodante; c) Entre os mandantes. Art. 680. Se o mandato for outorgado por duas ou mais pessoas, e para negócio comum, cada uma ficará solidariamente responsável ao mandatário por todos os compromissos e efeitos do mandato, salvo direito regressivo, pelas quantias que pagar, contra os outros mandantes; d) Co-autores do Ato Ilícito. Art. 942. Os bens do responsável pela ofensa ou violação do direito de outrem ficam sujeitos à reparação do dano causado; e, se a ofensa tiver mais de um autor, todos responderão solidariamente pela reparação. Parágrafo único. São solidariamente responsáveis com os autores os coautores e as pessoas designadas no art. 932.[33]

Em sede jurisprudencial destaca-se a decisão judicial do Desembargador Maldonado de Carvalho, do Tribunal de Justiça do Estado do Rio de Janeiro, em 9.11.2004, da Apelação Cível 2004.001.11250 da Nona Câmara Civil: "TJRJ. PROCESSUAL CIVIL E CIVIL. RESPONSABILIDADE CIVIL. AUSÊNCIA DE ASSINATURA DO PRATRONO DA PARTE RECORRENTE NAS RAZÕES DE APELO. RECURSO NÃO CONHECIDO. INFILTRAÇÕES E VAZAMENTOS. DANOS MATERIAL E MORAL. [...] E como é cediço, compete ao advogado agir com zelo no acompanhamento e na prática dos atos processuais, devendo sempre se manter atento, não dando causa, assim, a omissões imperdoáveis. Os danos causados ao autor resultam de um somatório de causas provenientes, parte da unidade do segundo réu e parte de área de responsabilidade do primeiro réu. Não houve, portanto, divisão equânime. Apenas, e tão-somente, o reconhecimento de obrigação solidária, que, nos termos do disposto no art. 904 do CC de 1916, confere ao credor o "direito de exigir e receber de um ou alguns dos devedores, parcial, ou totalmente, a dívida comum". A convivência diária com o caos gerado no ambiente familiar pelo incômodo decorrente de vazamento proveniente de outro imóvel e de área comum do condomínio, vai muito além de um simples aborrecimento. É, ao revés, causa suficiente para a caracterização do dano moral, sendo grave o suficiente para determinar a justa indenização em pecúnia. SENTENÇA CORRETA".

Da mesma forma: "EXECUÇÃO FISCAL. FAZENDA PÚBLICA. IPTU. CERTIDÃO DE DÍVIDA ATIVA. NULIDADE. INDICAÇÃO DO NOME DE

33 (Apelação Cível N° 70011448248, Décima Segunda Câmara Cível, Tribunal de Justiça do RS, Relator: Cláudio Baldino Maciel, Julgado em 23.6.2005).

TODOS OS DEVEDORES. DESNECESSIDADE. SOLIDARIEDADE. ART. 275 DO CÓDIGO CIVIL. Em caso de pluralidade de sujeitos passivos, por força da solidariedade legal, a Fazenda Pública pode exigir por inteiro de qualquer um deles a divida inscrita. Negado seguimento ao recurso por ato do Relator. Art. 557 do Código de Processo Civil (Agravo de Instrumento N° 70014276885, Vigésima Segunda Câmara Cível, Tribunal de Justiça do RS, Relator: Maria Isabel de Azevedo Souza, Julgado em 8.2.2006)".

O Conselho da Justiça Federal, na IV Jornada de Direito Civil, publicou o Enunciado 348, que diz: "Arts 275/282. O pagamento parcial não implica, por si só, renúncia à solidariedade, a qual deve derivar dos termos expressos da quitação ou, inequivocadamente, das circunstâncias do recebimento da prestação pelo credor".

O parágrafo único do referido artigo 275 afirma que "não importará renúncia da solidariedade a propositura de ação pelo credor contra um ou alguns dos devedores".[34]

Isto quer dizer que o *direito de escolha* do credor subsiste enquanto este não receber o pagamento por inteiro. Daí que não há falar-se em benefício da divisão, já que todos os devedores respondem solidariamente. A prestação pode ser exigida de cada um dos devedores. Ademais, renúncia de direitos não se presume e a mesma ação proposta contra um dos devedores poderá ser proposta contra os demais, desde que a obrigação não tenha sido paga.

Entretanto, o devedor demandado para pagar o total da dívida poderá *chamar* os outros co-devedores *ao processo*. É o que determina o artigo 77, inciso III, do Código de Processo Civil ao dizer que "é admissível o chamamento ao processo: III de todos os devedores solidários, quando o credor exigir de um ou de alguns deles, parcial ou totalmente, a dívida comum".

Dessa maneira, o Tribunal Regional do Trabalho, 2ª Região, no Recurso Ordinário 44.430 Santos, de Relatoria do Juiz Luiz Edgar Ferraz de Oliveira, assim decidiu: "Trabalhador avulso. Portuário. Responsabilidade solidária. Solidariedade. Chamamento ao processo dos operadores portuários. Considerações do Juiz Luiz Edgar Ferraz de Oliveira sobre o tema. Lei 8.630/93, art. 19, § 2°. Lei 9.719/98, art. 2°, § 4°. CPC, art. 77. CCB/2002, art. 275, e ss. "... Pretende o recorrente o chamamento ao processo dos operadores portuários, considerada a responsabilidade solidária prevista no art. 19, § 2°, da Lei 8.630/93. Nos termos do art. 2°, § 4°, da Lei 9.719/98: "O operador portuário e o órgão gestor de mão-de-obra são solidariamente responsáveis pelo pagamento dos encargos trabalhistas, das contribuições previdenciárias e demais obrigações, inclusive acessórias, devidas à Seguridade Social, arrecadadas pelo Instituto Nacional de Seguro Social INSS, vedada a invocação do benefício de ordem». Assim, a lei facultou ao empregado a possibilidade

34 Correspondente ao artigo 910 do CCB/1916.

de ajuizamento de reclamação contra qualquer um dos devedores solidários. O chamamento ao processo de todos os devedores solidários, embora admissível conforme art. 77 do CPC, não é obrigatório e só é possível quando os mesmos são identificados na inicial ou na defesa, na forma prevista na legislação processual, não sendo possível aceitar pedido onde o interessado apenas indica genericamente a existência dos solidários, sem identificá-los. Não há nulidade processual quando a sentença é proferida apenas contra um, pois os arts 275 e ss. do CCB/2002 ressalvam a solidariedade dos demais devedores quando um só deles é demandado, bastando a este que prove ter pago a dívida no todo ou em parte para obter judicialmente o respectivo ressarcimento. Rejeito a preliminar. .".[35]

Poderá o credor, autor da ação de cobrança, se opor ao *chamamento ao processo*? Não, já que significa uma faculdade do co-devedor. O magistrado também não poderá indeferir o referido pedido, ainda que fique caracterizada uma medida do devedor em atrasar o andamento do processo.

Uma das vantagens do *chamamento ao processo* é evitar o direito de regresso em ação autônoma, já que sendo procedente o pedido, desde logo se rateia a condenação entre seus co-devedores na mesma relação jurídica processual.

Assim, o devedor demandado possui a faculdade de, através do chamamento ao processo, chamar os coobrigados formando, pois, um *litisconsórcio passivo*. Daí que a pretensão creditória passa a ser exercida não só contra o réu *(chamante)*, bem como contra os demais codevedores *(chamados)*.

Se a sentença judicial for julgada pelo magistrado como procedente, isto é, julgada procedente a ação, com a respectiva condenação dos devedores solidários que fazem parte do litisconsórcio passivo, sendo certo que o devedor que satisfizer a dívida, poderá nos mesmos autos executar os demais co-devedores, pelos respectivos quinhões.

12.5.2. Falecimento de um dos devedores solidários

O artigo 276 trata da morte de um dos devedores solidários ao estabelecer que "se um dos devedores solidários falecer deixando herdeiros, nenhum destes será obrigado a pagar senão a quota que corresponder ao seu quinhão hereditário, salvo se a obrigação for indivisível, mas todos reunidos serão considerados como um devedor solidário em relação aos demais devedores".[36]

Então vejamos a seguinte hipótese: Carlos Gustavo (D1), Mário (D2) e Ricardo (D3) são devedores solidários de Melisa (C), no valor de R$ 30 mil. Ricardo (D3) falece deixando dois herdeiros: Juliana (H1) e Sheila (H2). A situação de acordo com o artigo é esta:

35 Em 16.2.2006 - DJ 10.3.2006 - Boletim Informativo da Juruá 418/038369.

36 Correspondente ao artigo 905 do CCB/1916.

a) cada um dos herdeiros, isoladamente, não ficará obrigado a pagar senão o valor de R$ 5 mil, quota correspondente ao quinhão proveniente da herança; [37]

b) reunidos, isto é, tomados em conjunto, consideram-se devedores solidários obrigados pela dívida inteira.

A questão de os herdeiros serem *tomados em conjunto* (reunidos) e considerados devedores solidários seria o caso de: a credora Melisa aciona coletivamente a Juliana (H1) e Sheila (H2), depois de se haver feito a partilha dos bens de Ricardo (D3). Neste caso, a credora teria direito de exigir delas os R$ 30 mil.

Aqui, TITO FULGÊNCIO esclarece que "esta linguagem parece autorizar a inteligência que, sendo os herdeiros acionados coletivamente, *reunidos*, ainda que já tenha verificado a partilha, solidários são, isto é, o credor tem o direito de exigir deles a totalidade da dívida, salvo o regresso dos pagadores contra os demais codevedores".

A questão parece levantar dúvidas. Tanto que DIAS FERREIRA, comentando o artigo 757 do Código Civil português, que contém preceito semelhante ao nosso, entende que a responsabilidade dos herdeiros do devedor solidário pela totalidade da dívida só é coletiva quando demandada a herança antes da partilha; feita esta, respondem eles pela quota proporcional ao seu quinhão, porque *não representam a herança, mas o seu quinhão hereditário*.[38]

O artigo 1.997 do nosso Código Civil informa que "a herança responde pelo pagamento das dívidas do falecido; mas, feita a partilha, só respondem os herdeiros, cada qual em proporção da parte que na herança lhe coube".

Dessa forma, entendemos que a melhor exegese seria no sentido de que se a demanda foi iniciada pelo credor depois da partilha, os herdeiros não poderiam responder pela totalidade da dívida, senão pelos seus respectivos quinhões.

12.5.3. Consequências do pagamento parcial e da remissão

O artigo 277 preceitua que "o pagamento parcial feito por um dos de vedores e a remissão por ele obtida não aproveitam aos outros devedores, senão até à concorrência da quantia paga ou relevada".[39]

Da mesma forma, o artigo 388 do nosso Código Civil determina que "a remissão concedida a um dos codevedores extingue a dívida na parte a

37 CC 2002 - Responsabilidade Limitada dos Herdeiros. Art. 1.792. O herdeiro não responde por encargos superiores às forças da herança; incumbe-lhe, porém, a prova do excesso, salvo se houver inventário que a escuse, demostrando o valor dos bens herdados.
FULGÊNCIO. Tito. In: LACERDA, Paulo de. Manual do código civil brasileiro. Do direito das obrigações. Volume X. Rio de Janeiro: Jacintho Ribeiro dos Santos, 1928, p. 293.

38 Ibid., p. 293-294.

39 Correspondente ao artigo 906 do CCB/1916.

ele correspondente, de modo que, ainda reservando o credor a solidariedade contra os outros, já lhes não pode cobrar o débito sem dedução da parte remitida".

Isto quer dizer que o pagamento parcial efetuado por um dos devedores solidários diminui a dívida. Vejamos o seguinte exemplo: Adriano (D1), André (D2) e Caio (D3) são devedores solidários de Mônica (C), no valor de R$ 30 mil. Daí que a credora, em razão da solidariedade passiva, poderá exigir o total da dívida de qualquer dos codevedores. Ocorre que a credora poderá optar pelo recebimento parcial em face de qualquer dos devedores.

Supondo que um pagamento parcial da referida dívida foi efetuado por Adriano a Mônica, ou seja, Adriano pagou a parte que lhe correspondia, no valor de R$ 10 mil.

Dessa forma, a credora Mônica poderá exigir, *a posteriori,* de André (D2) e Caio (D3) a totalidade da dívida abatido o pagamento parcial efetuado por Adriano (D1), qual seja, o valor de R$ 20 mil.

Em sede jurisprudencial, destaca-se a decisão do ministro Barros Monteiro do STJ: "DIREITO CIVIL. SOLIDARIEDADE PASSIVA. QUITAÇÃO PARCIAL. EFEITOS. Quando o credor dá quitação parcial da dívida, como no caso, incide a regra contida no art. 906 do Código Civil segundo a qual "o pagamento parcial feito por um dos devedores e a remissão por ele obtida não aproveitam aos outros devedores, senão até a concorrência da quantia paga, ou relevada". Assim, a transação celebrada entre o credor e um dos devedores solidários, quitando explicitamente apenas metade do débito, e não a sua totalidade, permite ao credor cobrar o restante do seu crédito dos demais devedores solidários. Não evidenciado o intento manifestamente protelatório dos embargos de declaração, é de cancelar-se a multa imposta com fulcro no art. 538, parágrafo único, do Código de Processo Civil. Recurso parcialmente conhecido e nessa parte provido (REsp 140.150/SC, rel. ministro BARROS MONTEIRO, rel. p/ Acórdão ministro CÉSAR ASFOR ROCHA, QUARTA TURMA, julgado em 19.8.1999, DJ 17.12.1999, p. 372)".

E quanto à *remissão* de parte da dívida realizada a um dos devedores? A remissão é o perdão. Daí, o devedor perdoado se exonera da obrigação. Os demais devedores continuam solidários do valor da dívida abatido o valor perdoado, ou seja, a remissão obtida por um dos devedores aproveita aos outros co-devedores. Estes deverão cumprir a prestação, descontada, pois, a parcela do devedor que obteve a remissão.

Portanto, os efeitos da remissão são distintos se considerarmos as solidariedades ativa e passiva. Naquela a remissão opera a extinção da dívida, já que o devedor é único; nesta a remissão feita a um dos devedores não extingue a obrigação, já que os demais coobrigados devem cumprir a obrigação, descontada a cota do devedor que obteve o perdão.

12.5.4. Cláusula, condição ou obrigação adicional

A regra do artigo 278 é clara ao afirmar que "qualquer cláusula, condição ou obrigação adicional, estipulada entre um dos devedores solidários e o credor, não poderá agravar a posição dos outros sem consentimento destes".[40]

Ora, a essência da solidariedade passiva é a pluralidade de devedores com unicidade da prestação, ou seja, cada um dos devedores da prestação é devedor único da totalidade da dívida, ainda que a obrigação seja divisível. Daí que se um dos codevedores estipular cláusula, condição ou obrigação adicional agravando, pois, a situação dos demais devedores solidários, significa alterar a essência do vínculo, já que representa a vontade de um só dos devedores.

Dessa maneira nenhum dos devedores solidários poderá sozinho, isto é, por ato de vontade de um só, estipular com o credor qualquer cláusula, condição ou obrigação adicional que venha a agravar a posição dos demais, sem o consentimento destes, é claro.

Vale lembrar que conforme o artigo 266 do nosso Código Civil, "a obrigação solidária pode ser pura e simples para um dos cocredores ou codevedores, e condicional, ou a prazo, ou pagável em lugar diferente, para o outro".[41]

A situação prevista no artigo 278 clareia-se com o exemplo dado por TITO FULGÊNCIO:

D e D', solidariamente, tomam de arrendamento a C o prédio rural deste mediante a renda anual de R$ 300.000,00.

D na insciência de D' estipula com C uma cláusula penal para o caso de não pagamento da renda no tempo determinado, ou a obrigação adicional de reedificar por conta dos arrendatários a casa de moradia da fazenda, ou uma condição qualquer, que viesse melhorar a sua e piorar a condição de D.[42]

12.5.5. Impossibilidade da prestação por culpa de um dos devedores

Impossibilitando-se a prestação por culpa de um dos devedores solidários, subsiste para todos o encargo de pagar o equivalente, maspelas perdas e danos só responde o culpado (CCB, art. 279).

Portanto, dada a culpa, todos respondem solidariamente pelo equivalente da prestação, mas pelas perdas e danos somente responde o devedor culpado e, no caso, de mais de um culpado, responderão os devedores culpados de forma solidária.

Vejamos o seguinte exemplo: Ciro, Arthur e Camilo, comodatários, tomam de empréstimo conjuntamente um cão de guarda rotweiller de Galdino,

---

40 Correspondente ao artigo 907 do CCB/1916.

41 CC 2002 - Condição, termo e encargo. Arts. 121 a 137.

42 FULGÊNCIO. Tito. In: LACERDA, Paulo de. Manual do código civil brasileiro. Do direito das obrigações. Volume X. Rio de Janeiro: Jacintho Ribeiro dos Santos, 1928, p. 303.

adestrador de animais, para que o animal guarde a fazenda daqueles no município de Valença/RJ. Os devedores obrigam-se solidariamente com Galdino a restituir o animal. Ocorre que o cão de guarda não pode mais ser restituído ao seu proprietário, já que morreu. É, pois, necessário, a apuração da impossibilidade da prestação:

a) A morte ocorreu por *caso fortuito*, ou *força maior*, antes que qualquer dos codevedores fosse constituído em mora, no caso, o cachorro foi fulminado por um raio. Neste caso, os devedores estão liberados da prestação. O artigo 393 do CCB de 2002 afirma que "o devedor não responde pelos prejuízos resultantes de caso fortuito ou força maior, se expressamente não houver por eles responsabilizado".
b) O animal morreu por *culpa de todos os codevedores,* ou quando já constituídos em mora, o cachorro morreu por falta de tratamento de uma moléstia curável, de ciência de todos os codevedores. Aqui, todos os comodatários responderam pela culpa.
c) A morte ocorreu *por culpa de Ciro, um dos devedores solidários*, que, responsável pela alimentação do animal, não o fez em tempo devido. Esta é a hipótese do caso em tela, ou seja, na ocorrência de culpa de um dos devedores solidários. Dessa forma, todos os codevedores são responsáveis ao credor Galdino pelo equivalente do animal morto; o culpado (devedor Ciro) e somente ele, será responsável pelas perdas e danos.

12.5.6. Juros de mora

O artigo 280 determina que "todos os devedores respondem pelos juros da mora, ainda que a ação tenha sido proposta somente contra um, mas o culpado responde aos outros pela obrigação acrescida".[43]

CLÓVIS BEVILÁQUA explica ao devedor, cujo termo se não venceu, ainda, a questão: "É do princípio da unidade da obrigação que decorre esta consequência. Se todos são obrigados, por igual, pelo cumprimento da obrigação, a ação proposta contra um não constitui em mora somente o devedor demandado, mas todos".[44]

Esta é a regra geral, mas pode acontecer que um ou alguns dos devedores estejam o devedor, cujo termo se não venceu, ainda brigados sob condição ou a termo, e o acionado seja um a favor de quem não haja uma dessas cláusulas acessórias. BEVILÁQUA ensina que, neste caso, "o devedor, cujo termo se não venceu, ainda, ou cuja obrigação ainda se acha dependente de cláusula condicional, não pode responder pelos juros de mora, inexistente com relação a ele.

43 Correspondente ao artigo 909 do CCB/1916.
44 BEVILÁQUA, Clóvis. Código civil comentado. Vol. IV. Rio de Janeiro: Rio, 1976, p. 48.

Somente depois de vencido o termo é que a obrigação se torna exigível para ele; somente depois do implemento da condição é que a obrigação se torna eficaz. Não pode haver mora antes de se tornar exigível a obrigação".[45]

Ademais, "ainda que se não alegue prejuízo, é obrigado o devedor aos juros da mora que se contarão assim às dívidas em dinheiro, como às prestações de outra natureza, uma vez que lhes esteja fixado o valor pecuniário por sentença judicial, arbitramento, ou acordo entre as partes (CCB, art. 407)".

Juros são os rendimentos do capital. Os juros moratórios são devidos em razão do inadimplemento da prestação. Quando os juros moratórios não forem convencionados, ou o forem sem taxa estipulada, ou quando provierem de determinação da lei, serão fixados segundo a taxa que estiver em vigor para a mora do pagamento de impostos devidos à Fazenda Nacional (CCB, art. 406).

Em relação à segunda parte do referido dispositivo legal, *mas o culpado responde aos outros pela obrigação acrescida*, vale dizer que se refere às relações internas, ou seja, às relações entre os codevedores. Isto porque somente o culpado deverá arcar com as consequências dos juros de mora. Daí que o devedor culpado deverá responder pelo prejuízo causado aos demais devedores, uma vez que estes tiveram que arcar com os juros de mora, sem necessidade alguma.

12.5.7. Meios de defesa

A *exceção* quer dizer *defesa*. As exceções podem ser classificadas em: a) pessoais e b) comuns.

O artigo 281 do Código Civil brasileiro informa que "o devedor demandado pode opor ao credor as exceções que lhe forem pessoais e as comuns a todos; não lhe aproveitando as exceções pessoais a outro codevedor".[46]

A *exceção* ou *defesa pessoal* é aquela que se refere a um ou algum dos devedores, ou seja, não diz respeito à obrigação de todos os coobrigados. O fundamento é, pois, inerente a fato ou circunstância relacionado à pessoa de um ou de alguns dos credores. Por exemplo: a) as nulidades relativas, tais como os vícios de consentimento; b) a remissão parcial, quando realizada por um dos credores; c) o benefício do termo ou da condição concedido por um dos credores; d) a condição resolutiva.

A *exceção* ou *defesa comum*, pelo contrário, pode ser oposta pelo devedor a todos os credores. São exemplos de exceções comuns: a) a arguição de nulidade absoluta; b) o falso motivo (CCB, art. 140) quando se referir a todos os credores; c) o benefício do termo ou da condição, quando estipulado por todos os concredores para a totalidade da obrigação; d) a exceção do contrato não cumprido (CCB, art. 476); e) o pagamento da prestação, mesmo se for

45 Ibid., p. 49.

46 Correspondente ao artigo 911 do CCB/1916.

realizado por um terceiro; f) a dação em pagamento quando se aceite receber a coisa, em substituição a prestação devida; g) o depósito em consignação; h) a novação; i) a perda da coisa sem culpa do devedor; j) a remissão total da dívida; e k) a prescrição.

Portanto, de acordo com a regra do artigo 281, na solidariedade passiva, o devedor demandado pode opor ao credor as exceções que lhe forem pessoais e as comuns a todos os coobrigados. Ele não poderá opor ao credor as exceções (defesas) pessoais dos demais codevedores. Logo, as defesas pessoais somente são aproveitadas por quem as possa invocar.

Vejamos algumas hipóteses acerca da prescrição:

a) a prescrição da dívida se realizada é uma defesa comum que pode e deve ser invocada, aproveitando a todos os coobrigados;
b) a interrupção da prescrição feita a um dos devedores prejudica os demais coobrigados e a seus herdeiros, ou seja, interrompe-se a prescrição em relação a todos;
c) a suspensão da prescrição em relação a um dos devedores, somente este a aproveita;
d) no caso de reconhecimento de dívida após a consumação da prescrição efetuada por um dos devedores não prejudica aos demais coobrigados. Ora, a dívida não mais existia e a renúncia da prescrição operada por um dos devedores não pode prejudicar aos demais codevedores;
e) se, em relação a um dos codevedores, não correr a prescrição porque sua dívida seja condicional ou a prazo, o credor não poderá demandá-lo antes do termo ou condição e, portanto, a prescrição não correrá contra ele em relação a tal devedor.[47]

12.5.8. Renúncia da solidariedade em favor de um ou mais dos devedores

O credor pode renunciar à solidariedade em favor de um, de alguns ou de todos os devedores (CCB, art. 282).[48]

Se o credor exonerar da solidariedade um ou mais devedores, subsistirá a dos demais (CCB, art.282, parágrafo único).[49]

Se a renúncia for feita em favor de todos os devedores é chamada de *absoluta*; se feita em favor de um ou alguns dos devedores é denominada de *relativa*. No caso de *renúncia absoluta*, não há falar-se mais de solidariedade passiva, já que cada codevedor será responsável somente pela sua parte da

47 CARVALHO DE MENDONÇA, Manuel Inácio. Doutrina e prática das obrigações. 4. ed. Tomo I. Rio de Janeiro: Forense, 1956, p. 348.
48 Correspondente ao artigo 912 do CCB/1916.
49 Correspondente ao artigo 912 p.u. do CCB/1916.

dívida. Já na *renúncia relativa*, a solidariedade passiva se conserva em relação aos coobrigados não favorecidos pelo ato da renúncia. Neste caso, o devedor beneficiado pela renúncia responderá somente pela sua quota-parte e os demais continuam em solidariedade passiva, abatida a parte do exonerado ou exonerados.

Vale lembrar que não se pode confundir a remissão da solidariedade com a *exoneração* da solidariedade. A remissão é o perdão. O devedor perdoado se exonera da obrigação. Os demais devedores continuam solidários do valor da dívida abatido o valor perdoado, ou seja, a remissão obtida por um dos devedores aproveita aos outros codevedores. Estes deverão cumprir a prestação descontada, pois, a parcela do devedor que obteve a remissão. Na exoneração da solidariedade, ocorre que um ou alguns dos coobrigados ficam dispensados da solidariedade passiva. O devedor beneficiado pela renúncia responderá somente pela sua quota-parte e os demais respondem pela diferença de forma solidária.

Vejamos um exemplo: Juarez (D1), Albertino (D2) e Elielbe (D3) são devedores solidários de Maíra (credora), no valor de R$ 3.000,00, cabendo a cada um R$ 1.000,00. Em relação à renúncia, pode ocorrer que:

a) Maíra tenha feito a renúncia em favor de todos os devedores. Neste caso, desfaz-se a solidariedade passiva e cada devedor será responsável pela sua quota-parte, ou seja, Juarez, Albertino e Elielbe serão responsáveis pela prestação de R$ 1.000,00.
b) Maíra exonera da solidariedade passiva o devedor Juarez. Aqui, Juarez, beneficiado pela renúncia, responderá apenas pela sua quota-parte (R$ 1.000,00), sendo certo que a solidariedade passiva se conserva, no valor de R$ 2.000,00, em relação aos demais coobrigados (Albertino e Elielbe), já que foi abatida a quota-parte de Juarez.

Em relação ao artigo 282, o Conselho da Justiça Federal, na IV Jornada de Direito Civil, publicou os seguintes enunciados:

a) CJF – Enunciado 348 – Arts 275/282. O pagamento parcial não implica, por si só, renúncia à solidariedade, a qual deve derivar dos termos expressos da quitação ou, inequivocadamente, das circunstâncias do recebimento da prestação pelo credor.
b) CJF – Enunciado 349 Art. 282. Com a renúncia da solidariedade quanto a apenas um dos devedores solidários, o credor só poderá cobrar do beneficiado a sua quota na dívida; permanecendo a solidariedade quanto aos demais devedores, abatida do débito a parte correspondente aos beneficiados pela renúncia.
c) CJF – Enunciado 351 Art. 282. A renúncia à solidariedade em favor de determinado devedor afasta a hipótese de seu chamamento ao processo.

12.5.9. Relação interna entre os codevedores. Insolvência do devedor

O artigo 283 dispõe que "o devedor que satisfez a dívida por inteiro tem direito a exigir de cada um dos codevedores a sua quota, dividindo-se igualmente por todos a do insolvente, se o houver, presumindo-se iguais, no débito, as partes de todos os codevedores.[50]

Como dito acima, a solidariedade passiva se ancora em dois princípios basilares, quais sejam: a) a unicidade da prestação e b) a pluralidade ou multiplicidade de devedores.

Daí que todos os devedores respondem pelo total da dívida em relação ao credor. Todavia, na relação interna, ou seja, no laço entre os codevedores, a prestação se divide, respondendo cada devedor pela sua quota-parte na prestação total.

A solidariedade se desvela, pois, na relação externa: entre devedores e credores. Logo, quem paga a dívida ao credor faz jus ao direito de regresso contra os demais coobrigados. É a chamada sub-rogação legal.

Neste sentido, o inciso III do artigo 346 do nosso Código Civil afirma que "a sub-rogação opera-se, de pleno direito, em favor: [...] III – do terceiro interessado, que paga a dívida pela qual era ou podia ser obrigado, no todo ou em parte".

As quotas dos coobrigados presumem-se iguais, nada obstante que sejam desiguais, já que a referida presunção é relativa.

Vejamos as seguintes hipóteses:

a) Luciana (D1), Carolina (D2) e Raphaella (D3) devem a Nuno (C) quinze mil reais, solidariamente, com quotas iguais. Luciana pagou a dívida toda a Nuno. Logo, Luciana possui direito de regresso contra os demais devedores, ou seja, poderá exigir R$ 5 mil de Carolina e R$ 5 mil de Raphaella.
b) No caso de desigualdade de quotas, o devedor que pagou o total da dívida (no caso, Luciana) somente poderá cobrar a quota-parte de cada um dos devedores.
c) No caso de um dos devedores estar insolvente, a sua parte será rateada entre os demais devedores, na proporção de seus quinhões. Por exemplo, no caso de Raphaella ficar insolvente e não possuir o valor da sua quota de R$ 5.000,00. Luciana pagou o total da dívida ao credor Nuno (valor de R$ 15.000,00). A regra do artigo 283 diz que "o devedor que satisfez a dívida por inteiro tem direito a exigir de cada um dos co-devedores a sua quota, dividindo-se igualmente por todos a do insolvente, se o houver, presumindo-se iguais, no débito, as partes de todos os codevedores". O quinhão de Raphaella (devedora insolvente), no valor de R$ 5.000,00, será

50 Correspondente ao artigo 913 do CCB/1916.

rateado em partes iguais entre Luciana e Carolina, cabendo a cada uma o valor de R$ 7.500,00 (5000 + 2500).

E se, na última hipótese apresentada, os quinhões não forem proporcionalmente iguais entre os codevedores?

Suponha-se que Nuno realizou um empréstimo de R$ 15 mil a Luciana (D1), Carolina (D2) e Raphaella (D3) que se comprometeram solidariamente, mas Luciana (D1) recebeu R$ 3 mil, Carolina (D2) recebeu R$ 5 mil e Raphaella (D3) recebeu R$ 7 mil. Luciana pagou o total da dívida, no valor de R$ 15 mil, podendo regredir desta forma contra os demais coobrigados.

Ocorre que a devedora Carolina (D2) é uma devedora *insolvente, l*ogo, sua parte, no valor de R$ 5 mil deverá ser dividida entre Luciana (D1) e Raphaella (D2) proporcionalmente à parte de uma e de outra na dívida. Vejamos:

a) Luciana (D1) responderá por 3/10, o equivalente a 30%, da quota do insolvente, perfazendo o total de R$ 1.500,00;
b) Raphaella (D3) responderá por 7/10, o equivalente a 70%, da quota do insolvente, perfazendo o total de R$ 3.500,00.

Da mesma forma é a opinião de TITO FULGÊNCIO: "Suponha-se que 12 foi um empréstimo feito a D, D' e D" que se comprometeram solidariamente com a sua restituição, mas D recebeu 2, enquanto a D' tocou 6 e a D" 4. É nesta medida que D, pagador dos 12, pode regredir contra D' e D", isto é, poderá exigir 6 de D' e 4 de D".

Suponha-se que D' é um insolvente: sua parte incumbirá a D por 1/3 e a D" por 2/3, isto é, proporcionalmente a parte de um e outro na dívida.

Se as quotas forem iguais, a do insolvente 4 é dividida igualmente entre D e D''".[51]

CARVALHO SANTOS de igual forma entende que "se a responsabilidade de cada devedor na dívida for desigual, desigual será a responsabilidade de cada um no *deficit*, devendo, em tais casos, cada qual contribuir proporcionalmente com o interesse que os diversos devedores tenham no débito".[52]

CARVALHO DE MENDONÇA, neste mesmo diapasão, ensina que se a dívida tiver sido dividida em partes iguais, assim se deve repartir a contribuição para a parte do insolvável; se proporcional, do mesmo modo será aquela.[53]

---

51 FULGÊNCIO. Tito. In: LACERDA, Paulo de. Manual do código civil brasileiro. Do direito das obrigações. Volume X. Rio de Janeiro: Jacintho Ribeiro dos Santos, 1928, p. 347.

52 CARVALHO SANTOS, J. M. de. Código civil brasileiro interpretado. Volume XI. 6. ed. Rio de Janeiro: Freitas Bastos, 1953, p. 285.

53 CARVALHO DE MENDONÇA, Manuel Inácio. Doutrina e prática das obrigações. 4. ed. Tomo I. Rio de Janeiro: Forense, 1956, p. 353.

12.5.10. Rateio entre os codevedores

O artigo 284 informa que "no caso de rateio entre os codevedores, contribuirão também os exonerados da solidariedade pelo credor, pela parte que na obrigação incumbia ao insolvente".[54]

Vamos entender melhor a referida regra a partir do seguinte exemplo: Cláudio (D1), Antônio (D2) e Roberto (D3) são devedores solidários de Márcia (C), da quantia de R$ 3 mil reais, com a quota de R$ 1.000,00 para cada um dos devedores. A credora Márcia exonera o devedor Cláudio (D1). Isto quer dizer que ele está exonerado da solidariedade e não da dívida. A solidariedade subsiste em relação aos demais codevedores (D2 e D3) abatido o quinhão do devedor D1 que foi exonerado. Deste modo, o credor poderá cobrar de Cláudio (D1) o valor de R$ 1.000,00 e dos demais devedores (Antônio D2 e Roberto D3), em solidariedade, o valor de R$ 2.000,00.

Suponha-se que o credor recebe de Antônio (D2) o valor de R$ 2.000,00. Considerando a solidariedade, Antônio poderá cobrar de Roberto (D3) a sua parte, no valor de R$ 1.000,00. Ocorre que Roberto (D3) está insolvente. O artigo 284 diz que, neste caso, o rateio será feito entre os codevedores, incluindo os exonerados da solidariedade pelo credor, pela parte que na obrigação incumbia ao insolvente. Daí que a parte do insolvente será rateada entre Antônio (D2) e o devedor exonerado Cláudio (D1). Cada um responderá, pois, com a quantia de R$ 1.500,00 (1.000 + 500 de participação da quota do insolvente). Assim, o devedor exonerado pelo credor responde pela parte do insolvente.

Vale lembrar que se os devedores solidários, no caso, Antônio (D1) e Roberto (D2), tivessem concordado com a exoneração da solidariedade realizada do credor, não poderiam regredir contra o exonerado, isto porque o credor não pode, por fato seu, alterar as relações recíprocas dos codevedores entre si.

E se, em vez da exoneração da solidariedade, o credor houvesse perdoado a quota-parte de um dos devedores? No caso de insolvência de um dos devedores, o devedor perdoado participaria do rateio?

O Conselho da Justiça Federal, na IV Jornada de Direito Civil, já enfrentou a referida questão e publicou o Enunciado 350 que diz: "CJF:

- Enunciado 350 Art. 284. A renúncia à solidariedade diferencia-se da remissão, em que o devedor fica inteiramente liberado do vínculo obrigacional, inclusive no que tange ao rateio da quota do eventual codevedor insolvente, nos termos do art. 284".

Data venia, entendemos que o devedor perdoado somente ficará livre do rateio da quota do devedor insolvente na hipótese de os demais codevedores

54 Correspondente ao artigo 914 do CCB/1916.

anuírem com o referido perdão. Isto porque se o devedor remitido ficar excluído do rateio, sem a concordância dos demais coobrigados, ocasionaria o agravamento da situação destes na relação jurídica obrigacional.

E se todos os devedores solidários caírem em insolvência, poderá o credor exigir do devedor exonerado da solidariedade o total da dívida? TITO FULGÊNCIO, apoiado em COLMET DE SANTERRE, DEMOLOMBE, LACANTINERIE ET BARDE, entende que sim. Vejamos os argumentos: "Se o devedor exonerado deve suportar proporcionalmente a perda no caso de insolvência de um ou de alguns dos outros codevedores, segue-se que deve suportá-la inteiramente quando todos estes são insolventes".[55]

12.5.11. Interesse exclusivo da dívida a um dos devedores

Se a dívida solidária interessar exclusivamente a um dos devedores, responderá este por toda ela para com aquele que pagar (CCB, art. 285).[56]

A hipótese deste artigo poderá ocorrer nos casos de fiança[57] ou "quando várias pessoas se obrigam, conjunta e solidariamente, para facilitar negócio de uma só entre elas, sem que uma apareça como principal devedora. Perante o credor, nenhuma particularidade oferece o caso: todos os devedores respondem solidariamente. Entre os devedores, porém, não se dá o rateio, porque somente a um deles interessa a obrigação". [58]

Vamos imaginar o seguinte exemplo: Carlos Henrique (locador) celebra um contrato de locação com Daniella (locatária). Neste contrato, existem 2 (dois) fiadores: Maíra (fiadora 1) e Larissa (fiadora 2). O contrato estabelece que os fiadores são solidários. Ao término do contrato de locação, Daniella desocupa o imóvel com saldo devedor junto ao locatário de R$ 2.000,00 (dois mil reais). Neste caso, os fiadores não devem absolutamente nada, mas são responsáveis pelo pagamento da prestação, em razão da solidariedade. Supondo que Larissa (fiadora 2) tenha pagado a obrigação da locatária, deve se aplicar a regra do artigo 285, uma vez que "se a dívida solidária interessar exclusivamente a um dos devedores, responderá este por toda ela para com aquele que pagar". Aqui podem surgir duas situações distintas, a saber:

---

55 FULGÊNCIO. Tito. In: LACERDA, Paulo de. Manual do código civil brasileiro. Do direito das obrigações. Volume X. Rio de Janeiro: Jacintho Ribeiro dos Santos, 1928, p. 368.

56 Correspondente ao artigo 915 do CCB/1916.

57 CC 2002 - Art. 827. O fiador demandado pelo pagamento da dívida tem direito a exigir, até a contestação da lide, que sejam primeiro executados os bens do devedor. Parágrafo único. O fiador que alegar o benefício de ordem, a que se refere este artigo, deve nomear bens do devedor, sitos no mesmo município, livres e desembargados, quantos bastem para solver o débito.
CC 2002 - Exclusão do benefício de ordem na fiança. Art. 828. Não aproveita este benefício ao fiador: II - se se obrigou como principal pagador, ou devedor solidário;

58 BEVILÁQUA, Clóvis. Código Civil comentado. Vol. IV. Rio de Janeiro: Rio, 1976, p. 53.

2.1, Se a devedora Daniella estiver solvente, Larissa, a fiadora que pagou a prestação, vai regredir unicamente e inteiramente contra a locatária Daniella, cobrando o valor de R$ 2.000,00. É uma hipótese em que um dos codevedores que pagou por inteiro a dívida poderá regredir contra um só dos devedores (art. 285, CCB).

a) Se a devedora Daniella estiver insolvente, Larissa vai regredir contra a outra fiadora (Maíra), reclamando a metade da parcela, no valor de R$ 1.500,00.

12.5.12. Quadro sinóptico

Segue, abaixo, quadro sinóptico elaborado por AMÉLIA DE PÁDUA:[59]

Principais disposições

Solidariedade ativa	Solidariedade passiva
Se o devedor paga parte da dívida a um dos credores, mantém-se a solida-riedade ativa quanto ao saldo devedor em favor dos credores (art. 269)	Se o devedor paga parte da dívida, remanesce a solidariedade passiva quanto ao resto da dívida, para os demais devedores (art. 275, 2ª parte)
Se um dos credores remitir ou receber a dívida, responde perante os demais pela parte que lhes couber (art. 272)	Se o credor remitir a dívida em relação a um dos devedores, os demais ficam responsáveis pelo saldo da dívida (art. 277), não é exclusão, mas o não acionamento = direito potestativo do credor (art. 275, p. ú).
Se um credor falece, os herdeiros só podem exigir a sua quota, salvo se a obrigação for indivisível (ex.: cavalo de raça) (art. 270)	Se um dos devedores falece, os herdeiros só estarão obrigados por sua quota, salvo se a obrigação for indivisível (art. 276)
Convertendo-se a prestação em perdas e danos, subsiste, para todos os efeitos, a solidariedade (art. 271)	Impossibilitada a prestação por dolo ou culpa de um dos devedores, todos são solidariamente obrigados ao pagamento do equivalente, mas por P e D, só o culpado (art. 279)
O devedor não pode opor aos demais credores as exceções pessoais oponíveis a um (art. 272)	O devedor demandado pode opor ao credor as exceções que lhe forem pessoais e as comuns, não lhe aproveitando as exceções pessoais a outro codevedor (art. 281)

59 PÁDUA, Amélia do R. M. de. Direito obrigacional. Apontamentos.

12.5.13. Direito comparado

CC PORTUGUÊS. ARTIGO 512° (Noção). 1. A obrigação é solidária quando cada um dos devedores responde pela prestação integral e esta a todos libera, ou quando cada um dos credores tem a faculdade de exigir, por si só, a prestação integral e esta libera o devedor para com todos eles. 2. A obrigação não deixa de ser solidária pelo facto de os devedores estarem obrigados em termos diversos ou com diversas garantias, ou de ser diferente o conteúdo das prestações de cada um deles; igual diversidade se pode verificar quanto à obrigação do devedor relativamente a cada um dos credores solidários.

CC PORTUGUÊS. ARTIGO 513° (Fontes da solidariedade). A solidariedade de devedores ou credores só existe quando resulte da lei ou da vontade das partes.

CC PORTUGUÊS. ARTIGO 514° (Meios de defesa). 1. O devedor solidário demandado pode defender-se por todos os meios que pessoalmente lhe competem ou que são comuns a todos os condevedores. 2. Ao credor solidário são oponíveis igualmente não só os meios de defesa comum, como os que pessoalmente lhe respeitem.

CC PORTUGUÊS. ARTIGO 515° (Herdeiros dos devedores ou credores solidários). 1. Os herdeiros do devedor solidário respondem colectivamente pela totalidade da dívida; efectuada a partilha, cada co-herdeiro responde nos termos do artigo 2098°. 2. Os herdeiros do credor solidário só conjuntamente podem exonerar o devedor; efectuada a partilha, se o crédito tiver sido adjudicado a dois ou mais herdeiros, também só em conjunto estes podem exonerar o devedor.

CC PORTUGUÊS. ARTIGO 516° (Participação nas dívidas e nos créditos). Nas relações entre si, presume-se que os devedores ou credores solidários comparticipam em partes iguais na dívida ou no crédito, sempre que da relação jurídica entre eles existente não resulte que são diferentes as suas partes, ou que um só deles deve suportar o encargo da dívida ou obter o benefício do crédito.

CC PORTUGUÊS. ARTIGO 517° (Litisconsórcio). 1. A solidariedade não impede que os devedores solidários demandem conjuntamente o credor ou sejam por ele conjuntamente demandados. 2. De igual direito gozam os credores solidários relativamente ao devedor e este em relação àqueles.

SUBSECÇÃO II

Solidariedade entre devedores

CC PORTUGUÊS. ARTIGO 518° (Exclusão do benefício da divisão). Ao devedor solidário demandado não é lícito opor o benefício da divisão; e, ainda que chame os outros devedores à demanda, nem por isso se libera da obrigação de efectuar a prestação por inteiro.

CC PORTUGUÊS. ARTIGO 519° (Direitos do credor). 1. O credor tem o direito de exigir de qualquer dos devedores toda a prestação, ou parte dela, proporcional ou não à quota do interpelado, mas, se exigir judicialmente a um deles a totalidade ou parte da prestação, fica inibido de proceder judicialmente contra os outros pelo que ao primeiro tenha exigido, salvo se houver razão atendível, como a insolvência ou risco de insolvência do demandado, ou dificuldade, por outra causa, em obter dele a prestação. 2. Se um dos devedores tiver qualquer meio de defesa pessoal contra o credor, não fica este inibido de reclamar dos outros a prestação integral, ainda que esse meio já lhe tenha sido oposto.

CC PORTUGUÊS. ARTIGO 520° (Impossibilidade da prestação). Se a prestação se tornar impossível por facto imputável a um dos devedores, todos eles são solidariamente responsáveis pelo seu valor, massó o devedor a quem o facto é imputável responde pela reparação dos danos que excedam esse valor, e, sendo vários, é solidária a sua responsabilidade.

CC PORTUGUÊS. ARTIGO 521° (Prescrição). 1. Se, por efeito da suspensão ou interrupção da prescrição, ou de outra causa, a obrigação de um dos devedores se mantiver, apesar de prescritas as obrigações dos outros, e aquele for obrigado a cumprir, cabe-lhe o direito de regresso contra os seus condevedores. 2. O devedor que não haja invocado a prescrição não goza do direito de regresso contra os condevedores cujas obrigações tenham prescrito, desde que estes aleguem a prescrição.

CC PORTUGUÊS. ARTIGO 522° (Caso julgado). O caso julgado entre o credor e um dos devedores não é oponível aos restantes devedores, mas pode ser oposto por estes, desde que não se baseie em fundamento que respeite pessoalmente àquele devedor.

CC PORTUGUÊS. ARTIGO 523° (Satisfação do direito do credor). A satisfação do direito do credor, por cumprimento, dação em cumprimento, novação, consignação em depósito ou compensação, produz a extinção, relativamente a ele, das obrigações de todos os devedores.

CC PORTUGUÊS. ARTIGO 524° (Direito de regresso). O devedor que satisfizer o direito do credor além da parte que lhe competir tem direito de regresso contra cada um dos condevedores, na parte que a estes compete.

CC PORTUGUÊS. Artigo 525° (Meios de defesa oponíveis pelos condevedores). 1. Os condevedores podem opor ao que satisfaz o direito do credor a falta de decurso do prazo que lhes tenha sido concedido para o cumprimento da obrigação, bem como qualquer outro meio de defesa, quer este seja comum, quer respeite pessoalmente ao demandado. 2. A faculdade concedida no número anterior tem lugar, ainda que o condevedor tenha deixado, sem culpa sua, de opor ao credor o meio comum de defesa, salvo se a falta de oposição for imputável ao devedor que pretende valer-se do mesmo meio.

CC PORTUGUÊS. ARTIGO 526° (Insolvência dos devedores ou impossibilidade de cumprimento). 1. Se um dos devedores estiver insolvente ou não puder por outro motivo cumprir a prestação a que está adstrito, é a sua quota-parte repartida proporcionalmente entre todos os demais, incluíndo o credor de regresso e os devedores que pelo credor hajam sido exonerados da obrigação ou apenas do vínculo da solidariedade. 2. Ao credor de regresso não aproveita o benefício da repartição na medida em que só por negligência sua lhe não tenha sido possível cobrar a parte do seu condevedor na obrigação solidária.

CC PORTUGUÊS. ARTIGO 527° (Renúncia à solidariedade). A renúncia à solidariedade a favor de um ou alguns dos devedores não prejudica o direito do credor relativamente aos restantes, contra os quais se conserva o direito à prestação por inteiro.

SUBSECÇÃO III
Solidariedade entre credores

CC PORTUGUÊS. ARTIGO 528° (Escolha do credor). 1. É permitido ao devedor escolher o credor solidário a quem satisfaça a prestação, enquanto não tiver sido judicialmente citado para a respectiva acção por outro credor cujo crédito se ache vencido. 2. Se o devedor cumprir perante credor diferente daquele que judicialmente exigiu a prestação, não fica dispensado de realizar a favor deste a prestação integral; mas, quando a solidariedade entre os credores tiver sido estabelecida em favor do devedor, este pode, renunciando total ou parcialmente ao benefício, prestar a cada um dos credores a parte que lhe cabe no crédito comum ou satisfazer a algum dos outros a prestação com dedução da parte do demandante.

CC PORTUGUÊS. ARTIGO 529° (Impossibilidade da prestação). 1. Se a prestação se tornar impossível por facto imputável ao devedor, subsiste a solidariedade relativamente ao crédito da indemnização. 2. Se a prestação se tornar impossível por facto imputável a um dos credores, fica este obrigado a indemnizar os outros.

CC PORTUGUÊS. ARTIGO 530° (Prescrição). 1. Se o direito de um dos credores se mantiver devido a suspensão ou interrupção da prescrição ou a outra causa, apesar de haverem prescrito os direitos dos restantes credores, pode o devedor opor àquele credor a prescrição do crédito na parte relativa a estes últimos. 2. A renúncia à prescrição, feita pelo devedor em benefício de um dos credores, não produz efeito relativamente aos restantes.

CC PORTUGUÊS. ARTIGO 531° (Caso julgado). O caso julgado entre um dos credores e o devedor não é oponível aos outros credores, maspode ser oposto por estes ao devedor, sem prejuízo das excepções pessoais que o devedor tenha o direito de invocar em relação a cada um deles.

CC PORTUGUÊS. ARTIGO 532° (Satisfação do direito de um dos credores). A satisfação do direito de um dos credores, por cumprimento, dação em cumprimento, novação, consignação em depósito ou compensação, produz a extinção, relativamente a todos os credores, da obrigação do devedor.

CC PORTUGUÊS. ARTIGO 533° (Obrigação do credor que foi pago). O credor cujo direito foi satisfeito além da parte que lhe competia na relação interna entre os credores tem de satisfazer aos outros a parte que lhes cabe no crédito comum.

12.5.14. Jurisprudência

TJRJ. Constitui obrigação solidária dos entes federados prestar assistência farmacêutica (art. 196, CRFB, Art. 6°, I, letra "d" da Lei nº 8.080/90). Isento o Estado e o Município do pagamento das custas, por força da Lei nº 3.350/99. Quanto aos honorários, por não ter, o Centro de Estudos Jurídicos da Defensoria Pública, personalidade jurídica distinta, nada devido por parte do Estado. Quanto ao Município, por haver disponibilizado, prontamente, o medicamento pleiteado, não se opondo, em momento algum, à pretensão, não houve sucumbência que justifique sua condenação. RECURSO PARCIALMENTE PROVIDO. ISENTO, TAMBÉM, O MUNICÍPIO, EM REEXAME OBRIGATÓRIO DO PAGAMENTO DAS CUSTAS E HONORÁRIOS FIXADOS NA SENTENÇA. Tipo da Ação: APELAÇÃO CÍVEL. 2004.001.02653. DÉCIMA TERCEIRA CÂMARA CÍVEL. DES. JOSÉ DE SAMUEL MARQUES. Julgado em 3.11.2004.

- TJRJ. SAÚDE PÚBLICA. FORNECIMENTO DE REMÉDIOS. A ação civil pública não inviabiliza o presente feito, porque naquela foi concedida tutela genérica e sujeita a um complicado mecanismo de execução. Requerer a liquidação daquela seria prejudicial à autora, razão pela qual prevalece este procedimento. Sendo obrigação solidária da União, dos Estados e dos Municípios o fornecimento de remédios, não há necessidade de chamar todas aquelas pessoas jurídicas aos autos. A antecipação de tutela, na hipótese, pode ser deferida contra o Poder Público, a fim de que não seja posta em risco a saúde do cidadão hipossuficiente. Sendo a apelada doente, pobre e impossibilitada de adquirir os medicamentos indispensáveis ao seu tratamento e, sendo dever do Estado a proteção à vida e à saúde de todos os cidadãos, cabe-lhe o fornecimento dos remédios, comprovadamente necessários, por meio de requisição médica. Preliminares rejeitadas. Apelo improvido. Tipo da Ação: APELAÇÃO CÍVEL. Número do Processo: 2004.001.15273. DÉCIMA SEXTA CÂMARA CÍVEL. DES. BERNARDINO M. LEITUGA fundamental assegurado no. Julgado em 26.10.2004.

• TJRJ. "DIREITO À SAÚDE. OBRIGAÇÃO DE FAZER. AÇÃO ORDINÁRIA PARA FORNECIMENTO GRATUITO DE MEDICAMENTO INDISPENSÁVEL À SOBREVIVÊNCIA. RESPONSABILIDADE SOLIDÁRIA DA UNIÃO, DO ESTADO, DO DISTRITO FEDERAL E DO MUNICÍPIO. ENUNCIADOS DO TRIBUNAL DE JUSTIÇA DO ESTADO DO RIO DE JANEIRO. TUTELA DE URGÊNCIA. DECISÃO DE ÓRGÃO FRACIONÁRIO DO TRIBUNAL. EFETIVIDADE E CE-
LERIDADE. 1. O direito à saúde é direito fundamental assegurado no *caput* do art. 6° da Constituição Federal. 2. A saúde é direito de todos e dever do Estado, garantido mediante políticas sociais e econômicas que visem à redução do risco da doença e de outros agravos e ao acesso universal e igualitário às ações e serviços para sua promoção, proteção e recuperação (art. 196 da CF). 3. As ações e serviços de saúde são de relevância pública, integrando uma rede regionalizada e hierarquizada, constituindo um sistema único, de atendimento integral. 4. O federalismo cooperativo acolhido pela Carta Política de 1988 consagrou a solidariedade das pessoas federativas em relação à saúde pública. 5. A competência da União não exclui a dos Estados e a dos Municípios (art. 23, II). 6. A Lei n° 8.080/90, que criou o SUS, Sistema Único de Saúde, integrou a União, Estados, Distrito Federal e Municípios, impondo-lhes o dever de prestar, solidariamente, assistência farmacêutica e médico-hospitalar aos doentes necessitados. 7. Em decorrência da solidariedade, o cidadão necessitado pode escolher qual dos entes federativos acionará para garantir seu constitucional direito à saúde. 8. O caráter pragmático da regra inserida no art. 196 da CF não pode converter-se em promessa constitucional inconsequente, sob pena de o Poder Público, fraudando justas expectativas nele depositadas pela coletividade, substituir, de maneira ilegítima, o cumprimento de seu impostergável dever, por um gesto irresponsável de infidelidade governamental ao que determina a própria Lei Fundamental do Estado. 9. Ocorrendo situação de extrema urgência, pondo em risco a vida de paciente, a antecipação da tutela, com a determinação de imediato fornecimento de medicamentos, pode ser concedida quer no preâmbulo da demanda, ainda em fase de cognição sumária, quer na sentença, quando já existe a cognição exauriente. 10. Decisão proferida pelo órgão fracionário do Tribunal, na forma expressamente autorizada pelo art. 557 do Código de Processo Civil. 11. Desprovimento do recurso". Tipo da Ação: APELAÇÃO CÍVEL. 2004.001.16986. OITAVA CÂMARA CÍVEL. DES. LETÍCIA SARDAS.

12.5.15. Jurisprudência comparada

TRIBUNAL DA RELAÇÃO DO PORTO PORTUGAL. OBRIGAÇÃO SOLIDÁRIA. Obrigações solidárias. Condevedores. Desoneração. Eficácia objectiva. Direito de regresso. Art° 516°, 524°, 527°, 650°, 863° e 864° do CC. I

Numa situação de pluralidade de devedores só terá um deles direito de regresso contra os restantes condevedores se, fazendo um pagamento que não exceda a sua própria quota, o credor remitir a dívida com eficácia objectiva. II Assim, constando de documento assinado pelo credor e pelo condevedor que a quantia entregue por este apenas o desonera a ele e não aos restantes condevedores, tem-se essa quantia entregue por preço da sua "liberdade", já que essa transação nenhuma eficácia possui. III Consequentemente, não pode depois o condevedor que se desonerou querer objectivar a eficácia, exercendo contra os outros condevedores o direito de regresso, só porque estes conseguiram por um preço inferior ver a sua quota-parte de responsabilidade, de muito maior valor, resgatada. Apelação. Proc° n° 1908/99 2ª Secção. Acórdão de 16.05.2000. Relator: Pires da Rosa; adjuntos: Araújo Ferreira e Quintela Proença.

Capítulo 13

CESSÃO DE CRÉDITOS

13.1. Conceito

O instituto jurídico da *cessão de créditos* é uma concepção pós-direito romano. Lá não existia o fenômeno da sucessão ou transferência de créditos ou dívidas.

A *cessão de crédito* é o negócio jurídico bilateral pelo qual uma das partes contratantes transfere a terceiro seus direitos em determinada relação jurídica obrigacional. Representa uma alteração subjetiva de um dos polos da relação jurídica obrigacional, já que ocorre a transferência do titular do direito subjetivo de crédito. Esta *cessão* poderá ocorrer a título gratuito ou oneroso.

Os sujeitos da relação jurídica obrigacional são o *cedente* (credor A, aquele que transfere o crédito); o *cessionário* (credor A', aquele que recebeu o crédito) e o *cedido* (devedor).

O credor transfere a um terceiro, por ato intervivos, o crédito com as ações que lhe asseguram, bem como as suas garantias. Neste momento, o crédito ainda existe, já que não foi realizado o pagamento e o *cessionário* ocupa o lugar do *credor original* (cedente), podendo exigir do devedor (cedido) o pagamento. Daí que a cessão de crédito, obrigatoriamente, antecede o crédito.

No mundo vivido, é frequente a utilização da prática da cessão de crédito. Por exemplo, Galdino, autor de um famoso romance, transfere para sua filha, Isabela, os créditos referentes aos direitos autorais da referida obra.

O termo cessão tanto pode designar o *contrato* realizado entre o cedente e o cessionário como o *efeito* fundamental da operação da transmissão da titularidade do crédito.[1]

13.2. Cessão de Crédito e Pagamento com Sub-Rogação

É comum a confusão entre a *cessão de crédito* e o *pagamento com sub-rogação*. Naquela, ocorre uma substituição do credor e, no instituto jurídico da

1 VARELA, João de Matos Antunes. *Das obrigações em geral*. Vol. II, 7. ed. Coimbra: Almedina, 2006, p. 296.

sub-rogação, ocorre pagamento da dívida por terceiro, tornando-se titular do crédito (isto é, o terceiro pagou a obrigação do devedor, assumindo a posição do credor).

Vale lembrar que a cessão de crédito só pode ser realizada se o pagamento ainda não ocorreu, ou seja, o credor não pode ceder um crédito que já recebeu ou ceder um crédito de uma obrigação extinta. O crédito poderá até ser cedido depois de vencida a obrigação, mas desde que a prestação ainda não tenha sido quitada.

Na sub-rogação do crédito, já ocorreu o pagamento, já que este foi realizado por terceiro. O sub-rogado ocupa, neste caso, o lugar do credor. Logo, a sub-rogação é consequência do pagamento.

A sub-rogação será *automática* quando realizada por um terceiro interessado em pagar a dívida, como um fiador ou avalista. Neste caso, transferem-se ao sub-rogado todas as ações, eventuais garantias subsidiárias, privilégios, créditos, ou seja, tudo de que o credor original dispunha contra o devedor é transferido ao sub-rogado.

A sub-rogação será *convencional* quando o pagamento for realizado por terceiro desinteressado, isto é, aquele que não está envolvido na relação jurídica entre credor e devedor.

13.3. Cedibilidade e Incedibilidade dos Créditos

O artigo 286 do Código Civil brasileiro determina que "o credor pode ceder o seu crédito, se a isso não se opuser a natureza da obrigação, a lei, ou a convenção com o devedor; a cláusula proibitiva da cessão não poderá ser oposta ao cessionário de boa-fé se não constar do instrumento da obrigação". [2 3]

Daí que, em princípio, os créditos são cedíveis, salvo a *natureza da obrigação,* a *lei* e a *convenção estabelecidas pelas partes.*

Quanto à natureza da obrigação, é o caso, por exemplo, dos contratos de locação de serviços e do contrato de mandato, em que a figura do credor é de extrema importância para o devedor, os contratos possuem caráter personalíssimo. Da mesma forma, os créditos provenientes dos alimentos e das garantias trabalhistas, não se admite a cessão.

Não podem ser cedidos os créditos em virtude de vedação legal. São eles, por exemplo: a) o direito de preempção ou preferência estabelecido no artigo 520 do CCB;[2] b) o direito à herança de pessoa viva;[5] c) de créditos já penhorados;[3] d) o benefício da justiça gratuita, conforme artigo 10 da Lei

2 CCB – Art. 520. O direito de preferência não se pode ceder nem passa aos herdeiros.

3 CCB – Art. 298. O crédito, uma vez penhorado, não pode mais ser transferido pelo credor que tiver conhecimento da penhora, mas o devedor que o pagar, não tendo notificação dela, fica exonerado, subsistindo somente contra o credor os direitos de terceiro.

PONTES DE MIRANDA, Francisco Cavalcanti. *Tratado de direito privado.* Parte especial. Tomo XXIII. 2. ed. Rio de Janeiro: Borsoi, 1958, p. 280.

nº 1.060/50; e) a cessão do contrato de locação sem a anuência do locador, conforme artigo 13 da Lei nº 8.245/91, dentre outros.

Por fim, as partes poderão estabelecer, por convenção, a incedibilidade dos créditos. É o que determina a segunda parte do artigo 286 do CCB ao tratar da *cláusula proibitiva de cessão*. Esta cláusula é o chamado *pactum de non cedendo*, em que a cedibilidade do crédito é eliminada pelos contraentes.

PONTES DE MIRANDA afirma que não importa qual o motivo que sugeriu ao devedor estipular a incedibilidade do crédito. A incedibilidade pode ser restrita no tempo (*e.g.*, até 31 de dezembro de 2008) ou por meio de condição.[7] De forma contrária, ARNALDO RIZZARDO entende que "bater-se pela intransferibilidade unicamente com base no pacto *de non cedendo*, ou por força da soberania das vontades, sem aventar razões plausíveis, constitui fato lesivo aos interesses do credor".[4]

De acordo com a parte final do dispositivo acima mencionado, a cláusula proibitiva da cessão não poderá ser oposta ao cessionário de boa-fé, se não constar do instrumento da obrigação.

A cessão pode ser *total* ou *parcial* e, salvo disposição em contrário, na cessão de um crédito abrangem-se todos os seus acessórios (CCB, art. 287).[5] Os acessórios seguem, portanto, em princípio, o destino do principal *(accessorium sequiturprincipale)*. São, pois, acessórios os juros, os frutos, os rendimentos, as garantias (penhor, hipoteca, anticrese, fiança, aval), as cláusulas penais, os direitos de preferência e privilégios, o direito de optar nas obrigações alternativas. Esta disposição legal não é cogente. Logo, os direitos acessórios podem ser previamente excluídos da cessão de crédito.

13.4. Espécies de Cessão

A cessão de crédito pode ser *convencional, legal* (ou necessária) ou *judicial*. A cessão de crédito *voluntária* é aquela livremente pactuada entre cedente e cessionário; *legal,* quando resultar da lei;[6] e *judicial,* quando o negócio jurídico ocorrer por força de sentença judicial.[7]

Também há a cessão *pro solvendo* e a *pro soluto*. SERPA LOPES ensina que "a primeira *(pro solvendo) ocorre* quando alguém transfere a outrem de quem

---

4 RIZZARDO, Arnaldo. *Direito das obrigações*. 3. ed. Rio de Janeiro: Forense, 2007, p. 259.

5 Correspondente ao artigo 1.066 do CCB/16.

6 É o caso do artigo 636 do CCB: O depositário, que por força maior houver perdido a coisa depositada e recebido outra em seu lugar, é obrigado a entregar a segunda ao depositante, e ceder-lhe as ações que no caso tiver contra o terceiro responsável pela restituição da primeira. Também no caso de cessão dos acessórios (cláusula penal, juros, garantias reais ou pessoais), em razão da cessão da dívida principal.

7 Por exemplo, no caso de decisão judicial com a finalidade de suprir declaração de cessão por parte de quem era obrigado a fazê-la. Da mesma forma, em ação indenizatória, quando ocorre o falecimento do credor, sendo este substituído por seus herdeiros.

é devedor o direito de receber o valor de um crédito de terceiro seu devedor, continuando obrigado perante o cessionário, se este não for pago; a segunda (*pro soluto) ocorre* quando há plena quitação da dívida do cedente para com o cessionário".[8] No mesmo sentido, RIZZARDO esclarece: "uma pessoa tem um crédito a receber e, ao mesmo tempo, é devedora perante um terceiro, ela transfere a este o crédito que tem a receber. Acertando que a mera cessão quita a sua dívida, caracteriza-se a cessão *pro soluto*. Se combinado que a quitação de sua dívida fica na dependência do pagamento pelo devedor, tem-se a cessão *pro solvendo*".

13.5. A Eficácia da Cessão em Relação a Terceiros

A *cessão de crédito* é o negócio jurídico por meio do qual o credor transfere o seu crédito para o cessionário, assim este se torna credor, aquele deixa de sê-lo. Em regra, a cessão de crédito não está sujeita à forma, salvo para a *eficácia em relação a terceiros*. Isto porque a cessão de crédito voluntária, para ser eficaz em relação a terceiros (eficácia *erga omnes*), deve ser celebrada mediante instrumento público ou instrumento particular revestido das solenidades do § 1° do art. 654. (CCB, art. 288). 4 e 5 Dessa maneira, o instrumento particular deve conter a indicação do lugar onde foi passado, a qualificação do cedente e do cessionário, a data e o objetivo da cessão de créditos com a designação e a extensão dos direitos cedidos. Vale lembrar que consoante o artigo 129 da Lei de Registros Públicos (Lei nº 6.015/73) "estão sujeitos a registro, no Registro de Títulos e Documentos, para surtir efeitos em relação a terceiros: [...] 9°) os instrumentos de cessão de direitos e de créditos, de sub-rogação e de dação em pagamento".[9]

Assim, a cessão de crédito não terá eficácia jurídica em relação a terceiros se não se realizar por instrumento público ou instrumento particular, com as formalidades acima mencionadas, entre as quais se conta o registro.

No artigo 289 do CCB, foi disposto que "o cessionário de crédito hipotecário tem o direito de fazer averbar a cessão no registro do imóvel".

13.6. A eficácia da Cessão do Crédito em Relação ao Devedor

No plano da eficácia, para que a cessão de crédito possa produzir seus efeitos jurídicos em relação ao devedor, torna-se necessário que este seja notificado do negócio jurídico. O artigo 290 determina que "a cessão do crédito não tem eficácia em relação ao devedor, senão quando a este notificada; mas

8 SERPA LOPES, Miguel Maria de. *Curso de Direito Civil:* Obrigações em geral. Vol. II. 7. ed. Rio de Janeiro: Freitas Bastos, 2000, p. 425.

9 convencionais de qualquer valor; mas os seus efeitos, bem como os da cessão, não se operam, a respeito de terceiros, antes de registrado no registro público.

por notificado se tem o devedor que, em escrito público ou particular, se declarou ciente da cessão feita".

A referida notificação é ato jurídico *stricto sensu* e pode ser realizada pelo cedente (antigo credor) ou pelo cessionário (credor atual), em escrito público ou particular.[10] Se a notificação for realizada pelo cessionário, é necessária a apresentação do documento comprobatório da cessão, sob pena de ineficácia. A notificação pode ser ainda *judicial* ou *extrajudicial*.

Já o artigo 292 do nosso Código Civil afirma que "fica desobrigado o devedor que, antes de ter conhecimento da cessão, paga ao credor primitivo, ou que, no caso de mais de uma cessão notificada, paga a cessionário que lhe apresenta, com o título de cessão, o da obrigação cedida; quando o crédito constar de escritura pública, prevalecerá a prioridade da notificação".[11]

A Quinta Câmara Cível do Tribunal de Justiça do Rio Grande do Sul, na Apelação Cível n° 70009419276, de relatoria de Umberto Guaspari Sudbrack, julgada em 19.8.2004, aplicou o artigo 292 ao decidir que "o fato de o devedor não ter sido notificado da cessão de crédito não o exonera da obrigação, pois esta não é uma condição da cessão, mas apenas um ônus do próprio credor em assegurar o recebimento do valor a que tem direito. Isso porque, a teor do art. 292 do CC, o devedor fica desobrigado se, antes de ter conhecimento da cessão, paga o credor primitivo. O objetivo do legislador ordinário foi garantir ao cessionário o recebimento do valor, a fim de que o devedor saiba a quem pagar, bem como lhe assegure a garantia de que está pagando ao legítimo portador do título. Seria um contra-senso exonerar o

10 APELAÇÃO CÍVEL. REVISÃO DE CONTRATO BANCÁRIO. PRELIMINAR DE ILEGITIVIMADE PASSIVA. JUROS REMUNERATÓRIOS. CAPITALIZAÇÃO. COMISSÃO DE PERMANÊNCIA. JUROS MORATÓRIOS E MULTA. AGRAVO RETIDO. – A cessão de crédito somente tem eficácia em relação ao devedor quando regularmente notificado, por força do disposto no art. 290 do Código Civil. Não comprovada referida notificação, inviável o acolhimento da preliminar de ilegitimidade passiva do demandado, suposto cedente. – Aos juros remuneratórios, nos contratos firmados com instituições integrantes do Sistema Financeiro Nacional, não se aplicam as limitações de 12% ao ano, previstas no Decreto 22.626/33. – Se a parte objetiva a declaração de nulidade da cláusula contratual que dispõe sobre juros remuneratórios, ao argumento da abusividade, imprescindível comprovação de que a taxa avençada é excessivamente onerosa e desarrazoada em relação à praticada no mercado. Precedentes do STJ. – Pacífico entendimento do Superior Tribunal de Justiça quanto à possibilidade de contratar capitalização mensal, nos contratos posteriores à vigência da Medida Provisória n° 1.963-17/2000, reeditada sob o n° 2.170-36. – Admite-se a comissão de permanência, não cumulada com juros remuneratórios e correção monetária (Súmulas nos 30, 294 e 296 do STJ), juros moratórios e multa. – Com o julgamento da apelação, não há cogitar em concessão ou manutenção de liminares, porquanto a decisão definitiva passa a surtir seus jurídicos efeitos, cabendo às partes cumpri-la, observando-se que eventual recurso, de regra, será recebido apenas no efeito devolutivo (CPC, art. 542, § 2°). Agravo retido prejudicado. Recurso de apelação provido. (Apelação Cível n° 70015931579, Segunda Câmara Especial Cível, Tribunal de Justiça do RS, relator: Leila Vani Pandolfo Machado, julgada em 5.9.2006).

11 Correspondente ao artigo 1.071 do CCB/16.

devedor da mora, caso efetuasse o pagamento em cheque, dentro do prazo acordado, mas que somente disponibilizaria ao credor os valores dois ou três dias úteis após o depósito, e condená-lo às penas contratuais, por ter efetuado o depósito no primeiro dia útil seguinte ao vencimento, em dinheiro. Aplicação dos postulados da proporcionalidade e da vedação do enriquecimento ilícito. Apelo desprovido. (EXECUÇÃO. EXCEÇÃO DE PRÉ-EXECUTIVIDADE. CESSÃO DE CRÉDITO. FALTA DE NOTIFICAÇÃO DO DEVEDOR. EFEITO. LEGITIMIDADE DO CESSIONÁRIO. ACORDO. PAGAMENTO UM DIA APÓS O PRAZO. EFEITOS DA MORA).

13.7. Multiplicidade de Cessões

O artigo 291 informa que "ocorrendo várias cessões no mesmo crédito, prevalece a que se completar com a tradição do título do crédito cedido".[12] Isto quer dizer que, na hipótese de multiplicidade de cessões, o cessionário que se apresentar com o título do crédito cedido será merecedor do recebimento do crédito. RIZZARDO esclarece a questão dizendo que "não é incomum a inexistência de título, ou a apresentação de títulos do mesmo teor jurídico por todos aqueles que se habilitam. Como proceder, então? A solução está na atitude que encetará o devedor. Como desconhece quem mereça o recebimento do crédito cedido, e já que sua dívida era para com o cedente, o melhor caminho consiste na retenção do valor até que lhe seja apresentada uma solução adotada pelos cessionários do crédito. Não lhe é permitido o pagamento ao portador do título que ele preferir. Se pagar erradamente, está sujeito a pagar novamente. Daí a necessária cautela de que se deve munir. Outra forma de solução está na consignação em pagamento. Depositará o valor ou a coisa em juízo, com o pedido de citação dos cessionários dos quais recebeu a notificação. Posteriormente, uma vez consignada a prestação, afasta-se do processo, desenvolvendo-se a lide entre os pretendentes do crédito".[13]

13.8. Atos Conservatórios do Cessionário e Exceções Opostas pelo Devedor

Independentemente do conhecimento da cessão pelo devedor, pode o cessionário exercer os atos conservatórios do direito cedido (CCB, art. 293). Melhor dizendo: o titular do crédito cedido (credor atual) poderá se utilizar das ações judiciais cabíveis para assegurar o seu direito, tais como busca e apreensão do título ou o seu sequestro.

De outra forma, para que o devedor não fique em situação inferior frente ao cessionário (credor atual), aquele poderá opor a este as exceções (defesas) que lhe competirem, bem como as que, no momento em que veio a ter

12 Correspondente ao artigo 1.070 do CCB/16.

13 RIZZARDO. Op. Cit., p. 267-268.

conhecimento da cessão, tinha contra o cedente. É o que diz o artigo 294 do nosso Código Civil.[14]

Dessa maneira, o devedor poderá opor ao cessionário as mesmas exceções a que lhe era lícito invocar contra o cedente. Melhor dizendo: o devedor poderá invocar o pagamento ou qualquer outra causa extintiva da relação obrigacional, bem como alegar erro, dolo, coação, simulação e outros defeitos do negócio jurídico que afetem a validade do contrato de que se originou o crédito cedido.[15]

De forma mais ampla, o devedor poderá alegar a inexistência, a invalidade e a ineficácia da cessão de crédito. Todavia, caso ocorra um fato novo após a cessão, relativo ao cedente, o cessionário não será atingido.

13.9. Responsabilidade do Cedente

O nosso Código Civil trata, em seu artigo 295, da responsabilidade pela *existência da dívida (veritas)* e nos artigos 296 e 297, da questão relacionada à responsabilidade pela *solvabilidade do devedor (bonitas)*.

O artigo 295 preceitua que "na cessão por título oneroso, o cedente, ainda que não se responsabilize, fica responsável ao cessionário pela existência do crédito ao tempo em que lhe cedeu; a mesma responsabilidade lhe cabe nas cessões por título gratuito, se tiver procedido de má-fé".

O cedente deverá se responsabilizar pela *existência* do crédito (aí incluídas as garantias e os acessórios) ao tempo de sua cessão junto ao cessionário. Se o crédito inexiste ou não pertence ao cedente, a cessão é ineficaz, respondendo o cedente ao cessionário.

O que devemos entender por "existência do crédito"? PONTES DE MIRANDA ensina que "o crédito só existe se o negócio jurídico, o ato-fato jurídico, ou o ato ilícito, ou o fato *stricto sensu* ilícito existiu. Em se tratando de

---

14 Correspondente ao artigo 1.072 do CCB/16.

15 APELAÇÃO CÍVEL. AÇÕES CONEXAS. AÇÃO DECLARATÓRIA DE INEXISTÊNCIA DE DÉBITO E CAUTELARES DE SUSTAÇÃO DE PROTESTO. *FACTORING*. CESSÃO DE CRÉDITO. OPONIBILIDADE DAS EXCEÇÕES. – O contrato de *factoring* caracteriza-se por envolver uma cessão de créditos, por meio do qual o risco de inadimplemento é assumido pelo faturizador ou *factor*. Assim sendo, esse tipo de contrato, por sua própria natureza, tendo em vista a regulamentação que lhe dá a legislação civil (arts 286/298, NCC), permite ao devedor opor ao faturizador as exceções que teria contra o faturizado. – Mesmo sendo a execução do contrato operacionalizada por meio de endosso, a transmissão da titularidade dos créditos dá-se pela via obrigacional comum, não ocorrendo uma circulação cambiária pura. Não há como serem aplicados, destarte, os princípios a si inerentes, como quer o apelante. – Equivoca-se a apelante ao pretender que a disciplina própria da circulação dos títulos de crédito seja aplicada às contratações por si entabuladas somente porque se utiliza da figura do endosso. – Oponível o adimplemento, inexistentes os débitos e indevidos os protestos. Apelos desprovidos. (Apelação Cível n° 70014784565, Décima Segunda Câmara Cível, Tribunal de Justiça do RS, relator: Dálvio Leite Dias Teixeira, julgada em 25.5.2006).

negócio jurídico nulo, o crédito não existe. Se o negócio jurídico é anulável e sobrevém a anulação, o crédito existiu, mas deixou de existir *ex tunc*. Se o negócio jurídico só é sujeito a alguma exceção, o crédito existe e apenas está encoberta a sua eficácia. [...] O que existe é a verdade do objeto da cessão, o *nomen verum*. [...] Se há crédito, mas o titular não é o cedente, cedeu-se o que não se tinha (= o crédito cedido não existia)".[16]

O artigo 296 do CCB preceitua que "salvo estipulação em contrário, o cedente não responde pela solvência do devedor".[17] É, pois, uma norma dispositiva.

O cedente não é responsável pelo adimplemento do crédito (cessão *pro soluto),* ou seja, pela solvabilidade (solvência – solução) do cedido. Melhor dizendo: caso o cedido (devedor) não cumpra a obrigação, o cessionário arcará com os prejuízos.

Ocorrerá a cessão *in bonitas nominis* (cessão *pro solvendo)* na hipótese de o cedente tornar-se responsável pela solução da prestação (solvabilidade do cedido). Assim esclarecem CRISTIANO CHAVES DE FARIAS e NÉLSON ROSENVALD: "Primeiro, o cessionário demandará o devedor. Demonstrada a insolvência do cedido, poderá o cessionário agir contra o cedente. A responsabilização do cedente demanda cláusula expressa, eis que, no silêncio do contrato, o risco da insolvência do cedido recai exclusivamente no cessionário".[18]

Daí que "ou houve estipulação da responsabilidade do cedente pela solvência do devedor, pela bondade (*bonitas*) do crédito, ou não houve. Se não houve, não há pensar-se em pretensão contra o cedente".[19]

Se ocorrer a estipulação da responsabilidade do cedente, a limitação de sua responsabilidade está prevista no artigo 297 do CCB ao dizer que "o cedente, responsável ao cessionário pela solvência do devedor, não responde por mais do que daquele recebeu, com os respectivos juros, mas tem de ressarcir-lhe as despesas da cessão e as que o cessionário houver feito com a cobrança".[20]

De acordo com WÜRZBURGER, OERTMANN, DERNBURG e ENNECCERUS, se houve a assunção da responsabilidade e o crédito já venceu, a responsabilidade da solvência somente se dará no momento da cessão do crédito. Se o crédito ainda não venceu, ou não pode ser exigido, a responsabilidade é até seu vencimento.[21]

16 PONTES DE MIRANDA. Op. Cit., 1958, p. 314-315.
17 Correspondente ao artigo 1.074 do CCB/16.
18 FARIAS, Cristiano Chaves de; ROSENVALD, Nélson. *Direito das obrigações*. Rio de Janeiro: Lumen Juris, 2006, p. 194.
19 PONTES DE MIRANDA. Op. Cit., 1958, p. 319.
20 Correspondente ao artigo 1.075 do CCB/16.
21 PONTES DE MIRANDA. Op. Cit., 1958, p. 319.

PONTES DE MIRANDA destaca que "a responsabilidade do cedente pela solvência do devedor não se confunde com a fiança, trata-se de obrigação assumida por ocasião da cessão de crédito, mas de modo nenhum acessória do crédito cedido, obrigação cujo adimplemento pode ser exigido ainda que o crédito cedido não exista".[22]

O Tribunal de Justiça do Estado do Rio de Janeiro – TJRJ – já enfrentou a questão acerca da responsabilidade pela solvência do devedor ao decidir: CONTRATO DE *FACTORING* NO QUAL O FATURIZADO GARANTIU O PAGAMENTO DOS CRÉDITOS CEDIDOS MEDIANTE A EMISSÃO DE NOTA PROMISSÓRIA. EXECUÇÃO PELO VALOR DOS TÍTULOS NÃO PAGOS. POSSIBILIDADE. Inexistindo lei disciplinando a atividade de fomento mercantil, mais conhecida como *factoring*, prevalece o princípio da autonomia da vontade das partes contratantes. O art. 1.074 do Código Civil revogado admitia que o cedente respondesse pela solvência do devedor, se houvesse disposição contratual nesse sentido. Logo, se no *factoring* existe a cessão onerosa de créditos, é possível a pactuação prevendo a responsabilidade do cedente pelos créditos cedidos, com a garantia de nota promissória em favor do cessionário. Tendo o cedente reconhecido que três créditos não foram honrados pelos devedores, e se a execução se limita ao valor desses créditos, não há como acolher os embargos oferecidos. Apelo improvido. APELAÇÃO CÍVEL. 2003.001.34364. NONA CÂMARA CÍVEL. DES. LAERSON MAURO. Julgada em 2.3.2004.

13.10. Indisponibilidade do Crédito Penhorado

O crédito, uma vez penhorado, não pode mais ser transferido pelo credor que tiver conhecimento da penhora, mas o devedor que o pagar, não tendo notificação dela, fica exonerado, subsistindo somente quanto ao credor os direitos de terceiro (CCB, art. 298).[23]

Assim, se o crédito estiver penhorado, o credor ficará impossibilitado de transferir o crédito, já que o crédito estará fincado no processo de execução.[24]

Caso ocorra a transferência do crédito penhorado, ter-se-á configurado a fraude à execução.

22 Ibid., p. 319-320.

23 Correspondente ao artigo 1.077 do CCB/16.

24 CPC – Art. Quando recair em crédito do executado, enquanto não ocorrer a hipótese prevista no art. 856, considerar-se-á feita a penhora pela intimação:
I – ao terceiro devedor, para que não pague ao executado, seu credor;
II – ao executado, credor do terceiro, para que não pratique ato de disposição do crédito.
LRP – Art. 240 – O registro da penhora faz prova quanto à fraude de qualquer transação posterior.

13.11. Direito Comparado

CC PORTUGUÊS. ARTIGO 577° (Admissibilidade da cessão). 1. O credor pode ceder a terceiro uma parte ou a totalidade do crédito, independentemente do consentimento do devedor, contanto que a cessão não seja interdita por determinação da lei ou convenção das partes e o crédito não esteja, pela própria natureza da prestação, ligado à pessoa do credor. 2. A convenção pela qual se proíba ou restrinja a possibilidade da cessão não é oponível ao cessionário, salvo se este a conhecia no momento da cessão.

CC PORTUGUÊS. ARTIGO 578° (Regime aplicável). 1. Os requisitos e efeitos da cessão entre as partes definem-se em função do tipo de negócio que lhe serve de base. 2. A cessão de créditos hipotecários, quando não seja feita em testamento e a hipoteca recaia sobre bens imóveis, deve necessariamente constar de escritura pública.

CC PORTUGUÊS. ARTIGO 579° (Proibição da cessão de direitos litigiosos). 1. A cessão de créditos ou outros direitos litigiosos feita, directamente ou por interposta pessoa, a juízes ou magistrados do Ministério Público, funcionários de justiça ou mandatários judiciais é nula, se o processo decorrer na área em que exercem habitualmente a sua actividade ou profissão. É igualmente nula a cessão desses créditos ou direitos feita a peritos ou outros auxiliares da justiça que tenham intervenção no respectivo processo. 2. Entende-se que a cessão é efectuada por interposta pessoa quando é feita ao cônjuge do inibido ou à pessoa de quem este seja herdeiro presumido, ou quando é feita a terceiro, de acordo com o inibido, para o cessionário transmitir a este a coisa ou direito cedido. 3. Diz-se litigioso o direito que tiver sido contestado em juízo contencioso, ainda que arbitral, por qualquer interessado.

CC PORTUGUÊS. ARTIGO 580° (Sanções). 1. A cessão feita com quebra do disposto no artigo anterior, além de nula, sujeita o cessionário à obrigação de reparar os danos causados, nos termos gerais. 2. A nulidade da cessão não pode ser invocada pelo cessionário.

CC PORTUGUÊS. ARTIGO 581° (Excepções). A proibição da cessão dos créditos ou direitos litigiosos não tem lugar nos casos seguintes: a) Quando a cessão for feita ao titular de um direito de preferência ou de remição relativo ao direito cedido; b) Quando a cessão se realizar para defesa de bens possuídos pelo cessionário; c) Quando a cessão se fizer ao credor em cumprimento do que lhe é devido.

CC PORTUGUÊS. ARTIGO 582° (Transmissão de garantias e outros acessórios). 1. Na falta de convenção em contrário, a cessão do crédito importa a transmissão, para o cessionário, das garantias e outros acessórios do direito transmitido, que não sejam inseparáveis da pessoa do cedente. 2. A coisa empenhada que estiver na posse do cedente será entregue ao cessionário, mas não a que estiver na posse de terceiro.

CC PORTUGUÊS. ARTIGO 583° (Efeitos em relação ao devedor). 1. A cessão produz efeitos em relação ao devedor desde que lhe seja notificada, ainda que extrajudicialmente, ou desde que ele a aceite. 2. Se, porém, antes da notificação ou aceitação, o devedor pagar ao cedente ou celebrar com ele algum negócio jurídico relativo ao crédito, nem o pagamento nem o negócio é oponível ao cessionário, se este provar que o devedor tinha conhecimento da cessão.

CC PORTUGUÊS. ARTIGO 584° (Cessão a várias pessoas). Se o mesmo crédito for cedido a várias pessoas, prevalece a cessão que primeiro for notificada ao devedor ou que por este tiver sido aceita.

CC PORTUGUÊS. ARTIGO 585° (Meios de defesa oponíveis pelo devedor). O devedor pode opor ao cessionário, ainda que este os ignorasse, todos os meios de defesa que lhe seria lícito invocar contra o cedente, com ressalva dos que provenham de facto posterior ao conhecimento da cessão.

CC PORTUGUÊS. ARTIGO 586° (Documentos e outros meios probatórios). O cedente é obrigado a entregar ao cessionário os documentos e outros meios probatórios do crédito, que estejam na sua posse e em cuja conservação não tenha interesse legítimo.

CC PORTUGUÊS. ARTIGO 587° (Garantia da existência do crédito e da solvência do devedor). 1. O cedente garante ao cessionário a existência e a exigibilidade do crédito ao tempo da cessão, nos termos aplicáveis ao negócio, gratuito ou oneroso, em que a cessão se integra. 2. O cedente só garante a solvência do devedor se a tanto expressamente se tiver obrigado.

CC PORTUGUÊS. ARTIGO 588° (Aplicação das regras da cessão a outra figuras). As regras da cessão de créditos são extensivas, na parte aplicável, à cessão de quaisquer outros direitos não exceptuados por lei, bem como à transferência legal ou judicial de créditos.

Capítulo 14
ASSUNÇÃO DE DÍVIDA

14.1. Conceito e caracteres

A *assunção de dívida* é o negócio jurídico que traduz a transferência de um débito, ou seja, uma terceira pessoa (assuntor) assume o polo passivo da relação jurídica obrigacional obrigando-se perante o credor a cumprir a prestação devida. Os atores que participam deste negócio jurídico são: a) assuntor (terceiro que se obriga a cumprir a prestação); b) devedor originário; e c) credor.

A *assunção de dívida* ou *cessão de débito,* apesar de presente no mundo da vida, não era regulada pelo Código Civil brasileiro de 1916. Apenas com o advento do Código Civil brasileiro de 2002, a matéria foi introduzida no ordenamento jurídico civilístico. (CCB – arts 299 a 303).

Durante muito tempo, a dogmática jurídica relutou em admitir, fora da sucessão hereditária e dos fenômenos análogos de sucessão a título universal, uma transmissão singular de dívidas.[1]

O artigo 299 preceitua que "é facultado a terceiro assumir a obrigação do devedor com o consentimento expresso do credor, ficando exonerado o devedor primitivo, salvo se aquele, ao tempo da assunção, era insolvente e o credor o ignorava".[2]

Qualquer das partes pode assinar prazo ao credor para que consinta na assunção da dívida, interpretando-se o seu silêncio como recusa (parágrafo único do artigo 299).[3]

Neste sentido, a jurisprudência pátria diz que "estabelecendo o art. 299 do Código Civil de 2002, que criou o instituto da assunção de dívida, a necessidade de consentimento do credor para sucessão singular no polo passivo da relação obrigacional, não surte efeitos em relação ao credor transação judicial homologada que estabelece o débito do devedor primitivo ser transferido àquele que assumiu a dívida. Segurança concedida. MANDADO

1 VARELA, João de Matos Antunes. *Das obrigações em geral.* Vol. II, 7. ed. Coimbra: Almedina, 2006, p. 360.

2 Sem correspondência no CCB/16.

3 Sem correspondência no CCB/16.

DE SEGURANÇA. TRANSAÇÃO JUDICIAL. ASSUNÇÃO DE DÍVIDA. ACORDO FIRMADO SEM A ANUÊNCIA DO CREDOR. IMPOSSIBILIDADE. INTELIGÊNCIA DO ART. 299 DO CÓDIGO CIVIL (Mandado de Segurança n° 71000619668, Primeira Turma Recursal Cível, turmas recursais, relator: Ricardo Torres Hermann, julgado em 6.4.2006).

Da mesma forma, decidiu o Tribunal de Justiça do Rio Grande do Sul, por meio da Apelação Cível n° 70017369380, na Décima Oitava Câmara Cível, de relatoria de Pedro Celso Dal Pra, em 7.12.2006, ao decidir que "APELAÇÃO CÍVEL. DIREITO PRIVADO NÃO ESPECIFICADO. AÇÃO MONITÓRIA. CHEQUE PRESCRITO. ASSUNÇÃO DE DÍVIDA. Descabido opor ao credor a assunção da dívida por terceiro (dívida objeto da ação monitória), quando inexiste anuência daquele na transmissão da obrigação. Inteligência do art. 299 do Código Civil. BENEFÍCIO DA GRATUIDADE. PROVA SUFICIENTE DA NECESSIDADE. Na hipótese dos autos, além de não haver impugnação da parte adversa, restou comprovada a necessidade alegada, representada por renda líquida inferior a 10 salários mínimos, de forma a ensejar a concessão do beneplácito da gratuidade. Precedentes. RECURSO PARCIALMENTE PROVIDO. UNÂNIME".

No mesmo sentido: "Ação ordinária de rescisão contratual. Terceiro interessado admitido como assistente litisconsorcial. Assunção de dívida feita sem a anuência dos credores não tem eficácia em relação a estes. Art. 299 do Código Civil de 2002. Apelo desprovido (Apelação Cível n° 70013317615, Vigésima Câmara Cível, Tribunal de Justiça do RS, relator: José Aquino Flores de Camargo, julgada em 23.11.2005)".

Como se percebe, são requisitos do instituto jurídico da assunção de dívida: a) consentimento expresso do credor na assunção da dívida por terceiro; b) validade do negócio jurídico; e c) solvência do assuntor (novo devedor) ao tempo da realização do negócio jurídico.

O Conselho da Justiça Federal, na I Jornada de Direito Civil, editou o Enunciado 16, que diz: "o art. 299 do Código Civil não exclui a possibilidade da assunção cumulativa da dívida quando dois ou mais devedores se tornam responsáveis pelo débito com a concordância do credor".

14.2 Espécies

14.2.1 Assunção de dívida liberatória e assunção de dívida cumulativa

A *assunção de dívida* é um negócio jurídico realizado entre o devedor e o terceiro (também denominado de *assuntor* ou *assumente*), pelo qual este se põe no lugar daquele na relação jurídica obrigacional. Ocorre que é possível que a *assunção de dívida* seja pactuada com a exoneração do devedor primitivo ou de forma que este seja mantido vinculado ao novo devedor na relação jurídica obrigacional. Assim, aos casos em que o compromisso assumido pelo novo devedor envolve a exoneração do primitivo devedor, dá-se o nome de *assunção liberatória, exclusiva* ou *privativa de dívida*. Já nas hipóteses em que o primitivo devedor continua vinculado ao novo devedor, o negócio jurídico é chamado de *assunção cumulativa de dívida, acessão* ou *adjunção à dívida, assunção multiplicadora* ou *reforçativa da dívida*. [4]

Na *assunção cumulativa de dívida*, o terceiro funciona como segundo devedor, ou seja, o credor é beneficiado, já que passa a ter dois ou mais devedores em vez de um.[5]

14.2.2 Assunção unifigurativa de dívida e assunção bifigurativa de dívida

De acordo com as lições de PONTES DE MIRANDA, existem assunções de dívidas denominadas de *unifigurativas* e *bifigurativas*. A *assunção unifigurativa* é aquela pactuada entre *terceiro e credor*, de forma que não é preciso nenhum ato para que a substituição do devedor ocorra. Neste caso, o contrato possui eficácia liberatória, já que o credor libera o devedor. Deve-se fazer uma comunicação ao devedor para que este não proceda como se ainda fosse o devedor da relação jurídica obrigacional.[6] Os atos praticados pelo devedor, "por não ter o credor ou o terceiro feito a comunicação", nenhuma responsabilidade ele terá e ainda poderá "exercer as pretensões de reembolso e pelo enriquecimento injustificado do credor ou do terceiro".[43]

Já a *assunção bifigurativa* (ou *horizontal)* é aquela firmada por meio de contrato entre *terceiro e devedor* seguido do consentimento do credor (manifestação unilateral de vontade receptícia), para que se lhe atribua eficácia liberatória.[7]

Dessa maneira, após a manifestação de vontade do credor (manifestação que pode ser expressa ou tácita), a dívida é do terceiro (assuntor), não mais pertencendo ao devedor primitivo que conseguiu que outrem a assumisse.

Em relação à comunicação do credor, existem três teorias a respeito. Vejamos: a) a teoria da *disposição*; b) a teoria da *oferta*; e c) a teoria da *representação*. A primeira teoria preponderou no sentido de que vê "na manifestação de vontade negocial do devedor ato dispositivo, no próprio nome, do crédito do credor, ato dispositivo que precisa ter eficácia no tocante ao credor, de modo que se faz mister o consentimento deste ou a ratificação".[8]

4 VARELA. Op. Cit., p. 362.
5 PONTES DE MIRANDA. Op. Cit., 1958, p. 390-391.
6 Ibid., p. 376.
7 Ibid., p. 375.
8 Ibid., p. 379.

14.3 Garantias Especiais Dadas pelo Devedor Originário

Consoante o artigo 300 do nosso Código Civil, "salvo assentimento expresso do devedor primitivo, consideram-se extintas, a partir da assunção da dívida, as garantias especiais por ele originariamente dadas ao credor".[9]

Em relação a este dispositivo, o Conselho da Justiça Federal, na IV Jornada de Direito Civil, editou o Enunciado 352, que afirma: "salvo expressa concordância dos terceiros, as garantias por eles prestadas se extinguem com a assunção de dívida, já as garantias prestadas pelo devedor primitivo somente são mantidas no caso em que este concorde com a assunção".

Portanto, a regra geral é a extinção da garantia (obrigação acessória), caso a obrigação principal for extinta em decorrência da assunção da dívida. As garantias fornecidas pelo devedor originário somente serão mantidas no caso de anuência em manter a garantia dada em favor do novo devedor.

14.4 Efeitos da Anulação do Contrato de Transmissão de Dívida

Se a substituição do devedor vier a ser anulada, restaura-se o débito, com todas as suas garantias, salvo as garantias prestadas por terceiros, exceto se este conhecia o vício que inquinava a obrigação. (CCB, art. 301).[10]

No caso de anulação da substituição do devedor, a dívida retorna ao devedor originário com todos os seus acessórios. As garantias prestadas por terceiros permanecem íntegras e válidas se estes tinham conhecimento do vício que maculava a obrigação. Caso contrário, se terceiros não possuíam conhecimento do vício, tais garantias serão canceladas.

14.5. Exceções Pessoais do Devedor Originário

O novo devedor não pode opor ao credor as exceções pessoais que competiam ao devedor primitivo. (CCB, art. 302).[48]Assim, de acordo com o referido dispositivo, o novo devedor (assuntor) não pode opor ao credor as exceções oriundas de relações jurídicas entre ele e o devedor anterior (*e.g.*, exceção *non adimpleti contractus,* ação de redibição, etc.).

14.6. Imóvel Hipotecado - Pagamento do Crédito Garantido

O artigo 303 do CCB determina que "o adquirente de imóvel hipotecado pode tomar a seu cargo o pagamento do crédito garantido; se o credor, notificado, não impugnar em trinta dias a transferência do débito, entender-se-á dado o assentimento".[11]

O dispositivo legal trata da hipótese de uma pessoa adquirir um imóvel hipotecado que esteja em garantia de uma dívida. Com a aquisição deste imó-

9 Sem correspondência no CCB/16.

10 Sem correspondência no CCB/16.

11 Sem correspondência no CCB/16.

vel hipotecado, pressupõe-se que o adquirente tenha assumido a obrigação principal garantida pela hipoteca.

O Tribunal de Justiça do Rio Grande do Sul – TJRS já discutiu a questão mencionada nos seguintes termos: "ASSUNÇÃO DE DÍVIDA. AUSÊNCIA DE ANUÊNCIA DO CREDOR. ARTIGOS 299/303 DO CÓDIGO CIVIL, DE 2003. O novel instituto da assunção de dívida do Código Civil de 2003, instituto que, portanto, inexistia no Código revogado, não dispensa a anuência do credor, somente admitindo a anuência tácita no caso de aquisição de imóvel hipotecado, pela justa razão de que o imóvel continua garantindo o débito. No caso de transferência de automóvel alienado fiduciariamente à administradora de consórcio, evidente que deve haver a expressa anuência da credora, não sendo a ela eficaz a citada transferência ausente tal anuência. RECURSO DESPROVIDO (Apelação Cível n° 70003012432, Décima Terceira Câmara Cível, Tribunal de Justiça do RS, relator: Diogenes Vicente Hassan Ribeiro, julgada em 23.3.2004)".

Em relação à recusa do credor, o Conselho da Justiça Federal, na IV Jornada de Direito Civil, decidiu que "CJF – Enunciado 353 – art. 303. A recusa do credor, quando notificado pelo adquirente de imóvel hipotecado, comunicando-lhe o interesse em assumir a obrigação, deve ser justificada".

14.7 Direito Comparado

CC PORTUGUÊS. ARTIGO 595° (Assunção de dívida). 1. A transmissão a título singular de uma dívida pode verificar-se: a) por contrato entre o antigo e o novo devedor, ratificado pelo credor; b) por contrato entre o novo devedor e o credor, com ou sem consentimento do antigo devedor. 2. Em qualquer dos casos, a transmissão só exonera o antigo devedor havendo declaração expressa do credor; ao contrário, o antigo devedor responde solidariamente como novo obrigado.

CC PORTUGUÊS. ARTIGO 596° (Ratificação do credor). 1. Enquanto não for ratificado pelo credor, podem as partes distratar o contrato a que se refere a alínea "a" do n° 1 do artigo anterior. 2. Qualquer das partes tem o direito de fixar ao credor um prazo para a ratificação, findo o qual esta se considera recusada.

CC PORTUGUÊS. ARTIGO 597° (Invalidade da transmissão). Se o contrato de transmissão da dívida for declarado nulo ou anulado e o credor, obrigado, tiver exonerado o anterior, renasce a obrigação deste, mas consideram-se extintas as garantias prestadas por terceiro, excepto se este conhecia o vício na altura em que teve notícia da transmissão.

CC PORTUGUÊS. ARTIGO 598° (Meios de defesa). Na falta de convenção em contrário, o novo devedor não tem o direito de opor ao credor os meios de defesa baseados nas relações entre ele e o antigo devedor, mas pode opor-lhe os meios de defesa derivados das relações entre o antigo devedor e o credor, desde que o seu fundamento seja anterior à assunção da dívida e não se trate de meios de defesa pessoais do antigo devedor.

CC PORTUGUÊS. ARTIGO 599° (Transmissão de garantias e acessórios). 1. Com a dívida, transmitem-se para o novo devedor, salvo convenção em contrário, as obrigações acessórias do antigo devedor que não sejam inseparáveis da pessoa deste. 2. Mantêm-se nos mesmos termos as garantias do crédito, com excepção das que tiverem sido constituídas por terceiro ou pelo antigo devedor, que não haja consentido na transmissão da dívida.

CC PORTUGUÊS. ARTIGO 600° (Insolvência do novo devedor).

O credor que tiver exonerado o antigo devedor fica impedido de exercer contra ele o seu direito de crédito ou qualquer direito de garantia, se o novo devedor se mostrar insolvente, a não ser que expressamente haja ressalvado a responsabilidade

CC PORTUGUÊS. ARTIGO 424° (Noção. Requisitos). 1. No contrato com prestações recíprocas, qualquer das partes tem a faculdade de transmitir a terceiro a sua posição contratual, desde que o outro contraente, antes ou depois da celebração do contrato, consinta na transmissão. 2. Se o consentimento do outro contraente for anterior à cessão, esta só produz efeitos a partir da sua notificação ou reconhecimento.

CC PORTUGUÊS. ARTIGO 425° (Regime). A forma da transmissão, a capacidade de dispor e de receber, a falta e vícios da vontade e as relações entre as partes definem-se em função do tipo de negócio que serve de base à cessão.

CC PORTUGUÊS. ARTIGO 426° (Garantia da existência da posição contratual). 1. O cedente garante ao cessionário, no momento da cessão, a existência da posição contratual transmitida, nos termos aplicáveis ao negócio, gratuito ou oneroso, em que a cessão se integra. 2. A garantia do cumprimento das obrigações só existe se for convencionada nos termos gerais.

CC PORTUGUÊS. ARTIGO 427° (Relações entre o outro contraente e o cessionário). A outra parte no contrato tem o direito de opor ao cessionário os meios de defesa provenientes desse contrato, mas não os que provenham de outras relações com o cedente, a não ser que os tenha reservado ao consentir na cessão.

14.8. Jurisprudência Comparada

- TRIBUNAL DA RELAÇÃO DO PORTO. Assunção de dívida. Coassunção de dívida. Exoneração do antigo devedor. Art. 595° do Código Civil. I. A transmissão de dívida só exonera o antigo devedor havendo declaração expressa do credor. II. Caso contrário, haverá coassunção da dívida pelo novo e pelo primitivo devedores. III. A declaração expressa referida em I é a que se destina unicamente e em primeira linha a exteriorizar a vontade de desonerar o antigo devedor. IV. Podendo ser feita não só por palavras ou escrito, como também por qualquer outro meio directo e imediato de manifestação de vontade, que pode ser detectado pela via interpretativa. V. Se o acordo de transferência da dívida ocorreu nas instalações da credora, nele interveio também um seu representante, e na sequência dele a credora encerrou completamente a conta corrente contabilística do primitivo devedor, transferindo o saldo devedor para a conta corrente contabilística aberta em nome do novo devedor, deve interpretar-se esse complexo quadro factual como manifestação directa e imediata da vontade da credora de exonerar o primitivo devedor da dívida transferida para o novo devedor. Apelação nº 800/99 – 1ª Secção Acórdão de 11.05.99. Relator: Eduardo Antunes; adjuntos: Nuno Cameira e Rua Dias.

- TRIBUNAL DA RELAÇÃO DO PORTO. Mandato sem Representação. Assunção de Dívida. Art. 595° ex vi do art. 1182° e 1182 do C. Civil.

I No âmbito das relações internas entre mandante e mandatário, por força do contrato, é aquele responsável perante este, pelas dívidas contraídas, dívidas que deve ssumir. II – A assunção de dívida terá de realizar-se por contrato entre mandante e mandatário ratificado pelo credor, ou por contrato entre mandante e credor. III – Não existindo contrato com intervenção do credor – a autora – não ocorreu a assunção da dívida, pelo que nem o mandatário ficou desonerado perante o credor nem o credor pode exercer acção directa sobre o mandante. IV – Se a mandatária, no acto da compra das passagens aéreas, acorda com a credora que o preço será pago pela mandante, o que a autora aceita, este acordo não pode vincular juridicamente a mandante (que é terceiro). V – Assim, a assunção da dívida para com o credor passa pela boa vontade de quem "deve assumir" e, por isso, a mandatária pagará à autora o preço das passagens aéreas e a mandante reembolsará do que esta houver despendido no cumprimento do mandato. Recurso nº 1227/01 – Apelação. Acórdão de 29.05.01. Relator: Custódio Costa.

- TRIBUNAL DA RELAÇÃO DO PORTO. Assunção de dívida. Solidariedade do antigo devedor no cumprimento da obrigação. Art. 595° do C.C. No caso de assunção de dívida, se o credor não exonera expressamente o antigo devedor, este responde solidariamente com o novo obrigado pelo cumprimento da obrigação. Apelação. Proc. nº 359/023a Secção. Acórdão de 23.04.2002. Relator: Garcia Calejo, adjuntos: Gil Roque e Tomás Barateiro.

- TRIBUNAL DA RELAÇÃO DO PORTO. Assunção de dívida; Solidariedade entre devedores; princípio da autonomia privada. Artigos 236°, nº 1, 398° e 595° do Código Civil. 1 – A declaração de A, constante de um escrito particular da sua autoria, de que a partir de certa data assumiu a responsabilidade pelo pagamento de determinada quantia (500 contos) referente ao fornecimento de animais anteriormente feito por B a C, filho de A, integra a figura jurídica da coassunção ou assunção cumulativa de dívida. 2 H á assunção cumulativa de dívida quando um terceiro, sem delegação do devedor, assume uma dívida deste perante o credor, ficando ambos solidariamente responsáveis se o credor não liberar o primitivo devedor. Apelação. N° do processo: 1710/99; 3ª Secção Cível. Data do acórdão: 23.11.99. Relator: Nuno Cameira, juízes adjuntos: Garcia Calejo e Gil Roque.

- TRIBUNAL DA RELAÇÃO DO PORTO. Transmissão de Dívida. Ónus da Prova. Hipoteca. Assunção de Dívida. Art. 342° n° 2, 595° n° 2 e 599° n° 2 do C. Civil. I – Se o primitivo devedor deu o seu consentimento à transmissão da dívida, a garantia mantém-se se, ao invés, tal consentimento não foi dado, a garantia caducou. II – Incumbe ao credor o ónus de alegação e prova do consentimento dado à transmissão da dívida, ou da sua falta. III – Se o originário garante, reagindo à execução baseada em hipoteca, diz que esta garantia caducou, ou seja, que já não responde pela obrigação, incumbiria ao embargado alegar e provar que ele deu o seu consentimento à transmissão da dívida, mantendo-se a garantia. IV – Assim, comprovada a transmissão da dívida, incumbe ao embargado alegar e provar o consentimento do antigo devedor/garante, uma vez que nem sequer teve o cuidado de o fazer intervir na escritura em que autorizou a assunção de dívida por terceiro. Recurso n° 1412/2001. Acórdão de 15.10.2002. Relator: Serra Baptista.

Capítulo 15

CESSÃO DOS CONTRATOS

15.1. Conceito

A cessão de contrato ocorre quando a posição contratual de uma das partes é assumida por terceiro. Dessa maneira, a cessão consiste na substituição de um dos polos da relação jurídica contratual por outra pessoa que passa a figurar como parte contratante.

Para que ocorra a cessão do contrato, é necessária a existência de três figuras, a saber: o cedente, o cessionário e o cedido. O cedente é aquele contratante originário que transfere a terceiro sua posição contratual. O cessionário é a pessoa quem o substitui. A outra parte, que permanece no negócio jurídico, é conhecida como contratante cedido, cujo consentimento é indispensável.

A cessão do contrato é praxe nas relações econômicas visando a maior celeridade na circulação do contrato. A cessão do contrato não se confunde com a cessão de crédito nem com a cessão de débito. Na cessão de contrato, uma terceira pessoa alheia à formação contratual originária passa a compor a relação jurídica contratual em substituição de uma das partes primitivas.

ORLANDO GOMES ensina que a cessão de contrato, de acordo com a construção unitária, é a "relação contratual que se modifica subjetivamente, saindo um contratante para que outrem lhe tome o lugar. Esse sentido unitário da cessão como veículo da circulação do contrato exprime-se, na linguagem corrente, pelo expressivo termo traspasse, que, entre nós, se usa na cessão da promessa irrevogável de venda. O negócio de cessão é, assim, ato único e simples".[1]

O jurista português MÁRIO JÚLIO DE ALMEIDA COSTA ensina que a cessão da posição contratual consiste na "faculdade concedida a qualquer dos contraentes *(cedente)*, em contratos com prestações recíprocas, de transmitir a sua inteira posição contratual, isto é, o complexo unitário constituído pelos créditos e dívidas que para ele resultarem do contrato a um terceiro *(cessionário)*, desde que o outro contraente *(cedido)* consinta na transmissão".[2]

---

1 GOMES, Orlando. *Contratos*. Rio de Janeiro: Forense, 2001, p. 149.

2 ALMEIDA COSTA, Mário Júlio de. *Direito das obrigações*. 10. ed. Coimbra: Almedina, 2006, p. 833-834.

A cessão do contrato é muito utilizada nos contratos de promessa de venda, compra e venda, locação e mútuo. Por exemplo, o artigo 31 da Lei nº 6.766/79 prescreve que "o contrato particular pode ser transferido por simples trespasse, lançado no verso das vias em poder das partes, ou por instrumento em separado, declarando-se o número do registro do loteamento, o valor da cessão e a qualificação do cessionário, para o devido registro".

Outra hipótese de cessão de contrato pode ser encontrada nos contratos de locação, já que a lei de locação em seu artigo 13 determina que "A cessão da locação, a sublocação e o empréstimo do imóvel, total ou parcialmente, dependem do consentimento prévio e escrito do locador". No parágrafo primeiro do referido artigo, encontramos que "não se presume o consentimento pela simples demora do locador em manifestar formalmente a sua oposição". E o parágrafo segundo informa que "desde que notificado por escrito pelo locatário, de ocorrência de uma das hipóteses deste artigo, o locador terá o prazo de trinta dias para manifestar formalmente a sua oposição".

A substituição de posição contratual na locação também ocorre no momento em que a coisa locada é alienada na vigência do contrato. O adquirente é obrigado a respeitar o contrato de locação, caso esteja pactuada cláusula da sua vigência no caso de alienação, bem como o contrato constar de respectivo registro público. Neste caso, o adquirente do bem locado assume a posição jurídica contratual do alienante.

15.2. Requisitos

Os dois requisitos indispensáveis para ocorrência da cessão do contrato são: 1°) que o contrato seja bilateral (sinalagmático); 2°) que as prestações não tenham sido satisfeitas, no todo, pelos contratantes; 3°) o consentimento do outro contraente (cedido) na transmissão.

Portanto, não há cessão de contrato unilateral nem de contrato já executado por uma das partes. É possível a cessão do contrato naqueles casos em que o cumprimento da obrigação for de trato sucessivo, podendo já ter sido cumpridas algumas prestações.

Para ORLANDO GOMES, é intuitiva a razão por que somente nos contratos sinalagmáticos pode haver cessão: "Nos contratos unilaterais, cada sujeito situa-se em posição exclusiva. Um é credor, o outro devedor. Haverá, portanto, cessão de crédito ou cessão de débito. É da essência da cessão de contrato que a transferência tenha como objeto um complexo de elementos ativos e passivos, isto é, um conjunto de créditos e dívidas de cada parte. Incompatível, pois, nos contratos unilaterais. Não se configura igualmente cessão do contrato se já cumpridas completamente as obrigações de um dos contratantes. É que o outro fica na posição exclusiva de devedor, uma vez que seu crédito se acha esgotado, assemelhando-se a situação à de um contrato unilateral, e, pela mesma razão, assumindo qualquer transferência a natureza de uma cessão de crédito ou de débito".[52]

15.3. Espécies de Cessão de Contrato

A cessão de contrato pode se dar a partir de três espécies, a saber:
a) cessão com liberação do cedente;
b) cessão sem liberação do cedente;
c) cessão mediante endosso.

15.3.1. Cessão do contrato com liberação do cedente

A primeira modalidade (cessão com liberação do cedente) é a mais comum, já que representa o afastamento completo do cedente da relação jurídica contratual. Ele cede a sua posição jurídica contratual porque deseja ficar liberado do vínculo originalmente estabelecido, saindo da relação contratual. O que o cedente quer, na realidade, é desvincular-se definitivamente da avença assumida, razão pela qual se faz necessário o consentimento do contratante cedido.

15.3.2. Cessão do contrato sem liberação do cedente

Na segunda hipótese (cessão sem liberação do cedente), o outro contraente não admite a liberação do cedente. Poderá ocorrer a cessão desde que o cedente continue responsável pelas obrigações que pretende transferir ao cessionário. Daí que a responsabilidade do cedente, neste caso, é subsidiária. Melhor dizendo: não ocorrendo a liberação do cedente, o contraente cedido deverá exigir o cumprimento das obrigações contratuais do terceiro cessionário. Somente no caso de este não cumprir a avença, poderá o cedido agir contra o cedente. A cessão sem liberação do cedente deverá ser realizada de forma expressa, já que possui caráter de excepcionalidade.

15.3.3. Cessão do contrato mediante endosso

A terceira modalidade de cessão de contrato ocorre mediante endosso, em especial, nos casos de transferência de títulos de crédito.

15.4. Efeitos

A cessão de contrato resulta em direitos e obrigações para o cedente, o cedido e o cessionário, produzindo, pois, três ordens de efeitos:

1) entre cedente e cessionário;
2) entre cedente e contratante cedido;
3) entre cessionário e contratante cedido.

15.4.1. Efeitos entre o cedente e o cessionário

Entre cedente e cessionário, o efeito principal é a substituição de um pelo outro em um dos polos da relação jurídica contratual, já que o cessionário assume a posição do cedente. Assim, todos os direitos e obrigações advindos do contrato são transferidos ao cessionário, uma vez que ele assume a posição jurídica contratual.

15.4.2. Efeitos entre o cedente e o cedido

Entre o cedente e o contraente cedido, os efeitos do negócio jurídico dependem da modalidade da cessão. Se a cessão ocorrer com a liberação do cedente, este não fará mais parte da relação jurídica contratual, não ficando mais responsável pelas obrigações anteriormente assumidas. Pelo contrário, se a cessão do contrato for estipulada, de forma expressa, sem a liberação do cedente, este ficará subsidiariamente responsável pelo cumprimento das obrigações. Vale destacar que, neste caso, ocorrerá a extinção das garantias pessoais ou reais que o cedente tiver oferecido em garantia ao contrato, salvo se desejar mantê-las, o que deverá ser feito de forma expressa.

15.4.3. Efeitos entre o cessionário e o cedido

Entre o cessionário e o contraente cedido, o efeito fundamental é a inserção daquele em um dos polos da avença em substituição ao cedente. O cessionário assume, desde já, a totalidade de direitos e obrigações que lhe é transferida. A partir daí, poderá agir como se fora o contratante originário.

EFEITOS DAS OBRIGAÇÕES DO ADIMPLEMENTO E EXTINÇÃO DAS OBRIGAÇÕES

Capítulo 16

PAGAMENTO

16.1. Conceito e Espécies

Adimplemento, solução, pagamento ou *cumprimento* é a realização da prestação pelo devedor, ou seja, o cumprimento de sua obrigação com a consequente satisfação da pretensão do credor. Melhor dizendo: o pagamento da obrigação representa a entrega da prestação ao credor. O conceito jurídico de *pagamento* é amplo, já que se encontra inserido em qualquer relação jurídica obrigacional. Por exemplo, o devedor que promete entregar o automóvel ao credor estará, pois, realizando o pagamento no momento da entrega da coisa. Da mesma forma, o devedor que se obrigou a construir um imóvel faz o pagamento com a realização da tarefa. Do mesmo modo nas obrigações de não fazer, bem como nas obrigações pecuniárias.

Assim, é possível afirmar que o devedor cumpre a obrigação quando realiza a prestação a que está vinculado. O *pagamento* é, portanto, uma das formas de extinção das obrigações, com vistas à satisfação do interesse econômico do credor.

ANTUNES VARELA, professor da Faculdade de Direito de Coimbra, utiliza o termo *cumprimento*. O jurista português afirma que "o cumprimento da obrigação é a realização voluntária da prestação debitória. É a atuação da relação obrigacional no que respeita ao dever de prestar".[1]

Com a extinção da obrigação em razão do *pagamento*, o devedor se liberta do vínculo obrigacional que existia com o credor (efeito liberatório do devedor em face do credor). Daí que um dos efeitos do pagamento é a liberação do devedor do vínculo que o prendia ao credor. É, pois, um *direito subjetivo de o devedor* ver-se livre da relação jurídica obrigacional que mantinha com

1 VARELA, João de Matos Antunes. *Das obrigações em geral*. Vol. II, 7. ed. Coimbra: Almedina, 2006, p. 7.

o credor. Dessa maneira, o pagamento significa não só um dever jurídico do devedor em relação ao credor, mas também um direito subjetivo do devedor de romper com o vínculo obrigacional.

Caso ocorra recusa injustificada do credor em receber o pagamento, poderá o devedor realizar o pagamento por consignação, por meio da propositura de uma ação consignatória.

PONTES DE MIRANDA prefere utilizar o termo *solutio* (solução)[2] ou *adimplemento*. Ele ensina que "o adimplemento, a *solutio*, a execução, realiza o fim da obrigação: satisfaz e libera, donde cessar a relação jurídica entre o devedor e o credor".[3]

DOMINGUES DE ANDRADE entende por *cumprimento* o *implemento* ou *adimplemento* da obrigação à execução da prestação debitória. Para o jurista português, "o cumprimento é sinônimo de *pagamento*, numa acepção usual entre os juristas, mais ampla do que a vulgar de prestação de uma quantia em dinheiro".[4]

JUDITH MARTINS-COSTA conceitua *pagamento, adimplemento* ou *cumprimento* como "a realização, pelo devedor, da prestação concretamente devida, satisfatoriamente, ambas as partes tendo observado os deveres derivados da boa-fé que se fizeram instrumentalmente necessários para o atendimento do escopo da relação, em acordo ao seu fim e às suas circunstâncias".[5]

Em relação ao cumprimento da obrigação, devem ser respeitados os seguintes princípios que norteiam o pagamento: a) princípio da boa-fé objetiva (comportamento desejado entre credor e devedor); b) Princípio da igualdade substancial; c) Princípio da justiça contratual (justiça comutativa); d) princípio da pontualidade, correspondência ou pontualidade; e) princípio da exatidão, princípio da não divisibilidade ou princípio da integralidade (CCB, art 314); f) princípio da função social; g) princípio do equilíbrio econômico (CCB, arts. 157, 317, 404, parágrafo único, 419, 478).

O *princípio da pontualidade* é um princípio fundamental do cumprimento das obrigações, isto quer dizer que o devedor deve cumprir a obrigação nos precisos termos em que ela foi constituída. Melhor dizendo: o cumprimento deve ser pontual em todos os seus sentidos, ou seja, deve coincidir ponto por ponto com a prestação avençada.

O *princípio da integralidade,* previsto no artigo 319, indica que a prestação não deve ser efetuada por partes, salvo se houver acordo entre as partes.

---

2 O termo latino *solutio* alude a desfazimento de ligação.

3 PONTES DE MIRANDA, Francisco Cavalcanti. *Tratado de direito privado.* Parte especial. Tomo XXIV. 2. ed. Rio de Janeiro: Borsoi, 1959, p. 72.

4 ANDRADE, Manuel A. Domingues de. *Teoria geral das obrigações.* 3. ed. Coimbra: Almedina, 1966, p. 277.

5 MARTINS-COSTA, Judith. *Comentários ao novo Código Civil.* Volume V, Tomo I. Rio de Janeiro: Forense, 2006, p. 115.

Os *princípios da função social* e *da boa-fé objetiva* representam uma mudança de valores éticos, uma nova dimensionalidade ética que perpassa e adorna com novas cores as relações interprivadas. Dessa maneira, os princípios da liberdade contratual e autonomia da vontade não são absolutos, já que são condicionados pelos limites traçados pelo ordenamento jurídico, mas também conformados e temperados pelos princípios da boa-fé, probidade, transparência, eticidade, equilíbrio econômico, etc.

A boa-fé é uma norma de conduta, é a conduta ética, leal, honesta e transparente esperada dos parceiros contratuais. O legislador determina no artigo 113 que "os negócios jurídicos devem ser interpretados conforme a boa-fé e os usos do lugar de sua celebração". Isto representa que a exegese dos atos jurídicos deve ser conduzida pelo intérprete a partir de um ponto originário chamado boa-fé.

Essa matriz hermenêutica é tão importante que o Código Civil brasileiro reforça esta conduta nas relações jurídicas contratuais ao estabelecer no artigo 422 que "os contratantes são obrigados a guardar, assim na conclusão do contrato, como em sua execução, os princípios de probidade e boa-fé".

Observa-se a invocação e uso cada vez maior dos princípios da probidade e boa-fé em decisões judiciais com vistas a alinhar possíveis distorções na constituição das relações jurídicas interprivadas.

Os contratantes devem adotar um padrão de correção e probidade, tanto na constituição de relações entre eles como no desempenho das relações constituídas. Isso sem contar que na fase pré-contratual, ou seja, na fase das tratativas preliminares, as pessoas devem agir, também, de boa-fé, com lealdade, dignidade e correção.

Vale destacar que o princípio da boa-fé, em razão de constituir uma cláusula geral, não se apresenta pronto e acabado (tipo "self-executing"), apto a ser aplicado pelo julgador. Pelo contrário, carece ainda de concreção ou concretização hermenêutica a ser efetuada pelo juiz, levando em consideração todas as especificidades do caso concreto decidendo, em especial, as exigências fundamentais da ética jurídica.

Neste sentido, SYLVIO CAPANEMA DE SOUZA, desembargador do Tribunal de Justiça do Estado do Rio de Janeiro, alerta que "assumem os magistrados responsabilidade muito maior, deixando de ser apenas a 'boca da lei', engessados na camisa de força do texto legal, para se tornarem os verdadeiros equilibradores éticos e econômicos das relações obrigacionais e contratuais. Exigir-se-á deles muito maior sensibilidade social na aplicação da lei e na sua interpretação, convertendo-se a boa-fé na primeira regra de hermenêutica dos negócios jurídicos, o que importará em verdadeira purificação ética dos contratos".[6]

6 SOUZA, Sylvio Capanema de. Apresentação. In: SOUZA, Sylvio Capanema de. *Comentários ao novo Código Civil*. Volume VIII. Rio de Janeiro: Forense, 2004, p. XI.

O pagamento pode ser de duas maneiras, a saber: a) *direto;* e b) *indireto.* Aquele ocorre quando o devedor entrega ao credor a prestação na *forma,* no *lugar* e no *tempo* convencionado entre as partes. Já o *pagamento indireto* é um mecanismo criado pelo legislador para ser utilizado nas hipóteses em que o devedor tenha dificuldades de realizar o pagamento direito, tais como a dação em pagamento, o pagamento por sub-rogação, o pagamento por consignação, etc.

Os modos de extinção da obrigação podem ser classificados em: a) *execução voluntária pelo devedor com a satisfação do credor* (art. 394); b) *cumprimento da prestação de modo forçado, via judicial* (CPC, arts. 797, 806, 811 e 824); c) *pagamento em sentido lato* (incluindo o pagamento indireto: dação em pagamento, novação, compensação e confusão); e d) *extinção sem a ocorrência do pagamento:* prescrição (CCB, art. 189), remissão (CCB, art. 385 e ss), impossibilidade não culposa (CCB, arts 234, 235, 248 e 250), nos casos de existência de condição ou termo extintivo (CCB, arts 121 a 130 e 135), redibição (CCB, art. 441), distrato (CCB, art. 472), resilição unilateral (CCB, art. 473), resolução por inadimplemento (CCB, art. 475) ou nos casos de onerosidade excessiva (CCB, art. 478).

16.2. Natureza Jurídica

A natureza jurídica do *pagamento* é um tema controvertido, uma vez que o *adimplemento* pode ser realizado de diferentes modos. Como dito acima, o *pagamento* extingue as diversas formas de obrigação. Nas obrigações da dar, pela tradição da *coisa*; nas obrigações de fazer, a partir da *prestação do fato,* e nas obrigações de não fazer, sob a forma de *abstenção.* Alguns autores sustentam que o pagamento deve ser tratado como *ato jurídico.* Outros entendem que o pagamento é um *negócio jurídico bilateral,* uma vez que existe a conjugação das vontades do credor e do devedor.

PONTES DE MIRANDA enuncia as seis principais teorias em torno da natureza jurídica da *solução* (adimplemento, pagamento, cumprimento).[7] Vejamos:

> a) a teoria que viu no adimplemento negócio jurídico, às vezes bilateral, outras vezes unilateral (LOTMAR; LAURENT; VOIGT; ALEXANDER; HUPKA; MANICK e ROSENBERG);
>
> b) a teoria que viu no adimplemento negócio jurídico necessariamente bilateral (ROMER; STRUCK-MANN; HENRICI; HELLWIG; FERRARA, GIORGI, VON TUHR; STAMPE; KRESS; HENLE);
>
> c) a teoria que viu no adimplemento ato jurídico *stricto sensu*

7 PONTES DE MIRANDA. Op. Cit., 1959, p. 76-77.

(CROME; MEYER; TITZE);
d) a teoria que viu no adimplemento apenas ato-fato jurídico;
e) a teoria que viu no adimplemento apenas fato jurídico, ou sem precisar de que classe, ou como fato jurídico *stricto sensu* (KRETSCHMAR; BIERLING; BREIT; GIERKE; SIBER; LEONHARD; OERTMANN; HECK; KORMANN);
f) a teoria que viu no adimplemento "ato devido", portanto, não negocial, mas sem partir de ou sem chegar à colocação precisa do ato devido, em classificação científica dos fatos jurídicos (CARNELUTTI; PUGLIATTI; NICOLÒ).

ORLANDO GOMES também afirma que a natureza jurídica do pagamento é controvertida. Daí dizer que não é possível qualificar uniformemente o pagamento. O professor catedrático da Universidade Federal da Bahia escreve que "sua natureza depende da qualidade da prestação e de quem o efetua. Feito por terceiro, é um *negócio jurídico* e, igualmente, se, além de extinguir a obrigação, importa transferência de propriedade da coisa dada pelo solvens ao *accipiens*, admitida em algumas legislações.

Em outras modalidades, é *ato jurídico stricto sensu*. Trata-se, em suma, de um ato de natureza variável".[8]

CAIO MÁRIO DA SILVA PEREIRA entende que a melhor solução é a posição eclética, entre nós adotadas por SERPA LOPES e ORLANDO GOMES, já que, "às vezes, tem todos os característicos de um negócio jurídico quando o direito de crédito objetive uma prestação que tenha caráter negocial (exemplo: a emissão de uma declaração de vontade), mas outras vezes não passa de um mero fato, quando o conteúdo da obrigação não tem tal sentido, ou objetive simples abstenções ou prestações de serviços. Na verdade, nem sempre se torna necessária, para a eficácia do pagamento, a vontade direta de extinguir a obrigação, como ocorre no exemplo de Von Thur: se o devedor realiza o serviço, sem saber se tinha a obrigação de realizá-lo, não tem importância discutir os efeitos próprios do adimplemento".[9]

Já ARNALDO RIZZARDO, não obstante as controvérsias doutrinárias, afirma que "justamente porque supõe obrigação anterior, revela-se preponderantemente como ato jurídico bilateral, mesmo quando procedido contra a vontade do credor. Acontece que sempre assiste o direito de impugná-lo, de procurar invalidá-lo, tanto que na consignação jamais se prescinde do cha-

8 GOMES, Orlando. *Obrigações*. 17. ed. Rio de Janeiro: Forense, 2007, p. 114-115.
9 PEREIRA, Caio Mário da Silva. *Instituições de Direito Civil:* teoria geral das obrigações. V. II, 20. ed. Rio de Janeiro: Forense, 2003, p. 168-169.

mamento do credor. Se existe, é porque se estabeleceu subjacentemente uma relação contratual".[10]

Para CUNHA GONÇALVES, o cumprimento das obrigações possui natureza jurídica de *fato*. Ele informa que "toda a atividade pessoal positiva ou negativa, isto é, qualquer ato ou abstenção, constitui um *fato*, porque não estando materializada num corpo distinto do agente, não pode constituir uma coisa. As obrigações de fazer ou não fazer têm por objeto, portanto, um fato, e, por isso, chama-se prestação de fato o cumprimento ou realização dum fato positivo ou negativo, dum ato ou duma abstenção. Mas, embora o art. 710 diga que os contratos se resolvem na prestação de fatos ou na prestação de coisas, como que opondo uma à outra, é certo que uma prestação de fato, como já dissemos, pode terminar por uma prestação de coisa, sendo esta a forçosa consequência daquela, por exemplo, a obrigação de fabricar e entregar um móvel, ou pintar um quadro, ou construir um edifício, e, por isso, para se verificar se a prestação da coisa deriva duma obrigação de *dar* ou duma obrigação de *fazer*, haverá que examinar o caráter da obrigação inicial ou causal".[11]

Pagamento, adimplemento, cumprimento, solução é, pois, *ato-fato jurídico*. O pagamento não se insere no plano de validade do negócio jurídico, mas sim no plano de eficácia. A razão está com PONTES DE MIRANDA ao afirmar que "fala-se de ação de nulidade, ou anulabilidade do pagamento; fala-se de impugnação; fala-se de invalidação. Vê-se bem que se supõe, sob tais expressões, que o adimplemento seja, necessariamente, negócio jurídico, o que é falso.

Não foi sem grandes prejuízos para a ciência que se generalizaram dizeres como "pagamento nulo", "pagamento anulável", "não vale o pagamento". Não há plano de *validade* para pagamento, ou adimplemento: adimplemento é, ou não é (plano da existência); adimplemento produz efeitos, ou não os produz (plano da eficácia). Pode ser nulo, ou anulável, o negócio jurídico, ou ato jurídico *stricto sensu*, "com que" se adimple, não o adimplemento, que é ato-fato jurídico: ou houve, ou não houve; ou surte efeitos ou não surte".

16.3. Requisitos de eficácia do pagamento

Para que o pagamento possa produzir seus efeitos jurídicos (extinção da obrigação e liberação do devedor), é necessário que o pagamento satisfaça os *requisitos subjetivos* e os *requisitos objetivos*.

10 RIZZARDO, Arnaldo. *Direito das obrigações*. 3. ed. Rio de Janeiro: Forense, 2007, p. 299.

11 CUNHA GONÇALVES, Luiz da. Tratado de Direito Civil. Volume IV. Tomo II. São Paulo: Max Limonad, 1958, p. 787.

Os *requisitos subjetivos* estão relacionados aos sujeitos da relação jurídica obrigacional, isto é, a verificação da legitimidade para receber a obrigação e dar a quitação ou aqueles que estão legitimados a pagar ou compelidos a pagar a prestação.

Os requisitos objetivos estão adstritos: a) ao *lugar do pagamento*, ou seja, a verificação se o pagamento foi realizado no lugar convencionado entre as partes; b) ao tempo do pagamento, uma vez que o devedor possui um tempo para cumprir a obrigação; e c) a *prova do pagamento*.

Assim, em linhas gerais, para que o pagamento possa produzir seus efeitos, são necessários os seguintes requisitos: a) a existência de um vínculo obrigacional entre o credor e o devedor; b) o cumprimento da prestação; c) a legitimidade para receber a prestação e dar a quitação (*accipiens*); d) a legitimidade da pessoa que efetua o pagamento (*solvens*); e) a verificação do lugar do pagamento, do tempo e a prova do pagamento; f) a titularidade do devedor sobre o bem a ser transferido ao credor, ou seja, o devedor deve estar revestido do poder de dispor da coisa.

16.4. Quem deve pagar

O artigo 304 do Código Civil brasileiro afirma que "qualquer interessado na extinção da dívida pode pagá-la, usando, se o credor se opuser, dos meios conducentes à exoneração do devedor".[12] E o *parágrafo único* do mesmo dispositivo legal diz que "igual direito cabe ao terceiro não interessado, se o fizer em nome e à conta do devedor, salvo oposição deste".[67]

A legitimação para o adimplemento não se confunde com a titularidade do dever jurídico de uma relação jurídica obrigacional. De modo geral, o devedor é a pessoa que cumpre com a obrigação, salvo no caso de falecimento, quando a prestação é transferida aos seus herdeiros, respeitando as forças da herança.

Da mesma forma, o terceiro que assumir a dívida, ou seja, aquela pessoa que assume o lugar do devedor original poderá ser compelida a pagar a prestação. Todavia, é possível que o pagamento seja efetuado por *terceiros interessados* ou por *terceiros não interessados*. É claro que se a obrigação é personalíssima (*intuitu personae*), somente ao devedor cabe cumprir com a prestação, já que se leva em consideração suas qualidades pessoais.[13]

Os *terceiros interessados* são aquelas pessoas que podem efetuar o pagamento sem o consentimento do devedor ou do credor (ex.: fiador, coobrigado (CCB, art. 346, III), sucessor, sócio, o credor do devedor (CCB, art. 346, I), aquele que garante a dívida de terceiro por hipoteca ou direito real (CCB, art.

12 Correspondente ao artigo 930 do CCB/16.

13 CCB, art. 247. Incorre na obrigação de indenizar perdas e danos o devedor que recusar a prestação a ele só imposta, ou só por ele exequível.

346, II)). Nestas hipóteses, os terceiros interessados ficam sub-rogados nos direitos do credor (não só o crédito, mas também todas as garantias que o credor original tivesse).

Vejamos o seguinte exemplo: Leonardo é credor de Rafaella (devedora), da quantia de R$ 100.000,00 (cem mil reais). Márcia é fiadora de Rafaella. O credor Leonardo exige ainda uma garantia real consubstanciada na hipoteca do imóvel de Rafaella. Melhor dizendo: é uma relação jurídica obrigacional com dupla garantia (real e fidejussória). Na data aprazada, Rafaella não paga a prestação. Márcia, fiadora, não querendo sujeitar-se a uma execução, ciente do não pagamento, efetua o pagamento da dívida ao credor Leonardo. A partir deste momento, Márcia (fiadora) sub-rogasse nos direitos do credor (créditos e garantias). Daí que Márcia poderá, inclusive, mover uma ação de execução hipotecária em face de Rafaella e esta não poderá arguir como defesa a hipoteca efetuada com o credor originário.

Caso o credor não queira receber a prestação de Márcia, esta poderá ingressar com uma ação consignatória compelindo o credor a receber a obrigação e a respectiva ação será movida em nome próprio.

Já os *terceiros não interessados*, em regra, são aquelas pessoas que atuam por liberalidade, ou seja, não são devedores, mas mesmo assim resolvem efetuar o pagamento. Ora, o que existe é um *interesse social* no cumprimento das obrigações. É o caso, *e.g.*, do pai que realiza o pagamento da dívida do filho maior e capaz ou do namorado apaixonado que paga a dívida de sua amante. Isto sem contar com a possibilidade de um desafeto pagar a dívida do outro para se inserir em situação privilegiada em relação ao devedor.

Daí ser possível a realização do pagamento por um *terceiro não interessado*. No entanto, a legislação civilística não permite que este usufrua das mesmas garantias que teria um *terceiro interessado* no pagamento da prestação. Assim, ocorrerá a extinção da obrigação sem a consequente relação de reembolso entre aquele que solveu a dívida (*terceiro não interessado*) e o devedor que ficou beneficiado pelo pagamento.

O artigo 305 do nosso Código Civil informa que "o terceiro não interessado, que paga a dívida em seu próprio nome, tem direito a reembolsar-se do que pagar, mas não se sub-roga nos direitos do credor".[14]

Quanto ao pagamento antecipado, se o terceiro não interessado "pagar antes de vencida a dívida, só terá direito ao reembolso no vencimento". (CCB, art. 305, parágrafo único).[15]

Com o adimplemento, o devedor fica liberado da prestação frente ao credor, mas deve reembolsar aquele (terceiro não interessado que pagou a dívida em seu próprio nome) que fez o pagamento.

14 Correspondente ao artigo 931 do CCB/16.

15 Correspondente ao parágrafo único do artigo 931 do CCB/16.

O terceiro não interessado que pagou a dívida em seu próprio nome poderá ingressar com uma *ação de reembolso* em face do devedor. É a ação *in rem verso*. Esta ação não está associada à dívida original (credor e devedor). Caberá ao autor da referida ação pleitear o *quantum* referente ao pagamento realizado sem a incidência de juros, perdas e danos e outros acréscimos. O fundamento da referida ação é evitar o enriquecimento sem causa (CCB, art. 884).

O terceiro não interessado pode pagar a dívida de duas formas diferentes, a saber:

a) o pagamento é efetuado *em nome ou por conta do devedor*. Aqui é como se o próprio devedor estivesse realizando o pagamento. O recibo é emitido em nome do próprio devedor. Neste caso, não caberá ação de reembolso, ou seja, o devedor fica exonerado da dívida sem qualquer obrigação junto ao terceiro que pagou a dívida. É, pois, um ato de liberalidade (sem configurar contrato de doação). Vale acrescentar, caso ocorra a recusa injustificável do credor em receber a quantia devida, o terceiro não interessado poderá ingressar com ação de consignação de pagamento, uma vez que este possui legitimidade extraordinária para defender direito alheio.
b) o pagamento é efetuado *em nome próprio*. Neste caso, o recibo é emitido em nome do terceiro não interessado. Neste caso, aplica-se diretamente a regra do artigo 305, que diz: "o terceiro não interessado, que paga a dívida em seu próprio nome, tem direito a reembolsar-se do que pagar, mas não se sub-roga nos direitos do credor". Não se fala em liberalidade, já que aquele que pagou a dívida em seu próprio nome poderá ingressar com uma *ação de reembolso* em face do devedor. Todavia, não terá subrogação nos direitos do credor. Vejamos o seguinte exemplo: Mariana é credora de Lucas (devedor) da quantia de R$ 30.000,00. Como garantia do pagamento aquela exigiu deste a hipoteca sobre determinado imóvel. Após o vencimento da dívida, Marcelo (terceiro não interessado), amigo de Lucas, paga em nome próprio toda a dívida a Mariana. Marcelo exige que o recibo seja emitido em seu nome. Daí que Marcelo terá direito ao crédito, mas não poderá executar a hipoteca do imóvel, já que não se subroga nos direitos do credor originário. O *terceiro não interessado que paga em nome próprio* não dispõe de *ação consignatória* contra o credor, já que a recusa deste em receber a prestação por intermédio de terceiro não interessado em nome próprio é justificável.

Em suma, o *terceiro interessado* que paga a dívida do devedor, se sub-roga automaticamente nos direitos do credor (créditos e garantias). Já o *terceiro não interessado que paga em nome próprio* a dívida do devedor, tem direito a reembolsar-se do que pagar, mas não se sub-roga nos direitos do credor.

O artigo 306 trata da hipótese do pagamento efetuado por terceiro (interessado ou não) com desconhecimento ou oposição do devedor. Neste caso, o devedor não é obrigado a reembolsar aquele que pagou, já que o devedor tinha possibilidade de ilidir a cobrança. Caso contrário, haverá direito ao reembolso.

Diz o artigo 306 que "o pagamento feito por terceiro, com desconhecimento ou oposição do devedor, não obriga a reembolsar aquele que pagou, se o devedor tinha meios para ilidir a ação".[16]

Quanto ao *pagamento mediante a transmissão da propriedade* o artigo 307 preceitua que "só terá eficácia o pagamento que importar transmissão da propriedade, quando feito por quem possa alienar o objeto em que ele consistiu".[17]

Ora, a regra é clara, aquele que realizar o pagamento mediante a transmissão da propriedade deve possuir capacidade jurídica e direito para alienar a coisa.

O parágrafo único do artigo 307 trata do *pagamento de coisa fungível:* "Se se der em pagamento coisa fungível, não se poderá mais reclamar do credor que, de boa-fé, a recebeu e consumiu, ainda que o solvente não tivesse o direito de aliená-la".[18]

Neste sentido, CLÓVIS BEVILÁQUA ensina que se a coisa é fungível será válido o pagamento, ainda que o solvente seja incapaz, ou não tenha direito de alheá-la, desde que o credor a receba, de boa-fé, quer dizer ignorando a incapacidade ou supondo recebê-la do dono.[19]

16.5. A Quem Deve Pagar

16.5.1. Pagamento efetuado ao credor ou ao seu representante

O pagamento deve ser feito ao credor ou a quem de direito o represente, sob pena de só valer depois de por ele ratificado, ou tanto quanto reverter em seu proveito (CCB, art. 308).[20]

Em regra, o credor é o *accipiens* (titular do direito subjetivo de crédito). Ocorre que em determinados casos, o credor pode não ser aquela pessoa beneficiária do crédito original. Vejamos algumas hipóteses: herdeiros, legatá-

16 Correspondente ao artigo 932 do CCB/16.
17 Correspondente ao artigo 933 do CCB/16.
18 Correspondente ao parágrafo único do artigo 933 do CCB/16.
19 BEVILÁQUA, Clóvis. *Código Civil comentado.* Vol. IV. Rio de Janeiro: Rio, 1976, p. 70.
20 Correspondente ao artigo 934 do CCB/16.

rio, cessionário, portador do título de crédito, o sub-rogado nos direitos do credor, etc.

A questão refere-se à legitimação para receber, isto é, o representante deve ter o poder de receber o pagamento. Caso contrário, o pagamento não será eficaz. Nessa hipótese, será necessário que o credor ratifique o ato do pagamento. Se o credor não ratificar o pagamento, o devedor face o adimplemento ineficaz, sofrerá os prejuízos. Frise-se: para que o pagamento seja eficaz ele deve ser feito ao credor ou a pessoa que detiver o poder de representação, sob pena do devedor não ficar liberado da prestação.

Os representantes dos credores podem ser classificados em: a) legais; b) judiciais; e c) convencionais.

São hipóteses de *representantes legais,* por exemplo: a) Curador do ausente. CC 2002 – art. 22. Desaparecendo uma pessoa do seu domicílio sem dela haver notícia, se não houver deixado representante ou procurador a quem caiba administrar-lhe os bens, o juiz, a requerimento de qualquer interessado ou do Ministério Público, declarará a ausência, e nomear-lhe-á curador. b) CC 2002 – art. 1.634. Compete aos pais, quanto à pessoa dos filhos menores: V – representá-los, até os dezesseis anos, nos atos da vida civil, e assisti-los, após essa idade, nos atos em que forem partes, suprindo-lhes o consentimento; c) CC 2002 – art. 1.747. Compete mais ao tutor: I – representar o menor, até os dezesseis anos, nos atos da vida civil, e assisti-lo, após essa idade, nos atos em que for parte; d) CC 2002 – art. 1.767. Estão sujeitos à curatela: I – aqueles que, por causa transitória ou permanente, não puderem exprimir sua vontade; II – (Revogado); III – os ébrios habituais e os viciados em tóxico; IV – (Revogado); V – os pródigos.

O *representante judicial* é aquele nomeado pelo juiz, como o inventariante, o administrador da empresa penhorada, etc. R*epresentante convencional* é aquele que é nomeado por meio de *mandato.* O mandato é tratado no Código Civil pelos artigos 653 a 656. Vejamos: CC – arts 653 a 656. Art. 653. Opera-se o mandato quando alguém recebe de outrem poderes para, em seu nome, praticar atos ou administrar interesses. A procuração é o instrumento do mandato. Art. 654. Todas as pessoas capazes são aptas para dar procuração mediante instrumento particular, que valerá desde que tenha a assinatura do outorgante. § 1° O instrumento particular deve conter a indicação do lugar onde foi passado, a qualificação do outorgante e do outorgado, a data e o objetivo da outorga com a designação e a extensão dos poderes conferidos. § 2° O terceiro com quem o mandatário tratar poderá exigir que a procuração traga a firma reconhecida. Art. 655. Ainda quando se outorgue mandato por instrumento público, pode substabelecer-se mediante instrumento particular. Art. 656. O mandato pode ser expresso ou tácito, verbal ou escrito.

O pagamento em favor de quem não era credor é ineficaz. Vale destacar, entretanto, se o pagamento se reverte em proveito do credor ocorre a pós-

-eficacização do pagamento. E o pagamento feito a quem não era credor e, *a posteriori*, essa pessoa adquire a condição de credor? Neste caso, também, deverá ocorrer o fenômeno da pós-eficacização do pagamento.

Considera-se autorizado a receber o pagamento o portador da quitação, salvo se as circunstâncias contrariarem a presunção daí resultante (CCB, art. 311).[21] O recibo é o documento que comprova a adimplência obrigacional. Vale destacar que a presunção para receber o pagamento não é absoluta. É, pois, uma presunção relativa *(juris tantum)*, já que admite prova em contrário. Neste caso, "o portador da quitação presume-se mandatário tácito do credor, para receber o pagamento".[22]

16.5.2. Pagamento efetuado ao credor putativo

O *credor putativo* é aquele que aparenta ser o credor. De acordo com CLÓVIS BEVILÁQUA, o credor putativo "é aquele que, aos olhos de todos, passa a ser o verdadeiro credor, como o herdeiro ou legatário aparente. O pagamento a ele feito é válido se o solvente estava de boa-fé".[78] [79]

O artigo 309 do CCB estabelece que "o pagamento feito de boa-fé ao credor putativo é válido, ainda provado depois que não era credor".[80]

O erro do *solvente* ao entregar a prestação ao credor putativo é justificável (escusável ou desculpável), já que a conduta daquele não traduz uma negligência ou imprudência. O solvente tomou as cautelas necessárias exigidas do homem normal (homem comum ou homem médio), mas mesmo assim, acreditava-se que se tratava do credor verdadeiro. É o caso, por exemplo, do pagamento realizado ao irmão gêmeo do credor.

Assim, se o pagamento realizado ao credor putativo é válido, o devedor nada mais deve. Daí restará ao *verdadeiro credor* (credor legítimo) exigir do *credor putativo* a entrega do que este recebeu indevidamente. O CC 2002 trata o *pagamento indevido* no artigo 876 e seguintes. Neste caso, o devedor estará liberado, não cabendo nenhuma ação contra este, uma vez que o erro era justificável. Ao *credor legítimo* restará ingressar com a ação *in rei verso* contra o *credor putativo*. [23]

---

21 Correspondente ao artigo 937 do CCB/16.

22 BEVILÁQUA. Op. Cit., p. 74.

23 abriu mão das garantias que asseguravam seu direito, mas aquele que pagou dispõe de ação regressiva contra o verdadeiro devedor e seu fiador.

CC 2002 – Art. 881. Se o pagamento indevido tiver consistido no desempenho de obrigação de fazer ou para eximir-se da obrigação de não fazer, aquele que recebeu a prestação fica na obrigação de indenizar o que a cumpriu, na medida do lucro obtido.

CC 2002 – Art. 882. Não se pode repetir o que se pagou para solver dívida prescrita, ou cumprir obrigação judicialmente inexigível.

CC 2002 – Art. 883. Não terá direito à repetição aquele que deu alguma coisa para obter fim ilícito, imoral, ou proibido por lei. Parágrafo único. No caso deste artigo, o que se deu reverterá em favor de estabelecimento local de beneficência, a critério do juiz.

E se o erro do devedor não for justificável? Ora, caberá ao devedor efetuar novamente o pagamento ao credor legítimo e, após, ingressar com uma ação em face do credor putativo.

16.5.3. Pagamento efetuado ao credor incapaz

A regra do artigo 310 do CC 2002 informa que o *pagamento feito ao credor incapaz de quitar* é ineficaz, bem como determina a eficácia do referido pagamento em proveito do credor. O dispositivo legal informa que "não vale o pagamento cientemente feito ao credor incapaz de quitar, se o devedor não provar que em benefício dele efetivamente reverteu (CCB, art. 310)". [82] [83]

Dessa forma, vejamos os pressupostos para incidência da referida norma: a) art. 310, 1ª parte – o devedor deve saber que o credor é incapaz; b) art. 310, 2ª parte – o devedor desconhece a incapacidade do credor e tem condições de provar a reversão do pagamento em proveito do credor.

16.5.4. Pagamento efetuado ao credor, apesar de intimado da penhora sobre o crédito

O artigo 312 do CCB dispõe que "se o devedor pagar ao credor, apesar de intimado da penhora feita sobre o crédito, ou da impugnação a ele oposta por terceiros, o pagamento não valerá contra estes, que poderão constranger o devedor a pagar de novo, ficando-lhe ressalvado o regresso contra o credor".[24]

É, pois, uma hipótese de invalidade do pagamento, ainda que este tenha sido feito em relação ao credor verdadeiro. O artigo 312 apresenta duas situações distintas: a) se houver penhora sobre o crédito; b) existência de impugnação ao crédito realizada por terceiros. Em ambos os casos estando o devedor intimado dos fatos mencionados.

No mundo da vida é comum que o credor esteja devendo a outras pessoas. Logo, se este possui créditos a receber, os mesmos poderão sofrer penhora.

O artigo 855 do Código de Processo Civil informa que "quando recair em crédito do executado, enquanto não ocorrer a hipótese prevista no art. 856, considerar-se-á feita a penhora pela intimação: I – ao terceiro devedor para que não pague ao executado, seu credor; II – ao executado, credor do terceiro, para que não pratique ato de disposição do crédito."

Então, será possível a ocorrência de uma hipótese em que o devedor cumpra a obrigação em relação ao credor legítimo e que este pagamento não produza efeito liberatório? Sim, já que a eficácia do pagamento está relacionada à *legitimidade do credor* (*accipiens*) e a verificação da disponibilidade do crédito para o credor (se houver penhora sobre o crédito ou existência de

24 Correspondente ao artigo 938 do CCB/16.

impugnação ao crédito realizada por terceiros).

Neste caso, o devedor notificado de que o crédito foi penhorado, não deverá pagar ao credor originário, caso contrário, deverá efetuar novamente o pagamento. Daí exsurge dois requisitos de validade em relação ao sujeito ativo da obrigação: a) a *legitimidade do accipiens;* e b) a *disponibilidade do crédito.*

BEVILÁQUA, ao comentar o referido dispositivo legal, ensina que "os bens do devedor asseguram o pagamento das suas dívidas. Entre esses bens, acham-se os seus créditos, que podem ser penhorados em execução movida contra o titular deles. Efetuada a penhora sobre o crédito, o credor perde a faculdade de o receber, porque o exequente, pela condenação judicial, desligou, do patrimônio do executado, esse elemento, que entrará para o seu, ficando ele substituído nos direitos do credor. Se o devedor, notificado da penhora, frauda os direitos do exequente, este pode constrangê-lo a pagar de novo. Nesta hipótese, como o credor recebeu ilegitimamente, o que não lhe era mais devido, terá de restituí-lo ao devedor, que contra ele tem direito regressivo".[25]

Vejamos o seguinte exemplo: Belizário (terceiro) sabe que Roberto (credor) receberá uma prestação de Vânia (devedora), no valor de R$ 10.000,00. Ciente dos fatos, Belizário (terceiro) propõe uma ação executiva em face de Roberto (credor), com o firme propósito que o referido crédito seja penhorado. Vânia (devedora) foi intimada da penhora sobre o crédito. Logo, se ela vier a efetuar o pagamento ao credor originário (Roberto), estará cumprindo a obrigação de forma indevida, já que o credor não tem mais disponibilidade sobre o crédito. Vânia (devedora) para exonerar-se da obrigação deverá depositar o valor da dívida junto ao juízo da execução.

16.6. Objeto do Pagamento

O artigo 313 do nosso Código Civil diz que "o credor não é obrigado a receber prestação diversa da que lhe é devida, ainda que mais valiosa".[26]

Esta regra traduz o *princípio da exatidão* no que concerne à obrigação pactuada. Em linhas gerais, tem-se pactuado entre as partes contratantes a imodificabilidade do objeto. Esta regra há de ser temperada pelos princípios da boa-fé objetiva, probidade, lealdade e equilíbrio econômico. Veja-se, por exemplo, a regra do artigo 317 do CCB.[27]

Melhor dizendo: não pode o credor ser compelido a receber uma prestação diversa, ainda que mais valiosa. Da mesma forma, o devedor não pode ser

25 BEVILÁQUA. Op. Cit., p. 75.

26 Correspondente ao artigo 863 do CCB/16.

27 CCB – Art. 317. Quando, por motivos imprevisíveis, sobrevier desproporção manifesta entre o valor da prestação devida e o do momento de sua execução, poderá o juiz corrigi-lo, a pedido da parte, de modo que assegure, quando possível, o valor real da prestação.

compelido a prestar uma prestação diferente do pactuado, ainda que menos valiosa.

É, pois, a aplicação do princípio do *pacta sunt servada,* ou seja, o que foi pactuado deve ser cumprido. É lógico e razoável que não existe óbice de o credor aceitar a substituição da prestação, e, neste caso, haverá a *dação em pagamento*[28], A dação em pagamento é a substituição de uma prestação por outra, com a anuência do credor.

O artigo 314 é um reflexo da irradiação dos efeitos do *princípio da exatidão,* em especial, no que concerne à indivisibilidade obrigacional. Isso porque "ainda que a obrigação tenha por objeto prestação divisível, não pode o credor ser obrigado a receber, nem o devedor a pagar, por partes, se assim não se ajustou". Neste caso, a questão da indivisibilidade está relacionada ao adimplemento (modo de adimplir a obrigação) e não ao objeto.[90 91]

Não obstante o teor do artigo 314, vale lembrar que o artigo 258 ("A obrigação é indivisível quando a prestação tem por objeto uma coisa ou um fato não suscetíveis de divisão, por sua natureza, por motivo de ordem econômica, ou dada a razão determinante do negócio jurídico".) refere-se à divisibilidade da coisa ou fato (objeto).

O *princípio da indivisibilidade* cessa quando a obrigação se resolve em perdas e danos. Daí o artigo 263 determinar que "perde a qualidade de indivisível a obrigação que se resolver em perdas e danos". Assim, se a relação obrigacional é simples, apresentando um só credor e um só devedor, a presunção é que ela seja *indivisível,* não podendo o devedor compelir o credor a receber em partes se isto não ficou pactuado. É claro que não haverá obstáculo que se parcele a prestação, desde que ocorra concordância do credor.

Ademais, existindo mais de um credor e mais de um devedor a presunção e exatamente oposta. Neste caso, a presunção é que a obrigação seja *divisível,* ou seja, a prestação possa ser dividida em tantas parcelas quantos sejam os credores e devedores.

O artigo 257 do nosso Código Civil preceitua que "havendo mais de um devedor ou mais de um credor em obrigação divisível, esta se presume dividida em tantas obrigações, iguais e distintas, quantos os credores ou devedores".[29] É uma regra proveniente do direito romano denominada de *concursu partes fiunt* (a prestação será dividida em tantas parcelas quantos forem os credores e devedores).

28 CC 2002 - *Dação em Pagamento.* Arts. 233 a 242.
CC 2002 - Art. 356. O credor pode consentir em receber prestação diversa da que lhe é devida.

29 Correspondente ao artigo 890 do CCB/1916.

16.6.1. Pagamento em dinheiro

O artigo 315 refere-se exclusivamente a obrigações pecuniárias que são aquelas que têm por objeto dinheiro. A regra informa que "as dívidas em dinheiro deverão ser pagas no vencimento, em moeda corrente e pelo valor nominal, salvo o disposto nos artigos subsequentes".[30]

A primeira parte da regra do artigo 315 abriga o *princípio do nominalismo monetário* ao afirmar que "as dívidas em dinheiro deverão ser pagas no vencimento, em moeda corrente e pelo valor nominal". Todavia, a partir do vencimento da prestação, aplica-se o *princípio do valorismo monetário*, ou seja, a prestação se impõe reajustada ou atualizada, conforme pactuado e legislação em vigor.

A moeda corrente é aquela que tem *curso legal* em determinado território (no caso do Brasil é o Real (R$) – Lei nº 9.069/95),[31] bem como o cheque que traduz uma ordem de pagamento à vista (Lei nº 7.357/85. Dispõe sobre o cheque e dá outras providências. Art. 32 – O cheque é pagável à vista. Considera-se não escrita qualquer menção em contrário).

A partir do Decreto n° 23.501, de 27 de novembro de 1933, instaurou-se o *curso forçado*, não podendo o pagamento ser efetuado em outro padrão monetário, salvo algumas exceções, como consignado no Decreto-Lei n° 857/69. Este diploma legal havia proibido as contratações em ouro ou em moeda estrangeira.

16.6.2. Prestações sucessivas e cláusula de escala móvel

De acordo com o preceito estabelecido no artigo 316 do CCB "é lícito convencionar o aumento progressivo de prestações sucessivas".[32] Assim, é possível afirmar que esta regra autoriza a utilização de *cláusula de escala móvel* nos contratos. Isto quer dizer que as partes podem ajustar, desde logo, um aumento da prestação segundo os índices do custo de vida, o preço das mercadorias, etc.

Não se pode confundir *cláusula de escala móvel* com *correção monetária*. Esta não aumenta o valor da prestação, apenas representa uma adequação do valor da obrigação em função da inflação. Se as partes contraentes ajustam que o valor da prestação será corrigido anualmente, esta disposição

30 Correspondente ao artigo 947, caput, do CCB/16.

31 Lei n° 9.069, de 29 de junho de 1995. Dispõe sobre o Plano Real, o Sistema Monetário Nacional, estabelece as regras e condições de emissão do REAL e os critérios para conversão das obrigações para o REAL, e dá outras providências. CAPÍTULO I. Do Sistema Monetário Nacional. Art. 1° A partir de 1° de julho de 1995, a unidade do Sistema Monetário Nacional passa a ser o REAL, que terá curso legal em todo o território nacional.

32 Sem correspondência no CCB/1916.

negocial representa apenas uma atualização monetária e não cláusula de escala móvel.

No mundo da vida, a inserção de uma cláusula de escala móvel nos contratos visa apenas facilitar o pagamento do devedor, *e.g.* de forma que as prestações iniciais sejam mais elevadas e as prestações finais do contrato mais amenas, ou vice-versa. Por oportuno, vale lembrar que tais aumentos devem respeitar o princípio da razoabilidade, sob pena de o contratante prejudicado ingressar com ação requerendo a revisão do contrato. Aplica-se aos contratos de trato sucessivo ou execução continuada, ou seja, contratos em que a prestação se protrai no tempo.

16.6.3. Pagamento em ouro ou moeda estrangeira

O artigo 318 do CCB informa que "são nulas as convenções de pagamento em ouro ou em moeda estrangeira, bem como para compensar a diferença entre o valor desta e o da moeda nacional, excetuados os casos previstos na legislação especial".[33]

Como dito acima, a partir do Decreto n° 23.501, de 27 de novembro de 1933, instaurou-se o *curso forçado,* não podendo o pagamento ser efetuado em outro padrão monetário, salvo algumas exceções, como consignado no Decreto-Lei n° 857/69. Este diploma legal havia proibido as contratações em ouro ou em moeda estrangeira. O artigo 1° preceitua que "são nulos de pleno direito os contratos, títulos e quaisquer documentos, bem como as obrigações que, exequíveis no Brasil, estipulem pagamento em ouro, em moeda estrangeira, ou, por alguma forma, restrinjam ou recusem, nos seus efeitos, o curso legal do cruzeiro."

As exceções que autorizam o crédito da atualização pela moeda estrangeira estão inseridas no artigo 2°: "Não se aplicam as disposições do artigo anterior: I – aos contratos e títulos referentes a importação ou exportação de mercadorias; II – aos contratos de financiamento ou de prestação de garantias relativos às operações de exportação de bens de produção nacional, vendidos a crédito para o exterior; III – aos contratos de compra e venda de câmbio em geral; IV – aos empréstimos e quaisquer outras obrigações cujo credor ou devedor seja pessoa residente e domiciliada no exterior, excetuados os contratos de locação de imóveis situados no território nacional; V – aos contratos que tenham por objeto a cessão, transferência, delegação, assunção ou modificação das obrigações referidas no item anterior, ainda que ambas as partes contratantes sejam pessoas residentes ou domiciliadas no País. Parágrafo único. Os contratos de locação de bens móveis que estipulem

33 Sem correspondência no CCB/1916.

pagamento em moeda estrangeira ficam sujeitos, para sua validade, a registro prévio no Banco Central do Brasil.

Da mesma forma, o artigo 6° da Lei n° 8.880, de 27 de maio de 1994 (Dispõe sobre o Programa de Estabilização Econômica e o Sistema Monetário Nacional, institui a Unidade Real de Valor (URV) e dá outras providências), que diz: "é nula de pleno direito a contratação de reajuste vinculado à variação cambial, exceto quando expressamente autorizado por lei federal e nos contratos de arrendamento mercantil celebrados entre pessoas residentes e domiciliadas no País, com base em captação de recursos provenientes do exterior".

16.6.4. Revisão judicial das prestações em virtude de desequilíbrio nas prestações

A regra do artigo 317 diz que "quando, por motivos imprevisíveis, sobrevier desproporção manifesta entre o valor da prestação devida e o do momento de sua execução, poderá o juiz corrigi-lo, a pedido da parte, de modo que assegure, quanto possível, o valor real da prestação". É, pois, uma das regras mais importantes desta seção, já que representa uma mitigação ao princípio clássico do *pacta sunt servanda* (autonomia das vontades).

Assim, na ocorrência de um *desequilíbrio* ou desarmonia da equação econômica obrigacional, a parte prejudicada poderá ingressar em juízo com uma ação de revisão das prestações em razão da *desproporção,* ocorrida por *fato imprevisível* após a formação do contrato, com o propósito de corrigir o valor real da prestação.

Em relação ao artigo 317, o *Conselho da Justiça Federal,* I Jornada de Direito Civil, editou o Enunciado 17, que informa: "a interpretação da expressão "motivos imprevisíveis", constante do art. 317 do novo Código Civil, deve abarcar tanto causas de desproporção não previsíveis como também causas previsíveis, mas de resultados imprevisíveis".

Em relação à interpretação e concreção do artigo 317, o magistrado deverá ter como bússola os princípios constitucionais da ordem econômica, bem como os novos princípios contratuais, tais como: princípio do equilíbrio econômico, eticidade, socialidade, transparência, boa-fé objetiva, dentre outros. Daí que quando existir um desequilíbrio e desarmonia na equação jurídico-econômica das obrigações pactuadas, caberá ao juiz o dever de (re) equilibar a base do negócio jurídico. É, pois, um dos cânones hermenêuticos que devem lastrear a interpretação do referido dispositivo legal.

16.6.4.1. Diferença entre o artigo 317 e o artigo 478, ambos do CC 2002

O artigo 317 do CC-2002 enuncia:

> *Art. 317. Quando, por motivos imprevisíveis, sobrevier desproporção manifesta entre o valor da prestação devida e o do momento de sua execução, poderá o juiz corrigi-lo, a pedido da parte, de modo que assegure, quanto possível, o valor real da prestação.*

A regra do artigo 478 é apresentada nos seguintes termos:

> *Nos contratos de execução continuada ou diferida, se a prestação de uma das partes se tornar excessivamente onerosa, com extrema vantagem para a outra, em virtude de acontecimentos extraordinários e imprevisíveis, poderá o devedor pedir a resolução do contrato. Os efeitos da sentença que a decretar retroagirão à data da citação.*

Pelo artigo 317 do CCB, a parte prejudicada poderá requerer ao magistrado que corrija, quanto possível, o valor real da prestação, caso venha a ocorrer um fato imprevisível, gerando desproporção manifesta entre o valor da prestação devida e o do momento de sua execução. Neste caso, o que se deseja é a manutenção do contrato e a consequente restauração do valor real de sua prestação e não a sua extinção.

Já o artigo 478 permite a *resolução* do contrato (ou sua modificação/ revisão na busca de seu reequilíbrio ético e econômico). Dessa maneira, ambos os dispositivos se baseiam no princípio *da onerosidade excessiva*. Pela regra do artigo 317, a parte prejudicada quer somente corrigir o valor real da prestação, não desejando a dissolução do contrato.

Já o artigo 478 prevê a possibilidade de *resolver* o contrato como um todo por uma onerosidade excessiva superveniente. Este dispositivo é, pois, mais abrangente, já que permite a *resolução* do contrato.

16.6.4.2 Quadro comparativo *

Diferença entre a Lesão (art. 157), a regra do artigo 317 e a Teoria da Onerosidade Excessiva (art. 478) no Código Civil de 2002.

Fundamento legal	**Art. 157 do Código Civil**	**Art. 317 do Código Civil**	**Art. 478 do Código Civil**
Redação	Ocorre lesão quando uma pessoa sob premente necessidade, ou por inexperiência, se obriga a prestação manifestamente desproporcional ao valor da prestação oposta.	Quando, por motivos imprevisíveis, sobrevier desproporção manifesta entre o valor da prestação devida e o do momento de sua execução, poderá o juiz corrigi-lo, a pedido da parte de modo que assegure, quanto possível, o valor real da prestação.	Nos contratos de execução continuada ou diferida, se a prestação de uma das partes se tornar excessivamente onerosa, com extrema vantagem para a outra, em virtude de acontecimentos extraordinários e imprevisíveis, poderá o devedor pedir a resolução do contrato. Os efeitos da sentença que decretar retroagirão à data da citação.
Natureza jurídica	Defeito do negócio jurídico.	Causa de revisão obrigacional	Causa de resolução (ou reequilíbrio) do contrato por impossibilidade absoluta do reequilíbrio entre as prestações das partes.
Requisitos	Ocorrer no momento da realização do negócio jurídico (da declaração da vontade); A pessoa se encontrar sob premente necessidade ou ser inexperiente (requisito subjetivo); A prestação ser desproporcional em relação ao objeto do contrato (requisito objetivo); Só é admissível nos contratos comutativos, bilaterais e onerosos;	Tem incidência no campo obrigacional, ou seja, **está ligada às obrigações** assumidas; Haver desproporção entre a obrigação assumida e o seu cumprimento; Exige somente a **imprevisibilidade** (a interpretação da expressão "motivos imprevisíveis" deve abarcar tanto causas de desproporção não-previsíveis como também causas previsíveis, mas de resultados imprevisíveis), **não mencionando a extraordinariedade**; Ocorre supervenientemente a formação da obrigação;	Tem incidência em **contratos comutativos, de execução continuada ou diferida,** sendo vedado nos contratos aleatórios (embora alguns autores, **<u>em condições excepcionalíssimas,</u>** admitam esta hipótese); A prestação torna-se excessivamente onerosa, sendo imensamente vantajosa para uma das partes e extremamente onerosa para a outra, sob absoluta impossibilidade de reequilíbrio contratual entre as partes; Decorre de fatos extraordinários (*Extraordinário será o fato que foge à normalidade dos acontecimentos quotidianos, como é o caso das guerras, incêndio catastrófico, estiagens prolongadas, enfim, todas as situações que não podem ser consideradas como corriqueiras em determinado cenário*) e imprevisíveis (*Por fato imprevisível tem-se aquele que não era possível de ser previsto pelas partes, verificando-se a diligência do homem médio, quando da vinculação contratual.*). **Este requer a extraordinariedade e a imprevisibilidade, simultaneamente**; Ocorre supervenientemente, ou seja, após a assunção do contrato;

Fundamento legal	Art. 157 do Código Civil	Art. 317 do Código Civil	Art. 478 do Código Civil
Tutela Jurisdicional pretendida	Anulação do negócio jurídico (art.171, II do CC/02). A sentença tem efeito *ex tunc*.	Pede-se o reequilíbrio da obrigação para que a esta possa ser cumprida. A sentença tem efeito *ex nunc*.	Pleiteia-se a resolução (ou reequilíbrio) do contrato, embora o juiz possa determinar a redução do excesso para reequilibrar a obrigação; A sentença tem efeito *ex nunc*;
Considerações gerais	Este não se refere à teoria da imprevisão, trata-se de defeito do negócio jurídico; Em regra, há dolo da parte a quem aproveita (dolo de aproveitamento); Não se decretará a anulação do negócio jurídico, se for oferecido suplemento suficiente, ou se a parte favorecida concordar com a redução do proveito (art.157 § 2º do CC/02);	Este se refere à teoria da imprevisão; Não há dolo na intenção da parte a quem aproveita, independe da vontade de ambas as partes;	Este se refere à teoria da onerosidade excessiva; É também chamada de cláusula rebus sic standibus (que significa "estando as coisas assim". Dentro da relação contratual significa "que as coisas permaneçam como no momento em que foi pactuado o negócio jurídico"). Não há dolo na intenção da parte a quem aproveita, independe da vontade das partes;
Prazos prescricionais e decadenciais	O prazo decadencial é de 4 anos (art. 178, II, CC/02).	O prazo prescricional varia de acordo com a natureza e o objeto da obrigação.	O prazo prescricional varia de acordo com a natureza e o objeto do contrato.

Fundamento legal	Art. 157 do Código Civil	Art. 317 do Código Civil	Art. 478 do Código Civil
Exemplos	Imagine que um servidor público federal seja transferido do Rio de Janeiro para o Amazonas. Desconhecendo o local, aluga pela internet um imóvel de 2 quartos e dependências, num bairro classe média, por R$ 1.200,00. Julga ter feito um bom negócio, pois no Rio paga R$ 1.800,00 por um imóvel semelhante. Após, descobre que o máximo pago num imóvel com as mesmas descrições do seu é de R$ 650,00.	José adquire um carro zero km, em novembro de 1998, no valor de R$ 18 mil. Decide parcelar o pagamento em 60 prestações, usando como indexador de reajuste a variação cambial da moeda americana (dólar), tendo em vista que com o advento do Real a moeda brasileira equiparou-se ao dólar, ou seja, R$ 1 era igual a US$1. Ocorre que em janeiro de 1999 a moeda brasileira desvalorizou-se, e US$ 1 passou a ser igual a R$ 2,064. Logo, o valor da prestação de José duplicou, provocando um imenso desequilíbrio da obrigação por ele assumida.	Maria, diretora do hospital KWY, celebra com João, dono da empresa Boa Boca, um contrato para o fornecimento de quentinha para seu hospital, em janeiro de 1998. Foi estipulado que seriam entregues, diariamente, mil refeições ao custo de R$ 2, cada, pelo prazo de 60 meses, tendo o contrato reajuste anual pelo IPCA (na data em 1,65%). O contrato vinha sendo fielmente cumprido por ambas as partes. Ocorre que em 1999 o IPCA, pressionado por uma crise financeira, teve seu índice fixado em 8,94%, tornando a prestação extremamente onerosa para Maria e extremamente vantajosa para João.
Observação	Se a premente necessidade for oriunda de perigo de vida ou de saúde, da própria parte lesada, de alguém de sua família, ou até mesmo de um terceiro, não estaremos diante do instituto da lesão (art. 157) e sim, do estado de perigo (art. 156).	Observe-se que os art. 317 e 478 do Código Civil têm disposições muito semelhantes e na prática podem trazer certa confusão. Entretanto, observe-se que o art. 317 trata de obrigações (vem inserido no título do adimplemento e extinção das obrigações), enquanto o art. 478 trata de contratos (vem inserido no título dos contratos em geral).	

* Elaborado por Katia Cristina Passos Ayres

16.7. Prova do Pagamento

16.7.1. Quitação

Para que o devedor fique liberado do vínculo obrigacional com o credor, não basta efetuar somente o pagamento, já que precisa provar que realizou o pagamento.

O pagamento não se presume, cabe ao devedor provar que pagou (o ônus da prova recai sobre o devedor). Esta prova se materializa com a *quitação*. Daí o artigo 319 afirmar que "o devedor que paga tem direito a quitação regular, e pode reter o pagamento, enquanto não lhe seja dada".[34]

O Conselho da Justiça Federal, na I Jornada de Direito Civil, editou o Enunciado 18, que diz: "Art. 319: a "quitação regular" referida no art. 319 do novo Código Civil engloba a quitação dada por meios eletrônicos ou por quaisquer formas de "comunicação a distância", assim entendida aquela que permite ajustar negócios jurídicos e praticar atos jurídicos sem a presença corpórea simultânea das partes ou de seus representantes".

Assim, sem a quitação regular, é possível afirmar que o devedor ainda não está liberado do vínculo com o credor. A *quitação* é um direito subjetivo do devedor e um dever jurídico do credor, sendo certo que aquele pode reter o pagamento enquanto este não entregue a quitação regular.

Vale dizer que o devedor não estará em mora, caso o credor não queira dar-lhe a quitação. É comum, nestes casos, o devedor consignar a prestação em juízo. Nas ações consignatórias a sentença do magistrado ao acolher a pretensão consignatória vale como quitação do devedor.[35]

Os requisitos (conteúdo) da quitação estão especificados no artigo 319 do Código Civil brasileiro: "a quitação, que sempre poderá ser dada por instrumento particular, designará o valor e a espécie da dívida quitada, o nome do devedor, ou quem por este pagou, o tempo e o lugar do pagamento, com a assinatura do credor, ou de seu representante".[36]

A *quitação* deve ser inequívoca, contendo os requisitos mínimos formais estabelecidos pelo Código Civil. Dessa maneira, a quitação não pode ser genérica, mas sim devidamente discriminada, ou seja, com a indicação precisa de todas as prestações que estão sendo pagas naquele momento. No documento deverá constar o valor e a espécie da dívida quitada, o nome do devedor (*solvens*), ou quem por este pagou, o tempo e o lugar do pagamento. O pagamento feito em lugar diverso do ajustado pode ser recusado pelo cre-

34 Correspondente ao artigo 939 do CCB/1916.

35 CC 2002 – Art. 335. A consignação tem lugar: I – se o credor não puder, ou, sem justa causa, recusar receber o pagamento ou dar quitação na devida forma;

36 Correspondente ao artigo 940 do CCB/16.

dor. Também é obrigatória a data do pagamento, para se verificar se foi feito no tempo próprio e finalmente a assinatura do *accipiens*, ou seja, do credor ou quem o represente.

Neste sentido, a decisão do Tribunal de Justiça do Estado do Rio Grande do Sul: "AÇÃO DE COBRANÇA. COMPRA E VENDA DE MATERIAIS DE INFORMÁTICA. AUSÊNCIA DE PROVA DO PAGAMENTO. A apelante não apresentou documento hábil a preencher os requisitos dos arts. 319 e 320 do CCB, inexistindo recibo de quitação nos autos, de modo que a primeira via das notas fiscais e o cupom fiscal não servem para provar o pagamento da dívida objeto da inicial, merecendo ser mantida a sentença de procedência do pedido inicial. APELAÇÃO DESPROVIDA. (Apelação Cível n° 70013268222, Décima Sexta Câmara Cível, Tribunal de Justiça do RS, relator: Paulo Augusto Monte Lopes, julgado em 30.11.2005)".

O parágrafo único do artigo 320 dispõe que "ainda sem os requisitos estabelecidos neste artigo valerá a quitação, se de seus termos ou circunstâncias resultar haver sido paga a dívida".

Este dispositivo, sem correspondência no Código Civil de 1916, permite ao magistrado uma maior flexibilidade na verificação da ocorrência do pagamento. Isso porque no século XXI, a maioria das quitações é chancelada por meio de máquinas eletrônicas, pela *internet*, mensagens enviadas por *e-mail* ou recebidas nos telefones móveis (celulares) bem como outras tecnologias do mundo atual.

16.7.2. Presunções de pagamento

Ao devedor cabe o ônus da prova, ou seja, ele deve fazer a prova de pagamento, mas isso não é uma regra absoluta. Há exceções, já que existem situações em que o pagamento é *presumido*. A presunção é um modo de provar. Há pagamentos que se presumem, e por isso, o devedor fica dispensado de provar. Neste caso, caberá ao credor provar que o devedor não realizou o pagamento.

O artigo 324 informa que "a entrega do título ao devedor firma a presunção do pagamento".[37] Nas obrigações representadas unicamente por *títulos cambiais*, tais como uma nota promissória. Nestas obrigações, a presunção do pagamento decorre do simples fato do título estar em poder do devedor. É, pois, uma *presunção relativa*, já que o devedor poderia ter conseguido a nota promissória através de meios ilícitos (por exemplo, o furto). De acordo com CLÓVIS BEVILÁQUA, o fundamento desta presunção é o seguinte: "o título é a prova da existência da obrigação; extinta esta, o credor o restitui

37 Correspondente ao artigo 945 do CCB/16.

ao devedor; consequentemente, se o título se acha nas mãos do devedor, é porque o credor, satisfeito o débito, lho entregou".[103 104]

O parágrafo único do artigo 324 afirma que "ficará sem efeito a quitação assim operada se o credor provar, em sessenta dias, a falta do pagamento". Assim, o credor poderá destruir a presunção relativa de pagamento, pela entrega do título, no prazo de sessenta dias.

Nos débitos, cuja quitação consista na devolução do título, perdido este, poderá o devedor exigir, retendo o pagamento, declaração do credor que inutilize o título desaparecido (CCB, art. 321).[105]

JOÃO LUIZ ALVES ensina que "a possibilidade de ser o título apresentado a novo pagamento determina a necessidade deste preceito, que garante o devedor contra descabidas exigências. Se a quitação não declara inutilizado o título, com expressa referência ao seu pagamento a presunção de que ele não foi pago subsiste, podendo o terceiro portador pedir o pagamento".[38]

Quando o pagamento for em quotas periódicas, a quitação da última estabelece, até prova em contrário, a presunção de estarem solvidas as anteriores (CCB, art. 322).[39]

Assim, se as prestações são periódicas (*e.g.*, aluguéis, dividendos, rendas, juros, salários, pagamentos parciais periódicos, assinaturas de jornais e revistas, mensalidades ou outras contribuições periódicas a sociedades e associações, alimentos, contas de luz, gás e telefones), o credor que dá quitação de uma delas, sem ressalva, entende-se que recebeu as anteriores.[40]

Com a presunção *iuris tantum,* ao credor é que incumbe provar que as prestações correspondentes aos períodos anteriores não foram pagas. Neste sentido, o Tribunal de Justiça do Estado do Rio Grande do Sul decidiu que "APELAÇÃO CÍVEL. AÇÃO ORDINÁRIA DECLARATÓRIA DE QUITAÇÃO. CONTRATO DE CONSÓRCIO. Art. 322 do Código Civil de 2002: "quando o pagamento for em quotas periódicas, a quitação da última estabelece, até prova em contrário, a presunção de estarem solvidas as anteriores". Este mesmo dispositivo era contemplado no CC de 1916, no artigo 943. Não tendo o credor comprovado o não pagamento das cotas anteriores, é de se presumir a quitação integral das parcelas. Liberação do gravame que deve ser operada pela ré. Exclusão do cadastro de inadimplentes deferida. APELO CONHECIDO E PROVIDO. INVERSÃO DO ÔNUS SUCUMBENCIAL (Apelação Cível n° 70001911551, Décima Terceira Câmara Cível, Tribunal de Justiça do RS, relator: Adriana da Silva Ribeiro, julgado em 14.9.2004).

Quanto à ressalva de pagamento de outra prestação, PONTES DE MIRANDA afirma que "se o credor recebe prestação que se tornou exigível posteriormente a outra, ainda não paga, deve ressalvar o que se passa, para pré-

38 ALVES, João Luiz. *Código Civil anotado.* 3. ed. 4. Volume. Rio de Janeiro: Borsoi, 1958, p. 65.
39 Correspondente ao artigo 943 do CCB/16.
40 PONTES DE MIRANDA. Op. Cit., 1959, p. 150.

-elidir a presunção. Não importa a forma da reserva, mas há de fazer-se em forma tal, que se possa provar. Quanto às prestações que foram alcançadas pela presunção, presumem-se pagas, e não remidas gratuitamente".[41]

A presunção do pagamento dos juros é estabelecida no artigo 323: "sendo a quitação do capital sem reserva dos juros, estes se presumem pagos".

Quanto às *despesas* com pagamento e quitação, o artigo 325 diz que "presumem-se a cargo do devedor as despesas com o pagamento e a quitação; se ocorrer aumento por fato do credor, suportará este a despesa acrescida".[42]

LAROMBIÊRE, ao comentar o artigo 1.248 do Código Civil francês diz que "salvo se outra coisa não se ajustou entre as partes, o transporte da coisa devida, a remessa de dinheiros, a medição, a pesagem, contagem e agrimensura, todos estes gastos, em suma, indispensáveis à tradição e que devem ser feitos antes dela ou do pagamento, ficam a cargo pessoal do devedor. Por igual as despesas de quitação, querem particular, querem pública, como exemplo, se o credor não sabe escrever tem necessidade de recorrer a um tabelião".[43]

Quanto ao pagamento em peso e medida, o artigo 326 afirma que "se o pagamento se houver de fazer por medida, ou peso, entender-se-á, no silêncio das partes, que aceitaram os do lugar da execução".[44]

Se os contratantes deixaram de mencionar peso e medida do objeto, significa dizer que os mesmos aceitaram o peso e a medida do objeto do lugar da execução da prestação, ou seja, prevalecerá o da localidade onde será cumprida a obrigação.

16.8. Lugar do Pagamento

Acerca deste ponto estabelece o artigo 327 o seguinte: "Efetuar-se-á o pagamento no domicílio do devedor, salvo se as partes convencionarem diversamente, ou se o contrário resultar da lei, da natureza da obrigação ou das circunstâncias". É mais uma regra que procura proteger a figura do devedor *(favor debitoris)*. Neste caso, as dívidas que são pagas no domicílio do devedor são denominadas de dívidas quesíveis *(quérables)*. Em sentido contrário, as dívidas que são quitadas no domicílio do credor são chamadas de dívidas portáveis *(portables)*.

Portanto, a prestação deve ser realizada no lugar avençado pelas partes. É, pois, uma regra decorrente do princípio da pontualidade da prestação, bem como do princípio da liberdade negocial.

41 Ibid.
42 Correspondente ao artigo 946 do CCB/1916.
43 LAROMBIÊRE, Oblig., IV, p.182. In: ALMEIDA. Lacerda de. *Dos efeitos das obrigações*. Rio de Janeiro: Freitas Bastos, 1934, p. 100.
44 Correspondente ao artigo 949 do CCB/1916.

O parágrafo único do mesmo dispositivo preceitua que "designados dois ou mais lugares, cabe ao credor escolher entre eles".[45]

Vale destacar que o pagamento poderá ser realizado a um terceiro. Assim, é possível que as partes contratantes acordem que o pagamento seja efetuado junto a um terceiro, por exemplo, o pagamento efetuado em um banco, etc.

Em relação ao lugar do pagamento, a Ministra NANCY ANDRIGHI, do Superior Tribunal de Justiça (STJ), da Terceira Turma, no Recurso Especial 363.614/SC, julgado em 26.2.2002, decidiu que "Processo civil. Questão nova surgida no julgamento da apelação. Necessidade de prequestionamento. Civil. Arras. Ausência de convenção a respeito do lugar do pagamento. Dívida quesível (*queráble*), paga no domicílio do devedor, por presunção legal do art. 950 do Código Civil. Credor que não diligenciou a cobrança da dívida no domicílio do devedor, ausente qualquer notificação. Inércia do credor que afasta a mora do devedor (*mora debitoris*) e a mora de pagar (*mora solvendi*), ainda que a dívida estivesse vencida no termo (*mora ex re*) porque imprescindível prévia diligência do credor para constituição do devedor em mora. Insuficiência do prazo fixado para vencimento da dívida e da existência de cláusula resolutiva expressa. – É assente que a questão de direito surgida no acórdão recorrido, ainda que verse nulidade processual, se submete ao pressuposto recursal específico do prequestionamento, para viabilizar o processamento do recurso especial. – O Código Civil de 1916 estabeleceu como regra geral a *mora ex re* (em razão do fato ou da coisa), mas para que se considere o vencimento da obrigação e para que se torne exigível a dívida sendo esta quesível, é indispensável que o credor demonstre que diligenciou a

45 domicílio da pessoa jurídica, no tocante às obrigações contraídas por cada uma das suas agências, o lugar do estabelecimento, sito no Brasil, a que ela corresponder.

CC 2002 – Art. 76. Têm domicílio necessário o incapaz, o servidor público, o militar, o marítimo e o preso. Parágrafo único. O domicílio do incapaz é o do seu representante ou assistente; o do servidor público, o lugar em que exercer permanentemente suas funções; o do militar, onde servir, e, sendo da Marinha ou da Aeronáutica, a sede do comando a que se encontrar imediatamente subordinado; o do marítimo, onde o navio estiver matriculado; e o do preso, o lugar em que cumprir a sentença.

CC 2002 – Art. 77. O agente diplomático do Brasil, que, citado no estrangeiro, alegar extraterritorialidade sem designar onde tem, no país, o seu domicílio, poderá ser demandado no Distrito Federal ou no último ponto do território brasileiro onde o teve.

CC 2002 – Art. 78. Nos contratos escritos, poderão os contratantes especificar domicílio onde se exercitem e cumpram os direitos e obrigações deles resultantes.

CC 2002 – Art. 328.

CTN – Art. 159. Quando a legislação tributária não dispuser a respeito, o pagamento é efetuado na repartição competente do domicílio do sujeito passivo.

118 Correspondente ao parágrafo único do artigo 950 do CCB/16.

Correspondente ao artigo 951 do CCB/16.

recepção do seu crédito, pois deve buscá-lo no domicílio do devedor. Sem o atendimento dessa formalidade, quanto ao lugar do pagamento, não se tem a dívida como vencida. – A existência de previsão contratual de pagamento do restante do débito em data certa não transforma a dívida antes quesível em "portable" (portável); continua sendo obrigação do credor diligenciar o pagamento da dívida no domicílio do devedor, ainda que domiciliados na mesma cidade. – Na dívida quesível não é necessária, embora aconselhável, a oferta do devedor, pois deve ele aguardar a presença de cobrança do credor, só lhe sendo exigido que esteja pronto para pagar quando provocado pelo credor".

Da mesma forma, WALDEMAR LUIZ DE FREITAS FILHO entendeu que a exegese do lugar do pagamento nos contratos de locação, na ocorrência de silêncio do contrato, deve ser interpretada da seguinte forma: "Despejo – falta de pagamento. Local de pagamento do aluguel. No silêncio do contrato, sobre onde o aluguel deverá ser pago, aplica-se o art. 950, do CC, que manda ocorrer o pagamento no domicílio do devedor. Ao credor, compete o ônus da prova de que o contrário foi avençado, verbalmente ou pelo procedimento das partes. Todavia, não é regra de absolutismo, pois admite prova e circunstâncias que a desfiguram, inclusive aquela do art. 973, II, CC, sobre a obrigação do inquilino em consignar o pagamento. Decorridos mais de dois anos, sem pagamento de aluguel, o locatário dá azo à despejatória. Valor do aluguel: a discussão sobre o correto valor do aluguel somente será admissível no momento processual da purga da mora, se e quando o inquilino a desejar e requerer, ou na ação, que procurar cobrá-los (Apelação Cível n° 189080237, Segunda Câmara Cível, Tribunal de Alçada do RS, relator: Waldemar Luiz de Freitas Filho, julgado em 30.11.1989)".

Igualmente, "quando as circunstâncias especiais e a natureza da obrigação constituírem obstáculo material intransponível para o credor obter a satisfação do pagamento, não havendo disposição legal ou convencional em contrário, far-se-á no lugar onde o credor e devedor possam alcançar, na forma do artigo 950 do Código Civil. Determinado esse lugar, pela propositura da ação, resta determinada a competência de foro e de juízo, com base no artigo 100, IV, letra "D", do Código de Processo Civil" (Agravo de Instrumento n° 184007573, Segunda Câmara Cível, Tribunal de Alçada do RS, relator: Clarindo Favretto, julgado em 10.4.1984)". Se o pagamento consistir na tradição de um imóvel, ou em prestações relativas a imóvel, far-se-á no lugar onde situado o bem (CCB, art. 328).[119]

Em relação às prestações relativas ao imóvel, LACERDA DE ALMEIDA afirma que o dispositivo trata de certas prestações e não genericamente das prestações relativas a imóvel, referindo-se a serviços em determinado termo, reparações de certo edifício, tradição de uma servidão. Entende que seria uma grossa heresia incluir neste rol do artigo 951 do Código Civil de 1916 os aluguéis das casas.[46]

Outrossim, "ocorrendo motivo grave para que não se efetue o pagamento no lugar determinado, poderá o devedor fazê-lo em outro, sem prejuízo para o credor (CCB, art. 329)"[47].

É, pois, mais uma regra em benefício do devedor. A gravidade do motivo deverá ser analisada pelo magistrado no caso concreto decidendo, levando-se em consideração as especificidades do caso concreto.

16.9. Tempo do Pagamento

16.9.1. *Supressio* e *surrectio*

O artigo 330 do nosso Código Civil informa que "o pagamento reiteradamente feito em outro local faz presumir renúncia do credor relativamente ao previsto no contrato".[48]

JUDITH MARTINS-COSTA afirma que a regra do artigo 330 do CC 2002 consagra no direito brasileiro um caso de *supressio*. É a ideia de *supressio* como emanação da boa-fé objetiva. Assim, "*supressio* indica um duplo e correlato fenômeno, derivado de um mesmo fato e fundamento num mesmo valor, a *confiança:* o passar do tempo pode, em certas situações, fazer desaparecer situações jurídicas ou direitos subjetivos que não foram exercidos durante certo lapso por seu titular, desde que o não exercício tenha causado, à contraparte, um benefício, em razão da confiança de que aquela situação ou direito não seria mais usado".[49]

Assim, a boa-fé se relaciona diretamente com o componente obrigacional, podendo ampliá-lo ou minorá-lo. É o caso dos institutos da *supressio* e *surrectio*. Esta representa a criação de um direito em virtude de sua prática reiterada e aceita pelo outro contratante, ainda que haja sido convencionada em sentido contrário, aquela (*supressio* ou *verwirkung*, da doutrina alemã), ao contrário, é a extinção de um direito em razão da constante ausência de seu exercício.

Melhor dizendo: em razão da boa-fé objetiva, no caso da *surrectio*, a atitude de um dos contraentes gera no outro uma expectativa de direito ou faculdade não prevista na avença e na hipótese da *supressio*, a inércia qualificada de uma das partes gera no parceiro contratual uma expectativa legítima de que a faculdade ou direito previsto na avença não será exercido.

---

46 ALMEIDA. Lacerda de. *Dos efeitos das obrigações.* Rio de Janeiro: Freitas Bastos, 1934, p. 130.

47 Sem correspondência no CCB/16.

48 Sem correspondência no CCB/16.

49 MARTINS-COSTA. Judith. *Comentários ao novo Código Civil.* Volume V. Tomo I. 2. ed. Rio de Janeiro: Freitas Bastos, 2006, p. 372.

A aplicação da boa-fé sob a forma da *surrectio* tem recebido respaldo da jurisprudência. Vejamos: AÇÃO DE COBRANÇA. Sócio que demanda a sociedade. Tramitação, na justiça comum, de ação de exclusão de sócio. Sócio já afastado da gerência da empresa, mas que, ao longo dos anos, vinha recebendo uma quantia mensal a título de adiantamento por conta de lucros futuros. Aplicação da figura da *surrectio*, uma das figuras que evidenciam a função de controle da boa-fé, com limitação do exercício de direitos subjetivos. Impossibilidade de suspensão unilateral e imotivada do pagamento, uma vez que permanece a condição de sócio do autor. Dentre as funções desempenhadas pelo princípio da boa-fé objetiva, sobressai a de controle, que limita o exercício de direitos subjetivos. Dentre as várias figuras que se incluem nessa categoria, uma delas é a da *surrectio*, que impede a supressão imotivada de uma vantagem que tenha sido concedida por período de tempo razoável, ainda que em desconformidade com os estatutos, regulamentos ou contrato social, gerando no beneficiário a convicção de que pode contar com aquela vantagem. Recurso provido, a fim de ser julgada parcialmente procedente a ação (Recurso Cível n° 71000867416, Terceira Turma Recursal Cível, Turmas Recursais, Relator: Eugênio Facchini Neto, julgado em 27.6.2006).

Da mesma forma, "AGRAVO PARCIALMENTE PROCEDENTE. No caso, além de a necessidade alimentar ter aumentado, o alimentante já vem depositando os alimentos em quantia maior do que a estipulada desde um bom tempo, verificando-se, na espécie, a ocorrência do instituto da *surrectio*. Todavia, como estamos em sede limiar do feito, sem nenhuma manifestação do recorrido, a majoração pleiteada não vai ser atendida em sua integralidade. AGRAVO PARCIALMENTE PROVIDO EM MONOCRÁTICA (Agravo de Instrumento n° 70011961133, Oitava Câmara Cível, Tribunal de Justiça do RS, relator: Rui Portanova, julgado em 8.6.2005). Decisão: O agravante ingressou com ação revisional de alimentos contra o agravado. Requereu que os alimentos, originalmente fixados em R$ 1.500,00 mensais, fossem majorados para 25 salários mínimos (fls. 15-25). O pedido liminar foi indeferido (f. 162). Contra esta decisão, insurge-se o agravo. Assim, a decisão agravada: "Sem nenhuma prova ou demonstração de que se tenha alterado a situação financeira do alimentante, ainda que estivesse fornecendo ao alimentando valores superiores a título de complementação dos alimentos devidos, indefiro a liminar perseguida" (fl. 162). No caso, é bem de ver que os alimentos devidos ao recorrente foram fixados, em agosto/2002, na quantia de R$ 1.500,00, a serem pagos diretamente pelo recorrido (fls. 163-167). Vem agora o recorrente pleitear majoração da pensão alimentícia, dizendo que, além de a necessidade alimentar ter aumentado, o alimentante tem boa condição financeira e já vem depositando os alimentos em quantia maior do que a estipulada (fls. 02-14). Necessidade alimentar. Quanto à necessidade alimentar, verifico que o alimentado, que hoje possui 12 anos de idade (f. 29), estuda em colégio particular (f. 30), frequenta clube social (f. 38) e realiza gastos com despesas pessoais a denotar um bom padrão de vida, tais como roupas de marca, assinatura de revistas etc. (fls. 39-46). *Possibilidade alimentar.* Já no que diz à possibilidade alimentar, pelos documentos juntados às fls. 52-112, observa-se que desde o ano de 2002 o alimentante vem depositando valor a maior do que o estabelecido pelo título alimentar (fls. 52-113). Embora os depósitos bancários realizados pelo agravado em nome da representante legal do agravante sejam bastante variáveis, indo desde R$ 1.313,69 até R$ 7.967,99, verifico que perfazem a média de quase R$ 5.000,00 mensais (fls. 52-113/114-161), que são aproximados 15 salários mínimos. Como se verifica, no caso, estamos diante do instituto da *surrectio*. A *surrectio* expressa a circunstância do surgimento, de forma complementar ao direito legislado, contratado ou judicial, de um direito não existente antes (em termos jurídicos). Direito este que, na efetividade social, já vinha sendo considerado como presente. Os requisitos da *surrectio*, basicamente, são: "Exige-se certo lapso de tempo, por excelência variável, durante o qual se atua uma situação jurídica em tudo semelhante ao direito subjetivo que vai surgir; requer-se uma conjunção objectiva de factores que concitem, em nome do Direito, a constituição do novo direito; impõe-se a ausência de previsões negativas que impeçam a *surrectio*" (Antônio Manuel da Rocha e Menezes Cordeiro, *Da boa-fé no Direito Civil*, vol. II, Livraria Almedina: Coimbra, 1984, p. 821/822). Para haver *surrectio*, o que se requer, portanto, é uma previsão de confiança, pois a repetição sistemática, constante e continuada de determinado comportamento cria direito, de modo a imputar ao prejudicado a boa-fé subjetiva do beneficiário. Direito esse que se consubstancia na expectativa a ser mantida pelo menos como probabilidade, da regularidade e continuidade da situação fática subjacente, ou, por outro lado, da ausência de qualquer outra solução ou resolução diferente. Essa é exatamente a situação dos autos. E, como no caso estamos em sede de liminar da ação que busca a revisão dos alimentos, diante dos valores dos depósitos realizados pelo recorrido em prol do agravante, entendo razoável que, por ora, devam os alimentos ser majorados, provisoriamente, para o montante de 13 salários mínimos mensais. Nesta alçada, verifica-se que o presente agravo é parcialmente procedente, sendo caso de parcial provimento recursal sem necessidade de maior dilação probatória.

De igual forma, "APELAÇÃO. AÇÃO DECLARATÓRIA DE EXISTÊNCIA DE DEPENDÊNCIA ECONÔMICA. INDEFERIMENTO DA INICIAL. DESCABIMENTO. RELAÇÃO OBRIGACIONAL. SURGIMENTO. *SURRECTIO*. O autor-apelante tem interesse de agir ao postular a declaração de existência de dependência econômica de sua ex-esposa para consigo. Ele afirmou alcançar valores a ela há mais de 40 anos. Se isso for verdade, ainda que não haja determinação judicial para pagamento de alimentos, então a repetição sistemática do comportamento fez surgir entre as partes uma verdadeira relação obrigacional, cabendo ao Poder Judiciário apenas e tão somente declarar que tal obrigação já existe na efetividade social. Daí a adequação do procedimento escolhido pelo autor-apelante. Se a ex-esposa for mesmo financeiramente dependente do autor-apelante, nada mais justo do que permitir a ele que se valha desta situação para ver declarada em juízo a existência de um fato que engrandece e favorece o apelante. DERAM PROVIMENTO (Apelação Cível n° 70011362936, Oitava Câmara Cível, Tribunal de Justiça do RS, relator: Rui Portanova, julgada em 12.5.2005)".

Já o instituto da *supressio* é encontrado em nossas decisões judiciais da seguinte forma: Relação de consumo. Aquisição de colchão. Problemas com o produto que surgiram cinco anos após, quando já esgotado prazo de garantia. Concordância da empresa vendedora em tentar reparar o problema. Entrega de colchão provisório, em substituição ao aquirido, enquanto se procedia ao conserto. Adquirente que só procura novamente a ré para efetuar a troca, mais de ano e meio depois, quando então recebe a notícia de que o primitivo colchão já fora vendido. Aplicabilidade da figura da *supressio*. Sentença que, em reconhecendo a revelia da ré, acolhe a pretensão do autor. Recurso do autor para obter a entrega de um colchão novo ou seu equivalente em dinheiro e não um colchão usado, como determinado na sentença. Recurso desprovido (Recurso Cível n° 71000621383, Terceira Turma Recursal Cível, Turmas Recursais, relator: Eugênio Facchini Neto, julgado em 22.3.2005).

Da mesma maneira, "LOCAÇÃO. AÇÃO DE DESPEJO POR FALTA DE PAGAMENTO. PEDIDO DE ANTECIPAÇÃO DE TUTELA. NÃO CONCESSÃO DO PLEITO. NÃO VERIFICAÇÃO DOS REQUISITOS LEGAIS AUTORIZADORES DA CONCESSÃO DO PEDIDO DE ANTECIPAÇÃO DE TUTELA. Não configurada nenhuma das hipóteses previstas pelo artigo 273 do Código de Processo Civil, traduz-se inviável o pedido de antecipação de tutela formulado pela agravante no sentido de que ocorra a desocupação do imóvel. PRINCÍPIO DA BOA-FÉ. *SUPRESSIO*. Na hipótese dos autos, restou clara a ocorrência e uma das funções mitigadoras das obrigações (mais especificamente, da chamada *supressio*), a qual se traduz na diminuição dos direitos que uma parte tem contra a outra, com base no princípio da boa-fé. Verifica-se a *supressio* quando, pelo modo como as partes vêm se comportando ao longo da vida contratual, certas atitudes que poderiam ser exigidas originalmente passam a não mais poderem ser exigidas na sua forma original (sofrem uma minoração), por ter se criado uma expectativa de que aquelas disposições iniciais não seriam exigidas daquela forma inicialmente prevista. Recurso desprovido (Agravo de Instrumento n° 70010323012, Décima Quinta Câmara Cível, Tribunal de Justiça do RS, relator: Ricardo Raupp Ruschel, julgado em 22.11.2004).

Com o mesmo fundamento, a decisão "ADMINISTRATIVO. SERVIÇO PÚBLICO DE FORNECIMENTO DE ENERGIA ELÉTRICA. CONTRATO DE MÚTUO FIRMADO PELO USUÁRIO E A CONCESSIONÁRIA. CORRE-

ÇÃO MONETÁRIA. CLÁUSULA CONTRATUAL. PRINCÍPIO DA BOA-FÉ. LIMITAÇÃO DO EXERCÍCIO DO DIREITO SUBJETIVO. *SUPRESSIO*. 1. A *SUPRESSIO* constitui-se em limitação ao exercício de direito subjetivo que paralisa a pretensão em razão do princípio da boa-fé objetiva. Para sua configuração, exige-se (i) decurso de prazo sem exercício do direito com indícios objetivos de que o direito não mais seria exercido e (ii) desequilíbrio, pela ação do tempo, entre o benefício do credor e o prejuízo do devedor. Lição de MENEZES CORDEIRO. 2. Não caracteriza conduta contrária à boa-fé o exercício do direito de exigir a restituição de quantia emprestada depois de transcorridos mais de quinze anos se tal não gera desvantagem desproporcional ao devedor em relação ao beneficio do credor. Hipótese em que o mútuo não só permitiu a expansão da rede pública de concessionário de serviço público de energia elétrica como também a exploração econômica do serviço mediante a cobrança da tarifa, sendo que esta, a par da contraprestação, engloba a amortização dos bens reversíveis. Ausente, portanto, desequilíbrio entre o valor atualizado a ser restituído e o benefício fruído pelo apelado durante todo este tempo, não há falar em paralisação do direito subjetivo. 3. Conquanto tenha o contrato de mútuo firmado entre o usuário e a concessionária do serviço público de energia elétrica para custeio das despesas a cargo desta de implantação do fornecimento estabelecido que a quantia seria restituída sem correção monetária, tem direito o usuário de receber o montante atualizado, sob pena de arcar com os encargos que devem ser suportados pela concessionária e para cuja prestação é remunerado na forma do contrato de concessão. Recurso provido por ato do relator. ART-557 DO CPC. PRECEDENTE DO STJ. (9 FLS.) (Apelação Cível n° 70001911684, Segunda Câmara Cível, Tribunal de Justiça do RS, relatora: Maria Isabel de Azevedo Souza, julgada em 4.12.2000)".

16.9.2. Vencimento da prestação

"Salvo disposição legal em contrário, não tendo sido ajustada época para o pagamento, pode o credor exigi-lo imediatamente".[50] A regra do artigo 331 traduz a "exigibilidade imediata" do pagamento. As obrigações sem prazo de vencimento são exigíveis a qualquer momento.[51] O dia do vencimento pode ser fixado pelas partes, pela lei, ou pela própria natureza da obrigação. Assim, se os contratantes, ou a lei, não estabelecem prazo para o adimplemento, em regra, o devedor poderá exigir a prestação desde logo.

50 Correspondente ao artigo 952 do CCB/16.

51 O vencimento, a descontar os juros correspondentes, embora estipulados, e a pagar as custas em dobro.
CTN – Art. 160. Quando a legislação tributária não fixar o tempo do pagamento, o vencimento do crédito ocorre trinta dias depois da data em que se considera o sujeito passivo notificado do lançamento. Parágrafo único. A legislação tributária pode conceder desconto pela antecipação do pagamento, nas condições que estabeleça.

O artigo 331 presume, em linhas gerais, o vencimento imediato, bem como a exigibilidade da obrigação. Caso o devedor afirme ser outra data, deverá prová-lo.

O artigo 134 do CCB diz que "os negócios jurídicos entre vivos, sem prazo, são exequíveis desde logo, salvo se a execução tiver de ser feita em lugar diverso ou depender de tempo".

Já de acordo com o artigo 397 do CC 2002, "o inadimplemento da obrigação, positiva e líquida, no seu termo, constitui de pleno direito em mora o devedor". Não havendo termo, a mora se constitui mediante interpelação judicial ou extrajudicial (parágrafo único do artigo 397 do CCB).

16.9.3. Exigibilidade do pagamento nas obrigações condicionais

As obrigações condicionais cumprem-se na data do implemento da condição, cabendo ao credor a prova de que deste teve ciência o devedor (CCB, art. 332). Pode ocorrer que um sujeito, ao celebrar um negócio jurídico, queira que este somente produza efeitos a partir de determinado evento ou até determinado evento.

Vários são os fatores que condicionam a produção de efeitos do negócio jurídico. O negócio válido, mas sujeito a termo ou condição suspensiva, não se reveste de eficácia imediata. A ineficácia pode decorrer da própria estrutura do negócio jurídico (termo, condição, etc.), são os chamados elementos acidentais do negócio jurídico.

A condição constitui um dos elementos acidentais do negócio jurídico. A condição é uma cláusula inserida pela vontade das partes, que subordina a eficácia do negócio a um evento futuro e incerto. É o que determina o teor do artigo 121 ao preceituar: "considera-se condição a cláusula que, derivando exclusivamente da vontade das partes, subordina o efeito do negócio jurídico a evento futuro e incerto".[52]

Dessa maneira, a condição é a ocorrência de um evento futuro e incerto que condiciona a eficácia do negócio jurídico, ou seja, deste acontecimento depende o nascimento ou a extinção do próprio direito.

São requisitos da *condição:* a) voluntariedade; b) futuridade; c) incerteza; d) possibilidade; e) licitude. A *voluntariedade* significa que a condição é estabelecida pela vontade das partes. É a chamada *condictio facti,* ou seja, a condição voluntária estabelecida pelas partes visando condicionar a eficácia do negócio jurídico a um evento futuro e incerto. A condição voluntária (*condictio facti*) não se confunde com a condição legal (*condictio iuris*), já que esta é estabelecida pela lei. É considerada imprópria a denominada condição legal, uma vez que se trata dos requisitos ou pressupostos legais de certo efeito jurídico. As condições legais não possuem natureza negocial, já que são estatuídas por lei.

52 Correspondente ao artigo 114 do CC de 1916.

A *futuridade* traduz que o evento que condiciona a eficácia do negócio jurídico terá de ser futuro.

A *incerteza* significa que o evento que condiciona a eficácia do negócio poderá ocorrer ou não. Se o evento for certo, haverá termo e não condição.

O elemento *possibilidade* está relacionado ao fato de o evento condicionador ser física e juridicamente possível.

Quanto à *licitude*, o artigo 122, primeira parte, informa que "são lícitas, em geral, todas as condições não contrárias à lei, à ordem pública ou aos bons costumes". Isto quer dizer que as condições estipuladas pelas partes, no seio da autonomia privada, estão sujeitas ao juízo de mérito da licitude.

Vale destacar que as condições são admitidas nos atos de caráter patrimonial, não sendo admitidas nos atos relacionados aos direitos de família puros e aos direitos personalíssimos. Daí que não comportam o elemento condição, por exemplo, o casamento, o reconhecimento de filho,[53] a adoção, a emancipação, dentre outros.[54]

16.9.3.1. Condições suspensivas e condições resolutivas

A *condição suspensiva* é aquela que depende de um evento condicional para que se origine o próprio direito. Daí que com a verificação do fato condicionante se desencadeia a eficácia do negócio condicionado, produzindo, pois, os seus efeitos jurídicos. A condição é tida por suspensiva, uma vez que o negócio condicionado se mantém suspenso enquanto a condição não se verifica.[55]

O artigo 125 determina: "subordinando-se a eficácia do negócio jurídico à condição suspensiva, enquanto esta se não verificar, não se terá adquirido o direito, a que ele visa".[132 133]

As *obrigações condicionais* cumprem-se na data do implemento da condição, cabendo ao credor a prova de que deste teve ciência o devedor (CC, art. 332).

Os efeitos da disposição da coisa sob condição suspensiva estão previstos na regra do artigo 126, que determina: *"se alguém dispuser de uma coisa sob condição suspensiva, e, pendente esta, fizer quanto àquela novas disposições, estas*

53 CC 2002 – Art. 1.613. São ineficazes a condição e o termo apostos ao ato de reconhecimento do filho.

54 CC 2002 – Art. 1.808. Não se pode aceitar ou renunciar a herança em parte, sob condição ou a termo.

55 APELAÇÃO CÍVEL. EMBARGOS À EXECUÇÃO. OBRIGAÇÃO CONDICIONAL SUSPENSIVA. LITIGÂNCIA DE MÁ-FÉ. A obrigação com condição suspensiva só se torna exigível após a verificação da condição estabelecida pelas partes, o que não ocorreu no caso em exame, impossibilitando o processo de execução dos valores contratados em face da inexigibilidade do título executivo. Aplicação dos artigos 121 e 125 do Código Civil e art. 586 do CPC. [...]. (Apelação Cível n° 70010045854, Décima Oitava Câmara Cível, Tribunal de Justiça do RS, relator: André Luiz Planella Villarinho, julgada em 21.12.2006).

não terão valor, realizada a condição, se com ela forem incompatíveis".[56]

Assim, verificada a ocorrência da condição suspensiva, dá-se eficácia ao negócio que estava sujeito à referida condição, ainda que o sujeito tenha alienado a coisa para terceiros. Implementada a condição, as novas disposições não terão valor. É o caso, por exemplo, da propriedade resolúvel, prevista no Código Civil, nos artigos 1.359 e 1.360. Vejamos:

Art. 1.359. Resolvida a propriedade pelo implemento da condição ou pelo advento do termo, entendem-se também resolvidos os direitos reais concedidos na sua pendência, e o proprietário, em cujo favor se opera a resolução, pode reivindicar a coisa do poder de quem a possua ou detenha.

Art. 1.360. Se a propriedade se resolver por outra causa superveniente, o possuidor, que a tiver adquirido por título anterior à sua resolução, será considerado proprietário perfeito, restando à pessoa, em cujo benefício houve a resolução, ação contra aquele cuja propriedade se resolveu para haver a própria coisa ou o seu valor.

Quanto à perda da coisa pendente a condição suspensiva, aplica-se a regra prevista no artigo 234: "Se, no caso do artigo antecedente, a coisa se perder, sem culpa do devedor, antes da tradição, ou pendente a condição suspensiva, fica resolvida a obrigação para ambas as partes; se a perda resultar de culpa do devedor, responderá este pelo equivalente e mais perdas e danos".[57]

A *condição resolutiva* é aquela que traduz efeitos ao negócio jurídico desde logo, até o implemento de uma condição. A *condição resolutiva* pode ser expressa ou tácita. A expressa opera de pleno direito e a tácita opera por interpelação judicial. Nas condições resolutivas, a verificação do fato condicionante determina a imediata cessação da eficácia do negócio jurídico.

Nesse sentido, o artigo 127 do Código Civil afirma que "se for resolutiva a condição, enquanto esta se não realizar, vigorará o negócio jurídico, podendo exercer-se desde a conclusão deste o direito por ele estabelecido".[136 137]

O artigo 128 preceitua que "sobrevindo a condição resolutiva, extingue-se, para todos os efeitos, o direito a que ela se opõe, mas, se aposta a um negócio de execução continuada ou periódica, a sua realização, salvo disposição em contrário, não tem eficácia quanto aos atos já praticados, desde que compatíveis com a natureza da condição pendente e conforme aos ditames de boa-fé".

Na primeira parte do referido dispositivo, verifica-se que, implementada a condição, extinguem-se os efeitos do negócio jurídico que a ela estava subordinado. Já a segunda parte do artigo refere-se à aplicação da condição resolutiva em negócio de execução continuada ou periódica. É uma regra nova inserida no Código Civil de 2002, uma vez que o Código Civil de 1916 não tratava do assunto em tela.

---

56 Correspondente ao artigo 122 do CC de 1916.

57 Art. 235. Deteriorada a coisa, não sendo o devedor culpado, poderá o credor resolver a obrigação ou aceitar a coisa, abatido de seu preço o valor que perdeu.

O negócio de execução continuada ou periódica é aquele em que sua execução se protrai no tempo, tal como o contrato de locação com prazo indeterminado. Por exemplo, as partes contratantes podem estipular no contrato de locação que este terá eficácia até o implemento de uma condição. Verificada, pois, a condição, não será possível a devolução dos aluguéis anteriormente pagos pelo locatário.

Ao titular do direito eventual, nos casos de condição suspensiva ou resolutiva, é permitido praticar os atos destinados a conservá-lo (CC, art. 130).[58]

16.9.4. Causas que justificam o vencimento antecipado

A prestação deve ser cumprida no seu vencimento. Daí que o credor não pode cobrar a dívida antes do seu vencimento. Ocorre que existem as seguintes exceções: a) na *antecipação do vencimento*, nos casos previstos em lei; b) nas hipóteses de *pagamento antecipado*, quando o prazo tiver sido estabelecido em favor do devedor.

O *pagamento ou vencimento antecipado* são hipóteses previstas no artigo 333 do CCB. A *antecipação do vencimento* é a faculdade que tem o devedor de cumprir a prestação antes do vencimento previsto no instrumento contratual.

O artigo 333 preceitua que "ao credor assistirá o direito de cobrar a dívida antes de vencido o prazo estipulado no contrato ou marcado neste Código: I – no caso de falência do devedor, ou de concurso de credores; II – se os bens, hipotecados ou empenhados, forem penhorados em execução por outro credor; III – se cessarem, ou se se tornarem insuficientes, as garantias do débito, fidejussórias, ou reais, e o devedor, intimado, se negar a reforçá-las".[59]

No primeiro caso, são apresentadas as hipóteses de *falência do devedor* e *concurso creditório*. Nestes casos, presume-se uma diminuição na possibilidade de recebimento da prestação, razão pela qual o credor poderá cobrar a dívida antes de seu vencimento. Caso contrário, o credor poderá não encontrar mais nenhum bem no acervo do devedor.[140]

Na segunda hipótese, a regra concede ao credor cobrar antecipadamente a dívida se os bens, hipotecados, empenhados ou dados em anticrese, forem penhorados em execução por outro credor. Isto quer dizer que constitui uma ameaça para o credor se os bens dados em garantia forem penhorados por terceiros, antes de vencida a dívida.

Por fim, a terceira hipótese que dará azo ao vencimento antecipado da dívida ocorrerá quando cessarem, ou se se tornarem insuficientes, as garantias do débito, fidejussórias, ou reais, e o devedor, intimado, se negar a reforçá-las. Neste caso, preliminarmente, o devedor deverá ser intimado a reforçar a garantia, em prazo razoável e, caso não o faça, a dívida será considerada vencida antes do vencimento.

58 Correspondente ao artigo 121 do CC de 1916.
59 Correspondente ao artigo 954 do CCB/1916.

O parágrafo único do artigo 333 do CCB trata das dívidas solidárias. Neste caso, o débito não se reputará vencido quanto aos outros devedores solventes.[60]

O credor que demandar o devedor antes de vencida a dívida, fora dos casos em que a lei o permita, ficará obrigado a esperar o tempo que faltava para o vencimento, a descontar os juros correspondentes, embora estipulados, e a pagar as custas em dobro (CCB, art. 939).

A dívida também será considerada vencida nos casos do artigo 1.425 do CCB de 2002. Vejamos: "CC 2002 – Vencimento da Dívida. Art. 1.425. A dívida considera-se vencida: I – se, deteriorando-se, ou depreciando-se o bem dado em segurança, desfalcar a garantia, e o devedor, intimado, não a reforçar ou substituir; II – se o devedor cair em insolvência ou falir; III – se as prestações não forem pontualmente pagas, toda vez que deste modo se achar estipulado o pagamento. Neste caso, o recebimento posterior da prestação atrasada importa renúncia do credor ao seu direito de execução imediata; IV – se perecer o bem dado em garantia, e não for substituído; V – se se desapropriar o bem dado em garantia, hipótese na qual se depositará a parte do preço que for necessária para o pagamento integral do credor. § 1° Nos casos de perecimento da coisa dada em garantia, esta se sub-rogará na indenização do seguro, ou no ressarcimento do dano, em benefício do credor, a quem assistirá sobre ela preferência até seu completo reembolso. § 2° Nos casos dos incisos IV e V, só vencerá a hipoteca antes do prazo estipulado se o perecimento ou a desapropriação recair sobre o bem dado em garantia, e esta não abranger outras; subsistindo, no caso contrário, a dívida reduzida, com a respectiva garantia sobre os demais bens, não desapropriados ou destruídos".

E se o *credor der causa a fazer cessar, ou diminuir, as garantias do débito*? JUDITH MARTINS-COSTA enfrenta esta questão em sua obra afirmando: "Outra questão tormentosa diz respeito a saber se a imputabilidade ao credor, da causa que faz o devedor perder ou ter diminuídas as garantias exclui ou não a incidência do art. 333. O Código Civil português regrou esta questão favoravelmente ao devedor, no art. 701, 1, ao deixar expresso que, se a causa for imputável ao credor, este não pode exigir o vencimento antecipado. Embora não expressa essa regra em nosso Código, entendemos que, se ato do próprio credor arruína ou compromete o patrimônio do devedor, fazendo com que este perca as garantias, o art. 333 não incide, por força do princípio, que veda *venire contra factum proprium*, princípio derivado da boa-fé objetiva que aqui se apresenta com particular relevância, porque traduz justamente o princípio geral que tem como injurídico o aproveitamento de situações prejudiciais ao *alter* para a caracterização das quais tenha agido, positiva ou negativamente, o titular do direito ou faculdade".[61]

60 Correspondente ao parágrafo único do artigo 954 do CCB/16.

61 MARTINS-COSTA. Judith. *Comentários ao novo Código Civil.* Volume V. Tomo I. 2. ed. Rio de Janeiro: Freitas Bastos, 2006, p. 408-409.

Capítulo 17

PAGAMENTO POR CONSIGNAÇÃO

17.1. Do Pagamento Indireto

Melhor seria que todos os *pagamentos* fossem realizados por meio do cumprimento ou adimplemento da prestação, extinguindo, pois, as obrigações. Melhor dizendo: o ideal seria a entrega da prestação outorgada na forma, no lugar e no tempo avençados. Todavia, como nem sempre isso é possível, a lei trata de outras modalidades de pagamento, que podem ser chamados de pagamentos indiretos.

17.2. Conceito de Pagamento em Consignação

É um meio judicial ou extrajudicial de exoneração da obrigação utilizado pelo devedor quando ele enfrenta qualquer dificuldade de adimplir a dívida por meio do pagamento direto. Cabe ao devedor efetuar o pagamento pela modalidade do pagamento direto. Este apenas pode se valer da consignação se houver um obstáculo que dificulte ou impeça o pagamento direto.

De acordo com PONTES DE MIRANDA, o *pagamento em consignação* é um expediente de *facilitação do adimplemento*.[1] O artigo 334 do Código Civil brasileiro assim preceitua: "Considera-se pagamento, e extingue a obrigação, o depósito judicial ou em estabelecimento bancário da coisa devida, nos casos e formas legais".[2] Não é pagamento; tem-se como pagamento.[3]

É, pois, um direito do devedor efetuar o depósito em consignação para o pagamento, visando ao efeito liberatório do vínculo obrigacional. É o caso, por exemplo, do vendedor de gado que quis entregar os animais na data aprazada ao comprador, mas este, sob qualquer pretexto, não quis receber os animais. Também, na hipótese de o locatário (inquilino) ter interesse em pagar o aluguel e o locador (senhorio) se recusar a recebê-lo.

---

1 PONTES DE MIRANDA, Francisco Cavalcanti. *Tratado de direito privado*. Parte especial. Tomo XXIV. 2. ed. Rio de Janeiro: Borsoi, 1959, p. 191.

2 Correspondente ao artigo 972 do CCB/16.

3 Ibid.

Os requisitos da consignação em pagamento são os seguintes: a) vínculo obrigacional; b) impossibilidade de realização da prestação em razão do credor; c) opção do devedor de realizar a prestação por esta via liberatória.

JUDITH MARTINS-COSTA ensina que os "fundamentos do pagamento em consignação constituem, pois, a quebra do dever de cooperação, por parte do credor, e a facilitação do adimplemento, para o devedor. A dificuldade de adimplir a dívida, em que se acha o devedor em razão da ausência da cooperação devida, é que justifica esse expediente técnico de tão fundas raízes, já sendo delineado no Direito romano".[4]

Quem possui *legitimidade ativa para propor a ação consignatória?* O devedor e terceiro interessado na extinção da dívida (CC 2002 - art. 304). [5]

---

4 MARTINS-COSTA. Judith. *Comentários ao novo Código Civil*. Volume V. Tomo I. 2. ed. Rio de Janeiro: Freitas Bastos, 2006, p. 415.

5 CPC - Da Ação de Consignação em Pagamento. Arts 539 a 549.

Art. 539. Nos casos previstos em lei, poderá o devedor ou terceiro requerer, com efeito de pagamento, a consignação da quantia ou da coisa devida.

§ 1º Tratando-se de obrigação em dinheiro, poderá o valor ser depositado em estabelecimento bancário, oficial onde houver, situado no lugar do pagamento, cientificando-se o credor por carta com aviso de recebimento, assinado o prazo de 10 (dez) dias para a manifestação de recusa.

§ 2º Decorrido o prazo do § 1º, contado do retorno do aviso de recebimento, sem a manifestação de recusa, considerar-se-á o devedor liberado da obrigação, ficando à disposição do credor a quantia depositada.

§ 3º Ocorrendo a recusa, manifestada por escrito ao estabelecimento bancário, poderá ser proposta, dentro de 1 (um) mês, a ação de consignação, instruindo-se a inicial com a prova do depósito e da recusa.

§ 4º Não proposta a ação no prazo do § 3º, ficará sem efeito o depósito, podendo levantá-lo o depositante.

Art. 540. Requerer-se-á a consignação no lugar do pagamento, cessando para o devedor, à data do depósito, os juros e os riscos, salvo se a demanda for julgada improcedente.

Art. 541. Tratando-se de prestações sucessivas, consignada uma delas, pode o devedor continuar a depositar, no mesmo processo e sem mais formalidades, as que se forem vencendo, desde que o faça em até 5 (cinco) dias contados da data do respectivo vencimento.

Art. 542. Na petição inicial, o autor requererá:

I - o depósito da quantia ou da coisa devida, a ser efetivado no prazo de 5 (cinco) dias contados do deferimento, ressalvada a hipótese do art. 539, § 3º;

II - a citação do réu para levantar o depósito ou oferecer contestação.

Parágrafo único. Não realizado o depósito no prazo do inciso I, o processo será extinto sem resolução do mérito.

Art. 543. Se o objeto da prestação for coisa indeterminada e a escolha couber ao credor, será este citado para exercer o direito dentro de 5 (cinco) dias, se outro prazo não constar de lei ou do contrato, ou para aceitar que o devedor a faça, devendo o juiz, ao despachar a petição inicial, fixar lugar, dia e hora em que se fará a entrega, sob pena de depósito.

Art. 544. Na contestação, o réu poderá alegar que:

I - não houve recusa ou mora em receber a quantia ou a coisa devida;

II - foi justa a recusa;

III - o depósito não se efetuou no prazo ou no lugar do pagamento;

IV - o depósito não é integral.

Parágrafo único. No caso do inciso IV, a alegação somente será admissível se o réu indicar o

O artigo 334 é claro: o pagamento poderá ser realizado por meio de *depósito judicial* ou *depósito bancário,* com vistas a agilizar o procedimento.

O Código de Processo Civil trata da *consignação extrajudicial,* pelo menos nas obrigações pecuniárias. O § 1° do artigo 539 do CPC diz que: "CPC – art. 539. Nos casos previstos em lei, poderá o devedor ou terceiro requerer, com efeito de pagamento, a consignação da quantia ou da coisa devida. § 1º Tratando-se de obrigação em dinheiro, poderá o valor ser depositado em estabelecimento bancário, oficial onde houver, situado no lugar do pagamento, cientificando-se o credor por carta com aviso de recebimento, assinado o prazo de 10 (dez) dias para manifestação de recusa.

Decorrido o prazo do § 1º, contado do retorno do aviso de recebimento, sem a manifestação de recusa, considerar-se-á o devedor liberado da obrigação, ficando à disposição do credor a quantia depositada (CPC, art. 539, § 2°). Ocorrendo a recusa, manifestada por escrito ao estabelecimento bancário, poderá ser proposta, dentro de 1 (um) mês, a ação de consignação, instruindo-se a inicial com a prova do depósito e da recusa. (CPC, art. 539, § 3°). Não proposta a ação no prazo do § 3º, ficará sem efeito o depósito, podendo levantá-lo o depositante. (CPC, art. 539, § 4°).

Assim, de acordo com JULIANA VESSELIZZA, a *consignação em pagamento* "é o instrumento a ser utilizado, fundamentalmente, nas hipóteses de recusa injustificada do credor, expressa ou tácita, em receber o pagamento ou em dar sua quitação. Mas deve ser usado, também, quando da existência de

---

montante que entende devido.

Art. 545. Alegada a insuficiência do depósito, é lícito ao autor completá-lo, em 10 (dez) dias, salvo se corresponder a prestação cujo inadimplemento acarrete a rescisão do contrato.

§ 1º No caso do *caput*, poderá o réu levantar, desde logo, a quantia ou a coisa depositada, com a consequente liberação parcial do autor, prosseguindo o processo quanto à parcela controvertida.

§ 2º A sentença que concluir pela insuficiência do depósito determinará, sempre que possível, o montante devido e valerá como título executivo, facultado ao credor promover-lhe o cumprimento nos mesmos autos, após liquidação, se necessária.

Art. 546. Julgado procedente o pedido, o juiz declarará extinta a obrigação e condenará o réu ao pagamento de custas e honorários advocatícios.

Parágrafo único. Proceder-se-á do mesmo modo se o credor receber e der quitação.

Art. 547. Se ocorrer dúvida sobre quem deva legitimamente receber o pagamento, o autor requererá o depósito e a citação dos possíveis titulares do crédito para provarem o seu direito.

Art. 548. No caso do art. 547:

I – não comparecendo pretendente algum, converter-se-á o depósito em arrecadação de coisas vagas;

II – comparecendo apenas um, o juiz decidirá de plano;

III – comparecendo mais de um, o juiz declarará efetuado o depósito e extinta a obrigação, continuando o processo a correr unicamente entre os presuntivos credores, observado o procedimento comum.

Art. 549. Aplica-se o procedimento estabelecido neste Capítulo, no que couber, ao resgate do aforamento.

dúvidas sobre quem deve receber o pagamento, sobre o paradeiro do credor ou sobre sua capacidade civil. Além disso, a consignação é cabível quando há dúvida sobre o que deve ser pago.

Nas obrigações pecuniárias, a consignação pode ser extrajudicial, por meio de depósito, caso em que o débito só será considerado extinto com a aceitação, que poderá ser expressa ou tácita, por parte do credor. Caso contrário, a extinção do débito só ocorrerá pelo ajuizamento de ação ulterior, pelo credor ou pelo devedor, em que o juiz declare a validade do pagamento".[6]

A consignação é, pois, um instrumento de *direito material* e de *direito processual*. Enquanto o Código Civil disciplina o ato do pagamento e suas consequências *(Do Pagamento em Consignação)*, o Código de Processo Civil se encarrega de disciplinar o procedimento do pagamento *(Da Consignação em Pagamento)*, com o firme propósito da extinção obrigacional.

No mesmo sentido, CAIO MÁRIO DA SILVA PEREIRA ensina que "não se deve deduzir que se trate de matéria só pertinente ao direito processual e estranha ao Código Civil, como ao tempo da discussão deste foi defendido. O Direito Civil estabelece em que consiste, menciona os casos em que tem lugar e define o poder liberatório ou extintivo da obrigação, que é o seu efeito. O Direito Processual Civil desenvolve as regras procedimentais a serem seguidas, a partir do momento em que o devedor ingressa em juízo".[7]

17.3. Objeto da Consignação

O artigo 334 trata do depósito judicial da *"coisa devida"*, ou seja, podem ser depositados em consignação dinheiro e outras coisas móveis, fungíveis e infungíveis, semoventes (animais), documentos, joias, obras de arte, metais preciosos e ainda imóveis (com o depósito das chaves do imóvel), tal como ocorre na extinção dos contratos de locação.[8] A consignação é pôr a "coisa

6 VESSELIZZA, Juliana de A. França dos Anjos. In: FONSECA PINTO, Adriano Moura da (Coord.). *Curso de Direito Processual Civil*: procedimentos especiais. Rio de Janeiro: Freitas Bastos, 2007, p. 9.

7 PEREIRA, Caio Mário da Silva. *Instituições de Direito Civil:* teoria geral das obrigações. V. II, 20. ed. Rio de Janeiro: Forense, 2003, p. 210.

8 PROCESSUAL CIVIL. LOCAÇÃO. RECURSO ESPECIAL. AÇÃO DE CONSIGNAÇÃO PARA DEPÓSITO DAS CHAVES DO IMÓVEL E DA MULTA RESCISÓRIA PROPORCIONAL. POSSIBILIDADE. PREQUESTIONAMENTO. AUSÊNCIA. SÚMULAS 282 E 356/STF. REEXAME DE MATÉRIA FÁTICO-PROBATÓRIA. IMPOSSIBILIDADE. SÚMULA 7/STJ. RECURSO ESPECIAL CONHECIDO E IMPROVIDO. 1. Em respeito aos princípios da efetividade e da economia processual, deve-se manter o acórdão, tendo em vista que, não obstante a controvérsia a respeito de qual seria o procedimento mais adequado para interposição da ação consignatória de aluguéis e para entrega das chaves do imóvel locado – aquele disciplinado no art. 890 do CPC ou o do art. 67 da Lei nº 8.245/91 –, o resultado final seria o mesmo, uma vez que, ainda que aplicado à hipótese o procedimento da Lei do Inquilinato, como defende o recorrido, seria admissível a ação consignatória para entrega das chaves do imóvel. 2. A teor da pacífica e numerosa jurisprudência, para a abertura da via especial, requer-se o prequestionamento da matéria infraconstitucional. A exigência tem como desiderato prin-

devida" à disposição do credor.

Diz o artigo 341 que "Se a coisa devida for *imóvel* ou *corpo certo* que deva ser entregue no mesmo lugar onde está, poderá o devedor citar o credor para vir ou mandar recebê-la, sob pena de ser depositada".[9] O *corpo certo* ou *coisa certa* é aquela coisa determinada ao menos pelo seu gênero e quantidade (CCB, art. 243).

LACERDA DE ALMEIDA alerta que nem só os imóveis devem ser entregues no lugar onde estão. "Coisas há de outra natureza, que podendo ser transportadas de um para outro lugar, não poderiam sujeitar-se a esse carreio sem grande inconveniente e risco. São coisas certas, *v.g.*, a colheita de café já existente nas tulhas ou ensacada, mas cujas despesas de transporte não ficariam a cargo do devedor. O gado, que pode ser entregue na fazenda de criar, em curta invernada ou na feira, onde foi ajustado o negócio".[10]

Se o depósito for de *coisa indeterminada,* o artigo 342 preceitua que "Se a escolha da coisa indeterminada competir ao credor, será ele citado para esse fim, sob cominação de perder o direito e de ser depositada a coisa que o devedor escolher; feita a escolha pelo devedor, proceder-se-á como no artigo antecedente".

Embora o artigo se refira exclusivamente às obrigações de coisa indeterminada (arts 243 a 246 do CCB), entende-se que deve ser aplicado, também, para resolver a concentração da coisa nas obrigações alternativas.[11]

As despesas com o depósito, quando julgado procedente, correrão à conta do credor, e, no caso contrário, à conta do devedor (CCB, art. 343).[12] Ao comentar o artigo 982 (atual 343 CCB-2002) do Código Civil de 1916, LACERDA DE ALMEIDA explica que "as despesas com o depósito são as que ocasionam a remoção da coisa para o lugar onde há de ser depositada, a porcentagem recebida pelo depositário e as custas do processo; estas despesas, é natural que corram por conta do credor quando julgado procedente o depósito, quer dizer, quando os embargos do credor forem rejeitados e o depósito justificado por algum dos casos enumerados no art. 973: foi, portanto, o fato ou omissão do credor que ocasionou tais despesas.

cipal impedir a condução ao Superior Tribunal de Justiça de questões federais não debatidas no Tribunal de origem. Hipótese em que a questão concernente à realização da vistoria no imóvel, pelo locador, ora recorrente, não foi debatida no acórdão recorrido. Incidência das Súmulas 282 e 356/STF. Ademais, a apuração de tal fato demandaria ainda o exame de matéria fático-probatória, inviável em sede especial, nos termos da Súmula 7/STJ. 3. Recurso especial conhecido e improvido (REsp 692.650/SP, rel. ministro ARNALDO ESTEVES LIMA, QUINTA TURMA, julgado em 12.9.2006, DJ 9.10.2006 p. 345).

9 Correspondente ao artigo 980 do CCB/16.

10 ALMEIDA, Lacerda de. *Dos efeitos das obrigações.* Rio de Janeiro: Freitas Bastos, 1934, p. 220-221.

11 OLIVEIRA, J. M. Leoni Lopes de. *Novo Código Civil anotado.* 2. ed. Vol. II. Rio de Janeiro: Lumen Juris, 2003, p. 175.

12 Correspondente ao artigo 982 do CCB/16.

No caso contrário, se o depósito é julgado improcedente, isto é, o devedor se direito de fazê-lo, deve ele, que mal e indevidamente o requereu, arcar com as consequências do seu ato".[13]

17.4. Hipóteses e Pressupostos de Pagamento em Consignação

O nosso Código Civil enumera no artigo 335 algumas hipóteses de pagamento em consignação. Vejamos: A consignação tem lugar: I – se o credor não puder, ou, sem justa causa, recusar receber o pagamento ou dar quitação na devida forma; II – se o credor não for nem mandar receber a coisa no lugar, tempo e condições devidos; III – se o credor for incapaz de receber, for desconhecido, declarado ausente ou residir em lugar incerto ou de acesso perigoso ou difícil; IV – se ocorrer dúvida sobre quem deve legitimamente receber o objeto do pagamento; V – se pender litígio sobre o objeto do pagamento.[14]

O rol apresentado no artigo 335 *não é exaustivo*, apenas elenca as hipóteses mais frequentes. Daí que o magistrado poderá admitir outras hipóteses de pagamento em consignação, desde que perceba que o devedor esteja enfrentando dificuldades para realizar o pagamento direto.

A primeira hipótese que dará azo à consignação, de acordo com a regra estabelecida no artigo 335, inciso I, do CCB é "se *o credor não puder, ou, sem justa causa, recusar receber o pagamento ou dar quitação na devida forma*". A recusa do credor a receber o pagamento ou dar quitação (CCB, art. 320) causa mora (mora do credor). Neste caso, o devedor deverá propor ação de consignação em pagamento com vistas a se exonerar da obrigação. O ministro Vicente Leal, do STJ, no Recurso Especial 146.650/SP, da SEXTA TURMA, julgado em 25.3.1999, teve ensejo de julgar ação de consignação em pagamento. Vejamos: "Ação de Consignação em Pagamento. Insuficiência do Depósito. Correção Monetária. *Mora Creditoris*. Inexigibilidade. A recusa injustificada do credor no recebimento do pagamento e na liberação do devedor do vínculo obrigacional caracteriza a *mora creditoris* que, por pressupor o dolo do credor, reduz a oneração do devedor, isentando-o de responsabilidade pela conservação da coisa, bem como liberando-o do pagamento dos juros e da pena convencional. Configurada a *mora creditoris* antes da efetivação do depósito consignatório, não pode ser o devedor responsabilizado pela desvalorização do crédito face ao transcurso do tempo, face à improcedência da ação consignatória pela insuficiência do valor depositado. Recurso especial conhecido e provido".

Da mesma forma, se o credor concordar com o pagamento, mas se recusar a emitir a quitação do pagamento, caberá a propositura da ação de consignação em pagamento.

---

13 ALMEIDA. Op. Cit., p. 223.

14 Correspondente ao artigo 973 do CCB/16.

O segundo caso, previsto no inciso II do artigo 335 do CCB, é aquele em que "*se o credor não for nem mandar receber a coisa no lugar, tempo e condições devidos*". É o caso das dívidas quesíveis, em que o pagamento deve ser efetuado fora do domicílio do credor, *v.g.*, "em se tratando de mercadorias que somente se poderiam retirar com veículos pesados, como jipes e caminhões, deixa de ir receber o credor que vai ao lugar da prestação, no tempo devido, sem que haja providenciado quanto à retirada".[15]

CUNHA GONÇALVES afirma que "a mora do credor não liberta o devedor nem autoriza este a esperar tranquilamente, em sua casa, que aquele se resolva a reclamar a prestação devida, deixando assim decorrer o prazo convencionado ou legal. A mora do credor poderá, às vezes, constituí-lo na obrigação de indenizar o devedor de perdas e danos, mas este só poderá considerar-se liberto da sua obrigação pagando ou depositando a prestação *com efeitos de pagamento*".[16]

O terceiro caso está previsto no inciso III do referido artigo 335: "*se o credor for incapaz de receber, for desconhecido, declarado ausente, ou residir em lugar incerto ou de acesso perigoso ou difícil*". Se o credor for *incapaz*, o devedor deverá efetuar o pagamento junto a seu representante legal. Para que ocorra a hipótese de propositura da ação de consignação em pagamento, é necessário que o credor seja incapaz e não possua representante legal. Se o credor for *desconhecido, e.g.*, na hipótese de sucessão decorrente da morte do credor originário ou da transferência de título ao portador. Alguém emite uma nota promissória ao portador, obrigando-se a pagar determinada quantia e, no dia do vencimento, ninguém aparece portando o título para receber. Neste caso, o devedor quer pagar, mas não sabe a quem efetuar o pagamento. Neste caso, somente restará a via da *ação consignatória*. A pessoa *ausente* é aquela que desaparece de seu domicílio, sem dar notícia de seu paradeiro nem deixar um representante ou procurador para administrar-lhes os bens, de acordo com a regra estabelecida no artigo 22 do CCB. Da mesma forma, se o credor residir em lugar incerto ou de acesso perigoso ou difícil, o devedor poderá propor ação de consignação em pagamento, já que não é razoável que o devedor arrisque sua vida para efetuar o pagamento. CARVALHO SANTOS alerta que "a impossibilidade de o devedor poder ir a esse domicílio, ou por não saber onde é ou por ser difícil ou perigoso o acesso, justifica a consignação que ele faça, para valer como pagamento, livrando-se assim de incorrer em mora".[17]

A quarta hipótese é quando "ocorrer dúvida sobre quem deve legitimamente receber o objeto do pagamento". É o caso de dois ou mais credores se habilitarem a receber o pagamento. "Esta dúvida tem origem geralmente em

15 PONTES DE MIRANDA, op.cit., p. 215.

16 CUNHA GONÇALVES, Luiz da. *Tratado de Direito Civil*. Volume IV. Tomo II. São Paulo: Max Limonard, 1958, p. 1033.

17 CARVALHO SANTOS, J. M. de. *Código Civil brasileiro interpretado*. 6. ed. Vol. XIII. Rio de Janeiro: Freitas Bastos, 1955, p. 14.

virtude do falecimento ou ausência do credor primitivo, quando se acha em litígio ou indivisa a respectiva herança".[18] Outro exemplo é aquele expresso no artigo 164, inciso III, do Código Tributário Nacional, em que o crédito tributário é exigido por mais de uma pessoa jurídica de direito público, de tributo idêntico sobre um mesmo fato gerador.

Por fim, caberá o ajuizamento da ação de consignação em pagamento quando *"se pender litígio sobre o objeto do pagamento,"* de acordo com o inciso V do artigo 335 do CCB. É o litígio entre o *credor* e o *terceiro* que disputam o direito de crédito. Daí que "age com culpa o devedor que antecipa um prognóstico acerca da legitimidade dos direitos em conflito. A sua obrigação é aguardar o pronunciamento dos tribunais, mas como não lhe convenha muitas vezes ficar a dever até que se verifique esse pronunciamento, faculta-lhe a lei o remédio de consignar o pagamento, a fim de ser levantado, ulteriormente, pela parte vencedora".[19]

É possível também o pagamento por consignação na *esfera tributária*, ou seja, a utilização da ação de consignação em pagamento para consignar o valor do tributo.[20] Assim decidiu o ministro do Superior Tribunal de Justiça, Teori Albino Zavascki, no Recurso Especial 659779/RS, em 14.9.2004: "O depósito em consignação é modo de extinção da obrigação, com força de pagamento, e a correspondente ação consignatória tem por finalidade ver atendido o direito - material - do devedor de liberar-se da obrigação e de obter quitação.

Trata-se de ação eminentemente declaratória: declara-se que o depósito oferecido liberou o autor da respectiva obrigação. 2. Com a atual configuração do rito, a ação de consignação pode ter natureza dúplice, já que se presta, em certos casos, a outorgar tutela jurisdicional em favor do réu, a quem assegura não apenas a faculdade de levantar, em caso de insuficiência do depósito, a quantia oferecida, prosseguindo o processo pelas diferenças controvertidas (CPC, art. 899, § 1°), como também a de obter, em seu favor, título executivo pelo valor das referidas diferenças que vierem a ser reconhecidas na sentença (art. 899, § 2°). 3. Como em qualquer outro procedimento, também na ação

18 Ibid.

19 Ibid., p. 15.

20 CTN - Art. 164. A importância de crédito tributário pode ser consignada judicialmente pelo sujeito passivo, nos casos: I - de recusa de recebimento, ou subordinação deste ao pagamento de outro tributo ou de penalidade, ou ao cumprimento de obrigação acessória; II - de subordinação do recebimento ao cumprimento de exigências administrativas sem fundamento legal; III - de exigência, por mais de uma pessoa jurídica de direito público, de tributo idêntico sobre um mesmo fato gerador. § 1° A consignação só pode versar sobre o crédito que o consignante se propõe pagar. § 2° Julgada procedente a consignação, o pagamento se reputa efetuado e a importância consignada é convertida em renda; julgada improcedente a consignação no todo ou em parte, cobra-se o crédito acrescido de juros de mora, sem prejuízo das penalidades cabíveis.

consignatória o juiz está habilitado a exercer o seu poder-dever jurisdicional de investigar os fatos e aplicar o direito na medida necessária a fazer juízo sobre a existência ou o modo de ser da relação jurídica que lhe é submetida a decisão. Não há empecilho algum, muito pelo contrário, ao exercício, na ação de consignação, do controle de constitucionalidade das normas. 4. Não há nenhuma vedação legal a que o contribuinte lance mão da ação consignatória para ver satisfeito o seu direito de pagar corretamente o tributo quando entende que o Fisco está exigindo prestação maior que a devida. É possibilidade prevista no art. 164 do Código Tributário Nacional. Ao mencionar que "a consignação só pode versar sobre o crédito que o consignante se propõe a pagar", o § 1° daquele artigo deixa evidenciada a possibilidade de ação consignatória nos casos em que o contribuinte se propõe a pagar valor inferior ao exigido pelo Fisco. Com efeito, exigir valor maior equivale a recusar o recebimento do tributo por valor menor. 5. Recurso especial provido".

Como se percebe, a *consignação em pagamento* visa a liberar o devedor da sua obrigação, por meio de uma sentença declaratória equivalente à quitação negocial, a fim de livrar-se dos efeitos da mora. Todavia, para que isso seja possível, é necessária prova dos requisitos legais que autorizam o ajuizamento desse tipo de demanda.

Nos termos do artigo 333, inciso I, do Código de Processo Civil, cabe ao devedor provar o fato constitutivo de seu direito de consignar a dívida, isto é, o efetivo enquadramento da demanda nas hipóteses apresentadas acima.

A sentença judicial que acolher a pretensão consignatória valerá como liberação do devedor. Para que a consignação tenha força liberatória do devedor, é preciso que preencha os mesmos requisitos de eficácia do pagamento direto, ou seja, que o depósito tenha sido oferecido no lugar do pagamento, ao legítimo credor, pelo devedor ou terceiro legitimado e também no tempo do pagamento, pois se o devedor já estiver em mora, será justa a recusa do credor. É o que diz o artigo 336 ao afirmar que "Para que a consignação tenha força de pagamento, será mister concorram, em relação às pessoas, ao objeto, modo e tempo, todos os requisitos sem os quais não é válido o pagamento".

Quanto à *legitimidade ativa*, a consignação em pagamento poderá ser proposta não só por quem tem a obrigação de pagar, mas também por quem tem o direito de pagar em nome do devedor. No *polo passivo da relação jurídica processual*, deve figurar o credor ou aquele que alegue possuir tal qualidade, ou seu representante (ou mandatário). Se forem vários os credores em solidariedade ativa, qualquer deles poderá ser réu na ação; já se a obrigação for indivisível, o depósito deve ser feito em nome de todos os credores. Se a pessoa for desconhecida, será citada por edital (CPC, art. 251, I), com a intervenção, em seu favor, de curador especial (CPC, art. 72, II).

O pagamento não poderá ser efetuado em parcelas nem pode o devedor entregar coisa diversa da pactuada. Logo, o devedor deverá consignar em depósito a totalidade da dívida, com os seus respectivos acessórios (juros, despesas, etc).[21] Vale destacar que a insuficiência do depósito poderá ser impugnada pelo credor.

O Tribunal de Justiça do Estado do Rio Grande do Sul, em acordão de 10.4.2008, já decidira que "na ação de consignação em pagamento, diante do caráter liberatório da obrigação assumida, para um juízo de procedência, indispensável que o depósito realizado seja integral. No caso concreto, tendo a parte realizado depósitos de forma indiscriminada, sem observar os valores cobrados, mostra-se impositiva a improcedência da ação. Diante da parcialidade dos depósitos, pouco importa a prova da negativa do credor em receber os valores, uma vez que o efeito buscado de liberação não será alcançado (Apelação Cível n° 70022297287, Décima Oitava Câmara Cível, Tribunal de Justiça do RS, relator: Nélson José Gonzaga).

Da mesma forma, a decisão na Apelação Cível n° 70021398375, Nona Câmara Cível, Tribunal de Justiça do RS, relator: Marilene Bonzanini Bernardi, julgada em 9.4.2008: "O depósito é requisito indispensável ao regular processamento da ação de consignação em pagamento. A sua falta, bem como sua realização a destempo, de forma incompleta, leva à extinção da ação, devendo, portanto, ser mantida a sentença".

O depósito deverá ser realizado no lugar estabelecido para o pagamento (Código de Processo Civil, art. 891; e Código Civil, art. 337). O depósito requerer-se-á no lugar do pagamento, cessando, tanto que se efetue, para o depositante, os juros da dívida e os riscos, salvo se for julgado improcedente (CCB, art. 337).

17.5. Levantamento do Depósito

Quanto ao *levantamento do depósito*, é necessário destacar as três regras estabelecidas no Código Civil brasileiro quanto ao momento em que ocorrerá o referido levantamento. Enquanto o credor não declarar que aceita o

21 TJRJ. AÇÃO DE BUSCA E APREENSÃO. ALIENAÇÃO FIDUCIÁRIA. AÇÃO CONSIGNATÓRIA. Restou incontroverso que o réu deixou de pagar as prestações relativas ao contrato celebrado pelas partes de março a junho de 2002, tendo, entretanto, consignado o valor das prestações acrescido de correção monetária, juros e multa, estando pagando as prestações na data do vencimento. A pretensão do banco, de ver acrescido o débito da comissão de permanência, custas processuais e honorários advocatícios, não pode prosperar, eis que conforme entendimento do Egrégio Superior Tribunal de Justiça, consolidado no verbete n° 30 da súmula de sua jurisprudência: "A comissão de permanência e a correção monetária são inacumuláveis". Ademais, não trouxe o banco/ apelante a planilha para se verificar a correção ou não de sua cobrança. RECURSO DESPROVIDO. APELAÇÃO CÍVEL. 2004.001.05514. SEGUNDA CÂMARA CÍVEL. DES. ELISABETE FILIZZOLA. Julgado em 19.5.2004.

depósito, ou não o impugnar, poderá o devedor requerer o levantamento, pagando as respectivas despesas, e subsistindo a obrigação para todos as consequências de direito (CCB, art. 338).[22] Neste caso, o devedor deverá requerer o levantamento do depósito *antes da aceitação do credor*, já que tal ato representaria a extinção da obrigação, e *antes da impugnação*, haja vista a regra estabelecida no artigo 485, § 4°, do Código de Processo Civil.[23]

Já o artigo 339 preceitua que "julgado procedente o depósito, o devedor já não poderá levantá-lo, embora o credor consinta, senão de acordo com os outros devedores e fiadores"[24] Aqui, JUDITH MARTINS-COSTA ensina que se trata de uma hipótese diversa daquela versada no art. 338, pois o momento processual do levantamento será diverso. "Trata-se de apreciar a situação do devedor no tocante ao levantamento, após a contestação da lide e após a declaração judicial de procedência da consignação, prevendose a eficácia do levantamento também no tocante aos codevedores e fiadores. A regra do art. 339 tem incidência, pois, apenas quando reunidos três pressupostos, a saber:

---

22 Correspondente ao artigo 977 do CCB/16.

23 CPC, art. 485 -
Art. 485. O juiz não resolverá o mérito quando:
I - indeferir a petição inicial;
II - o processo ficar parado durante mais de 1 (um) ano por negligência das partes;
III - por não promover os atos e as diligências que lhe incumbir, o autor abandonar a causa por mais de 30 (trinta) dias;
IV - verificar a ausência de pressupostos de constituição e de desenvolvimento válido e regular do processo;
V - reconhecer a existência de perempção, de litispendência ou de coisa julgada;
VI - verificar ausência de legitimidade ou de interesse processual;
VII - acolher a alegação de existência de convenção de arbitragem ou quando o juízo arbitral reconhecer sua competência;
VIII - homologar a desistência da ação;
IX - em caso de morte da parte, a ação for considerada intransmissível por disposição legal; e
X - nos demais casos prescritos neste Código.
§ 1º Nas hipóteses descritas nos incisos II e III, a parte será intimada pessoalmente para suprir a falta no prazo de 5 (cinco) dias.
§ 2º No caso do § 1º, quanto ao inciso II, as partes pagarão proporcionalmente as custas, e, quanto ao inciso III, o autor será condenado ao pagamento das despesas e dos honorários de advogado.
§ 3º O juiz conhecerá de ofício da matéria constante dos incisos IV, V, VI e IX, em qualquer tempo e grau de jurisdição, enquanto não ocorrer o trânsito em julgado.
§ 4º Oferecida a contestação, o autor não poderá, sem o consentimento do réu, desistir da ação.
§ 5º A desistência da ação pode ser apresentada até a sentença.
§ 6º Oferecida a contestação, a extinção do processo por abandono da causa pelo autor depende de requerimento do réu.
§ 7º Interposta a apelação em qualquer dos casos de que tratam os incisos deste artigo, o juiz terá 5 (cinco) dias para retratar-se.

24 Correspondente ao artigo 978 do CCB/16.

a) a existência de decisão de procedência do depósito, com a consequente extinção do vínculo; b) o fato do levantamento do depósito, pelo devedor; e c) a pluralidade de devedores, sendo a prestação indivisível ou solidária, ou quando for garantida por fiança".[25]

Assim, julgado procedente o depósito, a dívida fica extinta e o credor poderá levantar o depósito. Neste sentido, CLÓVIS BEVILÁQUA afirma que "julgado procedente o depósito por sentença do juiz competente, a obrigação está extinta. Se, não obstante, o credor consentir no levantamento do depósito pelo devedor, entende-se que entrou com ele em acordo, para conceder-lhe essa vantagem. Enquanto a operação se passar entre os dois, nada há que opor; cada um regula os seus interesses como lhe parece conveniente. Mas, se há coobrigados, é claro que, achando-se também para eles extinta a obrigação, desde a data do depósito, é necessário que manifestem a sua vontade de aceitar a renovação do vínculo. Sem isso, embora o credor e o devedor concordem no levantamento do depósito por este último, tal se não poderá fazer sem aquiescência dos coobrigados, quer por solidariedade, ou indivisibilidade da obrigação, quer por fiança".[26]

Da mesma forma, JOÃO LUIZ ALVES ensina que "uma vez validamente feita a consignação e julgada procedente, ficou a obrigação extinta, desde a data do depósito. Por isso, havendo outros devedores ou fiadores, extingue-se igualmente a obrigação para uns e outros; para os devedores, se a obrigação era solidária ou indivisível e, se não o sendo, foi, apesar disso, consignada a totalidade pelo coobrigado; para os fiadores ou terceiros que deram hipoteca ou penhor, desde que o coobrigado, cuja dívida garantiram, nada mais deve. Extinta a obrigação em favor dos coobrigados, não poderiam o credor e o devedor consignante fazê-la reviver, sem acordo daqueles; se o credor consente no levantamento e este se opera, ficam exonerados todos os coobrigados. Se, pois, só há um devedor, pode o credor anuir em que este levante a coisa consignada; se a dívida contiver fiança, hipoteca ou penhor de terceiro, ficarão extintas estas obrigações acessórias, caso o obrigado por elas não seja ouvido ou se oponha ao levantamento. Levantada pelo devedor a coisa consignada, para ele e para os coobrigados que concordaram no levantamento, subsiste a obrigação nas mesmas condições anteriores".[27]

Por fim, o artigo 340 do CCB dispõe que "o credor que, depois de contestar a lide ou aceitar o depósito, aquiescer no levantamento, perderá a preferência e a garantia que lhe competiam com respeito à coisa consignada, ficando para logo desobrigados os codevedores e fiadores que não tenham

25 MARTINS-COSTA. Judith. *Comentários ao novo Código Civil*. Volume V. Tomo I. 2. ed. Rio de Janeiro: Freitas Bastos, 2006, p. 461.

26 BEVILÁQUA, Clóvis. *Código Civil comentado*. Vol. IV. Rio de Janeiro: Rio, 1976, p. 111.

27 ALVES, João Luiz. *Código Civil anotado*. 4. Volume. 3. ed. Rio de Janeiro: Borsoi, 1958, p. 94.

anuído".[28] Assim, se o credor concordar com o levantamento do depósito, as demais pessoas que participavam daquela relação jurídica obrigacional ficarão desvinculadas desta nova obrigação. Correlacionando este dispositivo com o artigo 339, verifica-se, pois, que, em qualquer dos casos – aceitação do depósito, contestação da lide ou sentença que declare procedente a consignação –, consentindo o credor que o devedor levante o depósito, ficam exonerados os demais coobrigados.[29] Ademais, perde o credor a preferência ou a garantia real dada pelo próprio devedor, porque desde o depósito estabeleceu-se a extinção da dívida.

17.6. Efeitos do Pagamento de Obrigação Litigiosa

O artigo 344 diz que "o devedor de obrigação litigiosa exonerar-se-á mediante consignação, mas, se pagar a qualquer dos pretendidos credores, tendo conhecimento do litígio, assumirá o risco do pagamento".[30] Aqui, *credor* e *terceiro* discutem a titularidade do crédito, *e.g.*, nos contratos de locação quando existe disputa do imóvel locado entre os cônjuges. Para que o devedor não corra o risco de pagar à pessoa indevida, é conveniente que ingresse com uma ação consignatória, caso contrário responderá como devedor e assumirá os riscos.

Por fim, o artigo 345 do nosso Código Civil afirma que "se a dívida se vencer, pendendo litígio entre credores que se pretendem mutuamente excluir, poderá qualquer deles requerer a consignação".[31] Melhor dizendo: se a dívida se vencer durante o litígio, não podendo o devedor pagar a nenhum dos litigantes, o devedor deverá utilizar a ação consignatória.

17.7. Direito Comparado

CC PORTUGUÊS. ARTIGO 841° (Quando tem lugar). 1. O devedor pode livrar-se da obrigação mediante o depósito da coisa devida, nos casos seguintes: a) Quando, sem culpa sua, não puder efectuar a prestação ou não puder fazê-lo com segurança, por qualquer motivo relativo à pessoa do credor; b) Quando o credor estiver em mora. 2. A consignação em depósito é facultativa.

CC PORTUGUÊS. ARTIGO 842° (Consignação por terceiro). A consignação em depósito pode ser efectuada a requerimento de terceiro a quem seja lícito efectuar a prestação.

CC PORTUGUÊS. ARTIGO 843° (Dependência de outra prestação). Se o devedor tiver a faculdade de não cumprir senão contra uma prestação do

---

28 Correspondente ao artigo 979 do CCB/16.

29 Ibid., p. 95.

30 Correspondente ao artigo 983 do CCB/16.

31 Correspondente ao artigo 984 do CCB/16.

credor, é-lhe lícito exigir que a coisa consignada não seja entregue ao credor enquanto este não efectuar aquela prestação.

CC PORTUGUÊS. ARTIGO 844° (Entrega da coisa consignada). Feita a consignação, fica o consignatário obrigado a entregar ao credor a coisa consignada, e o credor com o direito de exigir a sua entrega.

CC PORTUGUÊS. ARTIGO 845° (Revogação da consignação). 1. O devedor pode revogar a consignação, mediante declaração feita no processo, e pedir a restituição da coisa consignada. 2. Extingue-se o direito de revogação, se o credor, por declaração feita no processo, aceitar a consignação, ou se esta for considerada válida por sentença passada em julgado.

CC PORTUGUÊS. ARTIGO 846° (Extinção da obrigação). A consignação aceita pelo credor ou declarada válida por decisão judicial libera o devedor, como se ele tivesse feito a prestação ao credor na data do depósito.

Capítulo 18
DO PAGAMENTO COM SUB-ROGAÇÃO

18.1. Conceito

Neste capítulo vamos tratar do *pagamento com sub-rogação*. Note-se que a preposição utilizada na denominação do instituto jurídico é "*com*" (pagamento com sub-rogação) e não pagamento *por* sub-rogação. O pagamento é realizado por terceiro, provocando efeitos jurídicos junto ao *solvens*. Logo, a sub-rogação é consequência do pagamento, ou seja, já ocorreu o pagamento. Daí que o sub-rogado ocupa o lugar do credor, já que pagou a dívida do devedor. Neste caso, o credor original já teve o seu interesse econômico satisfeito.

18.2. Cessão de Crédito e Pagamento com Sub-Rogação

Como dito no capítulo 13, é comum a confusão entre a *cessão de crédito* e o *pagamento com sub-rogação*. Naquela ocorre uma substituição do credor e no instituto jurídico da sub-rogação ocorre pagamento da dívida por terceiro, tornando-se titular do crédito (isto é, o terceiro pagou a obrigação do devedor, assumindo a posição do credor).

Vale lembrar que a *cessão de crédito* só pode ser realizada se o pagamento ainda não ocorreu, ou seja, o credor não pode ceder um crédito que já recebeu ou ceder um crédito de uma obrigação extinta. O crédito poderá até ser cedido depois de vencida a obrigação, mas desde que a prestação ainda não tenha sido quitada. Logo, a cessão de crédito antecede ao crédito.

Na *sub-rogação do crédito* já ocorreu o pagamento, já que este foi realizado por terceiro. O sub-rogado ocupa, neste caso, o lugar do credor. Logo, a sub-rogação é consequência do pagamento.

18.3. Espécies de Sub-Rogação

A sub-rogação será *automática*, quando realizada por um terceiro interessado em pagar a dívida, como no caso de um fiador ou avalista. Neste caso, transferem-se ao sub-rogado todas as ações, eventuais garantias subsidiárias, privilégios, créditos, ou seja, tudo o que o credor original dispunha contra o devedor é transferido ao sub-rogado.

A sub-rogação será *convencional* quando o pagamento for realizado por terceiro desinteressado, ou seja, aquele que não está envolvido na relação jurídica entre credor e devedor.

18.3.1. Sub-rogação legal

Os casos de sub-rogação legal estão previstos no artigo 346 do nosso Código Civil. São hipóteses de sub-rogação legal: a) em favor do credor, que solve o débito do devedor comum; b) em favor do adquirente do imóvel hipotecado, que paga ao credor hipotecário, bem como do terceiro que efetiva o pagamento, para não ser privado do direito sobre o imóvel; c) em favor do terceiro interessado, que paga a dívida comum, pela qual poderia ser obrigado, no todo ou em parte.[1]

Assim, uma das hipóteses de sub-rogação automática é aquela em que o credor paga a dívida de um devedor comum. Ao efetuar o pagamento, o credor procura defender seus próprios interesses. Vejamos: Carlos e Caio são credores de Juliana, em relações jurídicas obrigacionais distintas. O crédito de Carlos, no valor de R$ 40.000,00, é um crédito hipotecário, já que existe uma hipoteca que recai sobre o imóvel de Juliana. Já Caio é um credor quirografário e o seu crédito é de R$ 50.000,00 com Juliana.

O credor Carlos é, pois, um credor mais forte que Caio. Daí que Caio pode ter interesse em pagar a dívida do devedor comum, visando prevenir a sua perda. Dessa forma, pode ser conveniente que Caio, sendo titular dos dois créditos, possa executar Juliana em momento mais oportuno.

Nada impede, pois, que Caio venha a pagar a Carlos e ao fazê-lo, se sub-roga automaticamente nos direitos de Carlos. O seu interesse é tornar-se credor hipotecário de Juliana e promover a execução visando receber os dois créditos.

Da mesma forma, segundo CARLOS ROBERTO GONÇALVES, "pode o credor, com segunda hipoteca sobre determinado imóvel do devedor, por exemplo, preferir pagar ao titular do crédito garantido por primeira hipoteca sobre o mesmo bem, sub-rogando-se nos direitos deste, para posteriormente executar os dois créditos hipotecários e não ter de aguardar a execução do primeiro, e apenas contentar-se com o que restar".[2]

O inciso II do artigo 346 trata da sub-rogação automática em favor do adquirente do imóvel hipotecado, que paga ao credor hipotecário, bem como do terceiro que efetiva o pagamento, para não ser privado do direito sobre o imóvel. Vejamos o seguinte exemplo: Gustavo é credor de Márcia da quantia de R$ 30 mil, a ser paga em várias prestações. A devedora deu como garantia

1 Correspondente ao artigo 985 do CCB/16.

2 GONÇALVES, Carlos Roberto. *Direito Civil brasileiro*. Volume II: Teoria geral das obrigações. São Paulo: Saraiva, 2004, p. 291-292.

da dívida a hipoteca de seu imóvel. Ocorre que Márcia vendeu seu imóvel a Waldyr por R$ 60 mil. Márcia (devedora), deixando de pagar as prestações restantes que tem com Gustavo (credor original e preferencial), Waldyr (adquirente do imóvel hipotecado), percebendo que está na iminência de perder o imóvel, poderá pagar a Gustavo as prestações vencidas e se sub-rogar nos direitos de cobrar de Márcia os respectivos valores.[3]

Esta sub-rogação poderá ser *total*, quando o terceiro pagar inteiramente a dívida. Neste caso, o credor original é expelido da relação obrigacional, ficando em seu lugar o sub-rogado. A sub-rogação será *parcial* na hipótese de existir um fiador que não consiga pagar toda a obrigação. Neste caso, o credor original transfere parcialmente os direitos da sub-rogação ao fiador. Daí que o devedor terá dois credores, quais sejam: o credor original e o credor sub-rogado.

Vejamos o seguinte caso: Marcelo contrai com José uma dívida de R$ 50 mil, o fiador Ângelo pagou R$ 40 mil, restando, pois, ao credor original um crédito de R$ 10 mil. Ocorre que o patrimônio de Marcelo (devedor) é de R$ 30 mil. Quem terá preferência no recebimento do crédito? O credor original José terá preferência, isto é, receberá os R$ 10 mil e o credor sub-rogado Ângelo receberá o restante (R$ 20 mil), ficando, pois, com crédito de R$ 20 mil.

O Código Civil de 2002, no inciso II do artigo 346, apresenta uma ampliação quando trata da hipótese do *terceiro que efetiva o pagamento para não ser privado de direito sobre o imóvel*. Isto quer dizer que um terceiro interessado poderá adquirir o crédito hipotecário para não ser privado de direito sobre o imóvel. É o caso, por exemplo, do usufrutuário cujo direito real foi registrado posteriormente à hipoteca.

Já o inciso III do artigo 346 trata da sub-rogação *em favor do terceiro interessado, que paga a dívida comum, pela qual poderia ser obrigado, no todo ou em parte*.[4] O terceiro interessado é aquele que possui interesse em quitar a

---

3 EMBARGOS À AÇÃO MONITÓRIA. CONTRATO DE PROMESSA DE COMPRA E VENDA. IMÓVEL VENDIDO COM GRAVAME (PENHORA). SUB-ROGAÇÃO DO COMPRADOR QUE PAGOU O DÉBITO VISANDO A LIBERAR A CONSTRIÇÃO. INTELIGÊNCIA DOS ARTIGOS 985, II, DO CÓDIGO CIVIL DE 1916 E 346 DO ATUAL. PRELIMINAR DE NULIDADE. RELATÓRIO DA SENTENÇA. Não é de se declarar nula a sentença pela eventual deficiência em seu relatório, que não tem conteúdo decisório nem afetou, *in casu*, o juízo de valor do julgador. O comprador que efetiva o pagamento para liberar gravame do imóvel adquirido sub-roga-se no direito ao crédito alcançado. Caso em que o contrato não faz nenhuma menção à assunção da dívida pelo comprador/embargado, nem sequer estipulando preço superior e expressando a cessão do débito como parte do preço a ser pago, preço, aliás, que se mostra concorde com o valor de mercado da época. Desimporta, portanto, o conhecimento do comprador acerca da existência de ação contra o vendedor. APELAÇÃO IMPROVIDA (Apelação Cível n° 70009932997, Décima Sétima Câmara Cível, Tribunal de Justiça do RS, Relator: Elaine Harzheim Macedo, julgada em 26.10.2004).

4 AGRAVO DE INSTRUMENTO. AÇÃO DE EXECUÇÃO. CONTRATO DE CONFISSÃO DE DÍVIDA. EXCEÇÃO DE PRÉ-EXECUTIVIDADE. REJEIÇÃO. EXEQUENTE QUE ASSUMIU

dívida, já que *a posteriori* poderia ser obrigado a pagar o débito. É o caso, por exemplo, do fiador, do devedor solidário (CC 2002, art. 283) e do coobrigado em dívida indivisível (CC 2002, art. 259).

O artigo 786 do nosso Código Civil determina que "paga a indenização, o segurador sub-roga-se, nos limites do valor respectivo, nos direitos e ações que competirem ao segurado contra o autor do dano". A Súmula 188 do STF diz que "o segurador tem ação regressiva contra o causador do dano, pelo que efetivamente pagou, até o limite previsto no contrato de seguro".

18.3.2. Sub-rogação convencional

CUNHA GONÇALVES ensina que a sub-rogação convencional é "aquela que resulta da vontade das partes, isto é, do pagamento feito por terceiro com o consentimento somente do devedor, ou somente com o do credor, ou havendo acordo de todos os três".[5]

Segundo CRISTIANO CHAVES DE FARIAS e NÉLSON ROSENVALD, a sub-rogação convencional "resulta do pagamento do débito por parte do terceiro desinteressado mediante negócio jurídico travado com o credor ou com o devedor. Trata-se de uma pessoa que não está envolvida na relação de direito material como coobrigada".[6]

De acordo com o artigo 347 do nosso Código Civil, a sub-rogação é convencional: I quando o credor recebe o pagamento de terceiro e expressamente lhe transfere todos os seus direitos; II quando terceira pessoa empresta ao devedor a quantia precisa para solver a dívida, sob a condição expressa de ficar o mutuante sub-rogado nos direitos do credor satisfeito.186 187 188

No inciso I do referido dispositivo legal ocorre a *sub-rogação consentida pelo credor*. Neste caso, o credor recebe o pagamento de terceiro, expressa-

---

A DÍVIDA PERANTE O CREDOR NA CONDIÇÃO DE DEVEDOR SOLIDÁRIO. EVIDENCIADO O PAGAMENTO COM SUB-ROGAÇÃO LEGAL. ARTIGO 346, INCISO III, DO CÓDIGO CIVIL. TÍTULO EXECUTIVO QUE SE REVESTE DE CERTEZA, LIQUIDEZ E EXIGIBILIDADE. Evidenciada a intenção das partes contratantes no sentido de que os rotulados "assuntores" respondessem solidariamente pela integralidade da dívida, traduzindo seu interesse em quitar a obrigação e, demonstrado o pagamento, operou-se a sub-rogação legal. Diz-se credor sub-rogado aquele que paga a dívida de outrem, assumindo todos os direitos, ações, privilégios e garantias do primitivo credor contra o devedor principal e seus fiadores. Admitida a exceção de executividade quando manifesta a nulidade do título. Questões que pressupõem ampla dilação probatória somente podem ser discutidas em sede de embargos do devedor. Já levada a efeito a penhora de bens do devedor, impunha-se o ajuizamento da ação incidental. A função do advogado é técnica, cabendo-lhe operar no processo com a observância da lógica jurídica. AGRAVO DE INSTRUMENTO IMPROVIDO. UNÂNIME (Agravo de Instrumento n° 70007285232, Décima Oitava Câmara Cível, Tribunal de Justiça do RS, relator: Cláudio Augusto Rosa Lopes Nunes, julgado em 8.4.2004).

5 CUNHA GONÇALVES, Luiz da. *Tratado de Direito Civil.* Volume V. Tomo I. São Paulo: Max Limonad, 1955, p. 57.

6 FARIAS, Cristiano Chaves de; ROSENVALD, Nelson. *Direito das obrigações.* Rio de Janeiro: Lumen Juris, 2006, p. 285.

mente transferindo todos os seus direitos. Neste caso, vigorará o disposto quanto à cessão de crédito (CCB, art. 348).

Já no inciso II, realiza-se a *sub-rogação consentida pelo devedor,* já que recebe de um terceiro uma quantia para quitar a dívida, sob a condição de ficar o mutuante (aquele que emprestou a quantia para o devedor pagar a dívida) sub-rogado nos direitos do credor satisfeito. Neste caso, a sub-rogação ocorre por iniciativa do devedor. Vejamos um exemplo: Ricardo é credor de Gustavo do valor de R$ 50 mil e tem como garantia da dívida a hipoteca do imóvel de Gustavo. Vencida a obrigação e sem recursos financeiros para pagar a dívida a Ricardo, Gustavo procura Irene (terceira pessoa) que lhe empresta o dinheiro e recebe de Ricardo (credor A) a hipoteca do imóvel dado como garantia. Neste caso, ocorreu um contrato de mútuo entre Gustavo (mutuário) e Irene (mutuante) restando, pois, expresso que Irene ficaria sub-rogada nos direitos do credor original (Ricardo). É preciso que no contrato de empréstimo fique expresso que o dinheiro foi pedido para pagamento daquela dívida.

PONTES DE MIRANDA alerta que "a referência ao mútuo só se pode entender como exemplificativa. O que o terceiro presta pode não ser por empréstimo de quantia. Não se precisa qualificar o negócio jurídico entre o devedor e o terceiro. Pode ter sido por conta de trabalho, ou como adiantamento por obra ou outra prestação. O que importa saber-se é que o devedor e o terceiro acordaram em que a contraprestação seria o débito que ele solve, ou o que ele dá para o devedor solva"[7].

Nas cessões de crédito, não se aplicam as hipóteses do art.347, inciso II, do Código Civil. Importante lembrar a distinção entre a *cessão de crédito* e *pagamento com sub-rogação*. Naquela ocorre uma substituição do credor e no instituto jurídico da sub-rogação ocorre pagamento da dívida por terceiro, tornando-se titular do crédito (isto é, o terceiro pagou a obrigação do devedor, assumindo a posição do credor).

18.4. Efeitos da Sub-Rogação

Seja qual for o modo da sub-rogação, *legal* ou *convencional,* esta produzirá sempre efeitos idênticos. Daí que a sub-rogação transfere ao novo credor todos os direitos, ações, privilégios e garantias do primitivo, em relação à dívida, contra o devedor principal e os fiadores (CCB, art. 3 49).192 193 194

Assim, o sub-rogado irá adquirir todos os direitos, ações, privilégios que o credor original possuía para garantir o seu direito creditório. Por outro lado, na *sub-rogação legal,* o sub-rogado não poderá exercer os direitos e as ações do credor, senão até à soma que tiver desembolsado para desobrigar o devedor (CCB, art. 350).[8]

7 PONTES DE MIRANDA, Francisco Cavalcanti. *Tratado de direito privado.* Parte especial. Tomo XXIV. 2. ed. Rio de Janeiro: Borsoi, 1959, p. 291.

8 Correspondente ao artigo 989 do CCB/16.

Por que somente na *sub-rogação legal*? Apesar da expressa disposição legal, o tema não é pacífico. CLÓVIS BEVILÁQUA defendia, na discussão havida durante a elaboração do Código Civil de 1916, que o artigo 989 (atual art. 350) compreendesse tanto a *sub-rogação legal* como a *sub-rogação convencional*. Vejamos as suas lições: "Na discussão deste artigo, na *Comissão da Câmara*, insisti para que o dispositivo compreendesse à sub-rogação legal e à convencional do devedor. A do credor seguiria, como segue, as normas da cessão, que se lhe ajustarem (*Trabalhos* da Câmara, V, p. 359). Não fui, porém, atendido, e vingou a opinião contrária, prestigiada por Oliveira Figueiredo (*Trabalhos citados*, p. 362), de que, na sub-rogação convencional, não se tem que atender à soma, que o sub-rogado tiver desembolsado para desobrigar o devedor. Para obviar aos inconvenientes deste dispositivo, cumpre que os devedores, quando convencionarem a sub-rogação com aqueles que lhes emprestarem dinheiro para solver as suas dívidas, atendam a que, se não limitarem os direitos do sub-rogado, sempre que o pagamento não for total, transferem para o mutuante direitos de extensão igual aos do credor originário, sem ter extinto os deste, senão em parte".

Da mesma forma, CARVALHO DE MENDONÇA entende que o princípio da proporcionalidade deve ser aplicável à sub-rogação convencional. Com clareza, ele explica que "esta não pode conferir direitos mais amplos do que aquela. A convenção das partes, podendo modificar a subrogação convencional, não lhe pode dar efeitos mais extensos do que a que se faz por determinação da lei".[9]

De forma contrária ao Projeto Clóvis, JOÃO LUIZ ALVES afirma que "O Pr. Cl. estende à sub-rogação convencional o princípio que o texto restringe à legal. Bem andou o Código e não foi lógico o Pr. Cl., de vez que equiparou a sub-rogação convencional (art. 1.127)[10] à cessão de créditos e que, quanto a esta, não limitou o direito do cessionário àquilo que tiver efetivamente desembolsado. [...] Em resumo, na sub-rogação contratual, o devedor responde pela obrigação, tal como ela é, por ser essa sub-rogação equiparada à cessão de crédito (art. 987); na legal, só é obrigado pelo que o sub-rogado houver efetivamente desembolsado".[11]

De qualquer forma, o artigo 350 do nosso Código Civil deixa aparente o princípio da proporcionalidade, na medida que na *sub-rogação legal* o sub-rogado não poderá exercer os direitos e as ações do credor, senão até à soma que tiver desembolsado para desobrigar o devedor. Como explica JUDITH MARTINS-COSTA, o sub-rogado não terá, contra o devedor, mais direitos

9 CARVALHO DE MENDONÇA, Manuel Inácio. *Doutrina e prática das obrigações*. 4. ed. Tomo I. Rio de Janeiro: Forense, 1956, p. 563.

10 Artigo do CC de 1916.

11 ALVES, João Luiz. *Código Civil anotado*. 3. ed. 4. Volume. Rio de Janeiro: Borsoi, 1958, p. 102.

do que o primitivo credor, não tendo, em consequência, o direito de exigir o montante total do crédito, salvo se assim houver pago ao credor originário, sob pena de restar caracterizado o enriquecimento sem causa.[12]

18.5. Sub-Rogação Parcial. Preferência do Credor Originário

O artigo 351 do nosso Código Civil trata da sub-rogação parcial, ou seja, no caso de pagamento parcial da dívida efetuada por terceiro. Neste caso, o terceiro pagou apenas parte da dívida e a parte não paga continua a pertencer ao credor originário. Vejamos a redação do dispositivo legal: "O credor originário, só em parte reembolsado, terá preferência ao sub-rogado, na cobrança da dívida restante, se os bens do devedor não chegarem para saldar inteiramente o que a um e outro dever".[13]

Sintetizando o dispositivo legal, ensina JOÃO LUIZ ALVES que "a sub-rogação parcial, em virtude da qual o sub-rogante continua credor pela parte da dívida não sub-rogada, confere-lhe preferência sobre o sub-rogado, no caso de insolvência do devedor comum".[14]

18.6. Direito Comparado

CC PORTUGUÊS. ARTIGO 589° (Sub-rogação pelo credor). O credor que recebe a prestação de terceiro pode sub-rogá-lo nos seus direitos, desde que o faça expressamente até ao momento do cumprimento da obrigação.

CC PORTUGUÊS. ARTIGO 590° (Sub-rogação pelo devedor). 1. O terceiro que cumpre a obrigação pode ser igualmente sub-rogado pelo devedor até ao momento do cumprimento, sem necessidade do consentimento do credor. 2. A vontade de sub-rogar deve ser expressamente manifestada.

CC PORTUGUÊS. ARTIGO 591° (Sub-rogação em consequência de empréstimo feito ao devedor). O devedor que cumpre a obrigação com dinheiro ou outra coisa fungível emprestada por terceiro pode sub-rogar este nos direitos do credor. 2. A sub-rogação não necessita do consentimento do credor, mas só se verifica quando haja declaração expressa, no documento do empréstimo, de que a coisa se destina ao cumprimento da obrigação e de que o mutuante fica sub-rogado nos direitos do credor.

CC PORTUGUÊS. ARTIGO 592° (Sub-rogação legal). 1. Fora dos casos previstos nos artigos anteriores ou noutras disposições da lei, o terceiro que cumpre a obrigação só fica sub-rogado nos direitos do credor quando tiver garantido o cumprimento ou quando, por outra causa, estiver directamente interessado na satisfação do crédito 2. Ao cumprimento é equiparada a dação

12 MARTINS-COSTA, Judith. *Comentários ao novo Código Civil.* Volume V, Tomo I. Rio de Janeiro: Forense, 2006, p. 522.

13 Correspondente ao artigo 990 do CCB/16.

14 ALVES. Op. Cit., p. 103.

em cumprimento, a consignação em depósito, a compensação ou outra causa de satisfação do crédito compatível com a sub-rogação.

CC PORTUGUÊS. ARTIGO 593° (Efeitos da sub-rogação). 1. O sub-rogado adquire, na medida da satisfação dada ao direito do credor, os poderes que a este competiam. 2. No caso de satisfação parcial, a subrogação não prejudica os direitos do credor ou do seu cessionário, quando outra coisa não for estipulada. 3. Havendo vários sub-rogados, ainda que em momentos sucessivos, por satisfações parciais do crédito, nenhum deles tem preferência sobre os demais.

CC PORTUGUÊS. ARTIGO 594° (Disposições aplicáveis). É aplicável à sub-rogação, com as necessárias adaptações, o disposto nos artigos 582° a 584°.

Capítulo 19

DA IMPUTAÇÃO DO PAGAMENTO

19.1. Conceito

A *imputação do pagamento* é o instituto jurídico que ocorre quando o pagamento efetuado pelo devedor é insuficiente para saldar todas as dívidas com o credor. Nesse caso, torna-se difícil identificar qual(is) a(s) dívida(s) que estão sendo quitadas neste momento. Dessa forma, por meio do fenômeno jurídico da *imputação ao pagamento,* é possível a definição e a identificação, no rol de dívidas, à qual está sendo aplicado o pagamento. Imputar significa *indicar.*

CARVALHO DE MENDONÇA chama imputação de pagamento a "operação pela qual o devedor de muitas dívidas de coisa fungível da mesma espécie e qualidade a um mesmo credor, ou o próprio credor em seu lugar, destina uma prestação à extinção de uma ou mais de uma das dívidas, por ser ela insuficiente para saldar todas".[1]

MÁRIO JÚLIO DE ALMEIDA COSTA admite imputação quando "entre o mesmo devedor e o mesmo credor existam diversas dívidas homogêneas, isto é, que tenham por objeto coisas do mesmo gênero. E surge quando o devedor satisfaça ao credor coisas do gênero previstas em quantidade bastante para saldar apenas alguma ou algumas e não todas essas dívidas".[2]

Vejamos o seguinte exemplo: Galdino é devedor de Dória de três dívidas pecuniárias, respectivamente, de R$ 100 mil, R$ 40 mil e R$ 20 mil. Na hipótese de Galdino pagar a Dória, o valor de R$ 70 mil, ou seja, quantia suficiente para saldar alguma ou algumas das dívidas, mas não todas. A que dívida(s) caberá reportar a prestação? Daí a importância do instituto jurídico da *imputação ao pagamento.*

O artigo 352 do nosso Código Civil diz que "A pessoa obrigada por dois ou mais débitos da mesma natureza, a um só credor, tem o direito de indicar a qual deles oferece pagamento, se todos forem líquidos e vencidos".

---

1 CARVALHO DE MENDONÇA, Manuel Inácio. *Doutrina e prática das obrigações.* 4. ed. Tomo I. Rio de Janeiro: Forense, 1956, p. 569.

2 ALMEIDA COSTA, Mário Júlio de. *Direito das obrigações.* 10. ed. Coimbra: Almedina, 2006, p. 833-1021.

19.2. Elementos ou Requisitos da Imputação ao Pagamento (Cumprimento)

São elementos ou requisitos da *imputação ao pagamento*: a) pluralidade de débitos; b) identidade entre credor e devedor; c) natureza dos débitos; d) débitos líquidos e vencidos; e) o pagamento deve ser suficiente para cobrir alguma dívida.

Os débitos devem ser da mesma natureza e relacionados ao mesmo credor, razão pela qual não existir prejuízo a este. É também requisito que todas as prestações estejam vencidas e líquidas. Considera-se *líquida* a obrigação certa, quanto à sua existência, e determinada, quanto ao seu objeto. É, pois, a obrigação que se reputa devida e cujo montante já resta devidamente apurado. A dívida é *vencida* quando se tornou exigível pelo advento do termo prefixado.

19.3. Espécies de Imputação

A quem cabe imputar o pagamento, ou seja, a quem cabe escolher quais as prestações que serão pagas? São três as espécies de imputação ao pagamento: a) imputação do devedor; b) imputação do credor; e c) imputação legal.

19.3.1. Imputação realizada pelo devedor

Em princípio caberá ao devedor indicar o pagamento. O artigo 352 acima mencionado dispõe que "a pessoa obrigada por dois ou mais débitos da mesma natureza, a um só credor, tem o direito de indicar a qual deles oferece pagamento, se todos forem líquidos e vencidos".[3]

A imputação realizada pelo devedor é aquela em que este indica qual a dívida que está sendo quitada com o pagamento. E se na dívida houver capital e juros vencidos? Determina o artigo 354 do nosso Código Civil que "havendo capital e juros, o pagamento imputar-se-á primeiro nos juros vencidos, e depois no capital, salvo estipulação em contrário, ou se o credor passar a quitação por conta do capital".

19.3.2. Imputação realizada pelo credor

A imputação do credor ocorre quando o devedor não declara qual dívida que está sendo quitada. Neste caso, compete ao credor efetuar a imputação. (CC 2002 - art. 353).

3 Correspondente ao artigo 991 do CCB/16.

O artigo 353 afirma que "não tendo o devedor declarado em qual das dívidas líquidas e vencidas quer imputar o pagamento, se aceitar a quitação de uma delas, não terá direito a reclamar contra a imputação feita pelo credor, salvo provando haver ele cometido violência ou dolo".[4]

19.3.3. Imputação legal

Ocorrerá a *imputação legal* se o devedor não fizer a indicação e a quitação for omissa quanto à imputação. Melhor dizendo: a *imputação legal* somente ocorrerá na ausência de declarações expressas do devedor e do credor. Diz o artigo 355 que "se o devedor não fizer a indicação do art. 352, e a quitação for omissa quanto à imputação, esta se fará nas dívidas líquidas e vencidas em primeiro lugar. Se as dívidas forem todas líquidas e vencidas ao mesmo tempo, a imputação far-se-á na mais onerosa".[5]

Assim, se o devedor não fizer a declaração da dívida em que quer imputar o pagamento e se a quitação for omissa quanto à imputação, esta se fará, de acordo com os ensinamentos de CARVALHO DE MENDONÇA, da seguinte forma:[6]

1°) nas dívidas líquidas e vencidas;
2°) na mais onerosa, se forem todas líquidas e vencidas ao mesmo tempo;
3°) em igualdade de condições na mais antiga;
4°) sendo da mesma data e de igual natureza, em todas, proporcionalmente;
5°) nos juros quanto baste para a solução dos vencidos e o resto no capital;
6°) na dívida que o devedor deve em seu próprio nome.

O instituto da *imputação ao pagamento* já foi enfrentado pelo Tribunal de Justiça do Estado do Rio Grande do Sul – TJRS, da seguinte forma: "AÇÃO DE EXECUÇÃO. FIANÇA PRESTADA SEM A OUTORGA UXÓRIA. Inexigível a fiança em relação à esposa, mas não resulta afastada a responsabilidade daquele que assumiu a posição de garante.

INSUFICIÊNCIA DA PENHORA. A circunstância de a penhora recair sobre o bem insuficiente para garantia do juízo não pode consistir em óbice ao exercício do direito de defesa e ao não recebimento dos embargos. DEPÓSITO DE SOJA. IMPUTAÇÃO DO PAGAMENTO. APLICAÇÃO DOS ARTIGOS 352 E 355 DO CÓDIGO CIVIL. O depósito efetuado pelos devedores possui

4 Correspondente ao artigo 992 do CCB/16.
5 Correspondente ao artigo 994 do CCB/16.
6 CARVALHO DE MENDONÇA. Op. Cit., p. 576-577.

a nítida intenção de quitar o débito com o credor. Os devedores não fizeram a indicação do art. 352, sendo que ambas as dívidas possuem a mesma data de vencimento, de forma que a imputação deve ocorrer primeiro no débito de maior valor de acordo com o artigo 355. PRELIMINARES AFASTADAS. APELO NÃO PROVIDO (Apelação Cível nº 70009783242, Décima Sexta Câmara Cível, Tribunal de Justiça do RS, relator: Claudir Fidélis Faccenda, julgada em 13.10.2004)".

Capítulo 20
DA DAÇÃO EM PAGAMENTO

20.1. Conceito

O instituto jurídico da *dação em pagamento* é conhecido no direito romano como *datio in solutum*. Ocorre na hipótese em que o devedor, não dispondo da prestação avençada, propõe ao credor substituí-la por outra e o credor aceita. É, pois, uma forma de pagamento indireto, já que, em vez de o devedor entregar ao credor a prestação avençada, entrega outra coisa. A anuência do credor é, pois, elemento essencial na dação em pagamento, já que se aquele não consente com a prestação oferecida a dívida permanece em relação à prestação original.

WASHINGTON DE BARROS MONTEIRO define a *dação em pagamento* como "um acordo convencionado entre credor e devedor, por via do qual aquiesce o primeiro em receber do segundo, para desobrigá-lo de uma dívida, objeto diferente do que constituíra a obrigação".[1]

CARVALHO DE MENDONÇA define *dação em pagamento* como um "acordo liberatório convencionado entre o credor e o devedor, em virtude do qual aquele aquiesce em receber deste para exonerá-lo de uma dívida um objeto diferente do que constituía a prestação".[2]

Em relação ao conceito da dação em pagamento, afirma PONTES DE MIRANDA que "se o credor consente, pode ser feita, em vez da prestação devida, outra. É a *datio in solutum*, dação em solução da dívida, que extingue, *ipso iure,* a dívida, como a extinguiria o pagamento, em sentido estrito".[3]

ANTUNES VARELA ensina que a *dação em cumprimento (datio in solutum),* vulgarmente chamada de *dação em pagamento,* "consiste na realização de uma prestação *diferente* da que é devida, com o fim de, mediante acordo do credor, extinguir imediatamente a obrigação" (Código Civil português, art. 837°).[4]

---

1 MONTEIRO, Washington de Barros. *Curso de direito civil.* Direito das obrigações. 1a parte. 32. ed. São Paulo: Saraiva, 2003, p. 288.

2 CARVALHO DE MENDONÇA, Manuel Inácio. *Doutrina e prática das obrigações.* 4. ed. Tomo I. Rio de Janeiro: Forense, 1956, p. 579.

3 PONTES DE MIRANDA, Francisco Cavalcanti. *Tratado de direito privado.* Parte especial. Tomo XXV. 2. ed. Rio de Janeiro: Borsoi, 1959, p. 3.

4 VARELA, João de Matos Antunes. *Das obrigações em geral.* Vol. II, 7. ed. Coimbra: Almedina, 2006, p. 171.

Vejamos, pois, o seguinte exemplo: Fernanda deve a Nuno a quantia de R$ 20 mil reais. A devedora, sem recursos financeiros para saldar a dívida, oferece ao credor Nuno um *automóvel Jeep Willis* que corresponde àquele valor. Nuno aceita o automóvel caracterizando, pois, o fenômeno jurídico da *dação em pagamento*.

Determinado o preço da coisa dada em pagamento, as relações entre as partes regular-se-ão pelas normas do contrato de compra e venda (CCB, art. 357).[5]

Suponhamos que, no exemplo acima, o automóvel dado em pagamento já tivera o seu motor retificado em razão de enorme avaria. Ora, o que se apresenta são vícios que afetam a utilidade ou o valor da coisa entregue ao credor. Neste caso, o credor poderá ingressar com uma ação redibitória, já que o automóvel tinha um defeito oculto. A quitação dada por Nuno é ineficaz.

E se Nuno preferir ficar com o automóvel, mesmo com o motor avariado? Neste caso, o automóvel terá seu valor diminuído. Daí Nuno poderá ingressar com uma ação estimatória, pedindo o ressarcimento da diferença. Aqui, a dação em pagamento considerada total se transformará em dação em pagamento parcial, e Fernanda deverá pagar a diferença com vistas a quitar a dívida original.

E se o credor sofrer a *evicção?* O artigo 359 determina que "se o credor for evicto da coisa recebida em pagamento, restabelecer-se-á o obrigação primitiva, ficando sem efeito a quitação dada, ressalvados os direitos de terceiros".

São, pois, os seguintes elementos constitutivos da dação em pagamento: a) existência de uma dívida; b) a anuência do credor em receber coisa diversa da prestação original; c) diversidade da prestação oferecida pelo devedor ao credor para solver a prestação devida.

O artigo 356 do nosso Código Civil preceitua que "O credor pode consentir em receber prestação diversa da que lhe é devida".[6]

Não há que se confundir a *dação em pagamento* com a *obrigação facultativa*. Nesta ocorre a substituição da prestação previamente ajustada no título obrigacional. Já a dação em pagamento ocorre no momento do pagamento, já que o devedor não dispõe da prestação devida e propõe ao credor a substituição por outra coisa. A dação em pagamento não é, pois, antecipadamente ajustada.

20.2. Natureza Jurídica da Dação em Pagamento

É uma forma de *pagamento indireto*. Trata-se de um negócio jurídico bilateral, oneroso, contrato real (dação e recebimento), cuja eficácia é extinguir a dívida.[7]

5 Correspondente ao artigo 996 do CCB/1916.
6 Correspondente ao artigo 995 do CCB/16.
7 PONTES DE MIRANDA. Op. Cit., p. 6.

Se o negócio jurídico da dação em pagamento for considerado nulo, ou se for decretada a sua anulação, a dívida solvida não ficará extinta. Por outro lado, se o credor recebeu a coisa em razão de dívida inexistente, ou em virtude de negócio jurídico nulo, responderá por enriquecimento injustificado,[8] conforme estabelece o artigo 884 do nosso Código Civil.

20.3. Dação em Pagamento Total e Parcial

A dação em pagamento poderá ser *total*, se o credor receber a prestação substitutiva pelo mesmo valor da obrigação anterior, ou *parcial*, no caso de o credor aceitar a prestação substitutiva por valor menor que a original, remanescendo um saldo em favor do credor. A *dação total* extingue a obrigação, enquanto a *parcial* reduz o valor da obrigação.

Na *dação total* em pagamento, o credor dará a quitação, extinguindo-se a obrigação.

20.4. Dação em Função do Cumprimento *(Datio pro Solvendo)*

A dação em pagamento (*datio in solutum*) não se confunde com a dação em função do cumprimento (*datio pro solvendo*). Esta se encontra tipificada no artigo 840°, n° 1, do *Código Civil português*, da seguinte forma: "(Dação 'pro solvendo') 1. Se o devedor efectuar uma prestação diferente da devida, para que o credor obtenha mais facilmente, pela realização do valor dela, a satisfação do seu crédito, este só se extingue quando for satisfeito, e na medida respectiva".

MÁRIO JÚLIO DE ALMEIDA COSTA acentua a distinção entre dação em pagamento *(datio in solutum)* e dação em função do cumprimento *(datio pro solvendo)*. Em relação a esta, o jurista português afirma: "repare-se que a dação em função do cumprimento poderá consistir, inclusive, numa prestação de fato. Por exemplo: A, pianista, que deve a B, proprietário de uma casa de espetáculos, 30.000 euros, convenciona com ele realizar um concerto a fim de que o mesmo obtenha, através da referida prestação, mais fácil satisfação de seu crédito".[9]

20.5. Dação em Títulos de Crédito

De acordo com o artigo 358 do nosso Código Civil, "se for título de crédito a coisa dada em pagamento, a transferência importará em cessão".[224 225] No Direito romano, já se admitia que um direito de crédito fosse dado em

8 Ibid.

9 ALMEIDA COSTA, Mário Júlio de. *Direito das obrigações*. 10. ed. Coimbra: Almedina, 2006, p. 833-1096.

pagamento. Neste caso, o devedor cedente é responsável para com o credor cessionário pela existência do crédito ao tempo da cessão.

20.6 Direito Comparado

CC PORTUGUÊS. ARTIGO 837° (Quando é admitida). A prestação de coisa diversa da que for devida, embora de valor superior, só exonera o devedor se o credor der o seu assentimento.

CC PORTUGUÊS. ARTIGO 838° (Vícios da coisa ou do direito).

O credor a quem for feita a dação em cumprimento goza de garantia pelos vícios da coisa ou do direito transmitido, nos termos prescritos para a compra e venda, mas pode optar pela prestação primitiva e reparação dos danos sofridos.

CC PORTUGUÊS. ARTIGO 839° (Nulidade ou anulabilidade da dação). Sendo a dação declarada nula ou anulada por causa imputável ao credor, não renascem as garantias prestadas por terceiro, excepto se este conhecia o vício na data em que teve notícia da dação.

CC PORTUGUÊS. ARTIGO 840° (Dação pro solvendo). 1. Se o devedor efectuar uma prestação diferente da devida, para que o credor obtenha mais facilmente, pela realização do valor dela, a satisfação do seu crédito este só se extingue quando for satisfeito, e na medida respectiva. 2. Se a dação tiver por objecto a cessão de um crédito ou a assunção de uma dívida, presume-se feita nos termos do número anterior.

20.7. Jurisprudência

• STJ. RESP 143046 / SP; RECURSO ESPECIAL. 1997/0055049-4. Ministro ARI PARGENDLER. CIVIL. FRAUDE CONTRA CREDORES. 16.12.1999. DAÇÃO EM PAGAMENTO. Mesmo que tenha por objeto dívida vencida, a dação em pagamento pode, em face das peculiaridades do caso, caracterizar fraude contra credores, mas o reconhecimento de que a dação em pagamento foi fraudulenta não prejudica o crédito, sendo ele incontroverso, de modo que a anulação do negócio restabelece o *status* quo ante, desfazendo a quitação. Recurso especial conhecido e provido em parte.

• STJ. RESP 222815 / SP; RECURSO ESPECIAL. 1999/0061895-5. Ministro RUY ROSADO DE AGUIAR. 7.10.1999. DAÇÃO EM PAGAMENTO. Nulidade. Decretada a nulidade do ato de dação em pagamento, feito por terceiros em favor do devedor, permanece o crédito contra este. HIPOTECA. Cancelamento. Nova inscrição. A nova inscrição da hipoteca somente valerá depois da sua renovação, daí a necessidade de se comprovar a inexistência de outros registros porventura feitos entre o cancelamento e a restauração. Recursos não conhecidos.

• TJRJ. Processo: 2003.001.33772. DIREITO EMPRESARIAL. SOCIEDADES ANÔNIMAS. ASSEMBLEIA-GERAL EXTRAORDINÁRIA. DELIBERAÇÃO DOS SÓCIOS. CONFISSÃO DE DÍVIDA. DAÇÃO EM PAGAMENTO. VALIDADE. ABUSO DE DIREITO DE VOTO. INEXISTÊNCIA. Inobstante a prova técnica tenha concluído pela existência de mero valor intrínseco dos lotes objeto da dação em pagamento, pactuados como forma de saldar a confissão de dívida, é certo que a credora e a devedora expressaram livremente suas vontades quando formalizaram tal instrumento sem que houvesse qualquer ressalva, e sendo assim, assumiram os riscos inerentes ao pacto, como eventuais limitações administrativas que viessem a recair sobre os bens indicados, e tais restrições que minimizam o conteúdo econômico dos referidos lotes, consequentemente possíveis prejuízos, não evidenciam o alegado abuso de direito de voto dos sócios, na medida que se prestam, tão somente, como motivação para eventual pleito indenizatório a ser intentado através de ação própria. Recurso conhecido e improvido. APELAÇÃO CÍVEL. 2003.001.33772. DÉCIMA PRIMEIRA CÂMARA CÍVEL. DES. CLÁUDIO DE MELLO TAVARES. Julgado em 23.6.2004.

• Ação de cobrança. Honorários advocatícios. Dação em pagamento. Operado o pagamento dos honorários por meio da dação, mediante transferência de cheque, o que importa em cessão de crédito, a cedente fica responsável pela existência desse crédito. Outrossim, a notificação à devedora do título não é imprescindível à configuração da cessão. INCIDÊNCIA DOS ARTS 995, 997, 1.069 E 1.073, DO CÓDIGO CIVIL (Embargos Infringentes n° 194158887, Segunda Câmara Cível, Tribunal de Alçada do RS, relator: Leo Lima, julgada em 19.5.1995).

Capítulo 21
DA NOVAÇÃO

21.1. Conceito

A *novação* é a transformação de uma dívida em outra, com a extinção da antiga, ou seja, é o surgimento de uma nova dívida entre credor e devedor, com o desaparecimento da relação jurídica original. Melhor dizendo: surge nova obrigação substituindo aquela extinta.

Novação é o ato pelo qual se cria uma obrigação para extinguir a primeira.[1] De acordo com LACERDA DE ALMEIDA, é WINDSCHEID que interpreta com rigorosa exatidão o que ocorre: "extinção condicional é a existência da nova dívida, a qual, portanto, se falta algum requisito para a validade, deixa de ter o efeito extintivo que caracteriza a novação".[2]

A *novação* não pode ser confundida com *aditamento* do contrato. O *aditamento* contratual ocorre, em linhas gerais, para se mudar índices de correção, ampliar o projeto (objeto do contrato), mudar preços, prazos contratuais, etc. É, pois, uma mudança efetuada nos termos obrigacionais em vigor. Todavia, ocorrerá a novação quando houver a extinção de uma obrigação e o surgimento de uma nova.

O *parcelamento de dívida não constitui novação.* Não ocorre novação quando o devedor parcela a dívida. Vejamos a jurisprudência: FALÊNCIA. AGRAVO DE INSTRUMENTO. ARREMATAÇÃO DE BENS DA MASSA FALIDA. REPARCELAMENTO DO DÉBITO. NOVAÇÃO. INOCORRÊNCIA. 1. O mero parcelamento da dívida não caracteriza a novação, que pressupõe, além do *animus novandi*, a constituição de nova obrigação em substituição à anterior (Código Civil de 2002, arts 360 e 361). 2. Caso em que não houve criação de nova obrigação, mas sim celebração de acordo para pagamento parcelado da dívida, permanecendo hígida a obrigação originalmente assumida. 3. Não efetuando o arrematante, o pagamento da integralidade do montante ainda devido à massa falida, conforme determinado pelo juízo *a quo*, a aplicação da multa prevista no § 2° do art. 117 do Decreto-Lei n° 7.661/1945 é medi-

1 LACERDA DE ALMEIDA. *Dos efeitos das obrigações*. Rio de Janeiro: Freitas Bastos, 1934, p. 255.

2 Ibid.

da que se impõe. 4. Negado seguimento ao recurso, em decisão monocrática (Agravo de Instrumento nº 70017808163, Quinta Câmara Cível, Tribunal de Justiça do RS, relator: Paulo Sérgio Scarparo, julgado em 27.11.2006).

21.2. Requisitos

São requisitos do fenômeno jurídico da novação: a) existência de um vínculo jurídico anterior; b) conversão da obrigação anterior em uma nova obrigação; e c) *animus* de novar *(animus novandi)*.

O artigo 361 preceitua que "não havendo ânimo de novar, expresso ou tácito mas inequívoco, a segunda obrigação confirma simplesmente a primeira".[3] O *animus novandi* é a intenção das partes em substituir a dívida antiga por nova obrigação.

Salvo as obrigações simplesmente anuláveis, não podem ser objeto de novação obrigações nulas ou extintas (CCB, art. 367).229 230 Ora, tratando-se de obrigações nulas ou extintas, não será possível a efetivação da novação.[4]

A *obrigação nula* é aquela que não apresenta os requisitos indispensáveis para a sua existência ou quando é nulo o negócio jurídico de acordo com o texto legal. Conforme o artigo 166 do CCB de 2002, é nulo o negócio jurídico quando: I – celebrado por pessoa absolutamente incapaz; II – for ilícito, impossível ou indeterminável o seu objeto; III – o motivo determinante, comum a ambas as partes, for ilícito; IV – não revestir a forma prescrita em lei; V – for preterida alguma solenidade que a lei considere essencial para a sua validade; VI – tiver por objetivo fraudar lei imperativa; VII – a lei taxativamente o declarar nulo ou proibir-lhe a prática, sem cominar sanção.

A *obrigação é inexistente* quando: a) a obrigação condicional, não verificada a condição ou cujo objeto, sendo corpo certo, pereceu pendente a condição; b) a obrigação extinta por pagamento, remissão, etc.

Vejamos um exemplo: Matheus, com treze anos, firma contrato de locação de um computador. É possível que o pai de Matheus faça uma novação, já que o contrato foi firmado por seu filho, pessoa absolutamente incapaz? Não seria possível, já que a nova obrigação não valida a obrigação nula. A obrigação anterior é nula, já que celebrada por um menor incapaz.

E se o menor fosse uma pessoa relativamente incapaz (*e.g.*, menor com 17 anos)? Neste caso, o contrato é anulável, já que foi firmado pelo menor sem a representação do seu genitor. Seria possível a realização de ratificação do negócio jurídico com a assinatura do representante legal no instrumento contratual ou, neste caso, a feitura de um novo contrato se desvelando, pois,

3 Correspondente ao artigo 1.000 do CCB/16.

4 da que pagos. A novação não convalida cláusulas nulas (art. 1.007 do CCivil). Recurso conhecido e provido.

o fenômeno da novação. Aqui é necessário que as partes contratuais tivessem ciência do vício no momento da celebração do negócio jurídico.[5]

E se a dívida estiver *prescrita*? É possível realizar a *novação*? Entendemos que sim, ancorado nas lições de PONTES DE MIRANDA. Vejamos: "Quanto às pretensões prescritas, é absurdo dizer-se que não podem ser novadas (*e.g.*, CLÓVIS BEVILÁQUA, *Código Civil comentado,* IV, 163; M. I. CARVALHO DE MENDONÇA, *Doutrina e prática das obrigações,* I, 610). Com razão, LACERDA DE ALMEIDA (*Efeitos das obrigações,* 257 s. e 268) e JOSÉ SORIANO DE SOUZA NETO (*Da novação,* 114 s.).

Quem nova dívida prescrita extingue-a, pois dívida prescrita existe, apenas lhe era encobrível, por exceção, a eficácia. Nem se procure fundamento em que novar dívida prescrita é renunciar-se à prescrição, porque extinguir a dívida anterior, fazendo-se devedor por outro fato jurídico, que é o negócio jurídico da novação, é conceito que pré-elimina o de se renunciar".[6]

21.3. Espécies

De acordo com os incisos do artigo 360 do CCB-2002, a novação pode ocorrer pela mudança do objeto da prestação, pela mudança do devedor e pela mudança do credor. Vejamos: "Dá-se a novação: I – quando o devedor contrai com o credor nova dívida para extinguir e substituir a anterior; II – quando novo devedor sucede ao antigo, ficando este quite com o credor; III – quando, em virtude de obrigação nova, outro credor é substituído ao antigo, ficando o devedor quite com este".[7]

Daí, duas são as espécies de novação, a *subjetiva* e a *objetiva*. Aquela pode ser subdividida em novação subjetiva ativa e novação subjetiva passiva. Nesta um novo devedor assume a dívida, substituindo-se o devedor originário, que é exonerado, extinguindo-se, pois, a sua dívida. Na nova- ção subjetiva ativa, o credor deixa de sê-lo em razão do surgimento de nova dívida, extinguindo-se a primeira. Não há que se falar em cessão de crédito, senão que o devedor vincula-se ao novo credor, em razão de nova obrigação.

Outra espécie de novação é a *novação mista*. Esta não é mencionada em nosso Código Civil e decorre da fusão das duas espécies mencionadas anteriormente. A *novação mista* se desvela na ocorrência simultânea do objeto da prestação e um dos sujeitos da relação jurídica obrigacional.

---

5 CC 2002 – Art. 171. Além dos casos expressamente declarados na lei, é anulável o negócio jurídico: I – por incapacidade relativa do agente; II – por vício resultante de erro, dolo, coação, estado de perigo, lesão ou fraude contra credores.

CC 2002 – Art. 172. O negócio anulável pode ser confirmado pelas partes, salvo direito de terceiro.

6 PONTES DE MIRANDA, Francisco Cavalcanti. *Tratado de direito privado.* Parte especial. Tomo XXV. 2. ed. Rio de Janeiro: Borsoi, 1959, p. 96.

7 Correspondente ao artigo 999 do CCB/16.

21.4. Expromissão e Delegação

Diz o artigo 362 do nosso Código Civil que "a novação por substituição do devedor pode ser efetuada independentemente do consentimento deste" [8] É a chamada hipótese de *expromissão* onde o ato é realizado sem a interferência do devedor.

Assim, de acordo com as lições de JOÃO LUIZ ALVES, a novação subjetiva, pela substituição do devedor, pode operar-se:[9]

a) sem o consentimento deste, tomando o nome de *expromissão* e funda-se no princípio de que o terceiro pode pagar a dívida sem esse consentimento;
b) com o consentimento do devedor, tomando o nome de *delegação,* que exige o acordo entre o primitivo devedor, o novo e o credor.

No caso da *expromissão,* exige-se o consentimento do credor e do expromitente. SERPA LOPES afirma que "quanto a este, deve manifestar a vontade de querer obrigar-se em substituição ao devedor, ao passo que o primeiro, o credor, deve exteriorizar o *animus novandi,* consentindo na liberação do devedor".[10]

Da mesma forma, CARVALHO SANTOS, lastreado na doutrina de SORIANO DE SOUZA NETO, afirma que é essencial para a novação por expromissão se verificar "que o credor aceite o novo devedor com a intenção de que ele substitua o antigo, com o ânimo de liberar este, a dizer: é essencial que a aceitação se tenha efetuado com o *animus novandi*"[11]

Em relação à delegação, também é essencial o consentimento do delegante, do delegado e do delagatário para que importe novação. SORIANO DE SOUZA NETO ensina que a novação por delegação "verifica-se quando o devedor faz substituir-se por outro, que passará a responder pela dívida perante o credor, com o consentimento deste, ficando o primitivo devedor desobrigado. Pressupõe-se, portanto, o concurso e o consentimento destas três pessoas; o antigo devedor, que, tomando a iniciativa da operação, ordena ao novo para assumir a obrigação perante o credor, e é chamado *delegante*; o novo devedor, que, sob a ordem e indicação do antigo, se obriga para com o credor, e é chamado *delegado*; e o credor, em favor de quem é assumida a nova

8 Correspondente ao artigo 1.001 do CCB/16.

9 ALVES, João Luiz. *Código civil anotado.* 3. ed. 4. Volume. Rio de Janeiro: Borsoi, 1958, p. 111-112.

10 SERPA LOPES, Miguel Maria de. *Curso de direito civil*: obrigações em geral. Vol. II. 7. ed. Rio de Janeiro: Freitas Bastos, 2000, p. 246-247.

11 CARVALHO SANTOS, J.M. de. *Código civil brasileiro interpretado.* 6. ed. Vol XIII. Rio de Janeiro: Freitas Bastos, 1955, p. 182.

obrigação, que é designado com o nome de *delegatário*"[12]

Igualmente, "se o novo devedor for insolvente, não tem o credor, que o aceitou, ação regressiva contra o primeiro, salvo se este obteve por má-fé a substituição" (CCB, art. 363).[13]

21.5. Efeitos da Novação

"A novação extingue os acessórios e garantias da dívida sempre que não houver estipulação em contrário. Não aproveitará, contudo, ao credor ressalvar o penhor, a hipoteca ou a anticrese se os bens dados em garantia pertencerem a terceiro que não foi parte na novação" (CCB, art. 364).[14]

A regra estabelecida no artigo 364 do nosso Código Civil apresenta duas partes: uma referente à eficácia extintiva da novação em relação aos acessórios e garantias da dívida principal e a outra em relação à proteção dos bens dados por terceiro em garantia real.

O acessório segue a sorte do principal. Logo, com a novação, extinguem--se as garantias e os acessórios da dívida original. Considerando que com a novação há de surgir nova obrigação, os acessórios e as garantias da dívida antiga não subsistem nesta nova relação jurídica obrigacional.

Ademais, "a novação é um ato liberatório e, extinguindo-se a obrigação principal, extintas ficam as que se lhe ajuntam como acessórias".[15] Dessa maneira, seguem as seguintes consequências:[16]

a) os juros da dívida antiga deixam de correr;
b) extinguem-se os já vencidos;
c) cessam os efeitos da mora, não somente os futuros, mas os que já tiverem se verificado;
d) extinguem-se os efeitos da cláusula penal;
e) cessam os privilégios da dívida antiga;
f) cessam as hipotecas, anticreses, penhoras e fianças;
g) as exceções, que disserem respeito ao crédito antigo, não podem ser opostas ao novo.

Outrossim, não aproveitará, contudo, ao credor ressalvar o penhor, a hipoteca ou a anticrese se os bens dados em garantia pertencerem a terceiro que não foi parte na novação. Isto quer dizer que "se os dadores das garantias não foram ouvidos na novação, não foram partes nela, o ato praticado entre o

12 SOUZA NETO, Soriano de. Ob. Cit., n. 58 *apud* CARVALHO SANTOS, J.M. de. *Código civil brasileiro interpretado.* 6. ed. Vol XIII. Rio de Janeiro: Freitas Bastos, 1955, p. 183-184.
13 Correspondente ao artigo 1.002 do CCB/16.
14 Correspondente ao artigo 1.003 do CCB/16.
15 BEVILÁQUA, Clóvis. *Código civil comentado.* Vol. IV! Rio de Janeiro: Rio, 1976, p. 129.
16 CARVALHO SANTOS. Op. Cit., p. 196-197.

credor e o devedor é *res inter alios acta*, não os pode prejudicar, e os seus bens estão isentos de garantir as novas dívidas".[17]

Já o artigo 365 determina a exoneração dos devedores solidariamente responsáveis pela extinta obrigação anterior, disciplinando-os somente a continuar obrigados se participarem da novação. Diz a regra que "operada a novação entre o credor e um dos devedores solidários, somente sobre os bens do que contrai a nova obrigação subsistem as preferências e as garantias do crédito novado. Os outros devedores solidários ficam por esse fato exonerados.245 246

Como já dito acima, a novação extingue a dívida anterior. Logo, "os devedores solidários, que não figuram na operação, pela qual a dívida foi novada, são estranhos à dívida nova e se acham exonerados da primeira, que não mais existe".[18]

Por fim, o artigo 366 informa que "importa exoneração do fiador a novação feita sem seu consenso com o devedor principal". Assim, a novação realizada sem a anuência do fiador é uma das causas de sua exoneração, já que este era garantidor da obrigação. Logo, a novação extingue as garantias da obrigação anterior, já que a fiança tem de ser consignada expressamente.[19]

Nesse sentido, o Conselho da Justiça Federal, na VI Jornada de Direito Civil, publicou o Enunciado 547, que diz: "na hipótese de alteração da obrigação principal sem o consentimento do fiador, a exoneração deste é automática, não se aplicando o disposto no art. 835 do Código Civil quanto à necessidade de permanecer obrigado pelo prazo de 60 (sessenta) dias após a notificação ao credor, ou de 120 (cento e dias) dias no caso de fiança locatícia.[20]

---

17 LACERDA DE ALMEIDA. Op. Cit., p. 263.

18 BEVILÁQUA. Op. Cit., p. 130.

19 EMBARGOS DE DIVERGÊNCIA EM RECURSO ESPECIAL. LOCAÇÃO. AUSÊNCIA DE SIMILITUDE FÁTICA ENTRE OS JULGADOS EM CONFRONTO. 1. In casu, não foi caracterizada a divergência, pois os acórdãos paradigmas assentaram que os fiadores não são responsáveis por alterações contratuais às quais não anuíram e, assim, aplicaram a Súmula 214 desta Corte. Por sua vez, o acórdão embargado não divergiu dessa conclusão, tendo afirmado que, não sendo hipótese de aditamento, mas de prorrogação contratual a que os fiadores comprometeram-se até a entrega das chaves, seria inaplicável aquela Súmula, sendo de rigor a manutenção do julgado. Ou seja, o acórdão embargado constatou que não houve aditamento contratual sem a anuência dos ora embargantes, não tendo aplicação, portanto, a tese jurídica defendida pelos acórdãos paradigmas. 2. A jurisprudência do STJ já pacificou entendimento de que só são cabíveis os Embargos de Divergência quando os arestos trazidos à colação firmaram posição antagônica sobre os mesmos fatos e questões jurídicas deduzidos no acórdão embargado. Ao contrário, devem ser indeferidos os Embargos quando, considerando as peculiaridades de cada caso concreto, foram dadas soluções diferentes para as hipóteses confrontadas. 3. A demonstração da ocorrência de novação é inviável em instância especial, a teor do que dispõe a Súmula 7/STJ. 4. Agravo Regimental desprovido. (AgRg nos EREsp 741.726/SP, Rel. Ministro NAPOLEÃO NUNES MAIA FILHO, TERCEIRA SEÇÃO, julgado em 28.3.2008, DJ 17.4.2008 p. 1.)

20 Justificativa: O objetivo do art. 366 e da Súmula n. 214 do STJ ("O fiador na locação não

Artigos: 366 e 835 do Código Civil e art. 40, X, da Lei nº 8.245/1991.

Assim decidiu o juiz Maurício Barros, do Tribunal de Justiça do Estado de Minas Gerais – TJMG, no Processo 2.0000.0041807-1/000(1), em 19.5.2004. Vejamos o seu voto: "Trata-se de apelação interposta por RCP MELLO contra MAP PAULA, visando reformar a r. sentença que julgou procedentes os embargos de devedor opostos pela apelada, para reconhecer a ocorrência de novação e, por conseguinte, exonerar a fiadora, ora apelada. Dessa forma, foi desconstituída a penhora que recaiu sobre o bem de sua propriedade.

Consta dos autos que a apelada opôs embargos do devedor, afirmando, em suma, que o objeto penhorado é o único bem de residência da família, o que o torna impenhorável, "já que a exceção incluída pela Lei nº 8.245/91, através da inclusão do inciso VII no artigo 3° da Lei nº 8.009/90, representa um verdadeiro paradoxo em face do que está disposto no *caput* do artigo precitado". Ademais, afirma que não se justifica a manutenção de penhora de bem cujo valor ultrapassa em vinte vezes o valor do débito.

Sustenta, ainda, que a embargada, ora apelante, estaria recebendo os valores de outro fiador, Arnaldo Alves Carvalho de Melo, que foi excluído da lide, sem, entretanto, noticiar tal fato nos autos, por omissão comissiva, a fim de obter vantagem ilegal e impedir a caracterização da novação. Sustenta que o pagamento de R$ 3.000,00 restou devidamente comprovado nos autos.

Assevera, também, que "não houve aquiescência dos demais fiadores executados na emissão pelo fiador Arnaldo das 12 (doze) notas promissórias, no valor de R$ 750,00 (setecentos e cinquenta reais) cada uma, aceita pelo credor, das quais foram quitadas quatro notas, perfazendo o total de R$ 3.000,00", como acima mencionado.

Outrossim, neste ponto, afirma que, ao receber tais pagamentos, concordou, a embargada, ora apelante, com a intercorrência da novação, pelo que, por conseguinte, não tem pertinência a cobrança de R$ 9.172,40 (nove mil, cento e setenta e dois reais e quarenta centavos). Ou seja, houve a substituição do título executivo judicial pelos extrajudiciais, fazendo surgir uma nova relação jurídica, o que desautoriza que venha a apelante embargada

---

responde por obrigações resultantes de aditamento ao qual não anuiu") é justamente o de proteger o fiador de ficar responsável por algo ao qual não anuiu ou sobre o qual não manifestou expressa concordância. Dessa forma, ocorrendo novação ou aditamento à obrigação original após a notificação do fiador, estaria este liberado de imediato, sem que pese sobre ele o prazo de 60 (sessenta) dias previsto no art. 835 do Código Civil. Do contrário, estaria ele sujeito a responder por obrigações às quais não anuiu, não concordou expressamente. Ora, durante esse prazo excedente de 60 (sessenta) dias, já estariam vigentes as alterações feitas entre credor e devedor principal, o que anularia em parte o benefício conferido ao fiador de permitir-lhe exonerar-se da fiança na hipótese do art. 366 e da Súmula n. 214 do STJ. Tratando-se de fiança locatícia, aplica-se o mesmo raciocínio em relação ao prazo de 120 (cento de vinte) dias previsto no inciso X do art. 40 da Lei nº 8.245/1991.

buscar a satisfação de seu crédito por meio de um título executivo judicial novado, destituído de liquidez, certeza e exigibilidade.

Inconformada, apelou a embargada, à f. 150/155, afirmando que a r. sentença merece ser reformada, haja vista que Arnaldo Alves de Carvalho Neto, apesar de ter se comprometido, não quitou a dívida em questão, como demonstram os documentos de fls. 124 a 127 do autos n° 024.97.002.486-5, apensos.

Quanto ao mais, "esclarece que 'NÃO' houve qualquer tipo de cobrança além destes autos em face do débito em questão; a apelante não tendo sido ressarcida no total de seu crédito, embora prometido por parte do executado Arnaldo Alves Carvalho Neto, simplesmente prosseguiu com a execução de sentença, com apenas a diferença não recebida (fls. 156 e verso, Processo nº 024.97.002.486-5), em desfavor da embargante, uma vez que o respectivo executado, Arnaldo Alves Carvalho Neto, já tinha sido excluído da lide" (*sic*).

Outrossim, sustenta que nunca houve a intenção expressa de novar a dívida e que, não havendo o ânimo de novar, a segunda obrigação confirma a primeira, nos termos do art. 1.000 do Código Civil de 1916, mormente pelo fato de que "Nessas condições, não há novação quando à obrigação apenas se adicionam garantias, quando se concede moratória ao devedor, quando se lhe defere abatimento de preço, maiores facilidades de pagamento ou reforma do título".

Contrarrazões à f. 159/169, pugnando pela manutenção da r. sentença.

Conheço do recurso, presentes os requisitos de sua admissibilidade.

A respeito do instituto da novação, o mestre ORLANDO GOMES ("OBRIGAÇÕES", Forense, 8ª edição, 4ª tiragem, p. 163) ensina que "Novação é a extinção de uma obrigação pela formação de outra, destinada a substituí-la". Para ele, "...a intenção não é extinguir para criar, mas criar para extinguir. Constitui-se nova obrigação exatamente para extinguir a precedente. Nisso consiste, com efeito, a novação. Trata-se de modo extintivo não satisfatório" (sem grifos no original).

É certo, portanto, que não basta a simples existência de nova obrigação para que se substitua a preexistente, ou seja, certos requisitos deverão ser preenchidos, sob pena, a teor do disposto no novo Código Civil, de simples confirmação do negócio primeiramente celebrado. Esse o ensinamento de MÁRIO LUIZ DELGADO RÉGIS, em sua obra Novo Código Civil Comentado, de coordenação de Ricardo Fiúza, Ed. Saraiva, 1ª edição, p. 329:

"Requisitos da novação: a) Existência de uma obrigação anterior; b) constituição de uma nova obrigação; c) capacidade das partes; e d) intenção de novar, representada pelo consentimento das partes".

Compulsando os autos, é evidente a existência de uma obrigação anterior, consubstanciada na sentença proferida nos autos da ação de cobrança ajuizada pela apelante. Igualmente, presume-se sua validade, haja vista que coberta pelo manto da coisa julgada. Provada, também, está a constituição de nova obrigação, e é induvidosa a capacidade das partes. Resta examinar se ocorreu o *animus novandi*.

Nesse diapasão, colaciono a seguinte lição de WASHINGTON DE BARROS MONTEIRO, verbis: "O terceiro requisito prende-se à intenção de novar. Para que se exteriorize esse elemento interno, não se reclama o uso de palavras sacramentais ou fórmulas predeterminadas. Urge, porém, que o *animus* resulte de modo claro, induvidoso, sem possibilidade de impugnações. Em caso de perplexidade, exclui-se a ideia de novação, devendo cogitar-se, de preferência, de constituição de nova obrigação.

A doutrina não ministra critério seguro e certo para identificação do *animus novandi*. Deve este ser investigado em cada caso, tendo em vista suas peculiaridades. De modo geral, todavia, pode-se afirmar que o *animus novandi*, quando não consignado em termos expressos, existirá sempre que venha a ocorrer incompatibilidade entre a antiga e a nova obrigação, tornando-se impossível a coexistência de ambas.

Nessas condições, não há novação quando à obrigação apenas se adicionam novas garantias, quando se concede moratória ao devedor, quando se lhe defere abatimento de preço, maiores facilidades de pagamento ou reforma do título". (Curso de Direito Civil – Direito das Obrigações – 1ª parte . 10ª edição. Ed. Saraiva, p. 296/297).

A recorrente era credora de quantia reconhecida judicialmente, nos autos da ação de cobrança intentada contra a apelada e os interessados JOSÉ DE MORAIS PESSOA SOBRINHO e ARNALDO ALVES DE CARVALHO NETO.

Tenho que restou plenamente configurada a novação, como se depreende dos autos, mais precisamente à f. 114 (autos principais), nos quais se reconhece que foi celebrado um acordo entre a apelante e o fiador Arnaldo Alves Carvalho Neto. Confira-se:

"O fiador Arnaldo Alves Carvalho Neto, ESCLARECE A SUPLICANTE, comprometeu-se a pagar apenas 50% do débito, conforme acordo, PARA EXCLUSÃO DO PROCESSO, reservando a autora a continuação do processo contra os outros fiadores, como o fiador nem tão pouco pagou os 50%, deverão os outros fiadores responder pelo débito, CONFORME ACEITARAM AO ASSUMIR A FIANÇCA DE ACORDO COM O CONTRATO DE LOCAÇÃO" (*sic*).

Tal assertiva foi corroborada pela petição acostada à f. 124 dos autos mencionados, já que há a manifestação de que as notas promissórias foram emitidas pelo fiador "com o intuito de pagar o débito", e pela cópia do recibo juntado à f. 146.

Resta evidente, assim, que houve novação da dívida, na tentativa da credora de receber o crédito. As insistentes negativas da apelante, de que o acordo foi celebrado somente com o fiador Arnaldo Alves Carvalho Neto, sem que houvesse intenção de exonerar os demais, não tem cabimento, mesmo porque foram emitidas doze notas promissórias no valor de R$ 750,00 cada uma, o que totaliza R$ 9.000,00 (nove mil reais), ou seja, valor apenas inferior em R$ 250,00 (duzentos e cinquenta reais) ao reconhecido pela sentença. Como se vê, seus argumentos não resistem aos documentos acima mencionados.

Diante de tais informações, não há como negar a ocorrência de novação, o fato é que a credora, sedenta por se cercar de mais garantias e talvez para aumentar seu crédito, desguarneceu-se do instrumento anterior, a sentença, vindo a substituí-la por doze notas promissórias de emissão do fiador Arnaldo Alves de Carvalho Neto.

Não houve explicação plausível para as notas promissórias firmadas pelo fiador, quando o débito precedente ainda não havia sido quitado. Conclui-se, portanto, que a dívida foi renegociada para ser quitada e tal renegociação foi feita com o fiador Arnaldo Alves de Carvalho Neto, pelo que vale dizer, foi excluída da renegociação a embargante/apelada, que só compareceu no primeiro contrato, na condição de fiadora. Patente, por conseguinte, sua exoneração.

Ora, a teor do disposto no art. 364 do atual Código Civil, "A novação extingue os acessórios e garantias da dívida sempre que não houver estipulação em contrário". Tal estipulação retrata fielmente a questão posta nos autos, em que novo negócio se pactuou à revelia dos fiadores do negócio primitivo, sem nenhuma ressalva ou anuência deles, o que os exonera, por força do art. 366 do mesmo diploma, segundo o qual "Importa exoneração do fiador a novação feita sem seu consenso com o devedor principal".

Assim, ao substituir a obrigação anterior, garantida pela fiança da ora apelada, por outra sem a sua participação, a obrigação anterior foi fulminada e, com ela, feneceu a obrigação oriunda da sentença que se pretende executar. Assim, como bem exposto pelo magistrado primevo, não há, nos autos, título hábil para embasar a execução.

Com essas considerações, NEGO PROVIMENTO ao apelo, para manter a sentença hostilizada, por seus próprios e jurídicos fundamentos.

Custas recursais, pela apelante.

A Sra. juíza ALBERGARIA COSTA:

Sra. Presidenta,

Após detida análise dos autos do processo, cheguei à mesma conclusão do eminente Relator. Peço-lhe vênia para acompanhá-lo nos fundamentos do seu voto.

A Sra. juíza SELMA MARQUES:

De acordo".

No mesmo sentido, decidiu a desembargadora Conceição Mousnier, do Tribunal de Justiça do Estado do Rio de Janeiro, na Apelação Cível n° 2007.001.04714, em 11.4.2007, na Vigésima Câmara Cível: "Agravo Interno.

Artigo 557 do CPC. Embargos à execução. Alegação de nulidade da execução tanto por ausência de anuência relativa à prorrogação do contrato após o seu vencimento quanto por não ter aquiescido com a alteração de locatário. Sentença de procedência, acolhendo os embargos. Inconformismo do embargado e recurso adesivo do embargante somente para majorar as verbas de sucumbência. Decisão monocrática desta relatora negando seguimento aos recursos. Irresignação do primeiro apelante. Entendimento desta relatora quanto à manutenção da decisão monocrática impugnada. A pretensão do ora agravante desde a formação do contrato era conferir à fiança natureza de garantia real, atrelando-a ao próprio imóvel, desconsiderando a pessoa do afiançado, o que não pode ser chancelado juridicamente. Realizada a novação, com a prorrogação do contrato por prazo indeterminado, deveria o locador, caso desejasse, manter a garantia fidejussória, promover aditamento ao contrato de locação, formalizando a fiança por instrumento próprio. Súmula 214 do E. STJ: O fiador na locação não responde por obrigações resultantes de aditamento ao qual não anuiu. Precedentes. Inexistência de argumentos hábeis a infirmar a decisão monocrática proferida por esta relatora. DESPROVIMENTO DO AGRAVO INTERNO".

21.6 Novação e Recuperação Judicial (Lei nº 11.101/2005)

"Se, no âmbito de Assembleia Geral de Credores, a maioria deles – devidamente representados pelas respectivas classes – optar, por meio de dispositivo expressamente consignado em plano de recuperação judicial, pela supressão de todas as garantias fidejussórias e reais existentes em nome dos credores na data da aprovação do plano, todos eles, inclusive os que não compareceram à Assembleia ou os que, ao comparecerem, abstiveram-se ou votaram contrariamente à homologação do acordo, estarão indistintamente vinculados a essa determinação. Inicialmente, cumpre destacar que se afigura absolutamente possível que o Poder Judiciário, sem imiscuir-se na análise da viabilidade econômica da empresa em crise, promova controle de legalidade do plano de recuperação judicial que, em si, em nada contemporiza a soberania da assembleia geral de credores. Nesse contexto, dispõe o art. 59 da Lei nº 11.101/2005 que a concessão de recuperação judicial enseja a novação das obrigações originariamente assumidas pela recuperanda, sem prejuízo das garantias e observado o disposto no § 1º do art. 50 da referida lei, o qual preceitua que, na hipótese de alienação de bem objeto de garantia real, a supressão da garantia ou sua substituição enseja o consentimento do correlato credor. Salientado isso, cumpre afastar, peremptoriamente, argumento no sentido de que a novação operada pela homologação do plano de recuperação judicial importaria, por si, na imediata extinção da obrigação principal originária e, por conseguinte, das garantias àquela ofertadas, pois, concebidas como obrigação acessória. Isso porque a "novação prevista na lei civil é bem diversa daquela disciplinada na Lei nº 11.101/2005. Se a novação civil faz, como regra, extinguir as garantias da dívida, inclusive as reais prestadas por terceiros estranhos ao pacto (art. 364 do Código Civil), a novação decorrente do plano de recuperação traz como regra, ao reverso, a manutenção das garantias (art. 59, *caput*, da Lei nº 11.101/2005), sobretudo as reais, as quais só serão suprimidas ou substituídas 'mediante aprovação expressa do credor titular da respectiva garantia', por ocasião da alienação do bem gravado (art. 50, § 1º). Assim, o plano de recuperação judicial opera uma novação *sui generis* e sempre sujeita a uma condição resolutiva, que é o eventual descumprimento do que ficou acertado no plano (art. 61, § 2º, da Lei nº 11.101/2005)" (REsp 1.326.888-RS, Quarta Turma, DJe 5/5/2014). No mesmo sentido: REsp 1.260.301-DF, Terceira Turma, DJe 21/8/2012. Portanto, em regra, a despeito da novação operada pela recuperação judicial, preservam-se as garantias no que alude à possibilidade de seu titular exercer seus direitos contra terceiros garantidores e impor a manutenção das ações e execuções promovidas contra fiadores, avalistas ou coobrigados em geral, à exceção do sócio com responsabilidade ilimitada e solidária (§ 1º do art. 49 da Lei nº 11.101/2005). E, especificamente sobre as garantias reais, estas somente poderão ser supridas ou substituídas, por ocasião de sua alienação, mediante expressa anuência do credor titular de tal garantia, nos termos do § 1º do art. 50 da referida lei. Apesar disso, o art. 49, § 2º, da Lei nº 11.101/2009 prevê, expressamente, a possibilidade de o plano de recuperação judicial dispor de modo diverso no tocante às garantias anteriormente ajustadas: "As obrigações anteriores à recuperação judicial observarão as condições originalmente contratadas ou definidas em lei, inclusive no que diz respeito aos encargos, salvo se de modo diverso ficar estabelecido no plano de recuperação judicial". Diante disso, na hipótese em análise, mostra-se inadequado restringir a supressão das garantias reais e fidejussórias, tal como previsto no plano de recuperação judicial aprovado pela assembleia geral, somente aos credores que tenham votado favoravelmente nesse sentido, conferindo tratamento diferenciado aos demais credores da mesma classe, em manifesta contrariedade à deliberação majoritária. Aliás, compreensão diversa, por óbvio, teria o condão de inviabilizar a consecução do plano, o que refoge dos propósitos do instituto da recuperação judicial. Salienta-se, ainda que a extinção das obrigações, decorrente da homologação do plano de recuperação judicial, encontra-se condicionada ao efetivo cumprimento de seus termos. Não implementada a aludida condição resolutiva, por expressa disposição legal, "os credores terão reconstituídos seus direitos e garantias nas condições originariamente contratadas" (art. 61, § 2º, da Lei nº 11.101/2005). Mais do que isso: a não implementação da condição resolutiva ensejará, forçosamente, a decretação da falência. Quando a lei afirma que o credor terá a seu favor a restituição de seus direitos e garantias nas condições originariamente contratadas, significa que o credor, na fase concursal, terá o benefício da preferência, segundo a garantia de que é titular, no recebimento de seu crédito. Ele não fará *jus*, por exemplo, ao bem sobre o qual recaia a sua garantia. Com o decreto de falência, vende-se o ativo para pagar o passivo, na ordem de preferência legal, segundo a natureza dos créditos. Logo, não há razão, nem sequer prática, para impedir que os credores, caso assim entendam necessária à consecução do plano de recuperação judicial, transacionem a supressão das garantias de que são titulares. Ademais, assinala-se que a necessidade de que os credores com garantia real consintam, por ocasião da alienação do bem dado em garantia, com a substituição ou supressão da garantia, contemplada no art. 50, § 1º, da Lei nº 11.101/2005, afigura-se absolutamente preservada, na medida em que todos os credores, representados pelas respectivas classes, ao aprovar o plano de recuperação judicial que dispôs sobre tal matéria (supressão das garantias reais e fidejussórias), com ela anuíram, inegavelmente. Descabido, portanto, permitir que o plano de recuperação judicial, tal como aprovado, não seja integralmente observado pelas partes envolvidas, a pretexto da aplicação do § 1º do art. 50 da Lei nº 11.101/2005." REsp 1.532.943-MT, Rel. Min. Marco Aurélio Bellizze, julgado em 13/9/2016, DJe 10/10/2016.

Da mesma forma, "a recuperação judicial do devedor principal não impede o prosseguimento das execuções nem induz suspensão ou extinção de ações ajuizadas contra terceiros devedores solidários ou coobrigados em geral, por garantia cambial, real ou fidejussória, pois não se lhes aplicam a suspensão prevista nos arts 6º, *caput*, e 52, III, ou a novação a que se refere o art. 59, *caput*, por força do que dispõe o art. 49, § 1º, todos da Lei nº 11.101/2005. De fato, a recuperação judicial divide-se, essencialmente, em duas fases: (*a*) a primeira inicia-se com o deferimento de seu processamento (arts. 6º, *caput*, e 52, III, da Lei nº 11.101/2005); e (*b*) a segunda, com a aprovação do plano pelos credores reunidos em assembleia, seguida da concessão da recuperação por sentença (arts 57 e 58, *caput*) ou, excepcionalmente, pela concessão forçada da recuperação pelo juiz, nas hipóteses previstas nos incisos do § 1º do art. 58 (*Cram Down*). No que diz respeito à primeira fase (*a*), uma vez deferido o processamento da recuperação, entre outras providências a serem adotadas pelo magistrado, determina-se a suspensão de todas as ações e execuções. É o que prescreve o art. 6º, *caput*, da Lei nº 11.101/2005: "A decretação da falência ou o deferimento do processamento da recuperação judicial suspende o curso da prescrição e de todas as ações e execuções em face do devedor, inclusive aquelas dos credores particulares do sócio solidário". No mesmo sentido, o art. 52, III, do mesmo diploma legal: "Estando em termos a documentação exigida no art. 51 desta Lei, o juiz deferirá o processamento da recuperação judicial e, no mesmo ato: [...] III – ordenará a suspensão de todas as ações ou execuções contra o devedor, na forma do art. 6º desta Lei, permanecendo os respectivos autos no juízo onde se processam, ressalvadas as ações previstas nos §§ 1º, 2º e 7º do art. 6º desta Lei e as relativas a créditos excetuados na forma dos §§ 3º e 4º do art. 49 desta Lei [...]".

A par disso, ressalte-se ainda que, em não raras vezes, o devedor solidário é também sócio da pessoa jurídica em recuperação. Contudo, os devedores solidários da obrigação – que tem como devedor principal a empresa recuperanda – não podem alegar em seu favor a parte final do *caput* do referido art. 6º como fundamento do pedido de suspensão das ações individuais ajuizadas contra eles, invocando, assim, a redação que determina a suspensão das ações não apenas contra o devedor principal, mas também "aquelas dos credores particulares do sócio solidário". Isso porque o *caput* do art. 6º da Lei nº 11.101/2005, no que concerne à suspensão das ações por ocasião do deferimento da recuperação, alcança os sócios solidários, figuras presentes naqueles tipos societários em que a responsabilidade pessoal dos consorciados não é subsidiária ou limitada às suas respectivas quotas/ações, como é o caso, por exemplo, da sociedade em nome coletivo (art. 1.039 do CC/2002) e da sociedade em comandita simples, no que concerne aos sócios comanditados (art. 1.045 do CC/2002). Diferentemente, é a situação dos devedores solidários ou coobrigados, haja vista que para eles a disciplina é exatamente inversa, prevendo o § 1º do art. 49, expressamente, a preservação de suas obrigações na eventualidade de ser deferida a recuperação judicial do devedor principal: "Os credores do devedor em recuperação judicial conservam seus direitos e privilégios contra os coobrigados, fiadores e obrigados de regresso". Portanto, não há falar em suspensão da execução direcionada a codevedores ou a devedores solidários pelo só fato de o devedor principal ser sociedade cuja recuperação foi deferida, pouco importando se o executado é também sócio da recuperanda ou não, uma vez não se tratar de sócio solidário. Nesse sentido, aliás, o Enunciado 43 da I Jornada de Direito Comercial, realizada pelo CJF/STJ, determina que a "suspensão das ações e das execuções previstas no art. 6º da Lei nº 11.101/2005 não se estende aos coobrigados do devedor".

Sob outro enfoque, no tocante à segunda fase (*b*), a aprovação do plano opera, diferentemente da primeira fase, novação dos créditos, e a decisão homologatória constitui, ela própria, novo título executivo judicial. É o que dispõe o art. 59, *caput*, e § 1º da Lei nº 11.101/2005: "O plano de recuperação judicial implica novação dos créditos anteriores ao pedido, e obriga o devedor e todos os credores a ele sujeitos, sem prejuízo das garantias, observado o disposto no § 1º do art. 50 desta Lei [...] § 1º A decisão judicial que conceder a recuperação judicial constituirá título executivo judicial, nos termos do art. 584, inciso III, do *caput* da Lei nº 5.869, de 11 de janeiro de 1973 – Código de Processo Civil". Antes de prosseguir, a respeito da novação comum, destaque-se que os arts 364 e 365 do CC prescrevem, respectivamente, que "A novação extingue os acessórios e garantias da dívida, sempre que não houver estipulação em contrário. Não aproveitará, contudo, ao credor ressalvar o penhor, a hipoteca ou a anticrese se os bens dados em garantia pertencerem a terceiro que não foi parte na novação" e que "Operada a novação entre o credor e um dos devedores solidários, somente sobre os bens do que contrair a nova obrigação subsistem as preferências e garantias do crédito novado. Os outros devedores solidários ficam por esse fato exonerados". A despeito disso, as execuções intentadas contra a empresa recuperanda e seus garantes não podem ser extintas nos termos dos referidos arts 364 e 365 do CC.

De igual sorte, as garantias concedidas não podem ser restabelecidas em caso de futura decretação de falência, apesar do disposto no art. 61, § 2°, da Lei n° 11.101/2005, segundo o qual "Decretada a falência, os credores terão reconstituídos seus direitos e garantias nas condições originalmente contratadas, deduzidos os valores eventualmente pagos e ressalvados os atos validamente praticados no âmbito da recuperação judicial". Tudo isso porque a novação prevista na lei civil é bem diversa daquela disciplinada na Lei n° 11.101/2005. Se a novação civil faz, como regra, extinguir as garantias da dívida, inclusive as reais prestadas por terceiros estranhos ao pacto (art. 364 do CC), a novação decorrente do plano de recuperação traz, como regra, ao reverso, a manutenção das garantias (art. 59, *caput*, da Lei n° 11.101/2005), as quais só serão suprimidas ou substituídas "mediante aprovação expressa do credor titular da respectiva garantia", por ocasião da alienação do bem gravado (art. 50, § 1°). Além disso, a novação específica da recuperação desfaz-se na hipótese de falência, quando então os "credores terão reconstituídos seus direitos e garantias nas condições originalmente contratadas" (art. 61, § 2°). Daí se conclui que o plano de recuperação judicial opera uma novação *sui generis* e sempre sujeita a condição resolutiva, que é o eventual descumprimento do que ficou acertado no plano, circunstância que a diferencia, sobremaneira, daquela outra, comum, prevista na lei civil. Dessa forma, muito embora o plano de recuperação judicial opere novação das dívidas a ele submetidas, as garantias reais ou fidejussórias são preservadas, circunstância que possibilita ao credor exercer seus direitos contra terceiros garantidores e impõe a manutenção das ações e execuções aforadas em face de fiadores, avalistas ou coobrigados em geral. Importa ressaltar que não haveria lógica no sistema se a conservação dos direitos e privilégios dos credores contra coobrigados, fiadores e obrigados de regresso (art. 49, § 1°, da Lei n° 11.101/2005) dissesse respeito apenas ao interregno temporal que medeia o deferimento da recuperação e a aprovação do plano, cessando tais direitos após a concessão definitiva com a decisão judicial. Precedentes citados: REsp 1.326.888-RS, Quarta Turma, DJe 5/5/2014; REsp 1.269.703-MG, Quarta Turma, DJe 30/11/2012; AgRg no REsp 1.334.284-MT, Terceira Turma, DJe 15/9/2014; AgRg nos EDcl no REsp 1.280.036-SP, Terceira Turma, DJe 5/9/2013; e EAg

1.179.654-SP, Segunda Seção, DJe 13/4/2012. REsp 1.333.349-SP, Rel. Min. Luis Felipe Salomão, Segunda Seção, julgado em 26/11/2014, DJe 2/2/2015.

21.7 Direito Comparado

CC PORTUGUÊS. ARTIGO 857° (Novação objectiva). Dá-se a novação objectiva quando o devedor contrai perante o credor uma nova obrigação em substituição da antiga.

CC PORTUGUÊS. ARTIGO 858° (Novação subjectiva). A novação por substituição do credor dá-se quando um novo credor é substituído ao antigo, vinculando-se o devedor com ele a nova obrigação; e a novação por substituição do devedor, quando um novo devedor, contraindo nova obrigação, é substituído ao antigo, que é exonerado pelo credor.

CC PORTUGUÊS. ARTIGO 859° (Declaração negocial). A vontade de contrair a nova obrigação em substituição da antiga deve ser expressamente manifestada.

CC PORTUGUÊS. ARTIGO 860° (Ineficácia da novação). 1. Se a primeira obrigação estava extinta ao tempo em que a segunda foi contraída, ou vier a ser declarada nula ou anulada, fica a novação sem efeito. 2. Se for declarada nula ou anulada a nova obrigação, subsiste a obrigação primitiva; mas, sendo a nulidade ou anulação imputável ao credor, não renascem as garantias prestadas por terceiro, salvo se este, na data em que teve notícia da novação, conhecia o vício da nova obrigação.

CC PORTUGUÊS. ARTIGO 861° (Garantias). 1. Extinta a obrigação antiga pela novação, ficam igualmente extintas, na falta de reserva expressa, as garantias que asseguravam o seu cumprimento, mesmo quando resultantes da lei. 2. Dizendo a garantia respeito a terceiro, é necessária também a reserva expressa deste.

CC PORTUGUÊS. ARTIGO 862° (Meios de defesa). O novo crédito não está sujeito aos meios de defesa oponíveis à obrigação antiga, salvo estipulação em contrário.

21.8. Jurisprudência

- TJRJ. Processo: 2003.001.33638. Ação ordinária. Danos morais. Manutenção do nome em cadastro de inadimplentes. Novação extingue acordo anterior. Imperiosa a exclusão do nome dos cadastros restritivos. Correta a sentença de primeiro grau. Não provimento do apelo. APELAÇÃO CÍVEL. 2003.001.33638. DÉCIMA QUINTA CÂMARA CÍVEL. DES. GALDINO SIQUEIRA NETTO, julgado em 17.3.2004.

- APELAÇÃO CÍVEL. AÇÃO ORDINÁRIA. PARCELAMENTO DE MULTAS DE TRÂNSITO AUTORIZADO PELOS DECRETOS n°s 41.819/02 E

14.325/03. NOVAÇÃO DA DÍVIDA. EXTINÇÃO DO PRIMEIRO PARCELAMENTO. – Constatada existência de obrigação primitiva, nova obrigação visando extinguir aquela e *animus novandi,* resta caracterizado o instituto da novação previsto no art. 360 do Código Civil.

• Aplicação do princípio da boa-fé objetiva, eis que se verifica evidente a justa expectativa do autor em decorrência da conduta administrativa da EPTC que realizou o parcelamento a despeito do disposto no § 3° do artigo 2° do Decreto n° 14.325/03. – Impossibilidade de devolução de valores, pois serviram para quitação do IPVA de 2002, e restou noticiada nos autos a suspensão do pagamento das três últimas prestações do parcelamento. DERAM PARCIAL PROVIMENTO À APELAÇÃO. (Apelação Cível n° 70011581188, Terceira Câmara Cível, Tribunal de Justiça do RS, relator: Matilde Chabar Maia, julgada em 9.2.2006).

• CÉDULA DE PRODUTO RURAL. EMBARGOS DE DEVEDOR. NOVAÇÃO. ENCARGOS EXCESSIVOS. PAGAMENTOS PARCIAIS. Os embargos devem se circunscrever à cédula exequenda, que não apresenta encargos excessivos, vez que os contratos novados e, por isso, extintos, não podem ser objeto de revisão, salvo prova inequívoca de vício de consentimento, sob pena de comprometimento das relações jurídicas. Inteligência dos 360, inc. I e 849, do novo Código Civil. O valor dos pagamentos parciais deve ser abatido do *quantum* devido. RECURSO PARCIALMENTE PROVIDO (Apelação Cível n° 70012608501, Décima Sexta Câmara Cível, Tribunal de Justiça do RS, relator: Claudir Fidélis Faccenda, julgado em 26.10.2005).

Capítulo 22
DA COMPENSAÇÃO

22.1. Conceito

Como conceitua WASHINGTON DE BARROS MONTEIRO, a compensação é a extinção de duas obrigações, cujos credores são ao mesmo tempo devedores um do outro.[1] É o que diz o artigo 368 do CCB: "Se duas pessoas forem ao mesmo tempo credor e devedor uma da outra, as duas obrigações extinguem-se até onde se compensarem".

Dessa maneira, a *compensação* é uma forma indireta de extinção da relação jurídica obrigacional entre sujeitos que são, concomitantemente, credor e devedor um do outro. Melhor dizendo: ocorrerá a compensação na ocorrência de créditos e débitos recíprocos entre os sujeitos da relação jurídica. Por exemplo: Mário deve R$ 500,00 a Elizabeth, que por sua vez, deve R$ 300,00 a Mário. Neste caso, o pagamento ocorrerá por compensação, ou seja, apenas Elizabeth fará o pagamento a Mário, no valor de R$ 200,00. Daí que a compensação facilita o pagamento das obrigações, quando recíprocas, evitando, assim, a circulação desnecessária de moeda.

Importa destacar que o mecanismo da compensação não é obrigatório, isto é, não representa uma norma cogente. Dessa maneira, é possível que as partes estipulem no instrumento contratual que os pagamentos realizar-se-ão sem a incidência da compensação. É o que determina o artigo 375 do nosso Código Civil ao afirmar que "não haverá compensação quando as partes, por mútuo acordo, a excluírem, ou no caso de renúncia prévia de uma delas".[2]

De acordo com LACERDA DE ALMEIDA, a *compensação* tem por objeto "não somente evitar o circuito ocioso, obrigando o devedor a pagar ao seu credor para depois haver dele a quantia igual a que pagou".[3]

ANTUNES VARELA acentua que a reciprocidade de crédito "sucede a cada passo, na vida corrente, uma pessoa dever a outra certa quantia, por determinado título, e ser credora dela de igual ou diversa quantia, por título

1 MONTEIRO. Op. Cit., p. 298.

2 Correspondente ao artigo 1.016 do CCB/16.

3 LACERDA DE ALMEIDA. *Dos efeitos das obrigações*. Rio de Janeiro: Freitas Bastos, 1934, p. 269.

diferente". Daí a compensação ser "o meio de o devedor se *livrar da obrigação, por extinção simultânea do crédito equivalente de que disponha sobre o seu credor.* 51

SERPA LOPES manifesta a razão de ser da compensação nos seguintes termos: "o instituto da compensação se faz necessário, por duas considerações importantes: em primeiro lugar, o efeito da compensação, extinguindo automaticamente ou por declaração do interessado os dois créditos recíprocos, é salutar no sentido da economia processual. Não há necessidade, para os que se encontram em tal situação, de se valerem de duas ações distintas, com maiores encargos, sem outros resultados práticos. Em segundo lugar, age beneficamente em prol da segurança do crédito. Separadas as duas ações, um dos credores-devedores pode se tornar insolvente, após satisfeito no crédito, e acarretar uma situação prejudicial ao outro credor, que ainda teria que propor uma ação, ou mesmo estando com ela em andamento. A compensação, portanto, afastou essa perigosa eventualidade, causa de extinção automática das duas relações reciprocamente creditórias e debitórias".[4]

PONTES DE MIRANDA afirma que o verdadeiro fundamento da *compensação,* como instituto de direito material, é a *utilidade*[5].

22.2. Natureza Jurídica

Não obstante divergência doutrinária, a *compensação* é uma forma indireta de extinção da relação jurídica obrigacional entre sujeitos que são, concomitantemente, credor e devedor um do outro.

PONTES DE MIRANDA afirma ainda que o "poder de compensar é poder de exercer o direito formativo extintivo, que nasce com a compensabilidade. O devedor ou o seu fiador tem-no porque são titulares desse direito. Têm-no também aqueles que representam outro, titular do direito formativo extintivo".[6]

22.3. Espécies

A compensação se desdobra em três espécies, a saber: a) *compensação legal;* b) *compensação convencional* e c) *compensação judicial.* A *compensação legal* é aquela tratada pelo Código Civil e opera de pleno direito e sem a interferência das partes, desde que preenchidos os requisitos legais. A *compensasção convencional ou contratual* é aquela que tem origem na autonomia privada e na vontade das partes. De acordo com LACERDA DE ALMEIDA, é a chamada

4 SERPA LOPES, Miguel Maria de. *Curso de direito civil*: obrigações em geral. Vol. II. 7. ed. Rio de Janeiro: Freitas Bastos, 2000, p. 251.

5 PONTES DE MIRANDA, Francisco Cavalcanti. *Tratado de direito privado.* Parte especial. Tomo XXIV. 2. ed. Rio de Janeiro: Borsoi, 1959, p. 332-333.

6 Ibid., p. 366.

compensação facultativa, ou seja, "aquela que não se opera de pleno direito, que encontra obstáculo devido à natureza da dívida, a que é líquida mas não exigível, mas opera-se por consentimento da parte contra quem é alegada, e é por essa dependência da vontade de uma das partes que se chama facultativa ou voluntária".[7]

A *compensação judicial* "é a compensação que se faz por meio da reconvenção, quando a ação do autor propõe o réu outra ação ao encontro da que lhe é intentada, corre parelhas com a ação principal e tem de ser julgada pela mesma sentença que assim julga ao mesmo tempo as pretensões do autor e as do réu, compensando-as quando julgada procedente a reconvenção" [8]. A *compensação judicial* não deve se limitar aos casos de reconvenção, mas abranger todos os casos em que se tenham presentes os pressupostos legais. O artigo 21 do Código de Processo Civil diz que, se cada litigante for em parte vencedor e vencido, os honorários advocatícios e as despesas devem ser compensados.

RUGGIERO afirma que a compensação é judicial quando "faltando um dos requisitos que a faziam operar de direito, o juiz a pronuncia, aceitando a exceção ou a reconvenção que contra o pedido do autor opõe o réu".[9]

22.4. Requisitos

O primeiro requisito da compensação é a *reciprocidade do crédito e do débito*. Melhor dizendo: somente será possível a compensação de créditos e débitos recíprocos, isto é, entre as mesmas partes. O terceiro não interessado, embora possa pagar em nome e por conta do devedor (CCB, art. 304, parágrafo único), não poderá compensar a dívida com o eventual crédito que possa ter em face do credor.

O artigo 371 determina que "o devedor somente pode compensar com o credor o que este lhe dever, mas o fiador pode compensar sua dívida com a de seu credor ao afiançado".[10] Dessa maneira, o fiador pode compensar a sua dívida com o crédito do afiançado. Isto ocorre em razão de o fiador (embora estranho à dívida do credor e do afiançado) ser coobrigado na dívida de seu afiançado.

O segundo requisito da *compensação* é a fungibilidade das prestações a serem compensadas. As prestações devem ser de *coisas fungíveis*. O artigo 369 preceitua que "a compensação efetua-se entre dívidas líquidas, vencidas e de coisas fungíveis". Por exemplo: Ricardo deve a Juliana 500 sacas de café

7 LACERDA DE ALMEIDA. Op. Cit., p. 271.

8 Ibid. p. 271-272.

9 RUGGIERO, Roberto de. *Instituições de direito civil*. Volume II. São Paulo: Saraiva, 1958, p. 220.

10 Correspondente ao artigo 1.013 do CCB/16.

e Juliana, por sua vez, deve a Ricardo 100 sacas de café. É, pois, necessário que além da fungibilidade, as prestações sejam da mesma qualidade (*e.g.*, café tipo exportação, comum, etc.). É o que determina o artigo 370 ao dizer que "embora sejam do mesmo gênero as coisas fungíveis, objeto das duas prestações, não se compensarão, verificando-se que diferem na qualidade, quando especificadas no contrato".267 268

O terceiro requisito é a *liquidez das dívidas*. Somente se compensam dívidas cujo valor seja certo e determinado.[11] É necessária a definição do *quantum debeatur*. De acordo com ARNALDO RIZZARDO, a obrigação líquida é a "definida, determinada, estabelecida em um montante fixo e calculado. Não cabe mais perquerir sobre a sua existência, ou contestá-la, porquanto ou as partes aquiesceram sobre a sua certeza, ou está ela estabelecida e fixada na lei, ou em decisão judicial veio consolidada".[12]

O quarto requisito é a *exigibilidade das prestações*. É necessário que as prestações estejam vencidas (exigíveis).

Daí que presentes os requisitos, a compensação poderá ser efetuada.

Neste sentido a decisão do Tribunal de Alçada do Rio Grande do Sul: "Execução. Embargos tendentes a compensação de créditos. Honorários advocatícios. Admitindo a empresa credora a existência de determinados créditos, em favor do devedor, constantes da conta corrente, a compensação é devida com o crédito seu até o limite em que haja certeza e liquidez de valores. Desimporta a *causa debendi* dos créditos de ambos. Sendo líquidos, certos e vencidos, a compensação se opera *ipso jure*. A origem dos créditos e débitos somente importa nas hipóteses que a lei expressamente menciona (*v.g.* arts. 1.011 a 1.013 do CC). A fixação de verba honorária, em caráter provisório, no início da execução, não equivale à condenação. Sucedendo novo arbitramento mais adiante, ou em embargos, este é o que prevalece, prejudicados, em regra, os precedentes (Apelação Cível n° 189050115, Quinta Câmara Cível, Tribunal de Alçada do RS, relator: Vanir Perin, julgada em 29.8.1989)".

Pode uma das partes compelir o parceiro contratual a efetuar a *compensação*? Em tese, sim, já que a compensação é a extinção das obrigações sem prejuízo para as partes.

---

11 EMBARGOS À EXECUÇÃO. COMPENSAÇÃO DE DÍVIDAS. IMPOSSIBILIDADE. CRÉDITO DA EMBARGANTE NÃO DEFINIDO. A pretensão recursal para admitir a compensação de valores não é possível nestes autos, pois não está esclarecido qual o crédito da embargante e se realmente existe esse crédito. Assim, sem estar de posse de valor líquido e certo (art. 369, do Cód. Civil), fica inviabilizada a pretendida compensação. Apelação desprovida (Apelação Cível N° 70017732561, Décima Sexta Câmara Cível, Tribunal de Justiça do RS, Relator: Paulo Augusto Monte Lopes, Julgado em 13.12.2006).

12 RIZZARDO, Arnaldo. *Direito das obrigações*. 3. ed. Rio de Janeiro: Forense, 2007, p. 406.

22.5. Formas de Compensação

A compensação poderá ser *integral* ou *parcial*. Aquela ocorrerá se ambas as prestações forem iguais. Por exemplo: Ruth deve R$ 1.000,00 a Simone, que por sua vez também deve o mesmo valor a Ruth. Aqui ocorrerá a compensação integral, já que os valores são iguais. A compensação parcial é aquela em que restará um saldo. Por exemplo: Gustavo deve R$ 1.000,00 a Flávia que, por sua vez, deve R$ 600,00 a Gustavo.

22.6. Dívidas Incompensáveis

Em algumas hipóteses não será possível a utilização da *compensação*. O óbice poderá ser *convencional* ou *legal*. O obstáculo será *convencional* quando houver acordo entre as partes ou no caso de renúncia prévia de uma das partes. É o que determina o artigo 375 do nosso Código Civil ao afirmar que "não haverá compensação quando as partes, por mútuo acordo, excluírem-na, ou no caso de renúncia prévia de uma delas".[13]

As dívidas não serão compensáveis por força de lei nos casos previstos no artigo 373 do nosso Código Civil: "A diferença de causas nas dívidas não impedem a compensação, exceto: I – se provier de esbulho, furto ou roubo; II – se uma se originar de comodato,[14] depósito[15] ou alimentos; III – se uma

---

13 Correspondente ao artigo 1.016 do CCB/16.

14 CC 2002 – Do Comodato. Arts. 579 a 585.
CC 2002 – Art. 579. O comodato é o empréstimo gratuito de coisas não-fungíveis. Perfaz-se com a tradição do objeto.
CC 2002 – Art. 580. Os tutores, curadores e em geral todos os administradores de bens alheios não poderão dar em comodato, sem autorização especial, os bens confiados à sua guarda.
CC 2002 – Art. 581. Se o comodato não tiver prazo convencional, presumir-se-lhe-á o necessário para o uso concedido; não podendo o comodante, salvo necessidade imprevista e urgente, reconhecida pelo juiz, suspender o uso e gozo da coisa emprestada, antes de findo o prazo convencional, ou o que se determine pelo uso outorgado.
CC 2002 – Art. 582. O comodatário é obrigado a conservar, como se sua própria fora, a coisa emprestada, não podendo usá-la senão de acordo com o contrato ou a natureza dela, sob pena de responder por perdas e danos. O comodatário constituído em mora, além de por ela responder, pagará, até restituí-la, o aluguel da coisa que for arbitrado pelo comodante.
CC 2002 – Art. 583. Se, correndo risco o objeto do comodato juntamente com outros do comodatário, antepuser este a salvação dos seus abandonando o do comodante, responderá pelo dano ocorrido, ainda que se possa atribuir a caso fortuito, ou força maior.
CC 2002 – Art. 584. O comodatário não poderá jamais recobrar do comodante as despesas feitas com o uso e gozo da coisa emprestada.
CC 2002 – Art. 585. Se duas ou mais pessoas forem simultaneamente comodatárias de uma coisa, ficarão solidariamente responsáveis para com o comodante.

15 CC 2002 – Art. 638. Salvo os casos previstos nos arts. 633 e 634, não poderá o depositário furtar-se à restituição do depósito, alegando não pertencer a coisa ao depositante, ou

for de coisa não suscetível de penhora".[16]

Note-se que, em regra, a *causa debendi* não impede a compensação. Por exemplo: a causa de uma dívida foi um contrato de mútuo e o da outra foi um contrato de compra e venda. Na primeira hipótese não se admite a compensação se uma das prestações é produto de roubo,[17] furto,[18] esbulho[19] ou qualquer outro ato ilícito. Isto porque se houvesse a possibilidade de compensação daria azo à prática de atos imorais e injustos.

Na segunda hipótese, a dívida será incompensável se uma se originar de comodato, depósito ou alimentos.[20] Em relação aos contratos de comodato e

---

opondo compensação, exceto se noutro depósito se fundar.

16 Correspondente ao artigo 1.015 do CCB/16.

17 CP – Roubo. Art. 157 – Subtrair coisa móvel alheia, para si ou para outrem, mediante grave ameaça ou violência a pessoa, ou depois de havê-la, por qualquer meio, reduzido à impossibilidade de resistência: Pena – reclusão, de quatro a dez anos, e multa. § 1° – Na mesma pena incorre quem, logo depois de subtraída a coisa, emprega violência contra pessoa ou grave ameaça, a fim de assegurar a impunidade do crime ou a detenção da coisa para si ou para terceiro. § 2° – A pena aumenta-se de um terço até metade: I – se a violência ou ameaça é exercida com emprego de arma; II – se há o concurso de duas ou mais pessoas; III – se a vítima está em serviço de transporte de valores e o agente conhece tal circunstância. IV – se a subtração for de veículo automotor que venha a ser transportado para outro Estado ou para o exterior; V – se o agente mantém a vítima em seu poder, restringindo sua liberdade. § 3° Se da violência resulta lesão corporal grave, a pena é de reclusão, de sete a quinze anos, além da multa; se resulta morte, a reclusão é de vinte a trinta anos, sem prejuízo da multa.

18 CP – Furto. Art. 155 – Subtrair, para si ou para outrem, coisa alheia móvel: Pena – reclusão, de um a quatro anos, e multa. § 1° – A pena aumenta-se de um terço, se o crime é praticado durante o repouso noturno. § 2° – Se o criminoso é primário, e é de pequeno valor a coisa furtada, o juiz pode substituir a pena de reclusão pela de detenção, diminuí-la de um a dois terços, ou aplicar somente a pena de multa. § 3° – Equipara-se à coisa móvel a energia elétrica ou qualquer outra que tenha valor econômico. Furto qualificado. § 4° – A pena é de reclusão de dois a oito anos, e multa, se o crime é cometido:
I com destruição ou rompimento de obstáculo à subtração da coisa; II – com abuso de confiança, ou mediante fraude, escalada ou destreza; III – com emprego de chave falsa; IV – mediante concurso de duas ou mais pessoas. § 5° – A pena é de reclusão de 3 (três) a 8 (oito) anos, se a subtração for de veículo automotor que venha a ser transportado para outro Estado ou para o exterior.
CP – Furto de coisa comum. Art. 156 – Subtrair o condômino, co-herdeiro ou sócio, para si ou para outrem, a quem legitimamente a detém, a coisa comum: Pena – detenção, de seis meses a dois anos, ou multa. § 1° – Somente se procede mediante representação. § 2° – Não é punível a subtração de coisa comum fungível, cujo valor não excede a quota a que tem direito o agente.

19 CC 2002 – Art. 1.210. O possuidor tem direito a ser mantido na posse em caso de turbação, restituído no de esbulho, e segurado de violência iminente, se tiver justo receio de ser molestado. § 1o O possuidor turbado, ou esbulhado, poderá manter-se ou restituirse por sua própria força, contanto que o faça logo; os atos de defesa, ou de desforço, não podem ir além do indispensável à manutenção, ou restituição da posse. § 2o Não obsta à manutenção ou reintegração na posse a alegação de propriedade, ou de outro direito sobre a coisa.

20 CC 2002 – Dos Alimentos. Arts. 1.694 a 1.710.

depósito, CARVALHO SANTOS citando SORIANO DE SOUZA NETO expõe as razões do obstáculo da seguinte forma: "No que diz respeito às dívidas oriundas de depósito e de comodato, a incompesabilidade tem sua razão de ser na confiança, que lhes deu nascimento, e que seria rudemente traída se se permitisse a não restituição, sob pretexto da existência de um crédito contrário".[21]

Quando se tratar de prestação alimentícia a razão é clara: a compensação poderá prejudicar a subsistência de uma das partes. Neste diapasão, a decisão do Tribunal de Justiça do Estado do Rio Grande do Sul: "EXECUÇÃO DE ALIMENTOS. PAGAMENTOS A MAIOR. PEDIDO DE COMPENSAÇÃO. DESCABIMENTO. 1. Os alimentos são incompensáveis e irrepetíveis, sendo descabida a pretensão do executado de ver compensado nas prestações vincendas os valores que lhe foi descontado a maior em favor da filha. Inteligência dos art. 373, inc. II, e art. 1.707 do Código Civil.

2. O valor pago a mais não elide a obrigação alimentar do genitor. Recurso desprovido (Agravo de Instrumento n° 70014937866, Sétima Câmara Cível, Tribunal de Justiça do RS, relator: Sérgio Fernando de Vasconcellos Chaves, julgado em 19.7.2006)".

Vale lembrar que as obrigações decorrentes de salários não podem ser compensadas, já que o salário possui natureza alimentar. Neste sentido: "AÇÃO DE EMBARGOS À EXECUÇÃO DE TÍTULO JUDICIAL. COMPENSAÇÃO. INVIABILIDADE. Como o crédito buscado na execução embargada possui natureza de salário, pois se refere a honorários advocatícios fixados em sentença judicial, revela-se impenhorável, nos termos do art. 649, inc. IV, do CPC. Como decorrência, descabida a sua compensação. Inteligência do art. 1.015, inc. III, do C. Civil de 1916 (correspondente ao atual art. 373, inc. III, do C. Civil de 2002). APELO DESPROVIDO (Apelação Cível n° 70011958014, Vigésima Câmara Cível, Tribunal de Justiça do RS, relator: José Aquino Flores de Camargo, julgada em 29.6.2005)".

Também são incompensáveis, de acordo com o artigo 373, inciso III, se uma for de coisa não suscetível de penhora".[22] Ou seja, não podem ser objeto de compensação as dívidas de coisas isentas de penhora. Daí que não se podem compensar os bens impenhoráveis, tais como aqueles indicados no artigo 649 do Código de Processo Civil, no artigo 5°, inciso XXVI, da Constituição da República Federativa do Brasil de 1988, e na Lei n° 8.009, de 1990, que trata do bem de família.

Outra hipótese de *incompensabilidade da dívida* é aquela prevista no artigo 376 do CCB, que preceitua: "Obrigando-se por terceiro uma pessoa, não

21 CARVALHO SANTOS, J. M. de. *Código Civil Brasileiro Interpretado*. 6. ed. Vol. XIII. Rio de Janeiro: Freitas Bastos, 1995, p. 287.

22 Correspondente ao artigo 1.015 do CCB/16.

pode compensar essa dívida com a que o credor dele lhe dever".[23] A redação deste dispositivo corresponde à regra do artigo 1.019 do Código Civil de 1916. À época, tal redação já era criticada pela doutrina. A redação se manteve intacta no atual artigo 376 do CCB de 2002. Na realidade, a regra refere-se à estipulação em favor de terceiro. CLÓVIS BEVILÁQUA afirma que tal dispositivo "tratava-se, no projeto primitivo de estipulação em favor de terceiro. Aquele que se obriga em favor de terceiro não se pode eximir da sua obrigação, pretendendo compensá-la com o que lhe deve o estipulante"[24]

A fonte do nosso dispositivo legal é o artigo 135 do Código suíço. LACERDA DE ALMEIDA, citando V. ROSSEL, esclarece: "é disposição perfeitamente justa, sem ela o terceiro em favor de quem se estipulou a prestação nada receberia se o promitente da estipulação, devedor do terceiro, pudesse opor-lhe compensação da quantia que este devesse ao seu cocontratante"

Assim, aquele que se obriga a favor de terceiro não pode compensar a sua dívida com a que lhe deve o outro contraente.[25] Também não se admite compensação de acordo com a regra estabelecida no artigo 380: "Não se admite a compensação em prejuízo de direito de terceiro. O devedor que se torne credor do seu credor depois de penhorado o crédito deste não pode opor ao exequente a compensação de que contra o próprio credor disporia".[26] A compensação não pode prejudicar terceiros, estranhos à operação. É *res inter alios acta*.[27] A segunda parte do referido dispositivo impede a compensação de créditos quando um deles estiver penhorado. Dessa maneira, no caso de penhora realizada por terceiro, o devedor-executado (devedor-credor ou contracredor), cujo crédito é objeto de penhora, não poderá compensar o seu crédito, já que deverá pagar ao exequente.

Diversamente, acentua CLÓVIS BEVILÁQUA que "se o crédito do devedor se tornar exigível antes da penhora, esta não terá eficácia, porque as dívidas, sendo líquidas e homogêneas, compensam-se *ex vi legis*. O exequente, neste caso, terá apreendido uma quantidade igual a zero, se a compensação for total".[28]

22.7. Compensação de Créditos Fiscais

Seria possível a compensação de créditos fiscais? Em princípio não. O artigo 374 do CCB de 2002, que diz: "A matéria da compensação, no que concerne às dívidas fiscais e parafiscais, é regida pelo disposto neste capítulo".[29] Foi revogado pela Lei n° 10.677, de 22 de maio de 2003.

23 Correspondente ao artigo 1.019 do CCB/16.
24 BEVILÁQUA, Clóvis. *Código civil comentado*. Vol. IV. Rio de Janeiro: Rio, 1976, p. 140.
25 PONTES DE MIRANDA. Op. Cit., p. 367.
26 Correspondente ao artigo 1.024 do CCB/16.
27 BIVILÁQUA. Op. Cit., p. 143.
28 Ibid.
29 Correspondente ao artigo 1.017 do CCB/16.

Da mesma forma, o Conselho da Justiça Federal, na I Jornada de Direito Civil, editou o Enunciado 19, que preceitua "Art. 374: a matéria da compensação no que concerne às dívidas fiscais e parafiscais de Estados, do Distrito Federal e de Municípios não é regida pelo art. 374 do Código Civil".

Para que se possam compensar créditos fiscais, torna-se necessária autorização legislativa especial pertinente.[30]

22.8. Compensação e Cessão de Créditos

O artigo 377 trata da *compensação na cessão de créditos*. O texto legal afirma que "O devedor que, notificado, nada opõe à cessão que o credor faz a terceiros dos seus direitos, não pode opor ao cessionário a compensação, que antes da cessão teria podido opor ao cedente. Se, porém, a cessão lhe não tiver sido notificada, poderá opor ao cessionário compensação do crédito que antes tinha contra o cedente.[31]

Assim, o devedor que, notificado da cessão nada opõe no momento, entende-se ter renunciado o direito de compensar a sua dívida com o que lhe dever o cedente.

No mesmo sentido, a regra estabelecida no artigo 290 do CCB: "A cessão do crédito não tem eficácia em relação ao devedor, senão quando a este notificada, mas por notificado se tem o devedor que, em escrito público ou particular, se declarou ciente da cessão feita".

Outrossim, se a cessão não for notificada ao devedor, este poderá opor ao cessionário compensação do crédito que antes tinha com o cedente. Daí que os créditos posteriores à cessão notificada não se compensam.

22.9. Compensação de Dívidas com Pagamento em Locais Diversos

O artigo 378 do nosso Código Civil trata da hipótese da compensação de dívidas com pagamento em locais diferentes. Diz o texto legal: "Quando as dívidas não são pagáveis no mesmo lugar, não se podem compensar sem dedução das despesas necessárias à operação". 293 294

Isto significa dizer que as despesas de transporte devem ser deduzidas quando for realizada operação compensatória em locais diversos.

22.10. Compensação e Imputação do Pagamento

Sendo a mesma pessoa obrigada por várias dívidas compensáveis, serão observadas, no compensá-las, as regras estabelecidas quanto à imputação do pagamento (CCB, art. 3 79). 295 296 Dessa forma, o devedor deverá indicar a dívida que pretende que seja compensada. Se este não fizer a indicação, a

30 STJ – Súmula: 213: O mandado de segurança constitui ação adequada para a declaração do direito à compensação tributária.

31 Correspondente ao artigo 1.021 do CCB/16.

escolha caberá ao credor, de acordo com as regras estabelecidas no que diz respeito à imputação do pagamento.

22.11. Compensação e Prazos de Favor

De acordo com o artigo 372, "os prazos de favor, embora consagrados pelo uso geral, não obstam a compensação".[32] CLÓVIS BEVILÁQUA ensina que os *prazos de favor* são "os concedidos, obsequiosamente, pelo credor. Se o devedor, a quem foi concedida uma dilação gratuita, uma espera obsequiosa, é credor, também, do seu credor, não pode invocar a concessão, que, graciosamente, lhe foi feita para recusar o encontro da sua dívida com o seu crédito".[33]

LACERDA DE ALMEIDA, apoiado em exemplo de MOURLON em disposição legal análoga ao art. 1.792 do Código Civil francês apresenta o seguinte exemplo: "Vós me deveis 6000 frs., o Tribunal em consideração à vossa situação desastrosa, concede-vos seis meses para pagardes a dívida, neste intervalo recebo por herança de uma pessoa que vos legou 4.000 frs., um patrimônio. Não me podeis demandar pela entrega do legado sem fazerdes dedução do que me deveis: a moratória haveis obtido graças à situação difícil em que estáveis de pagar no vencimento. Esta dificuldade desapareceu com o recebimento do legado e pois só subsiste pelo restante 2.000 a moratória concedida".[34]

22.12. Direito Comparado

CC PORTUGUÊS. ARTIGO 847° (Requisitos). 1. Quando duas pessoas sejam reciprocamente credor e devedor, qualquer delas pode livrar-se da sua obrigação por meio de compensação com a obrigação do seu credor, verificados os seguintes requisitos: a) Ser o seu crédito exigível judicialmente e não proceder contra ele excepção, peremptória ou dilatória, de direito material; b) Terem as duas obrigações por objecto coisas fungíveis da mesma espécie e qualidade. 2. Se as duas dívidas não forem de igual montante, pode dar-se a compensação na parte correspondente. 3. A iliquidez da dívida não impede a compensação.

CC PORTUGUÊS. ARTIGO 848° (Como se torna efectiva). 1. A compensação torna-se efectiva mediante declaração de uma das partes à outra. 2. A declaração é ineficaz, se for feita sob condição ou a termo.

CC PORTUGUÊS. ARTIGO 849° (Prazo gratuito). O credor que concedeu gratuitamente um prazo ao devedor está impedido de compensar a sua dívida antes do vencimento do prazo.

---

32 Correspondente ao artigo 1.014 do CCB/16.

33 BEVILÁQUA. Op. Cit., p. 136.

34 LACERDA DE ALMEIDA. Op. Cit., p. 283.

CC PORTUGUÊS. ARTIGO 850° (Créditos prescritos). O crédito prescrito não impede a compensação, se a prescrição não podia ser invocada na data em que os dois créditos se tornaram compensáveis.

CC PORTUGUÊS. ARTIGO 851° (Reciprocidade dos créditos).

1. A compensação apenas pode abranger a dívida do declarante, e não a de terceiro, ainda que aquele possa efectuar a prestação deste, salvo se o declarante estiver em risco de perder o que é seu em consequência de execução por dívida de terceiro. 2. O declarante só pode utilizar para a compensação créditos que sejam seus, e não créditos alheios, ainda que o titular respectivo dê o seu consentimento, e só procedem para o efeito créditos seus contra o seu credor.

CC PORTUGUÊS. ARTIGO 852° (Diversidade de lugares do cumprimento). 1. Pelo simples facto de deverem ser cumpridas em lugares diferentes, as duas obrigações não deixam de ser compensáveis, salvo estipulação em contrário. 2. O declarante é, todavia, obrigado a reparar os danos sofridos pela outra parte, em consequência de esta não receber o seu crédito ou não cumprir a sua obrigação no lugar determinado.

CC PORTUGUÊS. ARTIGO 853° (Exclusão da compensação). 1. Não podem extinguir-se por compensação: a) Os créditos provenientes de factos ilícitos dolosos; b) Os créditos impenhoráveis, excepto se ambos forem da mesma natureza; c) Os créditos do Estado ou de outras pessoas colectivas públicas, excepto quando a lei o autorize. 2. Também não é admitida a compensação, se houver prejuízo de direitos de terceiro, constituídos antes de os créditos se tornarem compensáveis, ou se o devedor a ela tiver renunciado.

CC PORTUGUÊS. ARTIGO 854° (Retroactividade). Feita a declaração de compensação, os créditos consideram-se extintos desde o momento em que se tornaram compensáveis.

CC PORTUGUÊS. ARTIGO 855° (Pluralidade de créditos). 1. Se existirem, de uma ou outra parte, vários créditos compensáveis, a escolha dos que ficam extintos pertence ao declarante. 2. Na falta de escolha, é aplicável o disposto nos artigos 784° e 785°.

CC PORTUGUÊS. ARTIGO 856° (Nulidade ou anulabilidade da compensação). Declarada nula ou anulada a compensação, subsistem as obrigações respectivas, mas, sendo a nulidade ou anulação imputável a alguma das partes, não renascem as garantias que em seu benefício foram prestadas por terceiro, salvo se este conhecia o vício quando foi feita a declaração de compensação.

Capítulo 23

DA CONFUSÃO

23.1. Conceito

Ocorre o fenômeno jurídico da *confusão* quando credor e devedor se confundem na mesma figura. No direito creditório o credor e o devedor devem ser sujeitos diferentes, quando isto não ocorre, extingue-se a obrigação, já que credor e devedor não podem coexistir na mesma pessoa.

PONTES DE MIRANDA conceitua a confusão da seguinte forma: "se o crédito e a dívida se reúnem na mesma pessoa, isto é, se a mesma pessoa, que era devedor, passa a ser *também* credor, ou a que era credor passa a ser devedor, extingue-se, *de regra*, a relação jurídica, pelo princípio de que ninguém pode ser credor de si mesmo, uma vez que o fim foi obtido. Há, então, o fato da *confusio*, confusão, tal como se o devedor herda do credor, ou se o credor cedeu ao devedor o crédito".[1]

Diz o artigo 381: "extingue-se a obrigação, desde que na mesma pessoa se confundam as qualidades de credor e devedor".[2]

Neste caso, ocorre a exoneração do devedor sem que este realize o pagamento. Não que se falar em inadimplemento, não obstante não tenha ocorrido o devido pagamento.[3] O fenômeno da confusão ocorre sempre após a formação do vínculo obrigacional. É, pois, um incidente que se desvela no curso da relação jurídica obrigacional. Por exemplo: Camila, viúva, emprestou R$ 2.000,00 (dois mil reais) a seu único filho Matheus. Restou configurado, pois, um empréstimo de mútuo entre a mãe e seu filho. Ocorre que antes do vencimento da prestação, Camila faleceu, deixando como único herdeiro seu filho Matheus. Dessa maneira, toda a herança será transmitida a seu úni-

---

1 PONTES DE MIRANDA, Francisco Cavalcanti. *Tratado de direito privado*. Parte especial. Tomo XXV. 2. ed. Rio de Janeiro: Borsoi, 1959, p. 31.

2 Correspondente ao artigo 1.049 do CCB/16.

3 CC 2002 – Art. 262. Se um dos credores remitir a dívida, a obrigação não ficará extinta para com os outros; mas estes só a poderão exigir, descontada a quota do credor remitente. Parágrafo único. O mesmo critério se observará no caso de transação, novação, compensação ou confusão.

CC 2002 – Art. 1.436. Extingue-se o penhor: IV – confundindo-se na mesma pessoa as qualidades de credor e de dono da coisa;

co sucessor Matheus (mutuário-devedor). Daí que Matheus tornar-se-á, ao mesmo tempo, credor e devedor.[4] É, pois, com a reunião, na mesma pessoa, do crédito e da dívida é que se opera a *confusão*.

23.2. Espécies

A confusão pode ser *total* ou *parcial*. Diz o artigo 382 que "A confusão pode verificar-se a respeito de toda a dívida, ou só de parte dela".[5] A confusão será *total* quando o credor recebe a totalidade da dívida. A confusão parcial é aquela, por exemplo, que ocorrerá quando existirem vários sucessores e o valor da quota parte recebida pelo descendente-devedor for menor do que o valor da dívida.

23.3. Confusão na Obrigação Solidária

A confusão operada na pessoa do credor ou devedor solidário só extingue a obrigação até a concorrência da respectiva parte no crédito, ou na dívida, subsistindo quanto ao mais a solidariedade (CCB, art. 383).[6]

A regra é clara. Se a confusão se der na pessoa do devedor solidário (obrigação solidária passiva), isto é, na pessoa de um só dos devedores se

4 APELAÇÃO CÍVEL. REEXAME NECESSÁRIO. CONSTITUCIONAL. DIREITO À SAÚDE. FORNECIMENTO DE MEDICAMENTOS. PRELIMINAR DE CARÊNCIA DE AÇÃO. AUSÊNCIA DE LEGITIMIDADE. Em razão da responsabilidade prevista no artigo 196 da Constituição Federal, a legitimação passiva para a causa consiste na coincidência entre a pessoa do réu e a pessoa de qualquer um ou dos vários entes federativos. A presença de um dos vários legitimados no pólo passivo da relação processual decorre da escolha do demandante, já que todos e qualquer um deles tem o dever de cuidar da saúde e assistência pública^ na forma do inciso II do artigo 23 da Constituição Federal. Preliminar rejeitada. MÉRITO. O fornecimento de medicação é excepcional a pacientes sem meios econômicos para a aquisição com recursos próprios. Trata-se de direito à vida e à saúde, garantia constitucional e dever do Estado. O direito à saúde é assegurado a todos, devendo os necessitados receberem do ente público os medicamentos necessários. CONDENAÇÃO DO ESTADO DO RIO GRANDE DO SUL. VERBA HONORÁRIA. DEFENSOR PÚBLICO. A Defensoria Pública é órgão do Estado que não detém personalidade jurídica, tampouco capacidade processual, de modo que não pode ser credora do Estado em honorários advocatícios referentes à sucumbência nos processos contra ele ajuizados, nos quais, representa a parte vencedora. Evidenciada, portanto, a impossibilidade jurídica de recolhimento de honorários sucumbenciais contra a Fazenda em causas patrocinadas por Defensor Público, pois configurada confusão entre credor e devedor (artigo 1.049 do Código Civil de 1916, e artigo 381, do Código Civil de 2002). Ademais, o Fundo Orçamentário com finalidade específica criado pela Lei Estadual do RS n° 10.298/94 não altera a situação jurídica de ser o credor dessa verba a Fazenda Estadual, e não a parte ou a própria Defensoria. Preliminar rejeitada, primeiro apelo desprovido. Segundo apelo provido. Sentença confirmada, no remanescente, em reexame necessário (Apelação e Reexame Necessário N° 70016909939, Segunda Câmara Cível, Tribunal de Justiça do RS, Relator: João Armando Bezerra Campos, Julgado em 13.12.2006).

5 Correspondente ao artigo 1.050 do CCB/16.

6 Correspondente ao artigo 1.051 do CCB/16.

reunirem as qualidades de credor e devedor, os efeitos da confusão ocorrerão até a respectiva parte da dívida. Ao contrário, se a confusão operar na pessoa do credor solidário (obrigação solidária ativa), ou seja, na pessoa de um só dos credores se reunirem as qualidades de credor e devedor, a obrigação ficará extinta até a concorrência da respectiva parte do crédito, permanecendo, quanto aos demais, a solidariedade.

No mesmo sentido, JOÃO LUIZ ALVES ensina que "na solidariedade ativa, confundindo-se o débito com o crédito, o credor-devedor responde aos cocredores pelo restante da mesma dívida, descontada a cota que lhe devia pertencer, só se extinguiu a parte em que era ao mesmo tempo devedor e credor. A solidariedade permanece para que qualquer dos cocredores possa exigir todo o resto da dívida ao devedor. Na solidariedade passiva, o devedor que se torna credor de toda a dívida, pode exigir dos codevedores ou de um só deles toda a dívida, diminuída da cota pela qual era responsável como devedor".[7]

Vejamos os seguintes exemplos:

a) André, Adriano e Alan (devedores solidários) devem, solidariamente, R$ 600,00 (seiscentos reais) a Luiz Carlos (credor). André falece deixando como único herdeiro Luiz Carlos. A confusão operada em relação a Luiz Carlos (credor-devedor) não exonera os demais coobrigados na totalidade da dívida, mas apenas na cota, relativamente ao devedor (André) diretamente atingido por ela. Assim, Adriano e Alan respondem solidariamente perante Luiz Carlos (credor) da quantia de R$ 400,00 (quatrocentos reais).
b) Bianca (devedora) de R$ 900,00 (novecentos reais) a Marcelo, Leandro e Leonardo (credores solidários), em regime de solidariedade. Marcelo (credor 1) falece, deixando como sua única herdeira Bianca (devedora). Neste caso, Bianca (devedora) fica exonerada apenas na parte relativa ao credor diretamente atingido pela confusão. Logo, Bianca continua a responder solidariamente, perante os demais credores (Leandro e Leonardo), por dois terços da dívida que equivale a R$ 600,00 (seiscentos reais).

23.4. Extinção da Confusão

O artigo 384 determina que "cessando a confusão, para logo se restabelece, com todos os seus acessórios, a obrigação anterior".[8] Aqui é o caso em que a dívida não se extinguiu efetivamente. JOÃO LUIZ ALVES aproveita

7 ALVES, João Luiz. *Código civil anotado*. 3. ed. 4.Volume. Rio de Janeiro: Borsoi, 1958, p. 149.
8 Correspondente ao artigo 1.052 do CCB/16.

um exemplo trazido por HUC para ilustrar o caso. Vejamos: "Um indivíduo, titular de um certo crédito, faz testamento, legando este crédito a terceiro. Torna-se em seguida herdeiro do seu devedor e, mais tarde, morre, sem ter modificado o seu testamento. A confusão produzida durante este período não extinguiu o crédito, como teria podido fazê-lo o pagamento, tendo somente por efeito paralisá-lo. Desde que o testador morre, cessa este efeito: as qualidades de credor e de devedor reunidas na sua pessoa ficam desde então separadas, é o herdeiro o devedor e o legatário quem se torna credor. A impossibilidade de exigir a dívida tendo desaparecido, a ação para pedi-la retoma a sua eficácia e o legado é válido. *(Com. Cód. Civ.* Vol. VIII, n° 176)". Está-se diante, pois, de uma hipótese de pós-eficacização da relação jurídica obrigacional.

23.5. Direito Comparado

CC PORTUGUÊS. ARTIGO 868° (Noção). Quando na mesma pessoa se reúnam as qualidades de credor e devedor da mesma obrigação, extinguem-se o crédito e a dívida.

CC PORTUGUÊS. ARTIGO 869° (Obrigações solidárias). 1. A reunião na mesma pessoa das qualidades de devedor solidário e credor exonera os demais obrigados, mas só na parte da dívida relativa a esse devedor. 2. A reunião na mesma pessoa das qualidades de credor solidário e devedor exonera este na parte daquele.

CC PORTUGUÊS. ARTIGO 870° (Obrigações indivisíveis). 1. Se na obrigação indivisível em que há vários devedores se reunirem as qualidades de credor e devedor, é aplicável o disposto no artigo 536°. 2. Sendo vários os credores e verificando-se a confusão entre um deles e o devedor, é aplicável o disposto no n° 2 do artigo 865°.

CC PORTUGUÊS. ARTIGO 871° (Eficácia em relação a terceiros). 1. A confusão não prejudica os direitos de terceiro. 2. Se houver, a favor de terceiro, direitos de usufruto ou de penhor sobre o crédito, este subsiste, não obstante a confusão, na medida em que o exija o interesse do usufrutuário ou do credor pignoratício. 3. Se na mesma pessoa se reunirem as qualidades de devedor e fiador, fica extinta a fiança, excepto se o credor tiver legítimo interesse na subsistência da garantia. 4. A reunião na mesma pessoa das qualidades de credor e de proprietário da coisa hipotecada ou empenhada não impede que a hipoteca ou o penhor se mantenha, se o credor nisso tiver interesse e na medida em que esse interesse se justifique.

CC PORTUGUÊS. ARTIGO 872° (Patrimônios separados). Não há confusão, se o crédito e a dívida pertencem a patrimónios separados.

CC PORTUGUÊS. ARTIGO 873° (Cessação da confusão). 1. Se a confusão se desfizer, renasce a obrigação com os seus acessórios, mesmo em relação a terceiro, quando o facto que a destrói seja anterior à própria confusão. 2. Quando a cessação da confusão for imputável ao credor, não renascem as garantias prestadas por terceiro, salvo se este conhecia o vício na data em que teve notícia da confusão.

Capítulo 24

DA REMISSÃO DAS DÍVIDAS

24.1. Conceito e Natureza Jurídica

A *remissão da dívida* é o perdão (liberação graciosa) da dívida concedido pelo credor ao devedor. Diz o artigo 385 que "a remissão da dívida, aceita pelo devedor, extingue a obrigação, mas sem prejuízo de terceiro".[1] Daí que é pressuposto indispensável que o devedor a aceite, de forma expressa ou tácita. Não obstante, a sua natureza contratual, até mesmo pela própria redação apresentada pelo texto infraconstitucional, a doutrina diverge a respeito da unilateralidade (ato unilateral) ou bilateralidade (contrato) da remissão. Tais discussões têm a sua origem às diversas concepções advindas do Direito francês e do Direito alemão (§ 397) no sentido de ser a remissão um contrato, bem como a posição do Direito português vigente, em especial, quanto à regra estabelecida no artigo 863°: "(Natureza contratual da remissão) 1. O credor pode remitir a dívida por contrato com o devedor. 2. Quando tiver o carácter de liberalidade, a remissão por negócio entre vivos é havida como doação, na conformidade dos artigos 940° e seguintes".

CARVALHO DE MENDONÇA, ao iniciar o capítulo relativo à remissão, deixa consignada que é "uma das matérias mais difíceis do direito de crédito e, ao mesmo em geral, do Direito Civil, é certamente a remissão de dívidas".[2] No próprio conceito do instituto jurídico da remissão, as discussões doutrinárias já se desvelam. Para o mestre, a aceitação do remido não é essencial, sendo a remissão um ato unilateral manifestado pelo credor.[3]

DÉMOLOMBE, seguindo a lição de POTHIER, atribui à remissão o caráter de uma doação, dado consistir no abandono gratuito pelo credor de seu crédito, em proveito do devedor, e a renúncia ao direito de exigir o pagamento.[4]

---

1 Correspondente ao artigo 1.053 do CCB/16.

2 CARVALHO DE MENDONÇA, Manuel Inácio. *Doutrina e prática das obrigações*. 4. ed. Tomo I. Rio de Janeiro: Forense, 1956, p. 691.

3 Ibid., p. 694.

4 SERPA LOPES, Miguel Maria de. *Curso de direito civil:* obrigações em geral. Vol. II. 7. ed. Rio de Janeiro: Freitas Bastos, 2000, p. 318.

LAURENT igualmente interpreta a remissão de dívida como uma renúncia de direitos por parte do credor e em proveito do devedor.[5]

CLÓVIS BEVILÁQUA afirma que a remissão "é a libertação graciosa da dívida. É a renúncia, que faz o credor, de seus direitos creditórios, colocando-se na impossibilidade de exigir-lhes o cumprimento".[6]

SAN TIAGO DANTAS ensina que "em Direito Civil, a devolução, por vezes, tem por efeito a extinção da obrigação. Basta que essa tenha sido a intenção do credor, quando fez a devolução do título. Esta é a remissão. Há nela a substância de uma renúncia. Se essa renúncia ferir direito de terceiros, sempre será possível impugnar a remissão, como nos casos de fraude contra credores".[7]

ROBERTO DE RUGGIERO, professor da Universidade Real de Roma, trata a remissão como *perdão*. Diz que o perdão é senão uma espécie particular de renúncia a um direito aplicado ao direito de crédito. Afirma que "bem pode o titular do direito de crédito, tal como dispor dele a favor de outrem, fazendo, por exemplo, a sua cessão, dispor dele a favor do próprio devedor, libertando-o do vínculo ou até, sem nenhuma atenção pela pessoa do obrigado, abandonar a sua razão creditória, o que igualmente conduz à libertação do devedor. Tal ato de disposição tem só por si o poder de extinguir a obrigação".[8]

Da mesma forma, ORLANDO GOMES ensina que "o credor pode perdoar a dívida, extinguindo, por sua autoridade o crédito. A esse modo extintivo chama-se *remissão de dívida*".[316]

Para JOÃO LUIZ ALVES, a remissão é um ato de liberalidade, que toma a forma da doação ou legado.[9]

CAIO MÁRIO DA SILVA PEREIRA reconhece o debate acerca da natureza do ato remissivo e inclina-se pela unilateralidade. Diz o mestre que "o credor não precisa da vontade do devedor para abdicar da sua qualidade. Basta que inequivocamente a ela renuncie. É neste sentido, de ato abdicativo unilateral, que o novo Código Civil italiano se pronuncia. A essência do perdão está, pois, na vontade do credor, a qual, como *declaração receptícia*, deve ser dirigida ao devedor".[10]

ANTUNES VARELA define remissão da dívida como "a renúncia do credor ao direito de exigir a prestação, feita com a aquiescência da contraparte".[11]

5 Ibid.
6 BEVILÁQUA, Clóvis. *Código civil comentado*. Vol. IV. Rio de Janeiro: Rio, 1976, p. 168.
7 DANTAS, San Tiago. *Programa de direito civil II:* aulas proferidas na Faculdade Nacional de Direito fim de 1943-1945. Rio de Janeiro: Rio, 1978, p. 82.
8 RUGGIERO, Roberto de. *Instituições de direito civil*. Volume II. São Paulo: Saraiva, 1958, p. 228.
9 ALVES, João Luiz. *Código civil anotado*. 3. ed. 4. Volume. Rio de Janeiro: Borsoi, 1958, p. 152.
10 PEREIRA, Caio Mário da Silva. *Instituições de direito civil:* teoria geral das obrigações. V. II, 20. ed. Rio de Janeiro: Forense, 2003, p. 279.
11 VARELA, João de Matos Antunes. *Das obrigações em geral*. Vol. II, 7. ed. Coimbra: Alme-

CRISTIANO CHAVES DE FARIAS e NÉLSON ROSENVALD, lastreados pela redação do artigo 385, defendem a tese que a remissão é um negócio jurídico bilateral. Logo, um contrato. Neste sentido, apontam a diferença entre remissão e renúncia: "Na remissão, o devedor civilmente capaz pode se opor ao perdão por entender que tal ato pode "ferir seus brios", ou por acreditar que a pretensão do credor é prescrita ou judicialmente inexistente. Já a renúncia é ato abdicativo unilateral – que demanda apenas a capacidade do renunciante –, pelo qual o credor abdica de seu direito patrimonial disponível, dipensada a aquiescência do devedor. Aliás, a renúncia possui aplicação mais ampla, abrangendo mesmo direitos extrapatrimoniais. Pois bem, se o devedor discordar da remissão, nada poderá impedi-lo de realizar o pagamento, podendo, em última instância, exonerar-se da obrigação por intermédio da consignação".[12]

Daí a dificuldade de se tratar o sentido jurídico da remissão da dívida. Para uns é considerada contrato, à semelhança do direito alemão (§ 397 – "A obrigação extingue-se quando, por contrato, o credor remite a dívida ao devedor"), direito grego (art. 454) e direito português (art. 863°); para outros deve ser entendida como negócio unilateral, como o faz o direito italiano (art. 1.236).[13]

Talvez a melhor opção é uma solução híbrida tratada por VAZ SERRA, no anteprojeto do Código Civil português, segundo a qual a remissão "poderia ser feita por contrato, e também (quando fosse gratuita, como sucede aliás na generalidade dos casos) mediante declaração unilateral do credor, embora o efeito extintivo da renúncia pudesse ser destruído nesse caso pela declaração de recusa do devedor".322

24.2. Requisitos e Espécies da Remissão

São requisitos do perdão da dívida o ânimo de perdoar e a aceitação do perdão. A remissão pode ser total ou parcial. Poderá ser ainda expressa (realizada por instrumento público ou particular, por ato inter vivos ou *mortis causa*), tácita (ou implícita, quando decorrente do comportamento do credor, inconpativel com a sua qualidade de credor).

---

dina, 2006, p. 244.

12 FARIAS, Cristiano Chaves de; ROSENVALD, Nélson. *Direito das obrigações*. Rio de Janeiro: Lumen Juris, 2006, p. 364.

13 Art. 1239 Fideiussori: La remissione accordata al debitore principale libera i fideiussori (1936, 1945).

La remissione accordata a uno dei fideiussori non libera gli altri che per la parte del fideiussore liberato. Tuttavia se gli altri fideiussori hanno consentito la liberazione, essi rimangono obbligati per lintero.

Art. 1240 Rinunzia a una garanzia verso corrispettivo: Il creditore che ha rinunziato, verso corrispettivo, alla garanzia prestata da un terzo deve imputare al debito principale quanto ha ricevuto, a beneficio del debitore e di coloro che hanno prestato garanzia per ladempimento dellobbligazione.

24.3. Remissão Tácita. Devolução do Título

A devolução voluntária do título da obrigação, quando por escrito particular, prova desoneração do devedor e seus coobrigados, se o credor for capaz de alienar, e o devedor capaz de adquirir (CCB, art. 386). O artigo 324 diz que "a entrega do título ao devedor firma a presunção do pagamento".[14]

Os pressupostos, portanto, para a incidência do artigo 386 são: a) o fato da devolução voluntária do título, pelo credor ao devedor; b) o recebimento do título, pelo devedor capaz de adquirir; c) que o credor seja capaz de alienar.

Destaca JUDITH MARTINS-COSTA que o recebimento do título pelo devedor não depende de forma especial e, não raramente, ocorre de forma tácita, isto é, o consentimento é tácito. Se o credor devolve o título, e o devedor silencia, produz-se a eficácia extintiva típica da remissão.[15]

Quando a norma diz acerca do "credor capaz de alienar e devedor capaz de adquirir" refere-se ao poder de disposição" para que o credor se desprenda de um valor ativo do seu patrimônio, sendo necessário, portanto, o poder de disposição sobre o crédito remitido (art. 307, *caput*)",[16] de forma que o poder de disposição é fator de eficácia do ato.

24.4. Renúncia à Garantia Real

A restituição voluntária do objeto empenhado prova a renúncia do credor à garantia real, não a extinção da dívida (CCB, art. 387). Isto quer dizer que a entrega do penhor, sem a expressa remissão da dívida, não a extingue. Melhor dizendo: o credor está somente renunciando a garantia real. A extinção da obrigação acessória não extingue a obrigação principal.

24.5. Remissão na Solidariedade Passiva

O artigo 388 trata da remissão concedida na solidariedade passiva. Vejamos o teor do dispositivo legal: "A remissão concedida a um dos codevedores extingue a dívida na parte a ele correspondente, de modo que, ainda reservando o credor a solidariedade contra os outros, já lhes não pode cobrar o débito sem dedução da parte remetida".

Dessa maneira, a remissão concedida a um dos codevedores solidários perdoa apenas a parte que lhe pertencia, mantendo o débido deduzido da quota-parte remitida junto aos outros.

---

14 Parágrafo único. Ficará sem efeito a quitação assim operada se o credor provar, em sessenta dias, a falta do pagamento.

15 MARTINS-COSTA, Judith. *Comentários ao novo código civil.* Volume V, Tomo I. Rio de Janeiro: Forense, 2006, p. 704.

16 Ibid.

Da mesma forma, explica JOÃO LUIZ ALVES: "o credor pode querer beneficiar a um só dos codevedores, remitindo somente a parte a que é ele obrigado na dívida. Se esta for solidária, pode o credor reservar-se, de modo expresso, a solidariedade dos outros codevedores. Como, porém, pagando qualquer destes a dívida, fica com o direito regressivo para haver dos seus coobrigados a respectiva cota, claro é que o credor, que desobrigou um dos devedores, não pode exigir dos outros a parte do desobrigado, uma vez que contra este não teria direito o coobrigado que a pagasse. A solidariedade só permanece em relação às cotas não remitidas, para o efeito de podê-las exigir *in totum* de qualquer dos devedores. Cumpre ainda notar que o próprio devedor beneficiado continua obrigado pela parte do codevedor insolvente, mediante rateio, porque o credor não pode agravar, por ato seu com um dos devedores, a posição dos outros".[17]

Portanto, a remissão concedida a um dos codevedores extingue a dívida na parte a ele correspondente. Assim decidiu o Tribunal de Justiça do Rio Grande do Sul: "RESPONSABILIDADE CIVIL. ACIDENTE DO TRABALHO. COMPETÊNCIA DA JUSTIÇA COMUM. SENTENÇA ANTERIOR À EMENDA CONSTITUCIONAL 45/2004. RESPONSABILIDADE SUBJETIVA DO EMPREGADOR. CULPA. LIXADEIRA. PRENSA DO POLEGAR DIREITO. DANOS MATERIAIS. DANOS MORAIS. Conforme decidiu o Supremo Tribunal Federal no julgamento do Conflito de Competência n° 7204, cabe à Justiça Laboral o julgamento das ações de reparação de danos morais e patrimoniais decorrentes de acidente de trabalho, propostas pelo empregado contra o empregador. Contudo, consoante a reiterada jurisprudência do STJ, é de competência da Justiça estadual as ações de acidente de trabalho propostas pelo empregado contra o empregador que tenham sido sentenciadas por juiz de Direito antes da publicação da Emenda Constitucional n° 45/2004. Com base nessas premissas, resta fixada a competência recursal para a justiça comum no caso concreto, reconsiderando posicionamento anteriormente esposado. 2. EXECUÇÃO. PAGAMENTO PARCIAL DA DÍVIDA POR UM DOS DEVEDORES SOLIDÁRIOS. PRETENSÃO DE QUITAÇÃO INTEGRAL POR PARTE DA DEVEDORA SOLIDÁRIA. DESCABIMENTO. EXPRESSA INTENÇÃO DE REMIR A DÍVIDA SOMENTE NO MONTANTE SATISFEITO. Tendo constado expressamente no acordo entabulado entre as credoras e uma das devedoras solidárias que o pagamento remiria a dívida somente no montante satisfeito no acordo, não há como vingar a pretensão da apelante de ver reconhecida a quitação total do débito. A remissão concedida a apenas um dos devedores não aproveita os demais, senão no sentido de ver abatida, do total

17 ALVES, Op. Cit., p. 153.

da dívida, a parte do devedor que obteve o benefício. Como o pagamento tem como intuito liberar a devedora tanto dos danos morais, como dos danos materiais a que viesse a ser condenada em demanda que estava em curso, há que se considerar que reservou para a presente ação apenas a parte que lhe cabia, ou seja, 75 salários mínimos, correspondente à metade do valor da condenação imposta às duas empresas solidariamente. Apelação desprovida".[18]

24.6. Direito Comparado

CC PORTUGUÊS. ARTIGO 863° (Natureza contratual da remissão). 1. O credor pode remitir a dívida por contrato com o devedor. 2. Quando tiver o carácter de liberalidade, a remissão por negócio entre vivos é havida como doação, na conformidade dos artigos 940° e seguintes.

CC PORTUGUÊS. ARTIGO 864° (Obrigações solidárias). 1. A remissão concedida a um devedor solidário libera os outros somente na parte do devedor exonerado. 2. Se o credor, neste caso, reservar o seu direito, por inteiro, contra os outros devedores, conservam estes, por inteiro também, o direito de regresso contra o devedor exonerado. 3. A remissão concedida por um dos credores solidários exonera o devedor para com os restantes credores, mas somente na parte que respeita ao credor remitente.

CC PORTUGUÊS. ARTIGO 865° (Obrigações indivisíveis). 1. À remissão concedida pelo credor de obrigação indivisível a um dos devedores é aplicável o disposto no artigo 536°. 2. Sendo a remissão concedida por um dos credores ao devedor, este não fica exonerado para com os outros credores, mas estes não podem exigir do devedor a prestação senão lhe entregando o valor da parte daquele concredor.

CC PORTUGUÊS. ARTIGO 866° (Eficácia em relação a terceiros). 1. A remissão concedida ao devedor aproveita a terceiros. 2. A remissão concedida a um dos fiadores aproveita aos outros na parte do fiador exonerado mas, se os outros consentirem na remissão, respondem pela totalidade da dívida, salvo declaração em contrário. 3. Se for declarada nula ou anulada a remissão por facto imputável ao credor, não renascem as garantias prestadas por terceiro, excepto se este conhecia o vício na data em que teve notícia da remissão.

CC PORTUGUÊS. ARTIGO 867° (Renúncia às garantias). A renúncia às garantias da obrigação não faz presumir a remissão da dívida.

---

18 Acórdão. Vistos, relatados e discutidos os autos. Acordam os Desembargadores integrantes da Nona Câmara Cível do Tribunal de Justiça do Estado, à unanimidade, em negar provimento ao apelo. Custas na forma da lei. Participaram do julgamento, além da signatária, os eminentes Senhores DES. ADÃO SERGIO DO NASCIMENTO CASSIANO (PRESIDENTE) E DESA. ÍRIS HELENA MEDEIROS NOGUEIRA. Porto Alegre, 23 de novembro de 2005. DESA. MARILENE BONZANINI BERNARDI, RELATORA.

24.7. Quadro Sinóptico: Efeitos das Obrigações

Extinção das Obrigações (adimplemento)	
Pagamento direto	Pagamento indireto
Quem deve pagar A quem se deve pagar Objeto do pagamento e sua prova Lugar do Pagamento Tempo do Pagamento	Consignação Sub-rogação Imputação Dação Novação Compensação Confusão Remissão de Dívidas

---

Relatório: Desa. Marilene Bonzanini Bernardi (relatora): trata-se de apelação interposta por Ib Correa – me, nos autos dos embargos à execução aforados em desfavor de Fátima Beatriz Rodrigues Vargas e outras com fundamento em título judicial que condenou a embargante, em solidariedade com a empresa Concreta Empreendimentos, a pagar indenização de 150 salários mínimos por danos morais decorrentes de acidente de trabalho sofrido pelo marido e genitor das embargadas. Em suas razões recursais, sustentou a apelante que a transação travada com a ora embargada e um dos devedores solidários a exonerou integralmente da dívida. Citou doutrina e dispositivos legais a esse respeito. Postulou a reforma da sentença para declarar quitada toda a dívida e, no caso de entendimento diverso, seja admitida a compensação total dos valores pagos a título de transação de direitos, abatendo-se o valor pago e o saldo existente seja compensado na outra ação de indenização por danos materiais se julgada procedente. Vieram as contra-razões. O Ministério Público de Primeiro Grau opinou apenas pelo conhecimento da apelação. A Procuradora de Justiça manifestou-se pede declinação da competência para a Justiça do Trabalho. É, em síntese, o relatório.

VOTOS: Desa. Marilene Bonzanini Bernardi (relatora): 1. Preliminarmente. A matéria correspondente à competência para o julgamento das ações relacionadas a acidentes do trabalho, que envolve a interpretação dos arts. 109 e 114 da Constituição Federal, recebeu definitiva solução no julgamento do Conflito de Competência nº 7.204 do Supremo Tribunal Federal.

Consoante entendeu o Pretório Excelso, a norma que se colhe do inciso I do art. 109 da Carta Magna apenas extrai da Justiça Federal a competência para o julgamento das ações acidentárias (aquelas movidas pelo segurado contra o INSS, a fim de discutir questão atinente a benefício previdenciário), mas não autoriza concluir que a Justiça comum estadual detém competência para apreciar as ações que o empregado propõe contra o seu empregador, pleiteando reparação por danos decorrentes de acidente do trabalho. Definiu-se, assim, que cabe à Justiça Laboral o julgamento das ações de reparação de danos morais e patrimoniais decorrentes de acidente de trabalho, propostas pelo empregado contra o empregador. Ademais, em se tratando de interpretação de texto constitucional, a orientação do STF se categoriza como definitiva e deve ter determinado caráter vinculativo para os demais decisores, considerando ser o Pretório Excelso o guarda da Constituição (art. 102, *caput*, da CF). Deste modo, o alinhamento decisório com a orientação do STF é, além de uma necessidade, o respeito ao Tribunal intérprete da Constituição e uma forma de cumprir o princípio de igualdade entre todos. Tal orientação – que, destaque-se, se coaduna com meu entendimento pessoal – foi recepcionada por esta 9ª Câmara Cível, restando declinada da competência, imediatamente, todas as ações de acidente de trabalho para a Justiça Laboral. Contudo, instaurou-se controvérsia relativamente ao marco temporal da competência da justiça especializada, mormente quanto às ações que já haviam sido sentenciadas quando da publicação da Emenda Constitucional nº 45/2004. No Conflito de Competência nº 51.712 – SP, Rel. Min. Barros Monteiro, a questão concernente ao momento que define a competência da Justiça Laboral mereceu diversos entendimentos, tendo prevalecido, por maioria, o voto do Ministro Relator quanto à fundamentação, assim posta:

"(...) Bem a propósito, a jurisprudência do Sumo Pretório indica o marco sobre o qual se determina a competência da Justiça do Trabalho, nesses casos. Ao apreciar o Conflito de Competência nº 6.967-7/RJ, cujo relator foi o ministro Sepúlveda Pertence, o STF, em sessão plenária, assentou:

'Norma constitucional de competência: eficácia imediata mas, salvo disposição expressa, não retroativa.

A norma constitucional tem eficácia imediata e pode ter eficácia retroativa: esta última, porém, não se presume e reclama regra expressa.

A alteração superveniente de competência, ainda que ditada por norma constitucional, não afeta a validade da sentença anteriormente proferida.

Válida a sentença anterior à eliminação da competência do juiz que a prolatou, subsiste a competência recursal do tribunal respectivo'.

Essa diretriz já era prevalecente na Corte Suprema, consoante se pode verificar dos julgados insertos na RTJ, vol. 60, págs. 855 e 863, ambos da relatoria do Ministro Luiz Gallotti.

Nesses termos, o marco definidor da competência ou não da Justiça Obreira é a sentença proferida na causa. Se já foi prolatada pelo Juiz de Direito por onde tramitava, a competência permanece na Justiça comum estadual, cabendo o eventual recurso à Corte de 2º grau correspondente. Se ainda não foi proferida a decisão, o feito deve desde logo ser remetido à Justiça do Trabalho".

Seguindo o entendimento supramencionado, o Superior Tribunal de Justiça, diversamente do posicionamento que adotei a partir do Conflito de Competência nº 7.204 da Corte Suprema, reiteradamente vem se manifestando no sentido de fixar a competência da Justiça estadual para ações de acidente de trabalho propostas pelo empregado contra o empregador que tenham sido sentenciadas por Juiz de Direito antes da publicação da Emenda Constitucional nº 45/2004. Nesse sentido, cumpre referir os seguintes precedentes: CC 51.712/ SP, Rel. Min. Barros Monteiro, Segunda Seção, DJ 14.09.2005; CC 55.491/RS, Rel. Min. Barros Monteiro, DJ 7.11.2005; CC 55985/RS, Rel. Min. Ari Pargendler, DJ 8.11.2005; CC 55.613/RS, Rel. Min. Carlos Alberto Menezes Direito, DJ 4.11.2005; CC 55.611/RS, Rel. Min. Ari Pargendler, DJ 7.11.2005. Assim, por questões de economia processual e política judiciária, mostra-se recomendável reconsiderar meu posicionamento até então, para alinhar-me à orientação definida pelo STJ, reconhecendo a competência recursal da Justiça Comum quando a sentença houver sido proferida antes da publicação da Emenda Constitucional nº 45/2004 (31.12.2004). Considerando que o feito encontra-se em fase executiva, cumpre julgar o recurso ora interposto pela parte. 2. No mérito. Razão não assiste à apelante, merecendo ser mantida a sentença por seus próprios fundamentos. Com efeito, solidariedade existe quando, na mesma obrigação, concorre pluralidade de credores – solidariedade ativa –, cada um com direito à dívida toda, ou pluralidade de devedores – solidariedade passiva –, cada um obrigado a ela por inteiro. E, conforme ensina Caio Mário da Silva Pereira, para que se possa vislumbrar solidariedade é de *mister* que haja além da pluralidade subjetiva (mais de um credor, ou mais de um devedor)", unidade objetiva: se cada um dos devedores estiver obrigado a uma prestação autônoma ou a uma fração da *res debita*, ou *vice versa*, se cada um dos credores tiver direito a uma cota parte da coisa devida, não há solidariedade, que sempre foi incompatível com o fracionamento do objeto". Assim, é da essência da solidariedade que numa obrigação em que concorram vários sujeitos ativos ou vários passivos, haja unidade de prestação, isto é, cada um dos credores tem o poder de receber a dívida inteira, e cada um dos devedores tem a obrigação de solvê-la integralmente. Contudo, no acordo entabulado entre as apeladas e Concreta Empreendimentos Imobiliários Ltda., restou expressamente mencionado que o pagamento remiria a dívida somente no montante satisfeito no acordo, como se pode verificar com a leitura do item 2 do contrato. E, ao meu sentir, a quitação presume-se plena, a menos que haja expressa menção à intenção de liberação apenas parcial da obrigação, o que ocorreu no presente caso, como antes mencionado. De outro lado, consoante dispõe o art. 1.055 do CC/1916, que ainda regulou a relação entre as partes, "a remissão concedida a um dos codevedores extingue a dívida na parte a ele correspondente; de modo que, ainda reservando o credor a solidariedade contra os outros, já lhes não pode cobrar o débito sem a dedução da parte remida". Inobstante trate o indigitado artigo da remissão, e não da remição que é a hipótese dos autos, aplicável também ao caso, porquanto não deixou de haver, junto com a liberação da dívida, o seu perdão. Assim, como bem mencionou o parecer do Ministério Público em primeiro grau de jurisdição, a remição concedida a apenas um dos devedores não aproveita os demais, senão no sentido de ver abatida, do total da dívida, a parte do devedor que obteve o benefício. Em relação ao montante a ser abatido também não assiste razão ao apelante. Como o pagamento tem como intuito liberar a devedora tanto dos danos morais, como dos danos materiais a que viesse a ser condenada em demanda que estava em curso, há que se considerar que reservou para a presente ação apenas a parte que lhe cabia, ou seja, 75 salários mínimos, correspondente a metade do valor da condenação que às duas empresas foi imposta. Aqui vale novamente referir que a remissão concedida a um dos codevedores extingue a dívida na parte a ele correspondente, consoante dispõe o art. 1.055 do CC/1916. Por tais razões, estou desprovendo o apelo. É o voto.

NEGARAM PROVIMENTO AO APELO. Desa. Íris Helena Medeiros Nogueira (REVISORA) – DE ACORDO. Des. Adão Sergio do Nascimento Cassiano (PRESIDENTE) – DE ACORDO.

Julgador(a) de 1º Grau: LUSMARY FATIMA TURELLY DA SILVA

DO INADIMPLEMENTO DAS OBRIGAÇÕES

"Na hermenêutica do novo Código Civil destacam-se hoje os princípios constitucionais e os direitos fundamentais, os quais se impõem às relações interprivadas, aos interesses particulares, de modo a fazer prevalecer uma verdadeira 'constitucionalização' do Direito Privado". (Caio Mário da Silva Pereira)[1]

Capítulo 25

DISPOSIÇÕES GERAIS

25.1. Inadimplemento

A autodeterminação, na área negocial, representa a capacidade humana de auto-organização em sociedade, sempre presente como uma funcionalidade da autonomia privada. O princípio da liberdade contratual reflete o poder do sujeito na liberdade em contratar ou não contratar de forma a harmonizar os seus interesses com outras pessoas. Em linhas gerais, os particulares, na esfera jurídica contratual, podem agir por sua própria vontade.

O contrato é fonte negocial do direito, daí a sua imperatividade. Uma vez formado o contrato, as partes contratantes estão entre si por meio das cláusulas contratadas, ou seja, devem cumprir o que foi pactuado. Uma das derivações deste princípio é o surgimento do *princípio da intangibilidade do pacto*, isto é, o que foi pactuado deve ser cumprido.

Celebrado o contrato, ele deve ser executado de acordo com as suas cláusulas contratuais como se fosse uma "lei entre as partes", já que tais cláusulas têm, para os contratantes, força obrigatória. Assim, prima-se pela segurança jurídica e autonomia da vontade na esfera jurídica interprivada.

Vale lembrar que o referido princípio não pode ser compreendido de

1 PEREIRA, Caio Mário da Silva. Prefácio. In: PEREIRA, Caio Mário da Silva. *Instituições de Direito Civil*. 20. ed. Volume II. Rio de Janeiro: Forense, 2003, p. IX.

forma absoluta, de forma tão rígida, nos dias atuais. Daí a liberdade contratual e a autonomia da vontade sofrem uma mitigação dos novos paradigmas contratuais.

O inadimplemento é o não pagamento. Representa, pois, a frustração do interesse econômico do credor. De acordo com o princípio do *pacta sunt servanda*, os contratos nascem para serem cumpridos.

Em caráter excepcional, nos dias atuais, o inadimplemento obrigacional pode custar a liberdade do devedor. São as hipóteses do descumprimento da obrigação alimentar e da obrigação do depositário infiel. No caso de inadimplemento, o devedor está sujeito à pena de prisão civil, o que representa, portanto, vestígios de longa data.

A partir do advento da l*ex poetelia papiria*, em 428 a.C., deslocou-se o eixo da garantia obrigacional do corpo do devedor para o seu patrimônio. Os bens do devedor garantem, portanto, o pagamento da prestação. É a denominada responsabilidade patrimonial que representa uma garantia ao direito subjetivo do credor que recai sobre o patrimônio do devedor, no caso de inadimplemento obrigacional.

Neste diapasão, o artigo 391 do nosso Código Civil preceitua que "pelo inadimplemento das obrigações respondem todos os bens do devedor", salvo, naturalmente, os bens impenhoráveis e inalienáveis (CPC, arts 833 e 834)[2], bem como outras hipóteses legais. [3]

---

2 CPC – Art. 831. A penhora deverá recair sobre tantos bens quantos bastem para o pagamento do principal atualizado, dos juros, das custas e dos honorários advocatícios.

Art. 832. Não estão sujeitos à execução os bens que a lei considera impenhoráveis ou inalienáveis.

Art. 833. São impenhoráveis:

I – os bens inalienáveis e os declarados, por ato voluntário, não sujeitos à execução;

II – os móveis, os pertences e as utilidades domésticas que guarnecem a residência do executado, salvo os de elevado valor ou os que ultrapassem as necessidades comuns correspondentes a um médio padrão de vida;

III – os vestuários, bem como os pertences de uso pessoal do executado, salvo se de elevado valor;

IV – os vencimentos, os subsídios, os soldos, os salários, as remunerações, os proventos de aposentadoria, as pensões, os pecúlios e os montepios, bem como as quantias recebidas por liberalidade de terceiro e destinadas ao sustento do devedor e de sua família, os ganhos de trabalhador autônomo e os honorários de profissional liberal, ressalvado o § 2º;

V – os livros, as máquinas, as ferramentas, os utensílios, os instrumentos ou outros bens móveis necessários ou úteis ao exercício da profissão do executado;

VI – o seguro de vida;

VII – os materiais necessários para obras em andamento, salvo se essas forem penhoradas;

VIII – a pequena propriedade rural, assim definida em lei, desde que trabalhada pela família;

IX – os recursos públicos recebidos por instituições privadas para aplicação compulsória em educação, saúde ou assistência social;

X – a quantia depositada em caderneta de poupança, até o limite de 40 (quarenta) salários mínimos;

XI – os recursos públicos do fundo partidário recebidos por partido político, nos termos da

Daí se falar em débito (*schuld; debitum*) e responsabilidade (*haftung; obligatio*). Em regra, nas obrigações débito e responsabilidade são os lados da mesma moeda.

---

lei;

XII – os créditos oriundos de alienação de unidades imobiliárias, sob regime de incorporação imobiliária, vinculados à execução da obra.

§ 1º A impenhorabilidade não é oponível à execução de dívida relativa ao próprio bem, inclusive àquela contraída para sua aquisição.

§ 2º O disposto nos incisos IV e X do caput não se aplica à hipótese de penhora para pagamento de prestação alimentícia, independentemente de sua origem, bem como às importâncias excedentes a 50 (cinquenta) salários-mínimos mensais, devendo a constrição observar o disposto no art. 528, § 8º, e no art. 529, § 3º.

§ 3º Incluem-se na impenhorabilidade prevista no inciso V do caput os equipamentos, os implementos e as máquinas agrícolas pertencentes a pessoa física ou a empresa individual produtora rural, exceto quando tais bens tenham sido objeto de financiamento e estejam vinculados em garantia a negócio jurídico ou quando respondam por dívida de natureza alimentar, trabalhista ou previdenciária.

Art. 834. Podem ser penhorados, à falta de outros bens, os frutos e os rendimentos dos bens inalienáveis.

Art. 835. A penhora observará, preferencialmente, a seguinte ordem:

I – dinheiro, em espécie ou em depósito ou aplicação em instituição financeira;

II – títulos da dívida pública da União, dos Estados e do Distrito Federal com cotação em mercado;

III – títulos e valores mobiliários com cotação em mercado;

IV – veículos de via terrestre;

V – bens imóveis;

VI – bens móveis em geral;

VII – semoventes;

VIII – navios e aeronaves;

IX – ações e quotas de sociedades simples e empresárias;

X – percentual do faturamento de empresa devedora;

XI – pedras e metais preciosos;

XII – direitos aquisitivos derivados de promessa de compra e venda e de alienação fiduciária em garantia;

XIII – outros direitos.

§ 1º É prioritária a penhora em dinheiro, podendo o juiz, nas demais hipóteses, alterar a ordem prevista no caput de acordo com as circunstâncias do caso concreto.

§ 2º Para fins de substituição da penhora, equiparam-se a dinheiro a fiança bancária e o seguro garantia judicial, desde que em valor não inferior ao do débito constante da inicial, acrescido de trinta por cento.

§ 3º Na execução de crédito com garantia real, a penhora recairá sobre a coisa dada em garantia, e, se a coisa pertencer a terceiro garantidor, este também será intimado da penhora.

Art. 836. Não se levará a efeito a penhora quando ficar evidente que o produto da execução dos bens encontrados será totalmente absorvido pelo pagamento das custas da execução.

§ 1º Quando não encontrar bens penhoráveis, independentemente de determinação judicial expressa, o oficial de justiça descreverá na certidão os bens que guarnecem a residência ou o estabelecimento do executado, quando este for pessoa jurídica.

§ 2º Elaborada a lista, o executado ou seu representante legal será nomeado depositário provisório de tais bens até ulterior determinação do juiz.

25.2. Espécies de Inadimplemento

O inadimplemento poderá ocorrer por meio do inadimplemento absoluto, da mora ou do pagamento incompleto ou defeituoso. No inadimplemento absoluto (ou inadimplemento definitivo), o credor nada recebe. É o inadimplemento obrigacional disposto no artigo 389 do CC 2002. Neste caso, ocorre a impossibilidade de cumprimento da prestação (total ou parcial). Daí que a prestação principal se converte em obrigação de indenizar (perdas e danos).

A *mora* é uma forma de inadimplemento, isto é, a prestação é entregue ao credor, mas com atraso. É o chamado inadimplemento relativo previsto no artigo 394 do nosso Código Civil (Art. 394. Considera-se em mora o devedor que não efetuar o pagamento e o credor que não quiser recebê-lo no tempo, lugar e forma que a lei ou a convenção estabelecer).[4] Neste caso, o devedor ainda pode honrar a sua prestação.

O *pagamento incompleto ou defeituoso* ocorre quando a prestação é entregue ao credor no prazo avençado, mas sem nenhum atraso, só que a prestação está defeituosa. Neste caso, a doutrina alemã designa-o como violação contratual positiva ("positive Vertragsverletzung". "O dano não resulta aqui da omissão ou do atraso do cumprimento, antes dos vícios ou deficiências da prestação efetuada - que, portanto, se realiza, embora não como se impunha".[5]

25.3. Inadimplemento Absoluto

Não cumprida a obrigação, responde o devedor por perdas e danos, mais juros e atualização monetária segundo índices oficiais regularmente estabelecidos, e honorários de advogado (CCB, art. 389).

Eis o *inadimplemento absoluto.* Ocorrerá quando a prestação ficar impossibilidade de ser cumprida ou quando esta não for mais útil ao credor (*e.g.*, um fotógrafo contratado esqueceu a data do casamento ou a entrega do vestido da noiva ocorreu após a data do casamento). Aqui, o não cumprimento da obrigação é por fato imputável unicamente ao devedor. A avença não é cumprida unicamente por culpa do devedor.

3 Por exemplo, o bem de família disposto na Lei 8.009/90 e nos artigos 1.711 a 1.722 do nosso Código Civil.

4 Correspondente ao artigo 955 do CCB/1916.

5 ALMEIDA COSTA, Mário Júlio de. *Direito das obrigações.* 10. ed. Coimbra: Almedina, 2006, p. 1058-1059.

25.4. O Inadimplemento Culposo

Como dito acima, a gênese do artigo 389 do nosso Código Civil é a culpa do devedor. Neste caso, este responderá por todos os prejuízos sofridos pelo credor, em razão do inadimplemento, ou seja, o devedor deverá restaurar integralmente o patrimônio do credor.

No que se refere ao inadimplemento absoluto, esses prejuízos incluem não apenas os *danos emergentes* como também os *lucros cessantes*. É, pois, o artigo 389 o fundamento da *responsabilidade civil contratual*.

Caracterizada a violação de dever contratual, incumbe ao devedor o ônus de demonstrar que o fato causador do dano não lhe pode ser imputado.[6] (Enunciado 548 - VI Jornada de Direito Civil - Artigos: 389 e 475 do Código Civil).

Todavia, quando a responsabilidade de indenizar não deriva de um contrato, estamos diante da *culpa extracontratual* ou *aquiliana*. O artigo 186 trata da culpa, que tanto pode ser contratual ou extracontratual.

Os *atos ilícitos* são ações praticadas pelo homem condenadas pelo ordenamento jurídico. O ato ilícito pode ser penal ou civil, de acordo com a infração a ordem jurídica civilística ou penalista, ou seja, quando houver infração a uma norma de direito público penal ou norma de direito privado, respectivamente.

O ato ilícito é, portanto, um ato jurídico praticado com infração de um dever legal ou contratual, resultando dano material ou imaterial para outra pessoa. O artigo 186 do nosso Código Civil afirma que "aquele que, por ação ou omissão voluntária, negligência ou imprudência, violar direito e causar dano a outrem, ainda que exclusivamente moral, comete ato ilícito".[7]

THELMA ARAÚJO ESTEVES FRAGA considera ato ilícito "toda a manifestação de vontade contrária à ordem jurídica, por isso diz-se ser o ilícito a contrariedade entre a conduta e a norma jurídica, seja pelo ato de estar em desacordo com a adequação esperada pelo ordenamento, seja pelo seu exercício, ainda que previsto pelo sistema, importa em uma prática anormal, exacerbada e, portanto, lesiva".[8]

Os elementos caracterizadores do ato ilícito podem ser apontados na seguinte ordem: a) ação ou omissão do agente; b) ilicitude; c) culpa; d) nexo de causalidade; e e) dano.

6 Justificativa: O Direito, sistema composto por regras, princípios e valores coerentes entre si, impõe que, tanto nas hipóteses de mora e de inadimplemento da obrigação quanto nos casos de cumprimento imperfeito desta, seja atribuído ao devedor - e, na última situação, ao solvens -, o ônus de demonstrar que a violação do dever contratual não lhe pode ser imputada.

7 Correspondente ao artigo 159 do CC de 1916.

8 FRAGA, Thelma Araújo Esteves; MELLO, Cleyson de Moraes. *Direito civil*: introdução e parte geral. Niterói: Impetus, 2005, p. 406.

O comportamento do agente que venha a causar dano a outrem pode ser resultante de uma ação ou omissão. A omissão, por exemplo, ocorrerá no caso de uma pessoa não prestar auxílio à vítima.

A ilicitude se desvela a partir de uma contrariedade a um dever jurídico, na infração a norma jurídica ou no abuso de direito.

A culpa não foi definida pelo legislador brasileiro e em sentido amplo (*lato sensu*) abrange "toda espécie de comportamento contrário ao Direito, seja intencional, como no caso de dolo, ou não, como na culpa".[9]

Dessa forma, duas são as espécies de culpa: o dolo e a culpa em sentido estrito. Aquele é a ação ou omissão voluntária, esta é a negligência ou imprudência. De acordo com as lições de FRANCISCO AMARAL, "*negligência* é a omissão, é a inobservância das normas que nos mandam operar com atenção, capacidade, solicitude e discernimento. *Imprudência* é a precipitação, procedimento sem cautela".[10]

A culpa pode ser classificada em várias espécies. A culpa *in eligendo* é aquela decorrente da má escolha de seu representante ou preposto que, ao realizar a tarefa determinada, viola o direito. É o caso, por exemplo, da empresa responder pelos acidentes causados por seus motoristas, já que os elegeram para a realização de uma tarefa. Nestes casos, a culpa do patrão é presumida, na forma da Súmula 341 do STF: "É presumida a culpa do patrão ou comitente pelo ato culposo do empregado ou preposto".

A culpa *in vigilando* é decorrente de ausência de fiscalização, como no caso da falta de vigilância dos pais em relação aos atos praticados pelos filhos absolutamente incapazes.

A culpa *in custodiando* é caracterizada pela falta de atenção em relação ao animal ou coisa que estava sob os cuidados do agente. Aqui é o caso da responsabilidade do dono do animal que venha a ferir uma pessoa. A culpa *in committendo* ou *in faciendo* é aquela que está relacionada a um agir com imprudência e a culpa *in omittendo* resulta da negligência.

Quanto à graduação, a culpa pode ser classificada em grave, leve e levíssima. A culpa grave é o erro grosseiro que pode ser equiparado ao dolo. Aqui o agente atua com displicência, assumindo o risco do resultado, o qual era plenamente previsível. Na culpa leve, o resultado poderia ter sido evitado com a atenção ordinária (com o cuidado de um homem comum) e a culpa levíssima é aquela em que o agente somente poderia ter evitado o dano, se tivesse agido com atenção extraordinária.

A culpa diz-se ainda contratual e extracontratual (aquiliana). A culpa contratual é aquela em que o dever violado tem origem num contrato (CC, art. 389).[11] É uma infração cujo dever violado estava inserido numa relação

9 CAVALIERI FILHO, Sérgio. *Programa de responsabilidade civil.* 6. ed. São Paulo: Malheiros, 2005, p. 54.

10 AMARAL, Francisco. *Direito civil*: introdução. 6. ed. Rio de Janeiro: Renovar, 2006. p. 540.

11 CC, Art. 389. Não cumprida a obrigação, responde o devedor por perdas e danos, mais juros e atualização monetária segundo índices oficiais regularmente estabelecidos, e ho-

jurídica obrigacional preexistente. A culpa extracontratual ou aquiliana é a violação de um dever geral, que todos devem respeitar (CC, art. 186).

Quanto aos modos de sua apreciação a culpa pode ser classificada em culpa in concreto e culpa *in abstrato*. O nosso ordenamento jurídico adota o critério da culpa *in abstrato* nos casos de responsabilidade civil extracontratual.

Por fim, a culpa é considerada presumida quando o ordenamento jurídico, com o intuito de facilitar a prova do ato ilícito, estabelece a referida presunção de culpa. Melhor dizendo: o agente causador do dano é presumidamente considerado culpado até prova em contrário. É uma presunção relativa (*juris tantum*), podendo ser ilidida com prova em contrário. A culpa presumida permanece fincada no sistema da responsabilidade subjetiva.

O *nexo de causalidade* ou *nexo causal* é a relação entre o fato (causa) e o dano ocorrido (efeito). O nexo de causalidade é elemento essencial nos casos de indenização, já que a responsabilidade civil existe a partir da existência do nexo causal entre o fato e o resultado danoso. O *dano* é a lesão a um bem jurídico, pode ser classificado como danos materiais ou patrimoniais e danos imateriais ou morais.

25.5. Responsabilidade Civil Subjetiva e Objetiva

A *responsabilidade civil subjetiva* é aquela que pressupõe a existência de culpa. Logo, não havendo culpa, não há falar-se em responsabilidade. A culpa é o pressuposto da responsabilidade civil subjetiva.

A responsabilidade civil subjetiva poderá ocorrer por violação à norma contratual válida (responsabilidade subjetiva contratual) ou em virtude de violação a um dever genérico de conduta (responsabilidade subjetiva extracontratual).

O artigo 927, *caput*, do nosso Código Civil, afirma que "aquele que, por ato ilícito (arts 186 e 187), causar dano a outrem, fica obrigado a repará-lo".13 Aqui, se desvela a responsabilidade subjetiva extracontratual, a partir da violação do dever genérico de conduta.

A responsabilidade civil objetiva dispensar a análise do elemento culpa. O parágrafo único do artigo 927 determina que "haverá obrigação de reparar o dano, *independentemente de culpa,* nos casos especificados em lei, ou quando a atividade normalmente desenvolvida pelo autor do dano implicar, por sua natureza, risco para os direitos de outrem".

O artigo 931 do diploma civilístico representa uma cláusula geral de responsabilidade objetiva ao dizer que "ressalvados outros casos previstos em lei especial, os empresários individuais e as empresas respondem independentemente de culpa pelos danos causados pelos produtos postos em circulação".[12]

---

norários de advogado.

Correspondente ao artigo 159 do CCB/1916.

12 Sem Correspondente ao CCB/1916.

A responsabilidade civil objetiva é justificada pela teoria do risco do empreendimento. De acordo com as lições de CARLOS ALBERTO MENEZES DIREITO e SÉRGIO CAVALIERI FILHO, pela Teoria do Risco do Empreendimento, "todo aquele que se disponha a exercer alguma atividade no mercado de consumo tem o dever de responder pelos eventuais vícios ou defeitos dos bens e serviços fornecidos, independentemente de culpa. Esse dever é imanente ao dever de obediência às normas técnicas e de segurança, bem como aos critérios de lealdade, quer perante os bens e serviços ofertados, quer perante os destinatários dessas ofertas. A responsabilidade decorre do simples fato de dispor-se alguém a realizar atividade de produzir, estocar, distribuir e comercializar produtos ou executar determinados serviços. O fornecedor passa a ser o garante dos produtos e serviços que oferece no mercado de consumo, respondendo pela qualidade e segurança destes".[13]

Na *responsabilidade civil objetiva,* o causador do dano se exime do dever jurídico de indenizar se ficar provado: caso fortuito, força maior, fato exclusivo da vítima ou de terceiro. O fundamento é, pois, a teoria do risco. A teoria do risco pode ser agrupada nas seguintes subespécies: teoria do risco-proveito, teoria do risco profissional, teoria do risco excepcional, teoria do risco criado e teoria do risco integral.

Em relação às teorias que fundamentam a responsabilidade civil objetiva, AMÉLIA DE PÁDUA apresenta o seguinte quadro comparativo:[14]

	Risco-proveito	**Risco profissional**	**Risco criado**	**Risco integral**
AGENTE	Aquele que tira proveito da atividade danosa	Quem contrata alguém para atividade de risco	Quem cria perigo em razão da atividade ou profissão e a ele expõe a coletividade	Aquele que desempenha a atividade
JUSTIF	Quem tira proveito ou vantagem do fato lesivo deve reparar o dano	O fato prejudicial é decorrente da atividade ou pro--fissão do lesado e ocorre em razão dela	Quem põe em funcionamento uma atividade qualquer, responde pelos eventos danosos independente de culpa	Ocorrência de dano (dispensa o elemento culpa e a relação de causalidade)

A *responsabilidade civil objetiva* é encontrada, também, no Código de Defesa do Consumidor[15] (como regra geral, com exceção da previsão do art. 14)

13 PÁDUA, Amélia. *Responsabilidade Civil.* (material inédito)

14 DIREITO, Carlos Alberto Menezes; CAVALIERI FILHO, Sérgio. Comentários ao novo Código Civil. Volume XIII. Rio de Janeiro: Forense, 2004, p. 183.

15 CDC – Da Responsabilidade pelo Fato do Produto e do Serviço. Art. 12. O fabricante, o produtor, o construtor, nacional ou estrangeiro, e o importador respondem, independen-

e na Constituição da República Federativa do Brasil de 1988, em especial, no artigo 36, § 6°[16]

25.6. Responsabilidade Civil Contratual e Extracontratual

A responsabilidade civil contratual e extracontratual apresentam as seguintes distinções:

Distinções entre Responsabilidade Civil		
	Contratual	**Extracontratual**
Fonte	Vontade dos contratantes	Dever legal, ordem jurídica
Relação jurídica	Preexistente	Inexiste liame jurídico anterior
Violação de dever	Positivo de adimplir	Negativo (não causar dano, não prejudicar ninguém)
Culpa	Em regra é presumida (inverte o ônus da prova), podendo ser comprovada (ob. de meio)	Em regra deve ser provada (ônus da vítima), podendo ser presumida

25.7. Inadimplemento nas Obrigações Negativas

De acordo com o artigo 390 do nosso Código Civil, "nas *obrigações negativas* o devedor é havido por inadimplente desde o dia em que executou o ato de que se devia abster".[17]

---

temente da existência de culpa, pela reparação dos danos causados aos consumidores por defeitos decorrentes de projeto, fabricação, construção, montagem, fórmulas, manipulação, apresentação ou acondicionamento de seus produtos, bem como por informações insuficientes ou inadequadas sobre sua utilização e riscos. § 1° O produto é defeituoso quando não oferece a segurança que dele legitimamente se espera, levando-se em consideração as circunstâncias relevantes, entre as quais: I – sua apresentação; II – o uso e os riscos que razoavelmente dele se esperam; III – a época em que foi colocado em circulação. § 2° O produto não é considerado defeituoso pelo fato de outro de melhor qualidade ter sido colocado no mercado. § 3° O fabricante, o construtor, o produtor ou importador só não será responsabilizado quando provar: I – que não colocou o produto no mercado; II – que, embora haja colocado o produto no mercado, o defeito inexiste; III – a culpa exclusiva do consumidor ou de terceiro.

16 Responsabilidade civil do Estado e dos prestadores de serviços públicos. CRFB/88. Art. 37 – A administração pública direta e indireta de qualquer dos Poderes da União, dos Estados, do Distrito Federal e dos Municípios obedecerá aos princípios de legalidade, impessoalidade, moralidade, publicidade e eficiência e, também, ao seguinte: § 6°
- As pessoas jurídicas de direito público e as de direito privado prestadoras de serviços públicos responderão pelos danos que seus agentes, nessa qualidade, causarem a terceiros, assegurado o direito de regresso contra o responsável nos casos de dolo ou culpa.

17 Correspondente ao artigo 961 do CCB/16.

Assim, o devedor fica inadimplente, desde o momento em que executar o ato que deveria se abster, ou seja, nas obrigações negativas, praticado o ato de que deveria abster-se, o devedor fica imediatamente inadimplente.[18]

25.8. Responsabilidade Patrimonial

O devedor inadimplente responderá com todos os seus bens pelo não cumprimento da prestação. Diz o artigo 391 que "pelo inadimplemento das obrigações respondem todos os bens do devedor".[19]

Em face do inadimplemento, o devedor deverá ressarcir o credor de todos os prejuízos que lhe causou. Daí se falar em perdas e danos. Considerando que a responsabilidade civil é patrimonial, é o patrimônio do devedor que reponde pelo inadimplemento obrigacional.

No mesmo sentido, o artigo 789 preceitua que "o devedor responde com todos os seus bens presentes e futuros para o cumprimento de suas obrigações, salvo as restrições estabelecidas em lei. O devedor condenado ao pagamento de perdas e danos e que não realizar tal pagamento, estará sujeito à execução forçada, cuja penhora recairá sobre os bens que integram o seu patrimônio. Entretanto, não estão sujeitos à execução os bens que a lei considera impenhoráveis ou inalienáveis (CPC, art. 832).

De acordo com o artigo 833 do Código de Processo Civil, são impenhoráveis: I – os bens inalienáveis e os declarados, por ato voluntário, não sujeitos à execução; II – os móveis, os pertences e as utilidades domésticas que guarnecem a residência do executado, salvo os de elevado valor ou os que ultrapassem as necessidades comuns correspondentes a médio padrão de vida; III – os vestuários, bem como os pertences de uso pessoal do executado, salvo se de elevado valor; IV – os vencimentos, os subsídios, os soldos, os salários, as remunerações, os proventos de aposentadoria, as pensões, os pecúlios e os montepios, bem como as quantias recebidas por liberalidade de terceiro e destinadas ao sustento do devedor e de sua família, os ganhos de trabalhador autônomo e os honorários de profissional liberal, ressalvado o § 2º; V – os livros, as máquinas, as ferramentas, os utensílios, os instrumentos ou outros bens móveis necessários ou úteis ao exercício da profissão do executado; VI – o seguro de vida; VII – os materiais necessários para obras em andamento,

---

18 CC 2002 – Das Obrigações de Não Fazer. Art. 250. Extingue-se a obrigação de não fazer, desde que, sem culpa do devedor, se lhe torne impossível abster-se do ato, que se obrigou a não praticar.
CC 2002 – Art. 251. Praticado pelo devedor o ato, a cuja abstenção se obrigara, o credor pode exigir dele que o desfaça, sob pena de se desfazer à sua custa, ressarcindo o culpado perdas e danos. Parágrafo único. Em caso de urgência, poderá o credor desfazer ou mandar desfazer, independentemente de autorização judicial, sem prejuízo do ressarcimento devido.

19 Sem correspondência no CCB/16.

salvo se essas forem penhoradas; VIII – a pequena propriedade rural, assim definida em lei, desde que trabalhada pela família; IX – os recursos públicos recebidos por instituições privadas para aplicação compulsória em educação, saúde ou assistência social; X – a quantia depositada em caderneta de poupança, até o limite de 40 (quarenta) salários mínimos; XI – os recursos públicos do fundo partidário recebidos por partido político, nos termos da lei; XII – os créditos oriundos de alienação de unidades imobiliárias, sob regime de incorporação imobiliária, vinculados à execução da obra.

A impenhorabilidade não é oponível à execução de dívida relativa ao próprio bem, inclusive àquela contraída para sua aquisição (CPC, art. 833, § 1º).

O disposto nos incisos IV e X do artigo 833 não se aplica à hipótese de penhora para pagamento de prestação alimentícia, independentemente de sua origem, bem como às importâncias excedentes a 50 (cinquenta) salários mínimos mensais, devendo a constrição observar o disposto no art. 528, § 8°, e no art. 529, § 3°.

Incluem-se na impenhorabilidade prevista no inciso V do *caput* os equipamentos, os implementos e as máquinas agrícolas pertencentes à pessoa física ou à empresa individual produtora rural, exceto quando tais bens tenham sido objeto de financiamento e estejam vinculados em garantia a negócio jurídico ou quando respondam por dívida de natureza alimentar, trabalhista ou previdenciária (CPC, art. 833, § 3º).

Podem ser penhorados, à falta de outros bens, os frutos e os rendimentos dos bens inalienáveis (CPC, art. 834). De acordo com o artigo 835 do CPC, a penhora observará, preferencialmente, a seguinte ordem:

I – dinheiro, em espécie ou em depósito ou aplicação em instituição financeira;

II – títulos da dívida pública da União, dos Estados e do Distrito Federal com cotação em mercado;

III – títulos e valores mobiliários com cotação em mercado;

IV – veículos de via terrestre;

V – bens imóveis;

VI – bens móveis em geral;

VII – semoventes;

VIII – navios e aeronaves;

IX – ações e quotas de sociedades simples e empresárias;

X – percentual do faturamento de empresa devedora;

XI – pedras e metais preciosos;

XII – direitos aquisitivos derivados de promessa de compra e venda e de alienação fiduciária em garantia;

XIII – outros direitos.

É prioritária a penhora em dinheiro, podendo o juiz, nas demais hipóteses, alterar a ordem prevista no *caput* de acordo com as circunstâncias do caso concreto (CPC, art. 835, § 1º).

Para fins de substituição da penhora, equiparam-se a dinheiro a fiança bancária e o seguro garantia judicial, desde que em valor não inferior ao do débito constante da inicial, acrescido de trinta por cento (CPC, art. 835, § 2º).

Na execução de crédito com garantia real, a penhora recairá sobre a coisa dada em garantia, e, se a coisa pertencer a terceiro garantidor, este também será intimado da penhora. (CPC, art. 835, § 3º).

Da mesma forma, é impenhorável o *bem de família*, isto é, o imóvel residencial próprio do casal, ou da entidade familiar, é impenhorável e não responderá por qualquer tipo de dívida civil, comercial, fiscal, previdenciária ou de outra natureza, contraída pelos cônjuges ou pelos pais ou filhos que sejam seus proprietários e nele residam, salvo nas hipóteses previstas na Lei nº 8.009/90.[20]

---

20 Lei 8.009/90. Dispõe sobre a impenhorabilidade do bem de família. Faço saber que o PRESIDENTE DA REPÚBLICA adotou a Medida-Provisória n° 143, de 1990, que o Congresso Nacional aprovou, e eu, NÉLSON CARNEIRO, Presidente do Senado Federal, para os efeitos do disposto no parágrafo único do art. 62 da Constituição Federal, promulgo a seguinte lei: Art. 1° O imóvel residencial próprio do casal, ou da entidade familiar, é impenhorável e não responderá por qualquer tipo de dívida civil, comercial, fiscal, previdenciária ou de outra natureza, contraída pelos cônjuges ou pelos pais ou filhos que sejam seus proprietários e nele residam, salvo nas hipóteses previstas nesta lei. Parágrafo único. A impenhorabilidade compreende o imóvel sobre o qual se assentam a construção, as plantações, as benfeitorias de qualquer natureza e todos os equipamentos, inclusive os de uso profissional, ou móveis que guarnecem a casa, desde que quitados. Art. 2° Excluem-se da impenhorabilidade os veículos de transporte, obras de arte e adornos suntuosos. Parágrafo único. No caso de imóvel locado, a impenhorabilidade aplicase aos bens móveis quitados que guarneçam a residência e que sejam de propriedade do locatário, observado o disposto neste artigo. Art. 3° A impenhorabilidade é oponível em qualquer processo de execução civil, fiscal, previdenciária, trabalhista ou de outra natureza, salvo se movido: I – em razão dos créditos de trabalhadores da própria residência e das respectivas contribuições previdenciárias; II – pelo titular do crédito decorrente do financiamento destinado à construção ou à aquisição do imóvel, no limite dos créditos e acréscimos constituídos em função do respectivo contrato; III -pelo credor de pensão alimentícia; IV – para cobrança de impostos, predial ou territorial, taxas e con¬tribuições devidas em função do imóvel familiar; V para execução de hipoteca sobre o imóvel oferecido como garantia real pelo casal ou pela entidade familiar; VI por ter sido adquirido com produto de crime ou para execução de sentença penal condenatória a ressarcimento, indenização ou perdimento de bens. VII por obrigação decorrente de fiança concedida em contrato de locação. (Incluído pela Lei n° 8.245, de 1991) Art. 4° Não se beneficiará do disposto nesta lei aquele que, sabendo-se insolvente, adquire de má-fé imóvel mais valioso para transferir a residência familiar, desfazendo-se ou não da moradia antiga. § 1° Neste caso, poderá o juiz, na respectiva ação do credor, transferir a impenhorabilidade para a moradia familiar anterior, ou anular-lhe a venda, liberando a mais valiosa para execução ou concurso, conforme a hipótese. § 2° Quando a residên¬cia familiar constituir-se em imóvel rural, a impenhorabilidade restringir-se-á à sede de moradia, com os respectivos bens móveis, e, nos casos do art. 5°, inciso XXVI, da Constituição, à área limitada como pequena propriedade rural. Art. 5° Para os efeitos de impenhorabilidade, de que trata esta lei, considera-se residência um único imóvel uti¬lizado pelo casal ou pela entidade familiar para moradia permanente. Parágrafo único. Na hipótese de o casal, ou entidade familiar, ser possuidor de vários imó-

De acordo com o artigo 1.711 do CCB de 2002, "podem os cônjuges, ou a entidade familiar, mediante escritura pública ou testamento, destinar parte de seu patrimônio para instituir bem de família, desde que não ultrapasse um terço do patrimônio líquido existente ao tempo da instituição, mantidas as regras sobre a impenhorabilidade do imóvel residencial estabelecida em lei especial. Diz o parágrafo único: "O terceiro poderá igualmente instituir bem de família por testamento ou doação, dependendo a eficácia do ato da aceitação expressa de ambos os cônjuges beneficiados ou da entidade familiar beneficiada".

25.9. Contratos Benéficos e Onerosos

O artigo 392 diz que "nos contratos benéficos, responde por simples culpa o contratante, a quem o contrato aproveite, e por dolo aquele a quem não favoreça. Nos contratos onerosos, responde cada uma das partes por culpa, salvo as exceções previstas em lei".[21]

Os contratos onerosos são aqueles em que ambas as partes contratantes sofrem uma privação/diminuição patrimonial (prestação a cumprir) à qual corresponde uma vantagem (contraprestação que ela recebe), ou seja, créditos e débitos se equivalem. Os contratos gratuitos ou contratos benéficos são aqueles em que apenas um dos contratantes recebe uma vantagem patrimonial e o outro suporta o sacrifício/perda. O conceito de gratuidade está relacionado com o conceito de liberalidade no sentido de dar uma prestação sem esperar a contraprestação.

A doação pura e simples é um contrato gratuito ou benéfico por natureza, já que apenas o donatário aufere vantagens. Assim, de acordo com a regra estabelecida no artigo 392, primeira parte, responde por simples culpa (mesmo levíssima), com a obrigação de indenizar, o donatário (a quem o contrato aproveite). Já o doador, aquele a quem o contrato não favoreça (beneficie), responde por dolo. Assim, mesmo o contrato a quem não favoreça o contrato, será obrigado a indenizar o parceiro contratual se agir com dolo, causando prejuízos ao outro contratante.

Da mesma forma, no contrato de comodato (é o empréstimo gratuito de bens infungíveis), são obrigações do comodatário:

a) O comodatário é obrigado a conservar, como se sua própria fora, a coisa emprestada, não podendo usá-la senão de acordo

veis utilizados como residência, a impenhorabilidade recairá sobre o de menor valor, salvo se outro tiver sido registrado, para esse fim, no Registro de Imóveis e na forma do art. 70 do Código Civil. Art. 6° São canceladas as execuções suspensas pela Medida-Provisória n° 143, de 8 de março de 1990, que deu origem a esta lei. Art. 7° Esta lei entra em vigor na data de sua publicação. Art. 8° Revogam-se as disposições em contrário. Senado Federal, 29 de março de 1990; 169° da Independência e 102° da República. NÉLSON CARNEIRO

21 Correspondente ao artigo 1.057 do CCB/16.

com o contrato ou a natureza dela, sob pena de responder por perdas e danos. (CC, art. 582, primeira parte).[22]

b) Restituição da coisa findo o prazo estipulado, conforme resta estabelecido no artigo 581.
c) Efetuar as despesas relacionadas ao uso e conservação da coisa emprestada, de acordo com a regra fincada no artigo 584.

Se o comodatário não devolveu a coisa no prazo avençado e esta vier a se perder sem culpa do comodatário, como ficará a questão? O comodatário responde pelo perecimento ou pela deterioração da coisa, mesmo sem ter tido culpa. Só não responderá se provar que a destruição da coisa teria ocorrido mesmo se já a tivesse devolvido. Melhor dizendo: o comodatário assume o risco pelo perecimento da coisa, mesmo em decorrência de caso fortuito, salvo se provar que a coisa teria perecido mesmo que tivesse sido devolvida a tempo.

O comodatário, incidindo em mora, responde, destarte, por perdas e danos. Dessa maneira, o artigo 582, segunda parte, estabelece que "o comodatário constituído em mora, além de por ela responder, pagará, até restituí-la, o aluguel da coisa que for arbitrado pelo comodante".[23] A regra refere-se à imposição de aluguel-pena ao comodatário.[24]

O comodante, na própria notificação, deverá informar ao comodatário que no caso de não devolução da coisa no prazo ajustado (em se tratando de contrato de comodato com prazo indeterminado), este será responsável pelo pagamento do aluguel arbitrado pelo comodante.[25]

Assim, "nos contratos benéficos, responde por simples culpa o contratante, a quem o contrato aproveite, e por dolo aquele a quem não favoreça". Vejamos um exemplo: Cláudio empresta gratuitamente sua motocicleta a Raul. Ocorre que a motocicleta apresentava um defeito no sistema de freios e em consequência disto, Raul sofre um grave acidente. Após a discussão entre ambos, Raul (comodatário) resolve propor uma *ação de perdas e danos* em face de Ricardo (comodante), responsabilizando-o pelos danos em razão do defeito da coisa emprestada. Não podemos esquecer que o contrato de comodato é um *contrato gratuito ou benéfico* e, desta forma, o contratante que não obtém proveito econômico da relação jurídica contratual não responderá

---

22 Correspondente aos artigos 1.251 e 1.252 do CCB/1916.

23 Correspondente aos artigos 1.251 e 1.252 do CCB/1916.

24 Conselho da Justiça Federal – III Jornada de Direito Civil. CJF – Enunciado 180 – Arts. 575 e 582: A regra do parágrafo único do art. 575 do novo CC, que autoriza a limitação pelo juiz do aluguel-pena arbitrado pelo locador, aplica-se também ao aluguel arbitrado pelo comodante, autorizado pelo art. 582, 2a parte, do novo CC.

25 Fica claro que o *aluguel* não é uma contraprestação exclusiva do contrato de locação. Correspondente ao artigo 1.058 do CCB/16.

por dolo, mas tão somente por culpa. Diz o artigo 392, primeira parte, "nos contratos benéficos, responde por simples culpa o contratante, a quem o contrato aproveite, e por dolo aquele a quem não favoreça". Daí que o comodante Cláudio (aquele a quem o contrato não favoreça) responderá apenas por conduta dolosa. A conduta de Cláudio (comodante) foi culposa, já que deveria ter submetido à motocicleta a um exame cuidadoso antes de emprestá-la a Raul. Assim, trata-se de culpa e não de dolo. Logo, a ação deverá ser julgada improcedente.

Todavia, se Cláudio (comodante) soubesse que a motocicleta estava com defeito no sistema de freio e nada avisasse a Raul (comodatário), *in casu*, estaria agindo com dolo, portanto, poderia ser responsabilizado por perdas e danos.

Quanto ao comodatário Raul (aquele que obtém proveito econômico no contrato), caso venha a causar danos ao comodante Cláudio, aquele responderá sempre a título de dolo ou culpa, já que "nos contratos benéficos, responde por simples culpa o contratante, a quem o contrato aproveite".

Outrossim, a segunda parte do artigo 392 está relacionada aos contratos onerosos. Diz o texto que "nos contratos onerosos, responde cada uma das partes por culpa, salvo as exceções previstas em lei". É o caso, por exemplo, da responsabilidade do locador e do locatário nos contratos de locação.

25.10. Caso Fortuito ou Força Maior. Exclusão da Responsabilidade

O caso fortuito e a força maior constituem excludentes da responsabilidade (contratual ou extracontratual), já que ocorre o rompimento do nexo de causalidade.

Diz o artigo 393 que "o devedor não responde pelos prejuízos resultantes de caso fortuito ou força maior, se expressamente não se houver por eles responsabilizado". O parágrafo único do referido dispositivo legal afirma que "o caso fortuito ou de força maior verifica-se no fato necessário, cujos efeitos não era possível evitar ou impedir".

Dessa maneira, as partes contratantes podem estipular no instrumento contratual, cláusula expressa convencionando que a indenização será devida em qualquer caso de inadimplemento contratual, ainda que decorram de caso fortuito ou força maior.

Em regra, a expressão caso fortuito é empregada nos casos de greve, motim, guerra, queda de viaduto, etc. Já a força maior é utilizada para acontecimento ou fenômenos naturais, tais como: raio, tempestade, terremoto, etc.[26]

26 Em relação aos conceitos de *caso fortuito* e *força maior* a doutrina não é unânime em sua definição. MÁRIO JÚLIO DE ALMEIDA COSTA, por sua vez, afirma que "*caso fortuito* patenteia o desenvolvimento de forças naturais a que se mantém estranha a ação do homem

Dessa maneira, constatada a ocorrência de caso fortuito e força maior, em tese, fica excluída a obrigação de indenizar por parte do devedor. Isto porque, em certos casos, o fortuito não será impedimento à responsabilidade do devedor. Vejamos as hipóteses:

a) Existência de convenção expressa no instrumento contratual, pela qual os contraentes estipulam que a indenização será devida em qualquer caso de inadimplemento contratual, ainda que decorram de caso fortuito ou força maior.
b) Ocorrência do fortuito na constância da mora, conforme artigo 399 do CCB de 2002.
c) Existência de casos, na esfera da responsabilidade civil, denominados de fortuito interno (fatos imprevisíveis que se inserem no risco da atividade). O fortuito interno não afasta a responsabilidade civil.

25.11. Inadimplemento e a Dignidade da Pessoa Humana

Em regra, o inadimplemento é resolvido com perdas e danos. Somente em duas obrigações, o inadimplemento dá azo à privação de liberdade do devedor, quais sejam: a obrigação alimentar e a obrigação do depositário de devolver a coisa depositada ao depositante.

Considerando o fenômeno da despatrimonialização do Direito Civil, o inadimplemento obrigacional deve ser resolvido com perdas e danos, e não com a privação da liberdade do devedor.

25.12. Alienação Fiduciária

Diz o artigo 1.361, *verbis: "Considera-se fiduciária a propriedade resolúvel de coisa móvel infungível que o devedor, com escopo de garantia, transfere ao credor"*[27]

(inundações, incêndios, a morte, etc.). Ao lado dele, o *caso de força maior* consiste num fato de terceiro, pelo qual o devedor não é responsável (a guerra, a prisão, o roubo, uma ordem de autoridade, etc.). ALMEIDA COSTA, Mário Júlio de. *Direito das obrigações.* 10. ed. Coimbra: Almedina, 2006, p. 1.073-1.074.

27 (Redação dada pela Lei 10.931, de 2004) § 6° Na sentença que decretar a improcedência da ação de busca e apreensão, o juiz condenará o credor fiduciário ao pagamento de multa, em favor do devedor fiduciante, equivalente a cinquenta por cento do valor originalmente financiado, devidamente atualizado, caso o bem já tenha sido alienado. (Redação dada pela Lei 10.931, de 2004) § 7° A multa mencionada no § 6° não exclui a responsabilidade do credor fiduciário por perdas e danos. (Incluído pela Lei 10.931, de 2004) § 8° A busca e apreensão prevista no presente artigo constitui processo autônomo e independente de qualquer procedimento posterior. (Incluído pela Lei 10.931, de 2004) Art. 4 ° Se o bem

Com a *alienação fiduciária* ocorre o *desdobramento da posse*, ocorrendo a transferência do domínio do bem móvel ao credor (fiduciário), em garantia do pagamento, permanecendo o devedor (fiduciante) com a posse direta da coisa. Assim, o contrato de alienação fiduciária provoca um desdobramento da posse. O devedor transfere a propriedade da coisa ao credor, permanecendo como possuidor direto. O devedor tem a posse direta da coisa, portanto, ele não se desfaz da posse (a coisa não se transfere fisicamente ao credor). E o credor (fiduciário) passa a ser o titular da propriedade resolúvel, mantendo a posse indireta.

Portanto, o devedor chama-se *fiduciante* e o credor é o *fiduciário*. Vale lembrar que a palavra *alienação fiduciária* vem de fidúcia, representando *confiança*, ou seja, o devedor deve confiar que o credor restituir-lhe-á a propriedade, com o pagamento integral da prestação. Da mesma forma, o credor deverá confiar no devedor, no sentido de que este pagará a obrigação.

Neste sentido, CRISTIANO CHAVES DE FARIAS e NÉLSON ROSENVALD afirmam que a alienação fiduciária ocorre quando "o credor fiduciário adquire a propriedade resolúvel e a posse indireta de bem móvel (excepcionalmente de imóvel), em garantia de financiamento efetuado pelo devedor alienante, que se mantém na posse direta da coisa, resolvendo-se o direito

---

alienado fiduciariamente não for encontrado ou não se achar na posse do devedor, o credor poderá requerer a conversão do pedido de busca e apreensão, nos mesmos autos, em ação de depósito, na forma prevista no Capítulo II, do Título I, do Livro IV, do Código de Processo Civil. (Redação dada pela Lei n° 6.071, de 1974)

Art 5° Se o credor preferir recorrer à ação executiva ou, se for o caso ao executivo fiscal, serão penhorados, a critério do autor da ação, bens do devedor quantos bastem para assegurar a execução. Parágrafo único. Não se aplica à alienação fiduciária o disposto nos incisos VI e VIII do art. 649 do Código de Processo Civil. (Redação dada pela Lei n° 6.071, de 1974)

Art 6° O avalista, fiador ou terceiro interessado que pagar a dívida do alienante ou devedor, se sub-rogará, de pleno direito no crédito e na garantia constituída pela alienação fiduciária.

Art 7° Na falência do devedor alienante, fica assegurado ao credor ou proprietário fiduciário o direito de pedir, na forma prevista na lei, a restituição do bem alienado fiduciàriamente. Parágrafo único. Efetivada a restituição o proprietário fiduciário agirá na forma prevista neste Decreto-Lei.

Art 8° O Conselho Nacional de Trânsito, no prazo máximo de 60 dias, a contar da vigência do presente Decreto-Lei, expedirá normas regulamentares relativas à alienação fiduciária de veículos automotores.

Art. 8°-A. O procedimento judicial disposto neste Decreto-Lei aplica-se exclusivamente às hipóteses da Seção XIV da Lei n° 4.728, de 14 de julho de 1965, ou quando o ônus da propriedade fiduciária tiver sido constituído para fins de garantia de débito fiscal ou previdenciário.(Incluído pela Lei 10.931, de 2004)

Art 9° O presente Decreto-Lei entrará em vigor na data de sua publicação, aplicando-se desde logo, aos processos em curso, revogadas as disposições em contrário.

Brasília, 1 de outubro de 1969; 148° da Independência e 81° da República.

do credor fiduciário com o posterior adimplemento da dívida garantida. O objetivo da propriedade fiduciária é garantir uma obrigação assumida pelo alienante em prol do adquirente. O credor fiduciário converte-se automaticamente em proprietário, tendo no valor do bem dado em garantia o eventual numerário para satisfazer-se na hipótese de inadimplemento do débito pelo devedor fiduciante".[28]

Constitui-se a propriedade fiduciária com o registro do contrato, celebrado por instrumento público ou particular, que lhe serve de título, no Registro de Títulos e Documentos do domicílio do devedor, ou, em se tratando de veículos, na repartição competente para o licenciamento, fazendo-se a anotação no certificado de registro (CCB, art. 1.361, § 1°).

Com a constituição da propriedade fiduciária, dá-se o desdobramento da posse, tornando-se o devedor possuidor direto da coisa (CCB, art. 1.361, § 2°).

A propriedade superveniente, adquirida pelo devedor, torna eficaz, desde o rquivamento, a transferência da propriedade fiduciária (CCB, art. 1.361 § 3°).

De acordo com o artigo 1.362, o contrato, que serve de título à propriedade fiduciária, conterá:

I o total da dívida, ou sua estimativa;

II o prazo, ou a época do pagamento;

III a taxa de juros, se houver;

IV a descrição da coisa objeto da transferência, com os elementos indispensáveis à sua identificação.

Se o devedor pagar a obrigação, a propriedade retorna ao devedor, cancelando-se o registro no Registro de Títulos ou no Registro de Imóveis, ou seja, com o recebimento da quitação efetuada pelo credor, o devedor poderá promover o cancelamento do registro da alienação fiduciária, retornando, pois, à condição de proprietário pleno da coisa.[29]

O contrato será obrigatório e deverá descrever minuciosamente a obrigação que está sendo garantida, com todas as suas especificações, o seu valor, o seu vencimento, a forma de pagamento, o indexador da correção, etc.

---

28 FARIAS, Cristiano Chaves de; ROSENVALD, Nélson. *Direitos reais*. 3. ed. Rio de Janeiro: Lumen Juris, 2006, p. 364.

29 Lei n° 9.514/97. Dispõe sobre o Sistema de Financiamento Imobiliário, institui a alienação fiduciária de coisa imóvel e dá outras providências. Art. 25. Com o pagamento da dívida e seus encargos, resolve-se, nos termos deste artigo, a propriedade fiduciária do imóvel. § 1° No prazo de trinta dias, a contar da data de liquidação da dívida, o fiduciário fornecerá o respectivo termo de quitação ao fiduciante, sob pena de multa em favor deste, equivalente a meio por cento ao mês, ou fração, sobre o valor do contrato. § 2° À vista do termo de quitação de que trata o parágrafo anterior, o oficial do competente Registro de Imóveis efetuará o cancelamento do registro da propriedade fiduciária.

O instrumento contratual deverá conter, também, a descrição da coisa, objeto da alienação, com a atribuição de uma valor pelas partes contraentes.

Se a coisa alienada fiduciariamente for móvel, o contrato poderá ser celebrado por instrumento particular. Ao revés, se se tratar de imóvel o contrato obrigatoriamente se revestirá da forma escrita pública. O contrato deverá ser levado a registro para tornar-se pública a alienação, valendo *erga omnes*. Se a coisa alienada é móvel, o registro do contrato far-se-á no Registro de Títulos e Documentos do domicílio do devedor; se a coisa é imóvel, no Registro de Imóveis correspondente ao local onde se situa o imóvel.[30] Vale lembrar que a alienação fiduciária de bens imóveis continua regulada pela Lei nº 9.514/07.[31]

De acordo com o Enunciado 591, da VII Jornada de Direito Civil, "a ação de reintegração de posse nos contratos de alienação fiduciária em garantia de coisa imóvel pode ser proposta a partir da consolidação da propriedade do imóvel em poder do credor fiduciário e não apenas após os leilões extrajudiciais previstos no art. 27 da Lei nº 9.514/1997."[32]

---

30 Lei n° 9.514/97. Dispõe sobre o Sistema de Financiamento Imobiliário, institui a alienação fiduciária de coisa imóvel e dá outras providências. Art. 23. Constitui-se a propriedade fiduciária de coisa imóvel mediante registro, no competente Registro de Imóveis, do contrato que lhe serve de título. Parágrafo único. Com a constituição da propriedade fiduciária, dá-se o desdobramento da posse, tornando-se o fiduciante possuidor direto e o fiduciário possuidor indireto da coisa imóvel.

31 Lei n° 9.514/97. Dispõe sobre o Sistema de Financiamento Imobiliário, institui a alienação fiduciária de coisa imóvel e dá outras providências. Art. 22. A alienação fiduciária regulada por esta Lei é o negócio jurídico pelo qual o devedor, ou fiduciante, com o escopo de garantia, contrata a transferência ao credor, ou fiduciário, da propriedade resolúvel de coisa imóvel. Parágrafo único. A alienação fiduciária poderá ser contratada por pessoa física ou jurídica, não sendo privativa das entidades que operam no SFI, podendo ter como objeto bens enfitêuticos, hipótese em que será exigível o pagamento do laudêmio, se houver a consolidação do domínio útil no fiduciário. (Redação dada pela Lei n° 11.076, de 2004).

32 Parte da legislação: arts. 26, 27, 30 e 37-A da Lei nº 9.514/1997 Justificativa: A interpretação sistemática da Lei nº 9.514/1997 permite concluir que, com a consolidação da propriedade em nome do credor fiduciário, extingue-se toda e qualquer intermediação possessória e a relação jurídica que originou o escalonamento da posse em direta e indireta, conforme entendimento exposto por Moreira Alves (Da alienação fiduciária em garantia. 3. ed. Rio de Janeiro: Forense, 1987, p. 201). Dessa forma, a consolidação da propriedade gera o término do desdobramento da posse e o credor fiduciário, proprietário e antigo possuidor indireto da coisa, passa à condição de possuidor pleno do imóvel, desaparecendo a propriedade fiduciária resolúvel. A permanência do devedor fiduciante no imóvel, inadimplente com suas obrigações e, após devidamente constituído em mora, caracteriza ato de esbulho e enseja a propositura de ação de reintegração de posse para a retomada do bem pelo credor. Não haveria, assim, necessidade de que a ação de reintegração de posse ocorresse apenas após a realização dos leilões, como à primeira vista pareceria supor da leitura da Lei 9.517/1997. Esse o entendimento de autores como Sebastião José Roque (Da alienação fiduciária em garantia, p. 191), Marcelo Terra (Alienação fiduciária de imóvel em garantia, p. 51), Afrânio Carlos Camargo Dantzger (Alienação fiduciária de bens imóveis. 2. ed., p. 76), Renan Miguel Saad (A alienação fiduciária sobre bens imóveis, p. 256) e do Superior Tribunal de Justiça (REsp 1.155.716/ DF), em acórdão relatoriado pela Ministra Nancy Andrighi.

25.13 Equiparação do Devedor Fiduciante ao Depositário

A que título o devedor (fiduciante) fica como possuidor direto dessa coisa, uma vez que este já alienou a coisa ao credor (fiduciário)? O devedor é equiparado ao depositário da coisa. Assim, o devedor (anterior proprietário) se transforma no possuidor direto da coisa na qualidade de seu depositário. Destarte, o devedor assume todas as responsabilidades civis e penais do depositário.

O artigo 1.363 preceitua que "antes de vencida a dívida, o devedor, a suas expensas e risco, pode usar a coisa segundo sua destinação, sendo obrigado, como depositário:

I – a empregar na guarda da coisa a diligência exigida por sua natureza;

II – a entregá-la ao credor, se a dívida não for paga no vencimento".

25.13.1 Ação de busca e apreensão com pedido liminar

A lei criou um mecanismo para possibilitar o credor a obter a posse de forma mais célere, qual seja: o ajuizamento de uma ação sumária de *busca e apreensão da coisa*, cuja posse direta encontra-se com o devedor inadimplente, com pedido liminar. Esta é uma *ação autônoma de natureza satisfativa.*

A Súmula 72 do Superior Tribunal de Justiça – STJ informa que "a comprovação da mora é imprescindível à busca e apreensão do bem alienado fiduciariamente". Outrossim, a Súmula 245 do STJ diz que "a notificação destinada a comprovar a mora nas dívidas garantidas por alienação fiduciária dispensa a indicação do valor do débito". Portanto, antes do ajuizamento da ação de busca e apreensão, o *credor fiduciário* terá que constituir o *devedor fiduciante* em mora. [33]

33 Art. 2º No caso de inadimplemento ou mora nas obrigações contratuais garantidas mediante alienação fiduciária, o proprietário fiduciário ou credor poderá vender a coisa a terceiros, independentemente de leilão, hasta pública, avaliação prévia ou qualquer outra medida judicial ou extrajudicial, salvo disposição expressa em contrário prevista no contrato, devendo aplicar o preço da venda no pagamento de seu crédito e das despesas decorrentes e entregar ao devedor o saldo apurado, se houver, com a devida prestação de contas. (Redação dada pela Lei nº 13.043, de 2014)

§ 1º O crédito a que se refere o presente artigo abrange o principal, juros e comissões, além das taxas, cláusula penal e correção monetária, quando expressamente convencionados pelas partes.

§ 2º A mora decorrerá do simples vencimento do prazo para pagamento e poderá ser comprovada por carta registrada com aviso de recebimento, não se exigindo que a assinatura constante do referido aviso seja a do próprio destinatário. (Redação dada pela Lei nº 13.043, de 2014)

§ 3º A mora e o inadimplemento de obrigações contratuais garantidas por alienação fiduciária, ou a ocorrência legal ou convencional de algum dos casos de antecipação de vencimento da dívida facultarão ao credor considerar, de pleno direito, vencidas todas as obrigações contratuais, independentemente de aviso ou notificação judicial ou extrajudicial.

§ 4º Os procedimentos previstos no caput e no seu § 2º aplicam-se às operações de arrendamento mercantil previstas na forma da Lei nº 6.099, de 12 de setembro de 1974. (Incluí-

Para que o magistrado possa analisar o pedido liminar, é necessário que o credor ao ingressar com a ação de busca e apreensão, a petição inicial seja acompanhada da prova do contrato de alienação fiduciária escrito e devidamente registrado, bem como a regular notificação do réu (Súmula 72-STJ: A comprovação da mora é imprescindível à busca e à apreensão do bem alienado fiduciariamente). Daí que satisfeitos tais pressupostos, a liminar deve ser concedida com a respectiva expedição do mandado de busca e apreensão sem a oitiva do réu (este ainda não foi sequer citado).

A notificação é feita por meio de carta registrada com aviso de recebimento. Logo, não precisa ser realizada por intermédio do Cartório de Registro de Títulos e Documentos. (a Lei n° 13.043/2014 alterou o § 2° do art. 2° do DL nº 911/69).

O objetivo da alteração foi o de reduzir o custo da notificação, permitindo que seja feita por mera emissão de carta via Correios, evitando, assim, que a instituição financeira tenha que pagar os emolumentos para os titulares de Cartórios.[34]

De acordo com o artigo 3º e parágrafos do referido decreto, o proprietário fiduciário ou credor poderá, desde que comprovada a mora, na forma estabelecida pelo § 2º do art. 2º, ou o inadimplemento, requerer contra o devedor ou terceiro a busca e apreensão do bem alienado fiduciariamente, a qual será concedida liminarmente, podendo ser apreciada em plantão judiciário. (Redação dada pela Lei nº 13.043, de 2014)

§ 1º Cinco dias após executada a liminar mencionada no *caput*, consolidar-se-ão a propriedade e a posse plena e exclusiva do bem no patrimônio do credor fiduciário, cabendo às repartições competentes, quando for o caso, expedir novo certificado de registro de propriedade em nome do credor, ou de terceiro por ele indicado, livre do ônus da propriedade fiduciária. (Redação dada pela Lei nº 10.931, de 2004)

§ 2º No prazo do § 1º, o devedor fiduciante poderá pagar a integralidade da dívida pendente, segundo os valores apresentados pelo credor fiduciário na inicial, hipótese na qual o bem lhe será restituído livre do ônus.[35] (Redação dada pela Lei nº 10.931, de 2004)

---

do pela Lei nº 13.043, de 2014)

34 CAVALCANTE. Márcio André Lopes. Informativo Esquematizado. Disponível em: < https://dizerodireitodotnet.files.wordpress.com/2016/11/info-588-stj.pdf>. Acesso em: 05 nov. 2016.

35 Nos contratos firmados na vigência da Lei 10.931/2004, compete ao devedor, no prazo de 5 (cinco) dias após a execução da liminar na ação de busca e apreensão, pagar a integralidade da dívida – entendida esta como os valores apresentados e comprovados pelo credor na inicial -, sob pena de consolidação da propriedade do bem móvel objeto de alienação fiduciária. STJ. 2ª Seção. REsp 1.418.593-MS, Rel. Min. Luis Felipe Salomão, julgado em 14/5/2014 (recurso repetitivo) (Info 540).

§ 3º O devedor fiduciante apresentará resposta no prazo de quinze dias da execução da liminar.[36] [37](Redação dada pela Lei nº 10.931, de 2004)

---

36 Em ação de busca e apreensão de bem alienado fiduciariamente, o termo inicial para a contagem do prazo de 15 dias para o oferecimento de resposta pelo devedor fiduciante é a data de juntada aos autos do mandado de citação devidamente cumprido (e não a data da execução da medida liminar). STJ. 3ª Turma. REsp 1.321.052-MG, rel. min. Ricardo Villas Bôas Cueva, julgado em 16/8/2016 (Info 588)

37 De acordo com CAVALCANTE, o STJ, contudo, afirma que este prazo de resposta não pode ser contado a partir da execução da liminar. Isso porque o juiz concede a busca e apreensão de forma liminar, ou seja, sem ouvir o devedor. Desse modo, é indispensável que seja realizado um ato formal de citação do devedor, sendo isso imprescindível ao desenvolvimento válido e regular do processo, visto que somente a perfeita angularização da relação processual é capaz de garantir à parte demandada o pleno exercício do contraditório. Assim, concedida a liminar inaudita altera parte, cumpre ao magistrado expedir um mandado, que tem dupla finalidade: 1) autorizar a busca e apreensão do bem; 2) promover a citação do réu. Assim, depois de executada a liminar, ou seja, depois de o bem ter sido apreendido, deverá o réu ser citado. No mandado constará o prazo de 15 dias, que começará a ser contado da sua juntada aos autos. O entendimento do STJ encontra respaldo na doutrina especializada: "(...) juntamente com a expedição inicial do mandado de busca e apreensão, em cumprimento aos comandos da medida liminar deferida initio litis, segue-se a expedição do mandado de citação, uma vez que o ato processual de citação deverá ser realizado tão logo seja consumado o ato processual anterior, qual seja, a busca e apreensão da garantia fiduciária. Note-se, no tocante à citação, que a Lei nº 10.931/04, ao modificar a redação dos parágrafos do art. 3º do Decreto-lei nº 911/69, acabou por omitir nas novas disposições a referência antes existente relativa ao ato citatório, em especial ao momento de sua realização. Todavia, apesar da omissão da legislação quando do estabelecimento dos novos contornos para o procedimento da ação de busca e apreensão ora sob enfoque, de todo razoável admitir-se que esse ato processual de chamamento do réu a juízo deve ocorrer imediatamente após o cumprimento da medida liminar, tal como era previsto na revogada redação do art. 3º do Decreto-lei nº 911/69. Essa redação anterior tinha uma razão de ser, que em nada se modificou com a mudança legislativa." (ASSUMPÇÃO, Márcio Calil de. Ação de busca e apreensão: alienação fiduciária. 2ª ed., São Paulo: Atlas, 2003, p. 99.

"(...) o termo inicial para a contagem do prazo de 15 dias não é a 'execução da liminar', tendo-se em conta a necessidade de interpretar-se o art. 3º, § 3º do Dec.-lei 911/1969 sistematicamente com as regras insculpidas no Código de Processo Civil (macrossistema instrumental), (...) Conclui-se, portanto, que a contagem do prazo de quinze dias para oferecimento de resposta, em ação especial de busca e apreensão fundada em propriedade fiduciária tem o dies a quo a partir da juntada aos autos do mandado liminar (e citatório) devidamente cumprido, excluindo-se, para tanto, o dia do começo (primeiro dia útil após), incluindo o do vencimento." (FIGUEIRA JÚNIOR, Joel Dias. Ação de busca e apreensão em propriedade fiduciária. São Paulo: RT, 2005, p. 153-154). Existe outro precedente do STJ, da 4ª Turma, no mesmo sentido: (...) O mandado de busca e apreensão/citação veicula, simultaneamente, a comunicação ao devedor acerca da retomada do bem alienado fiduciariamente e sua citação, daí decorrendo dois prazos diversos: (i) de 5 dias, contados da execução da liminar, para o pagamento da dívida (art. 3º, §§ 1º e 2º, do Decreto-Lei nº 911/1969, c/c 240 do CPC); e (ii) de 15 dias, a contar da juntada do mandado aos autos, para o oferecimento de resposta (...) STJ. 4ª Turma. REsp 1.148.622/DF, Rel. Min. Luis Felipe Salomão, julgado em 1º/10/2013.

CAVALCANTE. Márcio André Lopes. Informativo Esquematizado. Disponível em: < https://dizerodireitodotnet.files.wordpress.com/2016/11/info-588-stj.pdf>. Acesso em: 05 nov. 2016.

§ 4º A resposta poderá ser apresentada ainda que o devedor tenha se utilizado da faculdade do § 2º, caso entenda ter havido pagamento a maior e desejar restituição.(Redação dada pela Lei nº 10.931, de 2004)

§ 5º Da sentença cabe apelação apenas no efeito devolutivo. (Redação dada pela Lei nº 10.931, de 2004)

§ 6º Na sentença que decretar a improcedência da ação de busca e apreensão, o juiz condenará o credor fiduciário ao pagamento de multa, em favor do devedor fiduciante, equivalente a cinquenta por cento do valor originalmente financiado, devidamente atualizado, caso o bem já tenha sido alienado. (Redação dada pela Lei nº 10.931, de 2004)

§ 7º A multa mencionada no § 6º não exclui a responsabilidade do credor fiduciário por perdas e danos. (Incluído pela Lei nº 10.931, de 2004)

§ 8º A busca e apreensão prevista no presente artigo constitui processo autônomo e independente de qualquer procedimento posterior. (Incluído pela Lei nº 10.931, de 2004)

§ 9º Ao decretar a busca e a apreensão de veículo, o juiz, caso tenha acesso à base de dados do Registro Nacional de Veículos Automotores – Renavam –, inserirá diretamente a restrição judicial na base de dados do Renavam, bem como retirará tal restrição após a apreensão. (Incluído pela Lei nº 13.043, de 2014)

§ 10. Caso o juiz não tenha acesso à base de dados prevista no § 9º, deverá oficiar ao departamento de trânsito competente para que: (Incluído pela Lei nº 13.043, de 2014)

I – registre o gravame referente à decretação da busca e apreensão do veículo; e (Incluído pela Lei nº 13.043, de 2014)

II – retire o gravame após a apreensão do veículo. (Incluído pela Lei nº 13.043, de 2014)

§ 11. O juiz também determinará a inserção do mandado a que se refere o § 9º em banco próprio de mandados. (Incluído pela Lei nº 13.043, de 2014)

§ 12. A parte interessada poderá requerer diretamente ao juízo da comarca onde foi localizado o veículo com vistas à sua apreensão, sempre que o bem estiver em comarca distinta daquela da tramitação da ação, bastando que em tal requerimento conste a cópia da petição inicial da ação e, quando for o caso, a cópia do despacho que concedeu a busca e apreensão do veículo. (Incluído pela Lei nº 13.043, de 2014)

§ 13. A apreensão do veículo será imediatamente comunicada ao juízo, que intimará a instituição financeira para retirar o veículo do local depositado no prazo máximo de 48 (quarenta e oito) horas. (Incluído pela Lei nº 13.043, de 2014)

§ 14. O devedor, por ocasião do cumprimento do mandado de busca e apreensão, deverá entregar o bem e seus respectivos documentos. (Incluído pela Lei nº 13.043, de 2014)

§ 15. As disposições deste artigo aplicam-se no caso de reintegração de posse de veículos referente às operações de arrendamento mercantil previstas na Lei nº 6.099, de 12 de setembro de 1974. (Incluído pela Lei nº 13.043, de 2014)

25.13.2 Prisão civil do depositário infiel

O artigo 652 estabelece que "Seja o depósito voluntário ou necessário, o depositário que não o restituir quando exigido será compelido a fazê-lo mediante prisão não excedente a um ano, e ressarcir os prejuízos".[38] Melhor dizendo: o depositário que não devolver a coisa ao depositante converte-se em depositário infiel e está sujeito à prisão civil de até um ano. Vale destacar que não se trata de uma pena criminal, mas sim de um meio de coerção indireta sobre o devedor para levá-lo a cumprir a obrigação. Uma vez devolvido a coisa ou o seu equivalente em dinheiro, o depositário é imediatamente posto em liberdade.

Ocorre que o Pacto de São José da Costa Rica, que versa sobre os direitos humanos e a dignidade da pessoa humana, entrou em nosso ordenamento jurídico por força do Decreto Federal n° 678/92, só admite a prisão civil para o devedor de alimentos. O artigo 71, inciso 7, do referido Pacto determina que: "7 – Ninguém deve ser detido por dívida. Este princípio não limita os mandados de autoridade judiciária competente expedidos em virtude de inadimplemento de obrigação alimentar".

Dessa maneira, resta claro que não é mais possível a prisão do depositário infiel. A discussão doutrinária e jurisprudência tinha espaço privilegiado antes do advento da Emenda Constitucional n° 45/2004, já que a tese dominante era no sentido de que o tratado não se sobrepunha à Constituição Federal[39] e, portanto, admitir-se-ia a prisão do depositário infiel, não podendo um tratado impedir o ato jurídico. É a chamada Teoria da Prevalência do Direito Constitucional sobre o direito externo.

Com a EC 45, em especial, com a introdução do novo § 3° ao artigo 5° da CRFB/88, que informa que "Os tratados e convenções internacionais sobre direitos humanos que forem aprovados, em cada Casa do Congresso Nacional, em dois

---

38 Correspondente ao artigo 1.287 do CCB/1916.

39 CRFB/88 – Art. 5° – Todos são iguais perante a lei, sem distinção de qualquer natureza, garantindo-se aos brasileiros e aos estrangeiros residentes no País a inviolabilidade do direito à vida, à liberdade, à igualdade, à segurança e à propriedade, nos termos seguintes: LXVII – não haverá prisão civil por dívida, salvo a do responsável pelo inadimplemento voluntário e inescusável de obrigação alimentícia e a do depositário infiel;

turnos, por três quintos dos respectivos membros, serão equivalentes às emendas constitucionais".

Daí que a exegese deste dispositivo constitucional deve estar em harmonia com a proteção e a promoção dos direitos humanos, já que permite a incorporação dos tratados e convenções internacionais sobre direitos humanos com *status* constitucional se aprovados em procedimento legislativo idêntico às emendas constitucionais.

Se o devedor não pagou a obrigação e não entregou a posse da coisa ao credor, estaria sujeito à prisão civil de até um ano, tal como acontece com o depositário infiel?

A posição que predomina, inclusive no STJ, é no sentido da impossibilidade da prisão civil do devedor fiduciário, já que ele não representa um depositário típico. Não existe, neste caso, entre o credor e o devedor, um contrato típico de depósito. O contrato é de alienação fiduciária.

Já a Súmula Vinculante nº 25 diz que "é ilícita a prisão civil de depositário infiel, qualquer que seja a modalidade de depósito."[40]

---

40 Precedente Representativo: "Se não existem maiores controvérsias sobre a legitimidade constitucional da prisão civil do devedor de alimentos, assim não ocorre em relação à prisão do depositário infiel. As legislações mais avançadas em matérias de direitos humanos proíbem expressamente qualquer tipo de prisão civil decorrente do descumprimento de obrigações contratuais, excepcionando apenas o caso do alimentante inadimplente. O art. 7º (n.º 7) da Convenção Americana sobre Direitos Humanos 'Pacto de San José da Costa Rica, de 1969, dispõe desta forma: 'Ninguém deve ser detido por dívidas. Este princípio não limita os mandados de autoridade judiciária competente expedidos em virtude de inadimplemento de obrigação alimentar.' Com a adesão do Brasil a essa convenção, assim como ao Pacto Internacional dos Direitos Civis e Políticos, sem qualquer reserva, ambos no ano de 1992, iniciou-se um amplo debate sobre a possibilidade de revogação, por tais diplomas internacionais, da parte final do inciso LXVII do art. 5º da Constituição brasileira de 1988, especificamente, da expressão 'depositário infiel', e, por consequência, de toda a legislação infraconstitucional que nele possui fundamento direto ou indireto. (...) Portanto, diante do inequívoco caráter especial dos tratados internacionais que cuidam da proteção dos direitos humanos, não é difícil entender que a sua internalização no ordenamento jurídico, por meio do procedimento de ratificação previsto na Constituição, tem o condão de paralisar a eficácia jurídica de toda e qualquer disciplina normativa infraconstitucional com ela conflitante. Nesse sentido, é possível concluir que, diante da supremacia da Constituição sobre os atos normativos internacionais, a previsão constitucional da prisão civil do depositário infiel (...) deixou de ter aplicabilidade diante do efeito paralisante desses tratados em relação à legislação infraconstitucional que disciplina a matéria (...). Tendo em vista o caráter supralegal desses diplomas normativos internacionais, a legislação infraconstitucional posterior que com eles seja conflitante também tem sua eficácia paralisada. (...) Enfim, desde a adesão do Brasil, no ano de 1992, ao Pacto Internacional dos Direitos Civis e Políticos (art. 11) e à Convenção Americana sobre Direitos Humanos 'Pacto de San José da Costa Rica (art. 7º, 7), não há base legal par aplicação da parte final do art.5º, inciso LXVII, da Constituição, ou seja, para a prisão civil do depositário infiel." (RE 466343, Voto do Ministro Gilmar Mendes, Tribunal Pleno, julgamento em 3.12.2008, *DJe* de 5.6.2009)

"Direito Processual. *Habeas Corpus*. Prisão civil do depositário infiel. Pacto de São José da Costa Rica. Alteração de orientação da jurisprudência do STF. Concessão da ordem. 1. A

Vejamos abaixo as decisões de descabimento da prisão civil do depositário infiel:

a) "O fato, senhores ministros, é que, independentemente da orientação que se venha a adotar (supralegalidade ou natureza constitucional dos tratados internacionais de direitos humanos), a conclusão será, sempre, uma só: a de que não mais subsiste, em nosso sistema de direito positivo interno, o instrumento da prisão civil nas hipóteses de infidelidade depositária, cuide-se de depósito voluntário (convencional) ou trate-se, como na espécie, de depósito judicial, que é modalidade de depósito necessário." (HC 90983, relator ministro Celso de Mello, Segunda Turma, julgamento em 23.9.2008, *DJe* de 13.5.2013).
b) "O Plenário desta Corte, no julgamento conjunto dos HCs nºs 87.585 e 92.566, relator o ministro Marco Aurélio e dos RREE nºs 466.343 e 349.703, relatores os ministros Cezar Peluso e Carlos Brito, Sessão de 3.12.08, fixou o entendimento de que a circunstância de o Brasil haver subscrito o Pacto de São José da Costa Rica conduziu à inexistência de balizas visando à eficácia do que previsto no artigo 5º, LXVII, da Constituição Federal, restando, assim, derrogadas as normas estritamente legais definidoras da custódia do depositário infiel." (RE 716101, relator ministro Luiz Fux, Decisão Monocrática, julgamento em 31.10.2012, *DJe* de 8.11.2012).

---

matéria em julgamento neste *habeas corpus* envolve a temática da (in)admissibilidade da prisão civil do depositário infiel no ordenamento jurídico brasileiro no período posterior ao ingresso do Pacto de São José da Costa Rica no direito nacional. 2. Há o caráter especial do Pacto Internacional dos Direitos Civis Políticos (art. 11) e da Convenção Americana sobre Direitos Humanos – Pacto de San José da Costa Rica (art. 7°, 7), ratificados, sem reserva, pelo Brasil, no ano de 1992. A esses diplomas internacionais sobre direitos humanos é reservado o lugar específico no ordenamento jurídico, estando abaixo da Constituição, porém acima da legislação interna. O status normativo supralegal dos tratados internacionais de direitos humanos subscritos pelo Brasil, torna inaplicável a legislação infraconstitucional com ele conflitante, seja ela anterior ou posterior ao ato de ratificação. 3. Na atualidade a única hipótese de prisão civil, no Direito brasileiro, é a do devedor de alimentos. O art. 5°, §2°, da Carta Magna, expressamente estabeleceu que os direitos e garantias expressos no caput do mesmo dispositivo não excluem outros decorrentes do regime dos princípios por ela adotados, ou dos tratados internacionais em que a República Federativa do Brasil seja parte. O Pacto de São José da Costa Rica, entendido como um tratado internacional em matéria de direitos humanos, expressamente, só admite, no seu bojo, a possibilidade de prisão civil do devedor de alimentos e, conseqüentemente, não admite mais a possibilidade de prisão civil do depositário infiel. 4. Habeas corpus concedido." (HC 95967, Relatora Ministra Ellen Gracie, Segunda Turma, julgamento em 11.11.2008, *DJe* de 28.11.2008)

Os *tratados e convenções internacionais sobre direitos humanos* possuem "status" supralegal. Vejamos: "Esse caráter supralegal do tratado devidamente ratificado e internalizado na ordem jurídica brasileira, porém não submetido ao processo legislativo estipulado pelo artigo 5º, § 3º, da Constituição Federal – foi reafirmado pela edição da Súmula Vinculante 25, segundo a qual 'é ilícita a prisão civil de depositário infiel, qualquer que seja a modalidade do depósito'. Tal verbete sumular consolidou o entendimento deste tribunal de que o artigo 7º, item 7, da Convenção Americana de Direitos Humanos teria ingressado no sistema jurídico nacional com *status* supralegal, inferior à Constituição Federal, mas superior à legislação interna, a qual não mais produziria nenhum efeito naquilo que conflitasse com a sua disposição de vedar a prisão civil do depositário infiel. Tratados e convenções internacionais com conteúdo de direitos humanos, uma vez ratificados e internalizados, ao mesmo passo em que criam diretamente direitos para os indivíduos, operam a supressão de efeitos de outros atos estatais infraconstitucionais que se contrapõem à sua plena efetivação." (ADI 5240, relator ministro Luiz Fux, Tribunal Pleno, julgamento em 20.8.2015, *DJe* de 1.2.2016).

Capítulo 26

DA MORA

26.1. Conceito

A mora é o retardamento ou cumprimento imperfeito da prestação. O artigo 394 do Código Civil de 2002 diz que "considera-se em mora o devedor que não efetuar o pagamento e o credor que não quiser recebê-lo no tempo, lugar e forma que a lei ou a convenção estabelecer".[35] [36]

Ora, ocorrerá mora quando o devedor não realizar a prestação no tempo, lugar ou na forma devida. Vejamos o seguinte exemplo: César, técnico de informática, é contratado por Ana Carolina para a montagem de um computador em sua residência. Ambos acordaram que a montagem ocorreria no dia 15 de junho de 2008, na residência de Ana Carolina. O computador a ser montado deveria ter as seguintes características: Sempron X2 4200; HD de 160 GB; memória de 1GB, monitor de LCD 17' com kit multimídia e DVD-RW. Vamos analisar as seguintes hipóteses: César não comparece no dia 15.6.08 para efetuar a montagem. Houve descumprimento? Sim, quanto ao tempo.

a) César comparece no dia acordado, mas entendendo ser o computador muito robusto para a necessidade de Ana Carolina, faz a montagem de um computador sem os recursos combinados. Neste caso, o descumprimento é quanto à forma.
b) Por fim, César comparece no dia avençado, levando o computador combinado, mas não realiza a montagem na residência de Ana Carolina, e sim no seu consultório veterinário. Houve descumprimento? Sim, neste caso, quanto ao lugar.

26.2. Mora e Inadimplemento Absoluto

A *mora* distingue-se do *inadimplemento absoluto* porque na mora o prejuízo do credor não é total. O credor acaba recebendo a prestação, embora atrasado.

O artigo 395, *caput*, do nosso Código Civil apresenta os efeitos da mora nos seguintes termos "responde o devedor pelos prejuízos a que sua mora der causa, mais juros, atualização dos valores monetários segundo índices oficiais regularmente estabelecidos, e honorários de advogado".[37]

O parágrafo único do mesmo dispositivo legal diz que "se a prestação, devido à mora, se tornar inútil ao credor, este poderá enjeitá-la, e exigir a satisfação das perdas e danos".[1] Neste caso, a causa de retardo no cumprimento da prestação, tornou a prestação inútil ao credor. Por exemplo, a entrega de um bolo de aniversário com atraso para a festa de comemoração. No caso, em tese, o bolo não mais interessa ao aniversariante. Dessa forma, se a prestação, em razão do retardamento (atraso), ou do imperfeito cumprimento, torna-se "inútil ao credor", o caso será tratado como *inadimplemento absoluto.*

Assim, em face do atraso, se a prestação ainda for útil para o credor, a hipótese é de mora, caso contrário, em sendo a prestação inútil ao credor, o caso será de inadimplemento absoluto.

Em relação ao artigo 395, o Conselho da Justiça Federal, nas III e IV Jornadas de Direito Civil publicou os seguintes enunciados:

a) Conselho da Justiça Federal – III Jornada de Direito Civil – CJF – Enunciado 162 – Art. 395: A inutilidade da prestação que autoriza a recusa da prestação por parte do credor deverá ser aferida objetivamente, consoante o princípio da boa-fé e a manutenção do sinalagma, e não de acordo com o mero interesse subjetivo do credor.
b) Conselho da Justiça Federal – III Jornada de Direito Civil – CJF – Enunciado 354 – Art. 395, 396 e 408. A cobrança de encargos e parcelas indevidas ou abusivas impede a caracterização da mora do devedor.

26.3. Requisitos

Os requisitos da mora são dois: a) a culpa do devedor, só haverá mora se o retardamento decorrer de culpa do devedor, qualquer que seja sua modalidade ou grau. Sem culpa não há que se falar em mora; b) a prestação embora atrasada conserve a utilidade (proveito econômico) para o credor. Se a prestação em razão do atraso perdeu o interesse econômico para o credor a mora se descaracteriza convertendo-se em inadimplemento absoluto.

O artigo 396 determina que "não havendo fato ou omissão imputável ao devedor, não incorre este em mora".[2] Em relação ao artigo 396, o Conselho da Justiça Federal, na IV Jornada de Direito Civil, editou o Enunciado 354 – Art. 395, 396 e 408. "A cobrança de encargos e parcelas indevidas ou abusivas impede a caracterização da mora do devedor".

1 Correspondente ao parágrafo único do artigo 956 do CCB/1916.
2 Correspondente ao artigo 963 do CCB/1916.

26.4. Espécies de Mora

A mora tanto pode ser do devedor (mora *solvendi* ou *debitoris*), como também pode ser do credor (mora *accipiendi* ou *creditoris)* que se caracteriza quando o credor sem justa causa impede ou dificulta o pagamento. Qualquer obstáculo injusto oposto pelo credor ao pagamento direto tipifica mora accipiendi. Neste caso, o devedor poderá defender-se contra a mora do credor pelo pagamento em consignação. Melhor dizendo: diante da mora *accipiendi*, o devedor poderá exonerar-se do vínculo consignando a prestação.

26.4.1. Mora do devedor

A mora do devedor (mora solvendi) é aquela ocasionada por descumprimento da obrigação pelo devedor, mas que ainda é útil para o credor. Esta mora advém do não cumprimento ou do cumprimento atrasado ou não conforme o modo, tempo e lugar.

26.4.1.1. Espécies de mora do devedor

São duas as espécies de mora do devedor, denominadas mora *ex re* e mora *ex persona*. O devedor incorrerá em mora *ex re* quando:

a) a prestação deve se realizar em termo prefixado entre as partes e o devedor não cumpre a obrigação;
b) nas dívidas decorrentes de ato ilícito extracontratual, o devedor estará em mora a partir da prática do ato ilícito;
c) quando o devedor declarar expressamente que não cumprirá a prestação. Na mora *ex re*, o advento do termo constitui de pleno direito o devedor em mora, por aplicação da regra *dies interpellat pro homine.*

O fundamento da mora *ex re* é o fato do devedor ter aceitado um prazo para o cumprimento da prestação. A mora *ex re* encontra lastro legal nos artigos 397, *caput*, e 398 do Código Civil brasileiro de 2002. Vejamos os dispositivos legais:

a) Art. 397, caput, do CCB 2002. O inadimplemento da obrigação, positiva e líquida, no seu termo, constitui de pleno direito em mora o devedor.[3]
b) Art. 398 do CCB 2002. Nas obrigações provenientes de ato ilícito, considera-se o devedor em mora, desde que o praticou.

3 Correspondente ao artigo 960 do CCB/1916.

Assim, de acordo com o artigo 397, *caput*, o inadimplemento da obrigação positiva (dar ou fazer) e líquida (de valor já determinado), com data fixada para o pagamento, traduz-se automaticamente na mora do devedor, sem que o credor precise efetuar qualquer ato para constituir o devedor em mora. É a chamada mora *ex re*.

Na mora *ex persona*, de acordo com o artigo 397, parágrafo único, do CCB de 2002, o cumprimento da prestação não possui termo certo, sendo, neste caso, obrigatória a interpelação judicial ou extrajudicial do devedor para a sua constituição em mora. Preceitua o parágrafo único do referido dispositivo legal: "Não havendo termo, a mora se constitui mediante interpelação judicial ou extrajudicial". Assim, a mora *ex persona*, depende de providência do credor para constituir o devedor em mora.

Vejamos os seguintes exemplos: a) Em um contrato de comodato (empréstimo gratuito de coisas infungíveis), com prazo de vigência de um ano, vencido o prazo, o comodatário estará automaticamente em mora de pleno direito (mora *ex re*). b) Em um contrato de comodato com prazo indeterminado, o comodatário estará em mora somente após a notificação efetuada pelo comodante, dando prazo para que o comodatário restitua a coisa emprestada (mora *ex persona)*. O comodatário incidindo em mora, responde, destarte, por perdas e danos. Dessa maneira, o artigo 582, segunda parte, estabelece que "o comodatário constituído em mora, além de por ela responder, pagará, até restituí-la, o aluguel da coisa que for arbitrado pelo comodante".[4] A regra refere-se à imposição de aluguel-pena ao comodatário.[5] O comodante, na própria notificação, deverá informar ao comodatário que no caso de não devolução da coisa no prazo ajustado (em se tratando de contrato de comodato com prazo indeterminado), este será responsável pelo pagamento do aluguel arbitrado pelo comodante.[46] Qual o valor do aluguel a ser fixado pelo comodante? Em regra, admite-se o valor de até o dobro do aluguel no mercado de locações. Isso se deve pelo fato de o aluguel representar, neste caso, como meio de coerção indireta, já que o comodante deseja que o comodatário devolva a coisa emprestada.

26.4.1.2. Efeitos da mora do devedor

Os principais efeitos da mora do devedor (consectários da mora) são os seguintes: a) o devedor se reponsabiliza por todos os prejuízos causados ao credor, de acordo com o artigo 395 do CCB de 2002, nos seguintes termos:

4 Correspondente aos artigos 1.251 e 1.252 do CCB/1916.

5 Conselho da Justiça Federal – III Jornada de Direito Civil. CJF – Enunciado 180 – Arts. 575 e 582: A regra do parágrafo único do art. 575 do novo CC, que autoriza a limitação pelo juiz do aluguel-pena arbitrado pelo locador, aplica-se também ao aluguel arbitrado pelo comodante, autorizado pelo art. 582, 2a parte, do novo CC.

Fica claro que o aluguel não é uma contraprestação exclusiva do contrato de locação.

"responde o devedor pelos prejuízos a que sua mora der causa, mais juros, atualização dos valores monetários segundo índices oficiais regularmente estabelecidos, e honorários de advogado". No termo prejuízos, a mora do devedor acarreta automaticamente a incidência dos juros moratórios, da atualização monetária, da cláusula penal moratória se prevista no contrato, das perdas e danos, se não houver previsão de multa, além das custas judiciais e de honorários de advogado do credor se este tiver que ingressar em juízo para exigir a prestação. Os juros moratórios e a atualização monetária não precisam estar previstos no instrumento contratual, uma vez que o magistrado condenará o devedor em mora em tais verbas. Vale destacar que mesmo havendo cláusula penal moratória, poderá o credor pleitear indenização suplementar se essa cláusula penal se mostrar insuficiente para ressarcir integralmente o credor e se essa faculdade de exigir indenização suplementar estiver expressamente prevista na cláusula penal. Vejamos: "Art. 416. Para exigir a pena convencional, não é necessário que o credor alegue prejuízo.6 Parágrafo único. Ainda que o prejuízo exceda ao previsto na cláusula penal, não pode o credor exigir indenização suplementar, se assim não foi convencionado. Se o tiver sido, a pena vale como mínimo da indenização, competindo ao credor provar o prejuízo excedente". b) pela perpetuação da obrigação, nos termos do artigo 399 do nosso Código Civil.

O que é perpetuar a obrigação? Diz o artigo 399 que "o devedor em mora responde pela impossibilidade da prestação, embora essa impossibilidade resulte de caso fortuito ou de força maior, se estes ocorrerem durante o atraso, salvo se provar isenção de culpa, ou que o dano sobreviria ainda quando a obrigação fosse oportunamente desempenhada".[7]

Assim, a *perpetuação da obrigação* significa que verificada a impossibilidade da prestação, depois da mora, o devedor não fica exonerado, independente de culpa, isto é, depois de caracterizada a mora, todos os riscos ficam por conta do devedor moroso. Neste sentido, MÁRIO JÚLIO DE ALMEIDA COSTA explica que se costuma falar aqui de perpetuação da obrigação, "com sentido de que a obrigação que não é cumprida tempestivamente por culpa do devedor como que se perpetua, sobrevindo a um fato que a extinguiria se tivesse ocorrido antes da mora".[8]

Todavia, se o devedor conseguir provar a isenção de culpa, ou seja, se provar que nenhuma responsabilidade se lhe pode imputar, quanto à mora, a prestação se resolve para ambas as partes. Da mesma forma, se o devedor conseguir provar que o dano ocorreria ainda quando a obrigação fosse executada oportunamente.

---

6 Correspondente ao artigo 927 do CCB/1916.

7 Correspondente ao artigo 957 do CCB/1916.

8 ALMEIDA COSTA, Mário Júlio de. *Direito das obrigações*. 10. ed. Coimbra: Almedina, 2006, p. 1052.

CLÓVIS BEVILÁQUA acentua que "são duas atenuações ao rigor do princípio, introduzidas pela equidade. A primeira estatui que somente a mora culposa faz o devedor responsável pela impossibilidade da prestação. A segunda não permite que o credor exija satisfação por dano estranho à mora, por dano que, se sobreveio depois da mora, sobreviria, necessariamente, ainda quando não houvesse mora".[9]

26.4.2. Mora do credor

A *mora do credor* está caracterizada quando o credor, sem motivo justificado, retarda em receber a prestação. Daí que o devedor, neste caso, fica liberado da responsabilidade pelo não cumprimento da prestação. Representa, pois, um atraso no cumprimento da obrigação proveniente de uma falta de cooperação do credor com o devedor, já que este deseja cumprir a prestação.

A relação jurídica obrigacional é, pois, uma *relação jurídica de cooperação* entre credor e devedor. Assim, cabe ao credor cooperar com o devedor, para que este possa cumprir a prestação. A cooperação do credor no cumprimento pode traduzir-se "em simples ato de aceitar a prestação, mas pode ainda assumir outras expressões: apresentar-se o credor, ele próprio ou um seu representante, no lugar convencionado para a prestação (domicílio do devedor ou outro local), exercer o direito de escolha numa obrigação genérica ou alternativa, passar quitação, restituir o título da dívida, etc."[10]

Vale destacar que da falta injustificada de cooperação do credor em receber a prestação pode resultar uma *inexecução definitiva da prestação*, que, por si só, será atribuível única e exclusivamente ao credor. Neste caso, o devedor ficará exonerado do vínculo obrigacional, não lhe sendo imputável nenhuma espécie de responsabilidade. Quando a não cooperação do credor resultar em *inexecução temporária da prestação*, existirá a situação de mora.

Constatada a mora do credor, o devedor poderá utilizar a *ação de consignação em pagamento*. Neste sentido, a decisão da Ministra Nancy Andrigui, da Terceira Turma, em 14.5.2002, no Recurso Especial 419.016/PR. Vejamos: "Civil e Processual Civil. Recurso especial. Ação de consignação em pagamento. Mora do credor. Mora do devedor. Possibilidade de ajuizamento. – É vedado o reexame do acervo fático-probatório constante dos autos em sede de recurso especial. – *Verificada a mora do credor por se recusar a receber o pagamento da forma que lhe é ofertado, para ele é transferida a responsabilidade pelo inadimplemento. Dessa forma, ainda que esteja em mora, ao devedor é licita a propositura de ação de consignação em pagamento para eximir-se da obrigação avençada entre as partes*". (grifo nosso).

9 BEVILÁQUA, Clóvis. *Código civil comentado*. Vol. IV. Rio de Janeiro: Rio, 1976, p. 92.
10 ALMEIDA COSTA. Op. Cit., p. 1.080.

26.4.2.1. Requisitos da mora do credor

São requisitos da *mora do credor*: a) vencimento da prestação; b) oferecimento da prestação por parte do devedor; c) recusa injustificada do credor para receber a prestação; e d) constituição em mora, mediante a consignação em pagamento.

26.4.2.2. Efeitos da mora do credor

O artigo 400 do Código Civil brasileiro de 2002 diz que "a mora do credor subtrai o devedor isento de dolo à responsabilidade pela conservação da coisa, obriga o credor a ressarcir as despesas empregadas em conservá-la e sujeita-o a recebê-la pela estimação mais favorável ao devedor, se o seu valor oscilar entre o dia estabelecido para o pagamento e o da sua efetivação".

Isto quer dizer que se o devedor não agir com dolo em face da mora do credor ficará isento da responsabilidade pela conservação da coisa. O credor deverá ressarcir o devedor das despesas empregadas na conservação da coisa. Em referência à palavra "dolo" como pressuposto da reparação, explica ARNALDO RIZZARDO que "o devedor pratica um ato que deteriora o bem, causando prejuízos, como quando voluntariamente não alimenta os animais que estão em seu depósito, ou deliberadamente não conserva os bens perecíveis acondicionados em compartimentos apropriados. Ora, no mesmo dispositivo está assegurado o direito ao ressarcimento às despesas necessárias para a conservação, levando a exigir dele os meios usuais ou as medidas recomendáveis para a conservação. Não se estende a susência de dolo a quem não alimenta o gado, ou não dá o tratamento veterinário reclamado no caso de moléstias. Igualmente, não favorece a norma aquele que não protege das intempéries os bens. O sentido do termo "dolo" abrange a ausência de medidas conservatórias, ou de providências necessárias a manter o bem no estado em que se encontrava. Não envolve apenas aqueles atos que requerem investimentos vultosos, como pinturas do prédio, constante revisão de um equipamento, substituição de peças e outras conservações que reclamam altos custos, insuportáveis pela sua condição econômica. Não pretendeu o legislador assentar a responsabilidade apenas para os atos dirigidos propositadamente para deteriorar a coisa, como a voluntária aplicação de alimento inapropriado a animais, ou o uso irregular de um veículo, sem a lubrificação do motor".[11]

O credor em mora responde ainda pela oscilação eventual do preço. Neste caso, o credor deverá recebê-lo pela estimação mais favorável ao devedor, se o seu valor oscilar entre o dia estabelecido para o pagamento e o da sua efetivação.

11 RIZZARDO, Arnaldo. *Direito das obrigações*. 3. ed. Rio de Janeiro: Forense, 2007, p. 488.

26.4.3. Mora simultânea e mora sucessiva

A *mora simultânea* é aquela que consiste na mora do devedor e do credor ao mesmo tempo. Está não se encontra prevista no Código Civil de 2002. Neste caso, a mora de um é anulada pela mora do outro, não podendo se exigir nada entre ambos.

Já a *mora sucessiva* é aquela que ocorre, por exemplo, quando o devedor não realiza o pagamento conforme acordado com o credor e quando aquele for realizar o pagamento, este se recusa em recebê-lo injustificadamente. Neste caso, devem-se impor as consequências da mora a cada um deles, em cada caso determinado.

26.5. Purgação da Mora

Prevê o nosso Código Civil, por meio do artigo 401, a possibilidade de o credor e o devedor purgarem a mora, ou seja, o devedor e o credor podem fazer cessar os seus atos, pagando a prestação ou aceitando-a na forma de seu oferecimento, respectivamente.

Determina o artigo 401 do nosso Código Civil que "Purga-se a mora: I – por parte do devedor, oferecendo este a prestação mais a importância dos prejuízos decorrentes do dia da oferta; II – por parte do credor, oferecendo-se este a receber o pagamento e sujeitando-se aos efeitos da mora até a mesma data".

O devedor moroso estará purgando a mora quando finalmente oferecer a prestação ao credor e este a aceitar. Já o credor estará purgando a sua mora se deixar de opor obstáculos ao pagamento e receber a prestação.

A emenda da mora pelo devedor depende do consentimento do credor, já que esta somente poderá ser realizada se a prestação ainda for útil ao credor. Se o credor entender que a prestação em razão do atraso imputado ao devedor perdeu o seu interesse econômico, a mora se converterá em inadimplemento absoluto. Melhor dizendo: o credor não poderá ser compelido pelo devedor a aceitar a purgação da mora. Todavia, existem exceções. Por exemplo, na Lei do Inquilinato, a purgação da mora pelo devedor é uma faculdade assegurada ao locatário do imóvel urbano a de emendar a mora para evitar o despejo. É uma faculdade do locatário, condicionada "por duas vezes nos doze meses imediatamente anteriores à propositura da ação". Purga-se a mora, também, nos casos de alienação fiduciária (Decreto-Lei nº 911/69, art. 3°). Vejamos: "Não se afasta a incidência do art. 3°, § 1°, do Decreto-Lei n° 911/69, que permite a purgação da mora nos contratos de alienação fiduciária, quando pago no mínimo 40% do preço financiado, em virtude do art. 6°, VI, e 53, I. CAPUT, i, do Código de Defesa do Consumidor (Lei n° 8.078/90).

Precedente citado: EREsp 129.732-RJ. REsp 181.354-SP, Rel. Min. Sálvio de Figueiredo, julgado em 29.2.2000".

Da mesma forma, é possível a purgação da mora nos contratos de arrendamento rural. Vejamos a decisão do Ministro Jorge Scartezzini, julgado em 9.3.2006, no Recurso Especial 399.222-GO: "No contrato de arrendamento rural, quando o arrendatário não cumpre as obrigações assumidas e não paga as sacas de cereais colhidos na área arrendada, dá ensejo à interposição de ação de despejo e não de reintegração de posse. Ora, o art. 32, parágrafo único, do Dec. n° 59.566/1966, que disciplina a ação de despejo neste caso, autoriza o arrendatário, no caso do item III, *caput*, requerer, no prazo da contestação, a purgação da mora, impedindo, dessa maneira, a rescisão do contrato. Contudo, na ação reintegratória de posse, não cabe ao arrendatário exercer aquele direito. Assim, a Turma conheceu do recurso e deu-lhe provimento para cassar o acórdão dos embargos declaratórios e restabelecer o aresto da apelação. Precedente citado: AgRg na MC 1.407-SP, DJ 14.6.1999".

Até que momento poderá ser purgada a mora? Em tese, a qualquer tempo, desde que não cause dano ao parceiro contratual.

26.6 Purga da mora – alienação fiduciária

"Em contrato de arrendamento mercantil de veículo automotor – com ou sem cláusula resolutiva expressa -, a purgação da mora realizada nos termos do art. 401, I, do CC deixou de ser possível somente a partir de 14/11/2014, data de vigência da Lei 13.043/2014, que incluiu o § 15° do art. 3° do Decreto-Lei n° 911/1969. De fato, a Lei n° 6.099/1974 – que dispõe sobre o arrendamento mercantil – é omissa quanto à possibilidade de purgação da mora nesse tipo de contrato. Diante disso, a jurisprudência do STJ (REsp 228.625-SP, Terceira Turma, DJ 16/2/2004; e AgRg no REsp 329.936-SP, Quarta Turma, DJ 12/5/2003) admitia a possibilidade de purgação da mora em contrato de arrendamento mercantil, ainda que contemplasse cláusula resolutiva expressa, invocando, como base, a regra geral do CC/1916, ou a regra geral do CC/2002, ou o CDC, ou, por analogia, o disposto no art. 1.071 do CPC (nas vendas a crédito com reserva de domínio), ou o art. 3° do Decreto-Lei n° 911/1969, com redação anterior à Lei n° 10.931/2004. Diferentemente, em relação ao financiamento garantido por alienação fiduciária, os §§ 1° e 3° do art. 3° do Decreto-Lei n° 911/1969, em suas redações originais, garantiam ao devedor a purgação da mora, desde que observados certos limites. Contudo, com o advento da Lei n° 10.931/2004, alterou-se o art. 3° do Decreto-Lei n° 911/1969 para coibir a purgação da mora nos contratos garantidos por alienação fiduciária. Nesse contexto, o § 2° desse dispositivo passou a prever que "No prazo do § 1°, o devedor fiduciante poderá pagar a integralidade da dívida pendente, segundo os valores apresentados pelo credor fiduciário na inicial, hipótese na qual o bem lhe será restituído livre do ônus". Essa modificação legislativa, inclusive, foi alvo de amplo debate no STJ, que passou a declarar o fim da purgação da mora nos contratos de financiamento com garantia de alienação fiduciária, ao firmar, para fins do art. 534-C do CPC (REsp 1.418.593-MS, Segunda Seção, DJe 27/5/2014), o seguinte entendimento: "Nos contratos firmados na vigência da Lei nº 10.931/2004, compete ao devedor, no prazo de 5 (cinco) dias após a execução da liminar na ação de busca e apreensão, pagar a integralidade da dívida – entendida esta como os valores apresentados e comprovados pelo credor na inicial –, sob pena de consolidação da propriedade do bem móvel objeto de alienação fiduciária". Ocorre que, em 14/11/2014, entrou em vigor a Lei 13.043/2014, que incluiu o § 15º do art. 3º do Decreto-Lei nº 911/1969, segundo o qual as "disposições deste artigo aplicam-se no caso de reintegração de posse de veículos referente às operações de arrendamento mercantil previstas na Lei nº 6.099, de 12 de setembro de 1974". Dessa forma, estabeleceu-se, a partir de então, a aplicação das demais disposições do art. 3º do Decreto-Lei nº 911/1969 (direcionadas à alienação fiduciária) à reintegração de posse de veículos objeto de arrendamento mercantil. Nessa conjuntura, a Terceira Turma do STJ (REsp 1.507.239-SP, DJe 11/3/2015) estabeleceu ser aplicável ao contrato de arrendamento mercantil de bem móvel o mesmo entendimento fixado, para fins do art. 534-C do CPC, no referido REsp 1.418.593-MS. Todavia, deve-se ressaltar que, na forma do disposto nos arts. 1º, *caput*, 2º, *caput* e § 2º, da LINDB, a alteração promovida pela Lei 13.043/2014 – que coibiu a purgação da mora no contrato de arredamento mercantil de veículo automotor – somente passou a incidir a partir de 14/11/2014, data de sua publicação. Portanto, até a data da inclusão do aludido § 15º, a norma que disciplinava a purgação da mora no contrato de arrendamento mercantil de veículo automotor era a do art. 401, I, do CC/2002." REsp 1.381.832-PR, Rel. Min. Maria Isabel Gallotti, julgado em 5/11/2015, DJe 24/11/2015.

DIREITO CIVIL. IMPOSSIBILIDADE DE PURGAÇÃO DA MORA EM CONTRATOS DE ALIENAÇÃO FIDUCIÁRIA FIRMADOS APÓS A VIGÊNCIA DA LEI 10.931/2004. RECURSO REPETITIVO (ART. 543-C DO CPC E RES. 8/2008-STJ). Nos contratos firmados na vigência da Lei nº 10.931/2004, que alterou o art. 3º, §§ 1º e 2º, do Decreto-Lei nº 911/1969, compete ao devedor, no prazo de cinco dias após a execução da liminar na ação de busca e apreensão, pagar a integralidade da dívida – entendida esta como os valores apresentados e comprovados pelo credor na inicial –, sob pena de consolidação da propriedade do bem móvel objeto de alienação fiduciária. De início, convém esclarecer que a Súmula 284 do STJ, anterior à Lei nº 10.931/2004, orienta que a purgação da mora, nos contratos de alienação fiduciária, só é permitida quando já pagos pelo menos 40% (quarenta por cento) do valor financiado. A referida súmula espelha a redação primitiva do § 1º do art. 3º do Decreto-Lei nº 911/1969, que tinha a seguinte redação: "Despachada a inicial e executada a liminar, o réu será citado para, em três dias, apresentar contestação ou, se já houver pago 40% (quarenta por cento) do preço financiado, requerer a purgação de mora." Contudo, do cotejo entre a redação originária e a atual – conferida pela Lei nº 10.931/2004 -, fica límpido que a lei não faculta mais ao devedor a purgação da mora, expressão inclusive suprimida das disposições atuais, não se extraindo do texto legal a interpretação de que é possível o pagamento apenas da dívida vencida. Ademais, a redação vigente do art. 3º, §§ 1º e 2º, do Decreto-Lei nº 911/1969 estabelece que o devedor fiduciante poderá pagar a integralidade da dívida pendente e, se assim o fizer, o bem lhe será restituído livre de ônus, não havendo, portanto, dúvida acerca de se tratar de pagamento de toda a dívida, isto é, de extinção da obrigação. Vale a pena ressaltar que é o legislador quem está devidamente aparelhado para apreciar as limitações necessárias à autonomia privada em face de outros valores e direitos constitucionais. A propósito, a normatização do direito privado desenvolveu-se de forma autônoma em relação à Constituição, tanto em perspectiva histórica quanto em conteúdo, haja vista que o direito privado, em regra, disponibiliza soluções muito mais diferenciadas para conflitos entre os seus sujeitos do que a Constituição poderia fazer. Por isso não se pode presumir a imprevidência do legislador que, sopesando as implicações sociais, jurídicas e econômicas da modificação do ordenamento jurídico, vedou para alienação fiduciária de bem móvel a purgação da mora, sendo, pois, a matéria insuscetível de controle jurisdicional infraconstitucional. Portanto, sob pena de se gerar insegurança jurídica e violar o princípio da tripartição dos poderes, não cabe ao Poder Judiciário, a pretexto de interpretar a Lei nº 10.931/2004, criar hipótese de purgação da mora não contemplada pela lei. Com efeito, é regra basilar de hermenêutica a prevalência da regra excepcional, quando há confronto entre as regras específicas e as demais do ordenamento jurídico. Assim, como o CDC não regula contratos específicos, em casos de incompatibilidade entre a norma consumerista e a aludida norma específica, deve prevalecer essa última, pois a lei especial traz novo regramento a par dos já existentes. Nessa direção, é evidente que as disposições previstas no CC e no CDC são aplicáveis à relação contratual envolvendo alienação fiduciária de bem móvel, quando houver compatibilidade entre elas. Saliente-se ainda que a alteração operada pela Lei nº 10.931/2004 não alcança os contratos de alienação fiduciária firmados anteriormente à sua vigência. De mais a mais, o STJ, em diversos precedentes, já afirmou que, após o advento da Lei nº 10.931/2004, que deu nova redação ao art. 3º do Decreto-Lei nº 911/1969, não há falar em purgação da mora, haja vista que, sob a nova sistemática, após o decurso do prazo de 5 (cinco) dias contados da execução da liminar, a propriedade do bem fica consolidada em favor do credor fiduciário, devendo o devedor efetuar o pagamento da integralidade do débito remanescente a fim de obter a restituição do bem livre de ônus. Precedentes citados: AgRg no REsp 1.398.434-MG, Quarta Turma, DJe

11/2/2014; e AgRg no REsp 1.151.061-MS, Terceira Turma, DJe 12/4/2013. REsp 1.418.593-MS, rel. min. Luis Felipe Salomão, julgado em 14/5/2014.

26.7. Direito Comparado

CC PORTUGUÊS. ARTIGO 438° (Mora da parte lesada). A parte lesada não goza do direito de resolução ou modificação do contrato, se estava em mora no momento em que a alteração das circunstâncias se verificou.

CC PORTUGUÊS. ARTIGO 813° (Requisitos). O credor incorre em mora quando, sem motivo justificado, não aceita a prestação que lhe é oferecida nos termos legais ou não pratica os actos necessários ao cumprimento da obrigação.

CC PORTUGUÊS. ARTIGO 814° (Responsabilidade do devedor). 1. A partir da mora, o devedor apenas responde, quanto ao objecto da prestação, pelo seu dolo; relativamente aos proventos da coisa, só responde pelos que hajam sido percebidos. 2. Durante a mora, a dívida deixa de vencer juros, quer legais, quer convencionados.

CC PORTUGUÊS. ARTIGO 815° (Risco). 1. A mora faz recair sobre o credor o risco da impossibilidade superveniente da prestação, que resulte de facto não imputável a dolo do devedor. 2. Sendo o contrato bilateral, o credor que, estando em mora, perca total ou parcialmente o seu crédito por impossibilidade superveniente da prestação não fica exonerado da contraprestação; mas, se o devedor tiver algum benefício com a extinção da sua obrigação, deve o valor do benefício ser descontado na contraprestação.

CC PORTUGUÊS. ARTIGO 816° (Indenização). O credor em mora indemnizará o devedor das maiores despesas que este seja obrigado a fazer com o oferecimento infrutífero da prestação e a guarda e conservação do respectivo objecto.

Capítulo 27

DAS PERDAS E DANOS

27.1. Conceito

Perdas e danos são a indenização imposta àquele que não cumpriu sua obrigação ou não a cumpriu no tempo, lugar e forma que a lei ou a convenção estabelecer.

O dano pode ser considerado *material* ou *imaterial* (moral). De acordo com BEVILÁQUA, dano, "em sentido amplo, é toda a diminuição dos bens jurídicos da pessoa. Se recai essa diminuição, diretamente, sobre o patrimônio, o dano é *patrimonial*; se refere ao lado íntimo da personalidade (a vida, a honra, a liberdade), é *moral*".[1]

Assim, o *dano* é a lesão a um bem jurídico, e pode ser classificado como dano material ou patrimonial e dano imaterial ou moral.

27.2. Dano Moral

Em apontamentos inéditos, ANTÔNIO CAMPOS RIBEIRO traça breve estudo de direito comparado relativo ao dano moral. Vejamos as suas lições:

a. Direito francês – Adota-se como artigo-chave para a indenização do dano moral o artigo 1.382 do Código Civil francês, que não distingue na sua redação tratar-se de dano material ou moral, quando determina que qualquer fato praticado por uma pessoa, que cause dano a outrem, obriga-a a reparar tal dano. Especificamente, o dano moral tem previsibilidade no artigo 117 do Código Penal, 179 do Código Civil e 246 e outros do Código de Processo Civil.

Podemos destacar o importante papel representado pelas Constituições francesas no tocante à proteção dos direitos da personalidade, como a Constituição de 4.10.58, quando proclamou, em seu preâmbulo, a adesão aos princípios da Declaração de Direitos do Homem de 1789. Esta orientação foi complementada pela Lei nº 643, de 17.7.70, que assegura ao indivíduo o respeito de sua vida privada, referendando-se o disposto na Lei de Imprensa de 29.7.1881, arts 29 e 32, e a lei sobre a justiça de paz (art. 6), que permitem a reclamação de perdas e danos no caso de ilícito difamatório.

1 BEVILÁQUA, Clóvis. *Código civil comentado*. Vol. IV. Rio de Janeiro: Rio, 1976, p. 175-176.

b. Direito espanhol – O seu Código Civil de 1890, no artigo 1.902, mantido inalterável até o presente momento, sofreu clara influência do artigo 1.382 do Código Civil francês quando declara que aquele que por ação venha causar dano a outrem, agindo com culpa e negligência, está obrigado a reparar o dano causado, sem estabelecer distinção entre dano material ou moral. A jurisprudência tem exercido uma função importante na caracterização do dano moral, destacando-se a posição do Tribunal Supremo da Espanha de que os danos morais são sempre ressarcíveis.

A Constituição espanhola de 27.12.78, no Cap. II, Título I, Seção 1ª, cuidando dos direitos fundamentais e das liberdades públicas, determinou no seu artigo 10: a dignidade da pessoa, os direitos invioláveis que lhes são inerentes, o livre desenvolvimento da personalidade, o respeito à lei e aos direitos dos demais, são fundamento da ordem política e da paz social e, no artigo 18, complementa que se garantirá o direito à honra, à intimidade pessoal e familiar e à própria imagem. Complementa-se a garantia destes direitos com o disposto no artigo 53, Cap. IX, do mesmo Título II: "Os direitos e liberdades reconhecidos no Cap. II do presente Título vinculam todos os poderes públicos. Somente por lei, que em todos os casos deverá respeitar seu conteúdo essencial, poderá regulamentar o exercício de tais direitos e liberdades que se tutelarão de acordo com o previsto no artigo 161, I, A.

c. Direito italiano – A indenização pelo dano moral lastreia-se no art. 2.059 do Código Civil que prescreve que o dano não patrimonial deverá ser ressarcido unicamente nos casos determinados pela lei, o que, embora por tal redação possa entender-se extremamente limitado. A doutrina e a jurisprudência italianas vêm conseguindo estender a eficácia da limitação ali contida para que possam abranger situações jurídicas atualizadas.

Destacaríamos ainda o previsto no art. 185 do Código Penal que prevê reparação do prejuízo não patrimonial, e ainda, o que se destaca no Código Civil no Livro I, referente às pessoas e à família, como limitação dos atos de disposição do próprio corpo (art. 5°, tutela do direito ao nome e pseudônimo) arts 6° ao 9°, e proteção à imagem (art. 10). A Lei nº 11.723, de 22.4.41, que dispõe sobre a proteção do direito de autor e conexos, estabelece, no art. 97, que retratos não poderão, todavia, ser expostos ou colocados no comércio quando o retratado possa sofrer prejuízos em sua honra, reputação ou decoro. E, finalmente, destacaremos o papel fundamental na Constituição italiana de 1948, quando no seu artigo 2° destaca como princípios fundamentais os direitos invioláveis do homem, seja individualmente, seja nas formações sociais, acrescentando-se o conteúdo do artigo 3°, que determina que todo cidadão possui "igual dignidade social".

d. Direito português – A própria Constituição da República Portuguesa, promulgada em 1933, art. 8°, n° 17, declara ser uma das garantias dos cidadãos portugueses: "o direito de reparação de toda a lesão afetiva, conforme dispuser a lei, podendo esta, quanto a lesões de ordem moral, prescrever a reparação seja pecuniária e o Código de Processo Penal, no artigo 34, § 2°, determina ao juiz que quando a sentença for condenatória, seja obrigado a arbitrar, a favor dos ofendidos, ou de terceiros, quantias capazes de reparar perdas e danos, mesmo *ex officio*, atendidos os danos materiais e morais causados pelo delito.

O Código Civil português, no artigo 70, e, posteriormente, no artigo 71, III, protege a honra, pela forma indireta da tutela da imagem, ao preceituar que "o retrato não pode, porém, ser reproduzido, exposto ou lançado no comércio, se do facto resultar prejuízo para a honra, reputação ou simples decoro da pessoa". O art. 484 trata da ofensa ao crédito ou do bom nome: "quem afirmar ou difundir um facto capaz de prejudicar o crédito ou o bom nome de qualquer pessoa, singular ou coletiva, responde pelos danos causados".

e. Direito austríaco – Encontramos no Código Civil e em legislação extravagante disposições determinantes de reparações por danos morais, como se depreende do artigo 1.293 do Código Civil: "Dano é qualquer prejuízo levado a efeito contra a pessoa ou direito de alguém", permitindo-se, com tal disposição genérica, abrangerem-se tanto os danos materiais quanto os danos morais. Leve-se em conta ainda que no § 1.325, que se refere às lesões corporais, determina-se que se apliquem, nas indenizações, tanto as despesas comuns, de natureza material, bem como ficará obrigado o agente a pagar determinada quantia pela dor sofrida pelo lesado.

f. Direito argentino – Consagrou o dano moral no artigo 1.078 do seu Código Civil: "Se o fato for um delito do direito criminal, a obrigação de perdas e danos e também a do agravo moral que o delito houvesse causado à pessoa, causando-lhe dano em sua segurança pessoal ou no gozo de seus bens ou lesionando seus interesses legítimos". Complementando-se a fundamentação legal do dano moral, aplicam-se os artigos 1.068 e 1.078 do Código Civil, em que o primeiro dos acima citados determina que "haverá dano sempre que se cause a outrem um prejuízo suscetível de apreciação pecuniária, ou diretamente sobre as coisas objeto de seu domínio ou posse ou indiretamente, pelo mal causado à sua pessoa e a seus direitos ou faculdades".

g. Direito boliviano – O Código Civil da Bolívia (2.4.76), no seu artigo 21, expressamente prevê a proteção aos direito da personalidade, disciplinando-os especificamente, nos artigos 6 a 20 e, ao lado dos direitos da liberdade pessoal, nome, pseudônimo, imagem, intimidade etc., destacou, no artigo 17, o direito à honra.

h. Direito venezuelano – A reparação pelos danos morais está plenamente atendida no artigo 1.196 do Código Civil de 1942, no qual se impõe que a reparação por danos estende-se tanto aos prejuízos patrimoniais como ainda também, unicamente, aos morais.

i. Direito colombiano – O Código Civil, no artigo 1.494, reconhece como fonte de obrigação o fato injurioso ao determinar que as obrigações constituem-se, também, por consequência de um fato em que haja injúria ou dano a outra pessoa como nos delitos. A Constituição colombiana reconheceu como direito fundamental, em seu artigo 16, a proteção da honra ao instituir a proteção de todas as pessoas residentes na Colômbia e sua vida, honra e bens.

j. Direito chileno – O Código Civil, no seu artigo 2.331, determina que as imputações injuriosas contra a honra ou crédito de uma pessoa dar-lhe-ão direito de demandar indenização pecuniária ou lucro cessante que possa apreciar-se em dinheiro, porém, não terá direito a nenhuma indenização pecuniária, caso seja provada verdadeira a imputação. A proteção da lesão ao bem da honra fixou-se na Constituição chilena – Decreto nº 1.345, de 8.10.81, art. 19: "A Constituição assegura a todas as pessoas: 4° – O respeito e proteção à vida provada e pública e à honra da pessoa e de sua família" e, no artigo seguinte, reconhece e assegura ao acusado criminal, se absolvido, o direito à indenização pelos prejuízos efetivos ou meramente morais que houver sofrido injustamente (art. 20).

k. Direito brasileiro – Poderíamos distinguir duas fases na análise do direito moral em nosso país. Até a Constituição Federal de 1988, a jurisprudência dominante e praticamente unificada apenas fixava em julgamentos de responsabilidade civil, uma parcela referente a danos morais, como complemento da reparação de danos materiais e, desta forma, jamais se admitia a possibilidade da fixação de valores indenizatórios, apenas e unicamente por danos morais, estes sempre tinham uma posição secundária, conexa e subordinada à verificação comprovada de um dano material. Tal posição cristaliza-se de forma inequívoca em julgados em que eram vítimas menores, seja pela sua morte, seja por lesões corporais que lhes causavam deformidades ou impossibilidades laborativas, ou lesões de natureza permanente em que se negava qualquer indenização, se tais menores não concorressem com seu trabalho para a economia doméstica. Tal situação sofreu uma modificação radical por força da Súmula 491 do STF: "É indenizável o acidente que cause a morte de filho menor, ainda que não exerça trabalho remunerado". A partir desta Súmula, tomaram-se, ainda que timidamente, nos pretórios nacionais, algumas decisões em que se reconheciam indenizações a menores que não concorriam para a economia doméstica e, por extensão, algumas decisões a favor de pessoas maiores, APENAS por lesões sem repercussão patrimonial.

No entanto, apenas com a CF de 88, no seu art. 5°, incisos V e X, instituiu-se, obrigatoriamente, a indenização, única, do dano moral, portanto independentemente de qualquer dano patrimonial conexo. No entanto, os tribunais ainda resistiam a tal realidade, passando a negar, em numerosa quantidade de julgados, a possibilidade de cumulação do dano material e do dano moral pelo mesmo fato. De tal ordem foram as decisões em sua quantidade, que se tornou imprescindível prolatar-se a Súmula n° 37 do STJ: "São cumuláveis as indenizações por dano material e dano moral oriundos do mesmo fato".

Mas ainda não estava vencida integralmente a batalha pela implantação definitiva do dano moral em toda a sua potencialidade, haja vista a quantidade de julgados que entendia da impossibilidade de cumular-se a responsabilidade civil do empregador por dolo ou culpa pelos acidentes de trabalho de que eram vítimas os empregados, se estes já tivessem percebido a indenização acidentária. Tornou-se imprescindível, mais uma vez, a sumulação do STF n° 229, *in verbis*: "A indenização acidentária não exclui a do Direito comum em caso de dolo ou culpa grave do empregador".

No entanto, o que me parece de maior gravidade nas decisões judiciais dos tribunais brasileiros, que envolvam a indenização por dano moral, são alegações reiteradas no sentido de evitar "a indústria do dano moral" ou, "enriquecimento sem causa" dos lesados. Tais alegações, parecem-me, no entanto, totalmente divorciadas da realidade socioeconômica do mundo atual. A fixação de valores para indenização de tais danos, com base nos entendimentos acima, é verdadeiramente ridícula, funciona como incentivo aos agentes lesivos diante da sua insignificância, que representa como forma de punibilidade, que, regra geral, funciona ao contrário... Fica barato a uma organização comercial, industrial ou mesmo pública desrespeitar os direitos da personalidade dos cidadãos diante das irrisórias quantias que lhes poderão ser determinadas como penas. São penas, sim, para os lesados...

Basta fazermos algumas comparações de fatos semelhantes ocorridos no Brasil e nos Estados Unidos. Veja-se a decisão oriunda da 3ª Turma do STJ, em março de 2001, por condenação a um comerciário do Rio de Janeiro agredido verbalmente por ofensas de natureza racista em 16.9.1997, quando instalava um portão eletrônico no Grajaú. O ofensor aproximou-se e fez comentários contra a instalação do portão e, diante da ponderação do comerciário, ouviu as seguintes agressões verbais: "Eu não sou minoria, você sim, seu preto, que é" , e acrescentou, em seguida: "aliás, você é maioria, pois sua bolsa e a grade são pretas". Em primeiro grau, na 21ª Vara Cível, a sentença condenou o réu na importância equivalente a 25 salários mínimos acrescidos do pagamento dos honorários do advogado e do pagamento das custas. O pedido do comerciário havia sido de 200 salários. O Tribunal de Justiça negou a apelação e declarou que as dívidas com o advogado deveriam ser repartidas com as duas partes, e a 3ª Turma ratificou o entendimento, mantendo o valor da condenação que, na ocasião, correspondeu a R$ 5.500,00.

No ano de 2000, nos Estados Unidos, funcionários negros da Coca-Cola foram preteridos com relação aos brancos que exerciam a mesma função nas provas de promoção e ingressaram com uma ação judicial de indenização por violação do seu direito de igualdade racial. A Coca-Cola, na Corte Federal americana, em Atlanta, ofereceu aos empregados (por volta de 20 mil funcionários) a quantia de 192 milhões e 500 mil dólares, para estabelecer um acordo que, aceito, propiciou a cada funcionário cerca de 95.000 dólares, além do que gastou mais 113 milhões de dólares em indenizações diretas e mais 43 milhões e 500 mil dólares no aumento de salários. Concordou também em criar, ao custo de 36 milhões de dólares, um grupo de supervisores, com 7 (sete) membros que, durante 4 (quatro) anos, vai monitorar as práticas trabalhistas na Coca-Cola. Comparem-se os valores das indenizações pelo mesmo fato...

No mesmo diapasão, a agência de modelos Elite, de Nova Iorque, foi condenada, no dia 14 de maio de 2003, a pagar multa de 5 milhões e 300 mil dólares à sua ex-funcionária Victória Gallegos, face a tê-la demitido porque esta reclamou contra fumaça de cigarro no local de trabalho porque é asmática. De acordo com o júri da Corte do Estado de Nova Iorque, a Elite violou a Lei de Direitos Humanos ao demitir uma funcionária em razão de seus problemas de saúde. Em comparação, a distribuidora farmacêutica Panarello Ltda., de Belo Horizonte, Minas Gerais, terá de pagar indenização por danos morais no valor de 20 mil reais a um ex-empregado por submetê-lo diariamente a revista íntima como forma de coibir o furto de medicamentos. A condenação foi imposta pela 2ª Turma do Tribunal Superior do Trabalho, em dezembro de 2003, que acolheu recurso do empregado contra decisão do Tribunal Regional do Trabalho de Minas Gerais que havia considerado a prática compatível com a atividade da empresa. Segundo o TRT/MG, o procedimento de revista era praticado respeitosamente, além de ser necessário para o bem da sociedade, já que grupos que atuam no crime organizado têm interesse na aquisição clandestina de psicotrópicos, para tráfico ou falsificação de remédios. O relator do recurso, o juiz convocado Samuel Corrêa Leite, afirmou que não há circunstância que autorize o empregador a proceder à revista de seus empregados, quanto mais se ela os constrange – obriga-os a despirem-se, completamente –, por mais respeitosa que seja a conduta do preposto responsável pela vistoria.

Na Bélgica, a empresa pública de Correios a Poste foi condenada por incitar o suicídio de um jovem funcionário de 130 quilos de peso, submetido a assédio moral em seu ambiente de trabalho. A decisão foi anunciada em janeiro de 2004 pelo Tribunal Correcional de Bruxelas, que condenou a Poste e 5 (cinco) empregados seus, considerando que o assédio moral ao qual foi submetido o jovem que se suicidou em 2000 "foi o motivo direto de sua morte". A condenação foi para a empresa de correios equivalente a 238 mil euros (850 mil reais) enquanto o chefe da agência bruxelense e outros 4 (quatro) empregados foram sentenciados a penas entre 22 e 18 meses de prisão, com suspensão de cumprimento e diversas multas.

Um tribunal da Flórida decidiu que um homem que teve a genitália queimada com café fervente, num restaurante da Disneyworld, receberia uma indenização de 668 mil dólares em 12 de setembro de 2003. A vítima, de 33 anos, sofreu as queimaduras no dia 7 de outubro de 2001, quando estava no restaurante do parque da Disney, em Orlando, e sofreu queimaduras na pele da genitália e na entrecoxa. Ressalte-se que, pelo mesmo fato, ocorrido em

1994, Stela Liebeck sofreu queimadura provocada pela queda de jarra de café fervente, num restaurante da cadeia McDonald's, na cidade de Albuquerque, no Estado do Novo México, e recebeu indenização no valor de 2 milhões e 900 mil dólares, que foi reduzida para 640 mil dólares depois de um recurso e um acordo fora do tribunal.

A Arquidiocese Católica de Boston chegou a um acordo para encerrar 552 processos por abusos sexuais cometidos por padres em troca do pagamento de 85mlhões de dólares de indenizações. Os abusos sexuais na Arquidiocese de Boston deixaram mais de mil vítimas e, segundo os termos do acordo divulgados por advogados, cada vítima deverá receber entre 80 mil e 300 mil dólares, dependendo do tipo e da frequência de abusos a que tiver sido submetida (ano de 2004).

Enquanto isto, no Brasil, a 9ª Câmara Cível do TJ/RS deu provimento à apelação de uma consumidora que iniciou a degustação de um chocolate contendo larvas incrustadas e detectadas no momento em que iniciava a citada degustação, sendo a ré Kraft Foods do Brasil S.A. condenada a pagar indenização por dano moral de 10 salários mínimos à apelante. (28.7.2005). A empresa alegou não existir o dano moral, já que este não acontece pelo simples fato de o produto estar com defeito. Assegurou que é impossível a infestação ser proveniente da fábrica e que o acontecimento só pode ter acontecido nos estoques dos pontos de venda ou mesmo quando estava no poder da consumidora.

No entanto, às vezes, até nos surpreendemos com algumas decisões em que o lesado é melhor contemplado do que usualmente ocorre no Brasil. Assim, por exemplo, o acórdão oriundo do Tribunal de Justiça do Distrito Federal, no dia 30 de março de 2005, pelo qual o Banco Bradesco, neste local, foi condenado a pagar, com base no Código de Defesa do Consumidor, artigo 14, 30 mil reais de indenização a sua cliente que foi vítima de um atentado de natureza sexual, dentro da agência, quando um indivíduo postou-se atrás dela, na fila do caixa e, masturbando-se, ejaculou na sua roupa. No entanto, em janeiro de 2003, um negociante de obras de arte, dono de uma galeria no Shopping da Gávea, e seu irmão foram condenados por racismo, por ofender um ex-segurança do mesmo shopping, na 1ª Vara Cível do Rio de Janeiro, sendo a condenação de 150 salários mínimos para cada um dos ofensores. O autor, que trabalhava como segurança no shopping, pediu aos convidados que desocupassem determinada área do referido empreendimento, quando foi ofendido pelos comerciantes com as expressões de: "cocô de gente" e "tinha que ser preto".

27.3. Dano Emergente, Lucro Cessante e Perda de uma Chance

O artigo 402 do Código Civil preceitua que "salvo as exceções expressamente previstas em lei, as perdas e danos devidos ao credor abrangem, além do que ele efetivamente perdeu, o que razoavelmente deixou de lucrar".

Daí é possível afirmar que a indenização compreende o *dano emergente* e o *lucro cessante*. O dano emergente é o dano que ocasionou efetiva diminuição patrimonial da vítima. O *lucro cessante* é aquilo que a credor "razoalvelmente deixou de lucrar" face ao inadimplemento.

Como subespécie de dano emergente temos a "perda de uma chance". SÉRGIO SAVI, com base no estudo da teoria da perda de uma chance na França e na Itália, conceitua perda de uma chance como "a perda da oportunidade de obter uma vantagem ou de evitar um prejuízo". O autor destaca o exemplo clássico do advogado que perde o prazo para interpor recurso de apelação contra a sentença contrária aos interesses de seu constituinte.[2]

Em relação a perdas e danos, destaca-se a decisão do Tribunal de Justiça do Estado do Rio Grande do Sul: "APELAÇÃO CÍVEL. DIREITO PRIVADO NÃO ESPECIFICADO. POSSE E PROPRIEDADE DE BENS MÓVEIS. AÇÃO DE INDENIZAÇÃO. PERDAS E DANOS. DANOS MORAIS. Consoante se extrai do art. 402 do Código Civil, as perdas e danos devidos ao credor abrangem, além do que ele efetivamente perdeu, o que razoavelmente deixou de lucrar. Na hipótese, a pretensão do autor se funda unicamente no inadimplemento contratual, sem comprovar o efetivo prejuízo sofrido com este, desvelando a inviabilidade de se aferir a extensão das alegadas perdas e danos. Valor fixado pela sentença mantido por força do princípio do *ne reformatio in pejus*. INDENIZAÇÃO POR DANOS MORAIS. INEXECUÇÃO CONTRATUAL. INVIABILIDADE. Resolvendo-se os contratos não cumpridos em perdas e danos, em cujo conceito legal se inserem apenas os efetivos prejuízos materiais e os lucros cessantes, na forma do art. 402 do CCB, conclui-se que os danos morais, de índole extrapatrimonial, não se constituem, em regra, parcela indenizável pela inexecução contratual. Ausência de prova de abalo psicológico que extrapole o limite dos aborrecimentos a que todos estão sujeitos nas relações interpessoais provenientes da vida em sociedade. NEGADO PROVIMENTO AO RECURSO. UNÂNIME (Apelação Cível N° 70017427964, Décima Oitava Câmara Cível, Tribunal de Justiça do RS, Relator: Pedro Celso Dal Pra, julgado em 14.12.2006)".

27.4. Da Extensão da Indenização

O artigo 403 do CCB de 2002 trata da extensão da indenização. Diz o texto legal que "ainda que a inexecução resulte de dolo do devedor, as perdas e danos só incluem os prejuízos efetivos e os lucros cessantes por efeito dela direto e imediato, sem prejuízo no disposto na lei processual".[3]

Isso quer dizer que o devedor se responsabiliza pelos danos diretos e imediatos que tenha causado ao credor, em consequência de seus atos. Deve haver uma relação de causalidade entre os danos cometidos ao credor e os

2 SAVI, Sérgio. Inadimplemento das obrigações, mora e perdas e danos. In: TEPEDINO, Gustavo. *Obrigações:* estudos na perspectiva civil-constitucional. Rio de Janeiro: Renovar, 2005, p. 480-482.

3 Correspondente ao artigo 1.060 do CCB/1916.

atos praticados pelo devedor. O *nexo de causalidade* ou *nexo causal* é a relação entre o fato (causa) e o dano ocorrido (efeito). O nexo de causalidade é elemento essencial nos casos de indenização, já que a responsabilidade civil existe a partir da existência do nexo causal entre o fato e o resultado danoso.

Assim, o devedor responderá somente pelos danos que se vinculem ao seu ato. LACERDA DE ALMEIDA afirma que "os prejuízos efetivos e os lucros cessantes mesmo no caso de dolo não podem ser matéria de fantasia do credor".[4]

Neste diapasão, o Código Civil espanhol, no artigo 1.107, trata a questão da seguinte forma: "Los danos y perjuicios de que responde el deudor de buena fe son los previstos o que se hayan podido prever al tiempo de constituirse la obligación y que sean consecuencia necesaria de su falta de cumplimiento. En caso de dolo responderá el deudor de todos los que conocidamente se deriven de la falta de cumplimiento de la obligación".

A indenização pelos danos materiais segue, para sua apuração, a regra do artigo 402 do CC/2002 (perdas e danos), sendo que apenas os prejuízos provados pela vítima devem ser ressarcidos. A mera expectativa de realização de um negócio não é fato apto a dar causa à referida indenização. Neste sentido, a jurisprudência do TJRS: APELAÇÃO CÍVEL. ALIENAÇÃO FIDUCIÁRIA. AÇÃO DE INDENIZAÇÃO POR DANOS MORAIS E MATERIAIS. DA BOA-FÉ. Na ausência de registro da alienação fiduciária no prontuário do veículo junto ao DETRAN, que, se presente, importaria presunção absoluta de conhecimento, presume-se a boa-fé do adquirente. Entendimento desta Corte e do STJ. Assim, torna-se indevida a apreensão de automóvel pago à vista e sem averbação de restrição junto ao DETRAN. DOS DANOS MATERIAIS. A indenização pelos danos materiais segue, para sua apuração, a regra do artigo 402 do CC/2002 (perdas e danos), sendo que apenas os prejuízos provados pela vítima devem ser indenizados. DOS DANOS MORAIS. O dano moral é aquele que afeta os direitos da personalidade (honra, dignidade, intimidade, etc.) e tem por finalidade compensar os abalos psicológicos (internos e externos) sofridos por quem os postula e a restauração do equilíbrio afetado. Diante da apreensão indevida de veículo, o qual só foi restituído após o ajuizamento de demanda judicial, restam caracterizados os danos morais, merecendo a devida reparação. APELAÇÃO PROVIDA (Apelação Cível n° 70017515487, Décima Quarta Câmara Cível, Tribunal de Justiça do RS, relator: Judith dos Santos Mottecy, julgada em 7.12.2006).

27.5. Obrigações de Pagamento em Dinheiro. Indenização

De acordo com o artigo 404 do Código Civil brasileiro, "as perdas e danos, nas obrigações de pagamento em dinheiro, serão pagas com atualização monetária segundo índices oficiais regularmente estabelecidos, abrangendo

4 ALMEIDA. Lacerda de. *Dos efeitos das obrigações*. Rio de Janeiro: Freitas Bastos, 1934, p. 354.

juros, custas e honorários de advogado, sem prejuízo da pena convencional".

Acrescenta o parágrafo único do referido texto legal que "provado que os juros de mora não cobrem o prejuízo, e não havendo pena convencional, pode o juiz conceder ao credor indenização suplementar".

O referido parágrafo, sem correspondência ao Código Civil de 1916, foi acrescentado pelo Código Civil de 2002, para a hipótese dos juros de mora não bastarem para cobrir os prejuízos, assegurando-se, pois, uma indenização suplementar.

Por fim, vale lembrar que o termo inicial (termo *a quo*) na contagem dos juros de mora é estabelecido pela regra do artigo 405 do CCB da seguinte forma: "contam-se os juros de mora desde a citação inicial".

Em relação ao artigo 405, o Conselho da Justiça Federal, na III Jornada de Direito Civil, editou o Enunciado 163 que diz "Art. 405: A regra do art. 405 do novo Código Civil aplica-se somente à responsabilidade contratual e não aos juros moratórios na responsabilidade extracontratual, em face do disposto no art. 398 do novo CC, não afastando, pois, o disposto na Súmula 54 do STJ".[5]

---

5 Em ação monitória para a cobrança de débito decorrente de obrigação positiva, líquida e com termo certo, deve-se reconhecer que os juros de mora incidem desde o inadimplemento da obrigação se não houver estipulação contratual ou legislação específica em sentido diverso. De início, os juros moratórios são os que, nas obrigações pecuniárias, compensam a mora, para ressarcir o credor do dano sofrido em razão da impontualidade do adimplemento. Por isso, sua disciplina legal está inexoravelmente ligada à própria configuração da mora. É importante destacar que, por se tratar de direito disponível, as partes podem convencionar o percentual dos juros de mora e o seu termo inicial, hipótese em que se fala em juros de mora contratual. Quando, porém, não há previsão contratual quanto a juros, ainda assim o devedor estará obrigado ao pagamento de juros moratórios, mas na forma prevista em lei (juros legais). Quanto ao aspecto legal, o CC estabelece, como regra geral, que a simples estipulação contratual de prazo para o cumprimento da obrigação já dispensa, uma vez descumprido esse prazo, qualquer ato do credor para constituir o devedor em mora. Aplica-se, assim, o disposto no art. 397 do CC, reconhecendo-se a mora a partir do inadimplemento no vencimento (*dies interpellat pro homine*) e, por força de consequência, os juros de mora devem incidir também a partir dessa data. Assim, nos casos de responsabilidade contratual, não se pode afirmar que os juros de mora devem sempre correr a partir da citação, porque nem sempre a mora terá sido constituída pela citação. O art. 405 do CC ("contam-se os juros de mora desde a citação inicial"), muitas vezes empregado com o objetivo de fixar o termo inicial dos juros moratórios em qualquer hipótese de responsabilidade contratual, não se presta a tal finalidade. Geograficamente localizado em Capítulo sob a rubrica "Das Perdas e Danos", esse artigo disciplinaria apenas os juros de mora que se vinculam à obrigação de pagar perdas e danos. Ora, as perdas e danos, de ordinário, são fixadas apenas por decisão judicial. Nesse caso, a fixação do termo inicial dos juros moratórios na data da citação se harmoniza com a regra implícita no art. 397, *caput*, de que nas obrigações que não desfrutam de certeza e liquidez, a mora é *ex persona*, ou seja, constitui-se mediante interpelação do credor. Precedentes citados: REsp 1.257.846-RS, Terceira Turma, DJe 30/4/2012; e REsp 762.799-RS, Quarta Turma, DJe 23/9/2010. EREsp 1.250.382-PR, Rel. Min. Sidnei Beneti, julgado em 2/4/2014.

Capítulo 28

DOS JUROS LEGAIS

28.1. Conceito e Espécies

Os juros são os rendimentos do capital. São os frutos civis da coisa. Os juros dividem-se em compensatórios e moratórios, convencionais e legais, e simples e compostos.

Os *juros compensatórios* são os juros devidos em razão da utilização do capital de outra pessoa, enquanto os *juros moratórios* são os juros devidos em razão da mora.

Os *juros convencionais* são aqueles estipulados pelas partes contratantes, enquanto os *juros legais* são aqueles previstos ou impostos pela lei.

Os *juros simples* são os juros calculados sobre o capital inicial e os *juros compostos* são os juros devidos sobre o capital inicial acrescidos de juros, isto é, são os juros sobre juros.

28.2. Taxa de Juros

Em relação à *taxa legal de juros,* o artigo 406 determina que "quando os juros moratórios não forem convencionados, ou o forem sem taxa estipulada, ou quando provierem de determinação da lei, serão fixados segundo a taxa que estiver em vigor para a mora do pagamento de impostos devidos à Fazenda Nacional".[1]

Em relação ao disposto no artigo 406, o Conselho da Justiça Federal, nas I e III Jornadas de Direito Civil, publicou os seguintes enunciados:

a) Conselho da Justiça Federal – I Jornada de Direito Civil: CJF – Enunciado 20 – Art. 406: a taxa de juros moratórios a que se refere o art. 406 é a do art. 161, § 1°, do Código Tributário Nacional, ou seja, um por cento ao mês. A utilização da taxa SELIC como índice de apuração dos juros legais não é juridicamente segura, porque impede o prévio conhecimento dos juros; não é operacional, porque seu uso será inviável sempre que se calcularem somente juros ou somente correção mone-

1 Correspondente ao artigo 1.062 do CCB/1916.

tária; é incompatível com a regra do art. 591 do novo Código Civil, que permite apenas a capitalização anual dos juros, e pode ser incompatível com o art. 192, § 3°, da Constituição Federal, se resultarem juros reais superiores a doze por cento ao ano.

b) Conselho da Justiça Federal – III Jornada de Direito Civil: CJF – Enunciado 164 – Arts 406, 2.044 e 2.045: Tendo início a mora do devedor ainda na vigência do Código Civil de 1916, são devidos juros de mora de 6% ao ano, até 10 de janeiro de 2003; a partir de 11 de janeiro de 2003 (data de entrada em vigor do novo Código Civil), passa a incidir o art. 406 do Código Civil de 2002.

Não há, pois, uma referência expressa no artigo 406 quanto à taxa de juros legais, os juros moratórios.

28.2.1. Taxa Selic

A taxa SELIC (Sistema Especial de Liquidação e Custódia) é divulgada pelo Comitê de Política Monetária (COPOM) e possui grande importância na economia. Esta taxa é composta de juros remuneratórios e correção monetária e representa a taxa média de remuneração dos títulos públicos registrados no Sistema Especial de Liquidação e Custódia.

Uma corrente entende que a taxa a ser aplicada é a taxa SELIC. Vejamos a decisão do ministro Teori Albino Zavaski, no Recurso Especial 710.385-RJ, ao dizer que "JUROS MORATÓRIOS. ART. 406 DO CC/2002. TAXA SELIC. A Turma, ao prosseguir o julgamento, na hipótese de reparação de danos materiais e morais decorrentes da inexecução do contrato de fornecimento de energia elétrica, bem como do exercício abusivo de sua interrupção para fins de cobrança, entendeu, por maioria, que a taxa à qual se refere o art. 406 do CC/2002 é a Selic. O min. Teori Albino Zavascki, em seu voto-vista, o vencedor, sustentou que o art. 406, ao referir-se à taxa que estiver em vigor, expressa a opção do legislador em adotar uma taxa de juros variável, que pode ser modificada com o tempo. O art. 161, § 1°, do CTN, por sua vez, dispõe que a taxa de juros é de 1% ao mês se a lei não dispuser de modo diverso, o que denota sua natureza de norma supletiva, arredável por lei ordinária. O art. 13 da Lei n° 9.065/1995, ao referir-se ao art. 84 da Lei n° 8.981/1995, estabeleceu que, em casos de mora no pagamento de tributos arrecadados pela SRF, serão acrescidos juros equivalentes à Selic, e a utilização dessa taxa como juros de mora, em matéria tributária, foi confirmada por outras normas, tais como o art. 39, § 4°, da Lei n° 9.250/1995 (repetição ou compensação de tributos); art. 61, § 3°, da Lei n° 9.430/1996 e o art. 30 da Lei n° 10.522/2002.

Outrossim, o STJ tem aplicado a Selic em demandas tributárias ao reputá-la constitucional, e o STF, na Adi 4-DF, DJ 25.6.1993, afirmou não haver vedação constitucional às previsões de juros superiores a 12% ao ano, isso em análise do art. 192, § 3°, da CF/1988, já revogado. Anotou, também, que, apesar de a Selic incluir juros e correção monetária, sua aplicação não acarreta *bis in idem*, visto estar condicionada à exclusão de qualquer outro índice de atualização.

Já os votos vencidos entendiam que a Selic não possuía natureza moratória e sim remuneratória (acrescida de correção monetária), pois criada para atrair e remunerar investidores na compra de títulos públicos. Assim, em razão dessa natureza, seria impossível sua aplicação em casos de ilícito contratual, restando correta a aplicação dos juros de 12% ao ano a partir da entrada em vigor do CC/2002 (art. 161, § 1°, do CTN c/c art. 406 do CC/2002). Precedentes citados: REsp 806.348-SP, DJ 1.8.2006, e REsp 807.880-RN, DJ 23.5.2006. REsp 710.385-RJ, rel. originária min. Denise Arruda, rel. para acórdão, min. Teori Albino Zavascki, julgado em 28.11.2006".

28.2.2. Art. 161, § 1°, do Código Tributário Nacional

Outra corrente entende que a taxa de juros moratórios a que se refere o art. 406 é a do art. 161, § 1°, do Código Tributário Nacional, ou seja, um por cento ao mês. Vejamos a decisão do Tribunal de Justiça do Rio Grande do Sulk – TJRS: "Agravo de instrumento. Ação de execução de sentença. O pagamento espontâneo do valor devido em razão de sentença condenatória, antes da citação do devedor na antiga ação de execução (agora é apenas execução da sentença, não mais ação), isenta o executado do pagamento de honorários ao advogado do exequente. Juros moratórios no montante de 6% ao ano, até a data de 11 de janeiro de 2003, forte no ART. 1.062 DO CÓDIGO CIVIL/1916; E DE 12% AO ANO A PARTIR DA VIGÊNCIA DO NOVO CÓDIGO CIVIL/2002, CONSOANTE SEU ART. 406, COMBINADO COM O PERCENTUAL DE JUROS DETERMINADO NO ART. 161, § 1°, DO CÓDIGO TRIBUTÁRIO NACIONAL. AGRAVO PARCIALMENTE PROVIDO, EM DECISÃO MONOCRÁTICA. (Agravo de Instrumento n° 70018027458, Décima Sexta Câmara Cível, Tribunal de Justiça do RS, relator: Ergio Roque Menine, julgado em 26.12.2006)".[2]

---

2 EMBARGOS DE DECLARAÇÃO. AGORA, POR OCASIÃO DOS EMBARGOS DE DECLARAÇÃO, A PARTE AUTORA JUNTA O ATO N. 080/2005, ORIUNDO DO CONSELHO DA MAGISTRATURA, O QUAL INFORMA A SUSPENSÃO DOS PRAZOS PROCESSUAIS, O QUE AFASTA A INTEMPESTIVIDADE DECLARADA NO ACÓRDÃO ATACADO. EMBARGOS ACOLHIDOS. APELAÇÃO CÍVEL. AÇÃO DE REVISÃO CONTRATUAL GARANTIDA POR ALIENAÇÃO FIDUCIÁRIA. POSSIBILIDADE DE REVISÃO E APLICABILIDADE DO CÓDIGO DE DEFESA DO CONSUMIDOR. Cabível a revisão do contrato como forma de expunção das disposições contrárias à lei. A atividade bancária e financeira está sujeita

Entendemos que o nosso Código Civil não adotou a taxa SELIC, até mesmo porque pode traduzir encargos insuportáveis para o devedor, ferindo, pois, toda a principiologia do novo Código Civil, em especial, o princípio do equilíbrio econômico. Daí que se deve adotar a diretriz emanada do artigo 161, § 1°, do Código Tributário Nacional.

28.3. Exigibilidade dos Juros Moratórios

O artigo 407 preceitua que "ainda que se não alegue prejuízo, é obrigado o devedor aos juros de mora que se contarão assim às dívidas em dinheiro, como às prestações de outra natureza, uma vez que lhes esteja fixado o valor pecuniário por sentença judicial, arbitramento, ou acordo entre as partes".[3]

às regras do Código de Defesa do Consumidor, como expresso no art. 3º, § 2º, da Lei nº 8.078/90. E sua aplicabilidade, inclusive, estende-se à pessoa jurídica, nos termos dos arts 3º, § 2º, e 29 daquele diploma legal. NULIDADE DE CLÁUSULAS ABUSIVAS. POSSIBILIDADE DE CONHECIMENTO DE OFÍCIO. Por serem de ordem pública e interesse social as normas de proteção e defesa do consumidor, possível a declaração de ofício da nulidade das cláusulas eivadas de abusividade, independentemente de recurso do consumidor. JUROS REMUNERATÓRIOS. É de ser declarada a nulidade da previsão contratual acerca dos juros, por caracterizar a excessiva onerosidade do contrato, permitindo que o consumidor ocupe posição nítida e exageradamente desvantajosa. Índice reduzido para 12% ao ano, por incidência da regra geral advinda da combinação dos artigos 591 e 406 do Código Civil vigente, e 161, § 1º, do Código Tributário Nacional. ÍNDICE DE ATUALIZAÇÃO MONETÁRIA. Reduzidos os juros remuneratórios e, ausente qualquer fator de atualização monetária no contrato *sub iudice*, adota-se o INPC, por bem refletir a desvalorização da moeda. CAPITALIZAÇÃO (ANATOCISMO). A capitalização mensal dos juros, mesmo quando expressamente convencionada, em contratos como o presente, não é admitida, porquanto o artigo 591 do atual Código Civil permite, como regra geral, apenas a capitalização anual dos juros. Mas, em se tratando de mera permissão legal, a capitalização anual depende de pactuação nesse sentido, ausente na espécie, motivo pelo qual, *in casu*, vai vedada a incidência de juros sobre juros em qualquer periodicidade. JUROS MORATÓRIOS. Os juros moratórios devem respeitar o percentual máximo de 1% ao mês, consoante disposição do artigo 406 no Código Civil brasileiro, o qual incide sobre o pacto avençado, considerando a data da contratação. COMISSÃO DE PERMANÊNCIA. Por tratar-se de encargo flagrantemente potestativo, não pode persistir a cobrança de comissão de permanência, a uma taxa variável, mesmo que não cumulada com a correção monetária. TARIFAS DE EMISSÃO DE CARNÊ E DE ANÁLISE DE CRÉDITO. NULIDADE DECLARADA DE OFÍCIO. A cobrança de tais taxas é nitidamente abusiva, devendo ser suportada pela instituição financeira, por corresponder a ônus da sua atividade econômica, não se tratando de serviço prestado em prol do mutuário-consumidor. MORA DESCARACTERIZADA DE OFÍCIO. Sendo expurgados encargos indevidos da dívida, a apelante não estava em mora e os encargos moratórios, por isso, não são devidos. COMPENSAÇÃO/REPETIÇÃO DE INDÉBITO. Diante das ilegalidades na estipulação dos encargos contratuais, não há falar em voluntariedade no pagamento, nem exigir a prova do erro para a repetição do indébito. EMBARGOS ACOLHIDOS. APELO PARCIALMENTE PROVIDO, COM DISPOSIÇÕES DE OFÍCIO. (Embargos de Declaração Nº 70017936014, Décima Quarta Câmara Cível, Tribunal de Justiça do RS, Relator: Isabel de Borba Lucas, Julgado em 21.12.2006).

3 Correspondente ao artigo 1.064 do CCB/16.

Neste sentido, CLÓVIS BEVILÁQUA ensina que tal dispositivo encerra dois princípios: "1°: os juros da mora são devidos, independentemente da alegação de prejuízo, porque esse prejuízo resulta, necessariamente, da demora culposa do devedor que, sem direito, retém o alheio, ou deixa de executar a prestação, com que o credor contava. 2°: os juros da mora são devidos, qualquer que seja a prestação não cumprida. Se a dívida é em dinheiro, os juros moratórios correm, desde que o devedor é constituído em mora, e se contam sobre a quantia devida. Se a dívida não for de dinheiro, os juros da mora se contam sobre o valor pecuniário que se der ao objeto da prestação, por sentença, arbitramento ou acordo entre as partes".[4]

28.4. Súmulas

Vejamos as súmulas do STF e STJ relacionadas ao tema:

STF – Súmula nº 254: Incluem-se os juros moratórios na liquidação, embora omisso o pedido inicial ou a condenação.

STJ – Súmula nº 580 – A correção monetária nas indenizações do seguro DPVAT por morte ou invalidez, prevista no § 7º do art. 5º da Lei nº 6.194/1974, redação dada pela Lei nº 11.482/2007, incide desde a data do evento danoso. Segunda Seção, aprovada em 14/9/2016, DJe 19/9/2016.

STJ – Súmula nº 530 – Nos contratos bancários, na impossibilidade de comprovar a taxa de juros efetivamente contratada – por ausência de pactuação ou pela falta de juntada do instrumento aos autos –, aplica-se a taxa média de mercado, divulgada pelo Bacen, praticada nas operações da mesma espécie, salvo se a taxa cobrada for mais vantajosa para o devedor. Referência: CC/2002, arts 112, 122, 170, 406 e 591.

STJ – Súmula nº 426: Os juros de mora na indenização do seguro DPVAT fluem a partir da citação.[5]

STJ – Súmula nº 294: Não é potestativa a cláusula contratual que prevê a comissão de permanência, calculada pela taxa média de mercado apurada pelo Banco Central do Brasil, limitada à taxa do contrato.

STJ – Súmula nº 288: A Taxa de Juros de Longo Prazo (TJLP) pode ser utilizada como indexador de correção monetária nos contratos bancários.

STJ – Súmula nº 287: A Taxa Básica Financeira (TBF) não pode ser utilizada como indexador de correção monetária nos contratos bancários.

STJ – Súmula nº 283: As empresas administradoras de cartão de crédito são instituições financeiras e, por isso, os juros remuneratórios por elas cobrados não sofrem as limitações da Lei de Usura.

STJ – Súmula nº 204: Os juros de mora nas ações relativas a benefícios previdenciários incidem a partir da citação válida.

4 BEVILÁQUA, Clóvis. *Código Civil comentado.* Vol. IV. Rio de Janeiro: Rio, 1976, p. 180.

5 Referência: CC/2002, arts 405 e 757. Lei nº 6.194, de 19/12/1974, art. 3º, com a redação dada pela Lei nº 11.945, de 04/06/2009, art. 31. Res. n. 8-STJ, de 07/08/2008, art. 2º, § 1º.

STJ – Súmula nº 188: Os juros moratórios, na repetição do indébito tributário, são devidos a partir do trânsito em julgado da sentença.

STJ – Súmula nº 186: Nas indenizações por ato ilícito, os juros compostos somente são devidos por aquele que praticou o crime.

STJ – Súmula nº 17: É nula a cláusula contratual que sujeita o devedor à taxa de juros divulgada pela ANBID/CETIP.

STJ – Súmula nº 54: Os juros moratórios fluem a partir do evento danoso, em caso de responsabilidade extracontratual.

STJ – Súmula nº 30: A comissão de permanência e a correção monetária são inacumuláveis.

As súmulas em relação à correção monetária e aos juros na desapropriação são as seguintes:

STF – Súmula nº 618: Na desapropriação, direta ou indireta, a taxa dos juros compensatórios é de 12% (doze por cento) ao ano.

STJ – Súmula nº 12: Em desapropriação, são cumuláveis juros compensatórios e moratórios.

STJ – Súmula nº 67: Na desapropriação, cabe a atualização monetária, ainda que por mais de uma vez, independente do decurso de prazo superior a um ano entre o cálculo e o efetivo pagamento da indenização.

STJ – Súmula nº 69: Na desapropriação direta, os juros compensatórios são devidos desde a antecipada imissão na posse e, na desapropriação indireta, a partir da efetiva ocupação do imóvel.

STJ – Súmula nº 70: Os juros moratórios, na desapropriação direta ou indireta, contam-se desde o trânsito em julgado da sentença.

STJ – Súmula nº 113: Os juros compensatórios, na desapropriação direta, incidem a partir da imissão na posse, calculados sobre o valor da indenização, corrigido monetariamente.

STJ – Súmula nº 114: Os juros compensatórios, na desapropriação indireta, incidem a partir da ocupação, calculados sobre o valor da indenização, corrigido monetariamente.

STJ – Súmula nº 131: Nas ações de desapropriação, incluem-se no cálculo da verba advocatícia as parcelas relativas aos juros compensatórios e moratórios, devidamente corrigidas.

STJ – Súmula nº 141: Os honorários de advogado em desapropriação direta são calculados sobre a diferença entre a indenização e a oferta, corrigidas monetariamente.

28.5 Juros Legais – Cheque

Em qualquer ação utilizada pelo portador para cobrança de cheque, a correção monetária incide a partir da data de emissão estampada na cártula, e os juros de mora a contar da primeira apresentação à instituição financeira sacada ou câmara de compensação. Inicialmente, cumpre consignar que a matéria em debate não é de direito processual, tendo em vista que demanda tão somente a correta interpretação de normas de direito privado. Como cediço, a mora *ex re* independe de qualquer ato do credor, como interpelação ou citação, porquanto decorre do próprio inadimplemento de obrigação positiva, líquida e com termo implementado, cuja matriz normativa é o art. 960, primeira parte, do CC/1916, reproduzido no CC atual, no *caput* do art. 397, de modo que, em se tratando de mora *ex re*, aplica-se o antigo e conhecido brocardo *dies interpellat pro homine* (o termo interpela no lugar do credor). A razão disso é singela: sendo o devedor sabedor da data em que deve ser adimplida a obrigação líquida – porque decorre do título –, descabe advertência complementar por parte do credor. Destarte, havendo obrigação líquida e exigível a determinado termo – desde que não seja daquelas em que a própria lei afasta a constituição de mora automática –, o inadimplemento ocorre no vencimento. Nesse contexto, fica límpido que o art. 219 do CPC/1973 (correspondente ao art. 240 do novo CPC), assim como o art. 405 do CC ("Contam-se os juros de mora desde a citação inicial"), deve ser interpretado de maneira que a citação implique caracterização de mora apenas se esta já não tiver ocorrido pela materialização de uma das diversas hipóteses indicadas no ordenamento jurídico. Na hipótese, a matéria referente aos juros relativos à cobrança de crédito estampado em cheque por seu portador é disciplinada pela Lei do Cheque, que estabelece sua incidência a partir da data da primeira apresentação do título (art. 52, II). Quanto ao termo inicial para a incidência de correção monetária para cobrança de valor representado em cheque, convém pontuar que, a teor do art. 32, parágrafo único, da Lei nº 7.357/1985, o cheque é ordem de pagamento a terceiro à vista, considerando-se não escrita qualquer menção em contrário. Verifica-se, assim, que o cheque tem vencimento a contar da data de sua emissão. Além disso, a quitação, em se tratando de dívidas consubstanciadas em título de crédito, consiste na devolução da cártula.

Dessarte, o art. 33 da Lei nº 7.357/1985 estabelece que o cheque deve ser apresentado para pagamento a contar do dia da emissão, e o art. 34 do mesmo diploma esclarece que a apresentação do cheque à câmara de compensação equivale à apresentação. Nessa ordem de ideias, o art. 52, I e IV, da Lei nº 7.357/1985 não deixa dúvidas acerca de que é apenas se, para satisfação do crédito, o credor tiver de se valer de ação, isto é, se não houver quitação da obrigação pela instituição financeira sacada, será possível ao portador exigir do demandado a importância do cheque não pago com a compensação pela perda do valor aquisitivo da moeda até o pagamento, fazendo, ademais, uma clara diferenciação das datas de incidência dos juros de mora e da correção monetária, conforme se depreende do cotejo entre seus incisos, *in verbis*: "Art. 52. O portador pode exigir do demandado: I – a importância do cheque não pago; II – os juros legais desde o dia da apresentação; III – as despesas que fez; IV – a compensação pela perda do valor aquisitivo da moeda, até o embolso das importâncias mencionadas nos itens antecedentes."

Dessa forma, tem-se que a única interpretação harmoniosa com o art. 32 da Lei do Cheque, que se pode fazer do art. 52 do mesmo diploma, é a de que o dispositivo estabelece que o termo inicial para correção monetária é a data de emissão constante no campo próprio da cártula. Precedentes citados: AgRg no AREsp 713.288-MS, Quarta Turma, DJe 13/8/2015; AgRg no AREsp 676.533-SP, Terceira Turma, DJe 11/12/2015; AgRg no REsp 1.378.492-MS, Terceira Turma, DJe 28/5/2015; EDcl no AREsp 541.688-SP, Quarta Turma, DJe 17/9/2014; REsp 365.061/MG, Terceira Turma, DJ 20/3/2006; AgRg no REsp 1.197.643-SP, Quarta Turma, DJe 1°/7/2011; AgRg no Ag 666.617-RS, Terceira Turma, DJ 19/3/2007; REsp 49.716-SC, Terceira Turma, DJ 31/10/1994; REsp 146.863-SP, Quarta Turma, DJ 16/3/1998; REsp 55.932-MG, Terceira Turma, DJ 6/3/1995; REsp 217.437-SP, Quarta Turma, DJ 13/9/1999; REsp 37.064-RJ, Terceira Turma, DJ 14/3/1994; e AgRg no REsp 1.330.923-MS, Quarta Turma, DJe 1°/10/2013. REsp 1.556.834-SP, rel. min. Luis Felipe Salomão, Segunda Seção, julgado em 22/6/2016, DJe 10/8/2016.

27.6 Direito Comparado

CC PORTUGUÊS. ARTIGO 559° (Taxa de juro). 1. Os juros legais e os estipulados sem determinação de taxa ou quantitativo são os fixados em portaria conjunta dos ministros da Justiça e das Finanças e do Plano. 2. A estipulação de juros a taxa superior à fixada nos termos do número anterior deve ser feita por escrito, sob pena de serem apenas devidos na medida dos juros legais. (Redacção do Dec.-Lei 200-C/80, de 24-6)

CC PORTUGUÊS. ARTIGO 559°-A (Juros usurários). É aplicável o disposto no artigo 1146° a toda a estipulação de juros ou quaisquer outras vantagens em negócios ou actos de concessão, outorga, renovação, desconto ou prorrogação do prazo de pagamento de um crédito e em outros análogos. (Aditado pelo Dec.-Lei 262/83, de 16-6)

CC PORTUGUÊS. ARTIGO 560° (Anatocismo). 1. Para que os juros vencidos produzam juros é necessária convenção posterior ao vencimento; pode haver também juros de juros, a partir da notificação judicial feita ao devedor para capitalizar os juros vencidos ou proceder ao seu pagamento sob pena de capitalização. 2. Só podem ser capitalizados os juros correspondentes ao período mínimo de um ano. 3. Não são aplicáveis as restrições dos números anteriores, se forem contrárias a regras ou usos particulares do comércio.

CC PORTUGUÊS. ARTIGO 561° (Autonomia do crédito de juros). Desde que se constitui, o crédito de juros não fica necessariamente dependente do crédito principal, podendo qualquer deles ser cedido ou extinguir-se sem o outro.

Capítulo 29

DA CLÁUSULA PENAL

29.1. Conceito e Natureza Jurídica

A cláusula penal é uma *cláusula acessória* que tem por finalidade estipular uma pena pelo inadimplemento da prestação ou pelo retardamento de seu cumprimento. É, pois, um mecanismo de pressão para que se cumpra a prestação avençada. Como *pacto acessório*, extinta a obrigação principal, ter-se-á extinta a cláusula penal. Da mesma forma, sendo nula ou anulável a obrigação principal, a cláusula penal seguirá a mesma sorte.

A cláusula penal poderá ser estabelecida no próprio título ou em documento à parte, desde que fazendo referência ao título principal. Esta pode ser estipulada no momento de formação do vínculo obrigacional ou estabelecida em momento posterior, desde que acordada entre credor e devedor.

A cláusula penal somente poderá ser imputada ao devedor se o inadimplemento decorrer de sua conduta culposa. É o que estabelece o artigo 408 ao dizer que "incorre de pleno direito o devedor na cláusula penal, desde que, culposamente, deixe de cumprir a obrigação ou se constitua em mora".[1]

A cláusula penal apresenta função dúplice: por um lado funciona como meio de coerção ou intimidação, para que o devedor cumpra a sua prestação. Por outro lado, atua como prefixação das perdas e danos em razão do inadimplemento ou da mora. Neste caso, as partes não precisam discutir em juízo a apuração das perdas e danos. As partes já estipulam no próprio instrumento contratual, através da cláusula penal, o valor das perdas e danos. Assim, basta que o credor prove o inadimplemento culposo, uma vez que a cláusula penal já estabeleceu as perdas e danos.

Entretanto, existe jurisprudência admitindo que o credor apure a indenização das perdas e danos, ignorando, destarte, o valor fixado na cláusula penal, desde que aquele prove um prejuízo maior.

---

1 Conselho da Justiça Federal – IV Jornada de Direito Civil. CJF – Enunciado 354 – Arts. 395, 396 e 408. A cobrança de encargos e parcelas indevidas ou abusivas impede a caracterização da mora do devedor.

29.2. Espécies

Há duas espécies de cláusula penal: *moratória* e *compensatória*.

A *cláusula penal compensatória* é a cláusula firmada entre as partes contratantes por meio da qual se estipula o ressarcimento do credor na hipótese de inadimplemento absoluto da obrigação (CC 2002 - Art. 410). Esta visa compensar o credor pelos prejuízos que o inadimplemento absoluto lhe causou. E a *cláusula penal moratória* é aquela prevista para o caso de mora (CC 2002 - Art. 411). Daí é possível que no instrumento contratual as partes contratantes estipulem as duas espécies de cláusula penal, já que cada uma possui função específica.

Neste sentido, o artigo 409 do nosso Código Civil afirma que "a cláusula penal estipulada conjuntamente com a obrigação, ou em ato posterior, pode referir-se à inexecução completa da obrigação, à de alguma cláusula especial ou simplesmente à mora.[2]

O artigo 410 do nosso Código Civil preceitua que "quando estipular a cláusula penal para o caso de total inadimplemento da obrigação, esta converter-se-á em alternativa a benefício do credor".[3] Assim, se o credor estiver diante de inadimplemento ou mora do devedor, aquele possui a *faculdade* de optar entre o cumprimento da obrigação (execução forçada da obrigação) ou exigir a cláusula penal. Este é o significado da regra ao afirmar "converter-se--á em alternativa a benefício do credor". Melhor dizendo: caberá ao devedor escolher e decidir se melhor lhe convém forçar o devedor a cumprir a obrigação ou pagar a multa estabelecida na cláusula penal. Se a prestação restou impossível de ser cumprida, é claro que restará apenas ao credor a cláusula penal.

"Não se pode cumular multa compensatória prevista em cláusula penal com indenização por perdas e danos decorrentes do inadimplemento da obrigação. Enquanto a cláusula penal moratória manifesta com mais evidência a característica de reforço do vínculo obrigacional, a cláusula penal compensatória prevê indenização que serve não apenas como punição pelo inadimplemento, mas também como prefixação de perdas e danos. A finalidade da cláusula penal compensatória é recompor a parte pelos prejuízos que eventualmente decorram do inadimplemento total ou parcial da obrigação. Tanto assim que, eventualmente, sua execução poderá até mesmo substituir a execução do próprio contrato. Não é possível, pois, cumular cláusula penal compensatória com perdas e danos decorrentes de inadimplemento contratual. Com efeito, se as próprias partes já acordaram previamente o valor que entendem suficiente para recompor os prejuízos experimentados em caso de inadimplemento, não

2 Correspondente aos artigos 916 e 917 do CCB/1916.
3 Correspondente ao artigo 918 do CCB/1916.

se pode admitir que, além desse valor, ainda seja acrescido outro, com fundamento na mesma justificativa – a recomposição de prejuízos. Ademais, nessas situações sobressaem direitos e interesses eminentemente disponíveis, de modo a não ter cabimento, em princípio, a majoração oblíqua da indenização prefixada pela condenação cumulativa em perdas e danos." REsp 1.335.617-SP, rel. min. Sidnei Beneti, julgado em 27/3/2014.

29.3. Distinção da Cláusula Penal e Arras

De acordo com TATIANA MAGALHÃES FLORENCE, a cláusula penal distingue-se das arras penitenciais, mesmo desempenhando ambas uma função coercitiva. Vejamos: "As arras penitenciais são estabelecidas em favor do devedor que terá, assim, o direito de arrepender-se do negócio mediante o pagamento da quantia estipulada. Visam, assim, ao desaparecimento da obrigação. Ao contrário, a cláusula penal é constituída como forma de garantir o cumprimento da obrigação, em benefício do credor, e não do devedor. Este não poderá optar pelo descumprimento da obrigação, com o pagamento da pena convencional, pois caberá ao credor essa escolha, em caso de inexecução total da prestação. As arras confirmatórias do contrato são exigidas no momento da celebração do contrato, como garantia de que a avença será cumprida, ao passo que a cláusula penal será exigida posteriormente e somente em caso de descumprimento culposo da prestação".[4]

29.4. Distinção da Cláusula Penal e Astreintes

A cláusula penal também não se confunde com a *astreintes*. A cláusula penal é estabelecida pelas partes no próprio título obrigacional para a eventualidade do inadimplemento absoluto ou da mora.

Já as *astreintes* são sanções econômicas fixadas pelo juiz, até mesmo de ofício, nas obrigações de fazer ou não fazer, ou seja, é uma sanção pecuniária fixada pelo juiz a requerimento da parte ou de ofício. O seu objetivo é compelir o réu em uma execução de obrigação de fazer ou não fazer a cumprir o preceito.

29.5. Cumulação da Cláusula Penal Moratória com o Cumprimento da Obrigação Principal

De acordo com o artigo 411 do CCB, "quando se estipular a cláusula penal para o caso de mora ou em segurança especial; de outra cláusula de-

4 FLORENCE, Tatiana Magalhães. Aspectos pontuais da cláusula penal. In: TEPEDINO, Gustavo. *Obrigações: estudos na perspectiva civil-constitucional*. Rio de Janeiro: Renovar, 2005, p. 519-520.

terminada, terá o credor o arbítrio de exigir a satisfação da pena cominada, juntamente com o desempenho da obrigação principal".[5]

Daí ser possível o credor cobrar ao devedor, cumulativamente, o valor da pena convencional, com o cumprimento da obrigação principal não cumprida. Em regra, nestes casos, o valor da pena é reduzido, já que o credor poderá cobrar a obrigação principal mais a multa.

Nesse sentido, "o promitente comprador, no caso de atraso na entrega do imóvel adquirido, tem direito a exigir, além do cumprimento da obrigação e do pagamento do valor da cláusula penal moratória prevista no contrato, a indenização correspondente aos lucros cessantes pela não fruição do imóvel durante o período da mora. Enquanto a cláusula penal compensatória funciona como pré-fixação das perdas e danos, a cláusula penal moratória, cominação contratual de uma multa para o caso de mora, serve apenas como punição pelo retardamento no cumprimento da obrigação. A cláusula penal moratória, portanto, não compensa o inadimplemento, nem substitui o adimplemento, não interferindo na responsabilidade civil correlata, que é decorrência natural da prática de ato lesivo ao interesse ou direito de outrem. Assim, não há óbice a que se exija a cláusula penal moratória juntamente com o valor referente aos lucros cessantes. REsp 1.355.554-RJ, rel. min. Sidnei Beneti, julgado em 6/12/2012.

29.6. Cláusula Penal. Limite do seu Valor

O limite do valor da cláusula penal é claro, diz o artigo 412 que "o valor da cominação imposta na cláusula penal não pode exceder o da obrigação principal". Portanto, existem limites para a estipulação da cláusula penal. Ora, nenhuma cláusula penal pode ultrapassar o valor da obrigação principal. Isto se dá porque se assim fosse possível o credor sempre iria desejar o inadimplemento, já que seria a melhor opção econômica para ele. Ademais, existem várias leis que impõem limites máximos para a cláusula penal, por exemplo, a Lei de Usura, o CDC que limita a cláusula penal moratória a 2%, conforme art. 52, § 1°, do CDC. No condomínio edilício, existe limitação de multa em 2%.

29.7. Cláusula Penal. Valor. Redução Judicial

O artigo 413 do CCB de 2002 é uma regra de equidade. Diz o texto legal que "a penalidade deve ser reduzida equitativamente pelo juiz se a obrigação principal tiver sido cumprida em parte, ou se o montante da penalidade for manifestamente excessivo, tendo-se em vista a natureza e a finalidade do negócio".[6]

5 Correspondente ao artigo 919 do CCB/16.
6 Correspondente ao artigo 924 do CCB/1916.

Em relação à regra do artigo 413, o Conselho da Justiça Federal, nas III e IV Jornadas de Direito Civil, editou os seguintes enunciados:

a) Conselho da Justiça Federal – III Jornada de Direito Civil:

> CJF – Enunciado 165 – Art. 413: Em caso de penalidade, aplica-se a regra do art. 413 ao sinal, sejam as arras confirmatórias ou penitenciais.

b) Conselho da Justiça Federal – IV Jornada de Direito Civil:

> CJF – Enunciado 355 – Art. 413. Não podem as partes renunciar à possibilidade de redução da cláusula penal se ocorrer qualquer das hipóteses previstas no art. 413 do Código Civil, por se tratar de preceito de ordem pública.
> CJF – Enunciado 356 – Art. 413. Nas hipóteses previstas no art. 413 do Código Civil, o juiz deverá reduzir a cláusula penal de ofício.
> CJF – Enunciado 357 – Art. 413. O art. 413 do Código Civil é o que complementa o art. 4° da Lei n° 8.245/91. Revogado o Enunciado 179 da III Jornada.
> CJF – Enunciado 358 – Art. 413. O caráter manifestamente excessivo do valor da cláusula penal não se confunde com a alteração de circunstâncias, a excessiva onerosidade e a frustração do fim do negócio jurídico, que podem incidir autonomamente e possibilitar sua revisão para mais ou para menos.
> CJF – Enunciado 359 – Art. 413. A redação do art. 413 do Código Civil não impõe que a redução da penalidade seja proporcionalmente idêntica ao percentual adimplido.

A cláusula não pode ser instrumento de enriquecimento do credor, senão meio para compensar o prejuízo do credor.

Neste sentido, "é abusiva a cláusula penal de contrato de pacote turístico que estabeleça, para a hipótese de desistência do consumidor, a perda integral dos valores pagos antecipadamente. De fato, não é possível falar em perda total dos valores pagos antecipadamente por pacote turístico, sob pena de se criar uma situação que, além de vantajosa para a empresa de turismo (fornecedora de serviços), mostra-se excessivamente desvantajosa para o consumidor, o que implica incidência do art. 413 do CC/2002, segundo o qual a penalidade deve obrigatoriamente, e não facultativamente, ser reduzida equitativamente pelo juiz se o seu montante for manifestamente excessivo. Ademais, o STJ tem o entendimento de que, em situação semelhante (nos contratos de promessa de compra e venda de imóvel), é cabível ao magistrado reduzir o percentual da cláusula penal com o objetivo de evitar o enriquecimento sem causa por qualquer uma das partes. Além disso, no que diz respeito à relação de consumo, evidencia-se, na hipótese, violação do art. 51, II e IV, do CDC, de acordo com o qual são nulas de pleno direito as cláusulas contratuais relativas ao fornecimento de produtos e serviços que subtraiam ao consumidor a opção de reembolso da quantia já paga, nos casos previstos neste código, ou que estabeleçam obrigações consideradas iníquas, abusivas, que coloquem o consumidor em desvantagem exagerada, ou seja, incompatíveis com a boa-fé ou a equidade. Nesse contexto, cabe ressaltar o disposto no art. 51, § 1º, III, do CDC: presume-se exagerada a vantagem que "se mostra excessivamente onerosa para o consumidor, considerando-se a natureza e conteúdo do contrato, o interesse das partes e outras circunstâncias peculiares do caso". Por fim, cabe afirmar, também, que o cancelamento de pacote turístico contratado constitui risco do empreendimento desenvolvido por qualquer agência de turismo, não podendo esta pretender a transferência integral do ônus decorrente de sua atividade empresarial a eventuais consumidores." REsp 1.321.655-MG, rel. min. Paulo de Tarso Sanseverino, julgado em 22/10/2013.

Vejamos a decisão do Ministro Paulo de Tarso Sanseverino, no Recurso Especial 1.212.159-SP: "Na hipótese, cuidou-se de contrato de autorização para uso de imagem celebrado entre um atleta e sociedade empresária no ramo esportivo. Ocorre que, no segundo período de vigência do contrato, a sociedade empresária cumpriu apenas metade da avença, o que ocasionou a rescisão contratual e a condenação ao pagamento de multa rescisória. Assim, a *quaestio juris* está na possibilidade de redução da cláusula penal (art. 924 do CC/1916), tendo em vista o cumprimento parcial do contrato. Nesse contexto, a Turma entendeu que, cumprida em parte a obrigação, a regra contida no mencionado artigo deve ser interpretada no sentido de ser possível a redução do montante estipulado em cláusula penal, sob pena de legitimar-se o locupletamento sem causa. Destacou-se que, sob a égide desse *Codex*, já era facultada a redução da cláusula penal no caso de adimplemento parcial da obrigação, a fim de evitar o enriquecimento ilícito. Dessa forma, a redução da cláusula penal preserva a função social do contrato na medida em que afasta o desequilíbrio contratual e seu uso como instrumento de enriquecimento sem causa. Ademais, ressaltou-se que, no caso, não se trata de redução da cláusula penal por manifestamente excessiva (art. 413 do CC/2002), mas de redução em razão do cumprimento parcial da obrigação, autorizada pelo art. 924 do CC/1916. *In casu*, como no segundo período de vigência do contrato houve o cumprimento de apenas metade da avença, fixou-se a redução da cláusula penal para 50% do montante contratualmente previsto. Precedentes citados:

AgRg no Ag 660.801-RS, DJ 1º/8/2005; REsp 400.336-SP, DJ 14/10/2002; REsp 11.527-SP, DJ 11/5/1992; REsp 162.909-PR, DJ 10/8/1998, e REsp 887.946-MT, DJe 18/5/2011. REsp 1.212.159-SP, rel. min. Paulo de Tarso Sanseverino, julgado em 19/6/2012."

29.8. Cláusula Penal e Obrigação Indivisível

Diz o artigo 414 que "sendo indivisível a obrigação, todos os devedores, caindo em falta um deles, incorreram na pena, mas esta só poderá demandar integralmente do culpado, respondendo cada um dos outros somente pela sua quota. E o parágrafo único do mesmo dispositivo legal que "aos não culpados fica reservada a ação regressiva contra aquele que deu causa à aplicação da pena".

Neste caso, estamos diante de uma pluralidade de devedores. Basta a existência de um devedor culpado para que incida a cláusula penal. Ocorre que a norma estabelece que os demais co-devedores somente poderão ser demandados em suas respectivas quotas. Somente o devedor culpado poderá ser demandado integralmente.

Já o parágrafo único possibilita aos devedores não culpados a ação regressiva contra o devedor que deu ensejo à aplicação da pena.

29.9. Cláusula Penal e Obrigação Divisível

Já na obrigação divisível, "só incorre na pena o devedor ou o herdeiro do devedor que a infringir, e proporcionalmente à sua parte na obrigação", conforme a regra fincada no artigo 415 do Código Civil brasileiro.

29.10. Inexigibilidade de Prejuízo

De acordo com o artigo 416, "para exigir a pena convencional, não é necessário que o credor alegue prejuízo".[7] Neste caso, o dano é presumido. A razão desta regra, segundo RIZZARDO, "está na motivação determinante da cláusula penal, que é já estabelecer a certeza da reparação, ou das perdas e danos, posto que ínsita a ocorrência de prejuízos. De outro lado, a finalidade mais forte está no caráter de coerção contra o devedor, ou no temor de ver agravada a obrigação, se não adimplida no tempo e modo convencionados ou ordenados na lei".[8]

Já o parágrafo único do referido artigo 416 do CCB diz que "ainda que o prejuízo exceda ao previsto na cláusula penal, não pode o credor exigir indenização suplementar se assim não foi convencionado. Se o tiver sido, a pena

7 Correspondente ao artigo 927 do CCB/1916.

8 RIZZARDO, Arnaldo. *Direito das obrigações*. 3. ed. Rio de Janeiro: Forense, 2007, p. 565.

vale como mínimo da indenização, competindo ao credor provar o prejuízo excedente".

É, pois, uma mudança de paradigma, isto quer dizer que se houver no instrumento contratual uma ressalva em que credor e devedor pactuem que a cláusula penal é um valor mínimo de indenização, será possível a demanda por uma indenização complementar. Neste caso, o credor terá que provar o referido prejuízo.

Dessa maneira, havendo cláusula penal no instrumento contratual, não pode o credor demandar por indenização complementar, mesmo que o seu prejuízo tenha sido maior que o valor estipulado na cláusula penal, salvo se houver no título obrigacional uma ressalva constando que a referida cláusula penal é apenas o princípio da indenização.

29.11. Direito Comparado

CC PORTUGUÊS. ARTIGO 810° (Cláusula penal). 1. As partes podem, porém, fixar por acordo o montante da indemnização exigível: é o que se chama cláusula penal. 2. A cláusula penal está sujeita às formalidades exigidas para a obrigação principal, e é nula se for nula esta obrigação.

CC PORTUGUÊS. ARTIGO 811° (Funcionamento da cláusula penal). 1. O credor não pode exigir cumulativamente, com base no contrato, o cumprimento coercivo da obrigação principal e o pagamento da cláusula penal, salvo se esta tiver sido estabelecida para o atraso da prestação; é nula qualquer estipulação em contrário. 2. O estabelecimento da cláusula penal obsta a que o credor exija indemnização pelo dano excedente, salvo se outra for a convenção das partes. 3. O credor não pode em caso algum exigir uma indemnização que exceda o valor do prejuízo resultante do incumprimento da obrigação principal. (Redacção do Dec.-Lei 262/83, de 16-6)

CC PORTUGUÊS. ARTIGO 812° (Redução equitativa da cláusula penal). 1. A cláusula penal pode ser reduzida pelo tribunal, de acordo com a equidade, quando for manifestamente excessiva, ainda que por causa superveniente; é nula qualquer estipulação em contrário. 2. É admitida a redução nas mesmas circunstâncias, se a obrigação tiver sido parcialmente cumprida. (Redacção do Dec.-Lei 262/83, de 16-6).

Capítulo 30

DAS ARRAS OU SINAL

30.1. Conceito

A palavra *arras* é de origem semítica, pelo gr. *arrhabón*, abreviado, no lat., em *arrhas*.[1] As arras ou sinal são o valor em dinheiro ou outro bem móvel (fungível ou infungível) dado por um dos parceiros contratuais ao outro, no momento da conclusão do contrato, com o firme propósito de assegurar o cumprimento do objeto contratual. Em linhas gerais, traduz a seriedade e a boa-fé de um dos contratantes em manter a avença.

As arras não são necessariamente representadas por dinheiro, embora, na maioria dos casos, assim se proceda. Entretanto, qualquer bem, de qualquer valor, pode ser dado a título de arras.

Neste sentido, o artigo 417 do nosso Código Civil afirma que "se, por ocasião da conclusão do contrato, uma parte der à outra, a título de arras, dinheiro ou outro bem móvel, deverão as arras, em caso de execução, ser restituídas ou computadas na prestação devida, se do mesmo gênero da principal".[2]

Dessa forma, se as arras forem dadas em dinheiro, estas se convertem em pagamento. Por outro lado, se não for em dinheiro, a coisa dada a título de arras tem que ser devolvida a quem as deu e isto obriga a parte a conservar a coisa, correndo o risco de ter que responder pela perda ou deteriorização da coisa, se ocorrer ato culposo de quem as recebeu.

Não existe limitação do valor das arras, estas podem representar qualquer percentual do contrato. No mundo da vida, as arras variam em torno de 10% a 20% do valor do contrato.

30.2. Natureza Jurídica

As *arras* ou *sinal* são uma cláusula real e acessória ao contrato principal. É uma cláusula real, uma vez que se aperfeiçoa com a entrega da coisa e acessória, uma vez que sua existência e eficácia estão lastreadas no contrato principal.

1 *Dicionário Aurélio século XXI. Digital.*
2 Sem correspondência no CCB/16.

30.3. Espécies

As arras podem ser classificadas em: *arras confirmatórias* e *arras penitenciais*. As arras *confirmatórias* possuem o condão de garantir o vínculo obrigacional e as arras penitenciais possibilitam aos contratantes o desfazimento do contrato a seu alvedrio.

As *arras confirmatórias* impedem o arrependimento, tornando obrigatória a celebração do contrato. As partes assumem ao dar as arras uma obrigação negativa, qual seja: a obrigação é de não se arrepender. Por isso, quando as arras são confirmatórias e representadas em dinheiro, elas automaticamente se convertem em princípio de pagamento, o contrato se torna obrigatório.

Neste contexto, três funções se destacam: "a confirmação do negócio, que passa a ser obrigatório; antecipação da prestação prometida pelo contratante; e prévia determinação das perdas e danos pelo não cumprimento das obrigações".[3]

Já as *arras penitenciais*, ao contrário, admitem o arrependimento, as partes se reservam o direito de não celebrar o contrato prometido. A regra geral, e que as arras sejam confirmatórias, o que significa dizer que não se estabelecendo no recibo de arras a sua natureza se presumirá que elas são confirmatórias. É, pois, um desvelamento do princípio da boa-fé, já que quem promete celebrar um contrato, deve cumprir a promessa.

As arras penitenciais devem estar expressamente previstas no instrumento contratual, ou seja, deve estar claro no contrato o direito das partes em se arrepender do negócio jurídico.

30.4. Perdimento das Arras

Diz o artigo 418 do CCB que "se a parte que deu as arras não executar o contrato, poderá a outra tê-lo por desfeito, retendo-as; se a inexecução for de quem recebeu as arras, poderá quem as deu haver o contrato por desfeito, e exigir sua devolução mais o equivalente, com atualização monetária segundo índices oficiais regularmente estabelecidos, juros e honorários de advogado".[4]

Nas *arras penitenciais* não se fala em perdas e danos, só caberão as perdas das arras ou a sua devolução mais o equivalente. Assim, no artigo 418, as arras exercem função penitencial, já que a consequência será a perda das arras se o arrependimento foi de quem as deu ou a devolução mais o equivalente se o arrependimento foi de quem as recebeu. Esta situação é diferente das arras confirmatórias. Nestas, quem as recebeu terá que devolver com juros e atualização monetária e, se isto não for suficiente para ressarcir quem as deu, será acrescido de perdas e danos.

3 RIZZARDO, Arnaldo. *Direito das obrigações*. 3. ed. Rio de Janeiro: Forense, 2007, p. 569.

4 Correspondente ao artigo 1.095 do CCB/16.

30.5. Indenização Suplementar

O artigo 419 do CCB estabelece que "a parte inocente pode pedir indenização suplementar, se provar maior prejuízo, valendo as arras como taxa mínima. Pode, também, a parte inocente exigir a execução do contrato, com as perdas e danos, valendo as arras como o mínimo da indenização".[5]

A regra estabelecida no artigo 419, sem correspondente no Código Civil de 1916, apresenta duas normas distintas. A primeira parte do referido dispositivo legal afirma que "a parte inocente pode pedir indenização suplementar, se provar maior prejuízo, valendo as arras como taxa mínima". Esta norma completa hermeneuticamente a regra contida no artigo 418, já que se desvela em outra hipótese de arras penitenciais. Neste caso, será possível a resolução do contrato com perdas das arras, acrescido de indenização suplementar.

A parte final do artigo 419 diz que "pode, também, a parte inocente exigir a execução do contrato, com as perdas e danos, valendo as arras como o mínimo da indenização". Isto somente acontecerá nas arras confirmatórias, pois nas arras penitenciais a parte pode se arrepender.

30.6. Arras Penitenciais. Função Indenizatória

As arras penitenciais possuem função indenizatória no caso de qualquer das partes exercer o direito de arrependimento. O artigo 420 preceitua que "se no contrato for estipulado o direito de arrependimento para qualquer das partes, as arras ou sinal terão função unicamente indenizatória. Nesse caso, quem as deu perdê-las-á em benefício da outra parte, e quem as recebeu devolvê-las-á, mas o equivalente. Em ambos os casos, não haverá direito à indenização suplementar.[6]

Neste sentido, a *desembargadora Maria Augusta Vaz,* da Primeira Câmara Cível do Tribunal de Justiça do Estado do Rio de Janeiro – TJRJ, em 11.12.2007, na Apelação Cível n° 2007.001.60170, decidiu que "CIVIL. AÇÃO DE RESCISÃO CONTRATUAL. PROMESSA DE COMPRA E VENDA. DESFAZIMENTO DO NEGÓCIO JURÍDICO. RETENÇÃO DO VALOR PAGO A TÍTULO DE ARRAS. POSSIBILIDADE. Promitente compradora que não conseguiu arcar com o pagamento das prestações relativas ao valor financiado do imóvel objeto do contrato e buscou o desfazimento do negócio junto à incorporadora. Verificada a desistência da promitente compradora, a perda das arras penitenciais em favor da promitente vendedora é consequência lógica do desfazimento do negócio jurídico, uma vez que as arras servem como verdadeira pré-fixação das perdas e danos sofridos pela promitente vendedora em razão da desistência do negócio jurídico realizado. Configurada a

5 Sem correspondência no CCB/1916.

6 Correspondente aos artigos 1.095 e 1.097 do CCB/1916.

desistência da autora e a impossibilidade de se manter o ajuste, a retenção das arras pelos promitentes vendedores tem amparo no disposto nos artigos 418 e 420 do Código Civil. Sentença que se confirma".

Da mesma forma, a decisão da *desembargadora Cristina Tereza Gaulia,* na Apelação 2007.001.39945, do TJRJ, em 4.9.2007, ao decidir que "Apelações cíveis. Ação ordinária de rescisão de compromisso de compra e venda c/c perdas e danos. Indenização por danos materiais – devolução do sinal e da taxa de financiamento – e danos morais. Arras penitenciais. Inteligência do art. 420 – NCC. Caráter indenizatório das arras que afasta o pagamento de indenização por danos morais. Devolução em dobro do valor recebido a título de sinal pelos promitentes vendedores incabível na hipótese. Culpa concorrente. Devolução simples das arras por quem as recebeu. Demora de cinco meses por parte da promitente compradora na aquisição do financiamento o qual foi concedido em valor menor que o acordado para quitação do bem. Promitentes vendedores que não estipulam prazo para o pagamento integral do valor a ser financiado e tampouco notificam à promitente compradora original a venda do imóvel a terceiro. Sentença mantida. Recursos desprovidos".

30.7. Direito Comparado

CC PORTUGUÊS. ARTIGO 440° (Antecipação do cumprimento). Se, ao celebrar-se o contrato ou em momento posterior, um dos contraentes entregar ao outro coisa que coincida, no todo ou em parte, com a prestação a que fica adstrito, é a entrega havida como antecipação total ou parcial do cumprimento, salvo se as partes quiserem atribuir à coisa entregue o carácter de sinal.

CC PORTUGUÊS. ARTIGO 441° (Contrato-promessa de compra e venda). No contrato-promessa de compra e venda, presume-se que tem carácter de sinal toda a quantia entregue pelo promitente-comprador ao promitente-vendedor, ainda que a título de antecipação ou princípio de pagamento do preço.

CC PORTUGUÊS. ARTIGO 442° (Sinal). 1. Quando haja sinal, a coisa entregue deve ser imputada na prestação devida, ou restituída quando a imputação não for possível. 2. Se quem constitui o sinal deixar de cumprir a obrigação por causa que lhe seja imputável, tem o outro contraente a faculdade de fazer sua a coisa entregue; se o não cumprimento do contrato for devido a este último, tem aquele a faculdade de exigir o dobro do que prestou, ou, se houve tradição da coisa a que se refere o contrato prometido, o seu valor, ou o do direito a transmitir ou a constituir sobre ela, determinado objectivamente, à data do não cumprimento da promessa, com dedução do preço convencionado, devendo ainda ser-lhe restituído o sinal e a parte do preço que tenha pago. 3. Em qualquer dos casos previstos no número anterior, o contraente não faltoso pode, em alternativa, requerer a execução específica do contrato, nos termos do artigo 830°; se o contraente não faltoso optar pelo aumento do valor da coisa ou do direito, como se estabelece no número anterior, pode a outra parte opor-se ao exercício dessa faculdade, oferecendo-se para cumprir a promessa, salvo o disposto no artigo 808°. 4. Na ausência de estipulação em contrário, não há lugar, pelo não cumprimento do contrato, a qualquer outra indemnização, nos casos de perda do sinal ou de pagamento do dobro deste, ou do aumento do valor da coisa ou do direito à data do não cumprimento. (Redacção do Dec.-Lei n° 379/86, de 11-11)

30.8. Jurisprudência

CIVIL. PROCESSUAL CIVIL. AGRAVO REGIMENTAL NO RECURSO ESPECIAL. RECURSO MANEJADO SOB A ÉGIDE DO CPC/73. CONTRATO DE COMPRA E VENDA DE IMÓVEL. RESCISÃO. PERDAS E DANOS. AUSÊNCIA DE PREQUESTIONAMENTO DOS ARTS. 402, 403, 404, 475 DO CC. APLICAÇÃO DAS SÚMULAS NºS 282 E 356 DO STF. PERDIMENTO DAS ARRAS. MULTA CONTRATUAL. RETENÇÃO 10%. SÚMULAS Nº 5 E 7 E 83 DO STJ. AGRAVO REGIMENTAL NÃO PROVIDO.

1. Inaplicabilidade do NCPC a este julgamento ante os termos do Enunciado Administrativo nº 2 aprovado pelo Plenário do STJ na sessão de 9/3/2016: Aos recursos interpostos com fundamento no CPC/1973 (relativos a decisões publicadas até 17 de março de 2016) devem ser exigidos os requisitos de admissibilidade na forma nele prevista, com as interpretações dadas até então pela jurisprudência do Superior Tribunal de Justiça.

2. Não prequestionados os artigos de lei ditos violados pelo acórdão recorrido, sem que tenham sido opostos embargos de declaração, têm aplicação, por analogia, as Súmulas nºs 282 e 356 do STF.

3. O Tribunal local não destoa da jurisprudência do STJ que se orienta no sentido de que, a depender das circunstâncias fáticas do caso examinado, é válida a retenção pelo promitente vendedor entre 10% e 30% do valor pago.

4. Não é possível, na via especial, rever a conclusão contida no aresto atacado acerca do percentual retido a título de cláusula penal melhor condizente com a realidade do caso concreto e a finalidade do contrato, pois a isso se opõem as Súmulas nºs 5 e 7 do STJ.

5. Nos termos da jurisprudência desta Corte, não é possível a retenção das arras confirmatórias. Tem aplicação, na espécie, a Súmula nº 83 do STJ. Ademais, firmando a Corte local que o contrato somente previa arras confirmatórias e não as penitenciais, o exame da pretensão recursal esbarra nas Súmulas nºs 5 e 7 do STJ.

6. Agravo regimental a que se nega provimento. (AgRg no REsp 1495240/DF, rel. ministro MOURA RIBEIRO, TERCEIRA TURMA, julgado em 23/08/2016, DJe 31/08/2016).

Se a proporção entre a quantia paga inicialmente e o preço total ajustado evidenciar que o pagamento inicial englobava mais do que o sinal, não se pode declarar a perda integral daquela quantia inicial como se arras confirmatórias fossem, sendo legítima a redução equitativa do valor a ser retido. Quanto às arras, deve-se destacar que elas têm duas funções: a) confirmatória (principal); e b) penitencial (secundária). As arras confirmatórias podem significar princípio de pagamento, na medida em que o negócio efetivamente se concretizar. Marcam, portanto, o início da execução do negócio. Convém esclarecer que o valor dado a título de arras confirmatórias deve ser integralmente perdido, ou seja, quando a parte que deu as arras não executar o contrato, não terá direito à devolução do «sinal» por ter dado causa à rescisão. Mas, se o valor do pagamento inicial englobava mais do que o sinal, o percentual de retenção deve ser reduzido. Isso porque não é razoável o entendimento de que todo o referido valor inicial pago seja enquadrado como sinal ou arras confirmatórias e, em consequência, sujeite-se ao perdimento em prol do vendedor. Entender de forma diversa implicaria onerar excessivamente a parte que deu as arras, ainda que a ela tenha sido atribuída culpa pela rescisão do contrato, e beneficiar a parte que as recebeu. Em outras palavras, seria uma fonte de enriquecimento desproporcional. Observe-se que a orientação jurisprudencial do STJ é no sentido de que a fixação das arras confirmatórias se dá em percentual inferior a 20% do valor do bem, variando, mais precisamente, entre 10% e 20% (AgRg no REsp 1.013.249-PE, Quarta Turma, DJe de 8/6/2010; e REsp 355.818-MG, Quarta Turma, DJ 13/10/2003). Nessa linha intelectiva, convém mencionar o Enunciado nº 165 da III Jornada de Direito Civil do CJF: "Em caso de penalidade, aplica-se a regra do art. 413 ao sinal, sejam as arras confirmatórias ou penitenciais". Esclareça-se que o art. 413 do CC estabelece que "a penalidade deve ser reduzida equitativamente pelo juiz se a obrigação principal tiver sido cumprida em parte, ou se o montante da penalidade for manifestamente excessivo, tendo-se em vista a natureza e a finalidade do negócio". REsp 1.513.259-MS, rel. min. João Otávio de Noronha, julgado em 16/2/2016, DJe 22/2/2016.

A recorrente argumenta não haver nenhuma ilegalidade na cláusula inserta em contrato de promessa de compra e venda de imóvel que prevê, para o caso de inadimplemento contratual, a retenção de 30% dos valores até então pagos pela recorrida promitente compradora. Afirma, outrossim, que a legalidade da referida cláusula tem respaldo, ainda, na possibilidade de a parte que não deu causa à rescisão da avença reter o montante dado a título de arras. Porém, o Min. Relator destacou que a Segunda Seção deste Superior Tribunal já decidiu que o promitente comprador, por motivo de dificuldade financeira, pode ajuizar ação de rescisão contratual, objetivando, também, reaver o reembolso dos valores vertidos. As arras, quando confirmatórias, constituem um pacto anexo cuja finalidade é a entrega de algum bem (em geral, determinada soma em dinheiro), para assegurar ou confirmar a obrigação principal assumida e, de igual modo, para garantir o exercício do direito de desistência. Por ocasião da rescisão contratual, o valor dado a título de sinal (arras) deve ser restituído ao *reus debendi*, sob pena de enriquecimento ilícito. O art. 53 do CDC não revogou o disposto no art. 1.097 do CC/1916 (atual art. 418 do CC/2002), ao contrário, apenas positivou, na ordem jurídica, o princípio consubstanciado na vedação do enriquecimento ilícito. Portanto, não é de admitir-se a retenção total do sinal dado ao promitente vendedor. Assim, segundo a exegese do art. 418 do CC/2002 c/c o art. 53 do CDC, o percentual a ser devolvido tem como base de cálculo todo o montante vertido pelo promitente comprador, nele se incluindo as parcelas propriamente ditas e as arras. É inviável alterar o percentual da retenção quando, das peculiaridades do caso concreto, tal montante afigura-se razoavelmente fixado. *In casu*, o imóvel objeto da avença sequer foi ocupado, porquanto o bem não foi ao menos entregue. Desse modo, na espécie, não há que se admitir a majoração do percentual nos termos em que fixados pelas instâncias ordinárias, de 10% sobre todos os valores pagos. Precedentes citados: EREsp 59.870-SP, DJ 9/12/2002; REsp 355.818-MG, DJ 13/10/2003; REsp 476.775-MG, DJ 4/8/2003, e REsp 896.246-RJ, DJ 15/10/2007. REsp 1.056.704-MA, rel. min. Massami Uyeda, julgado em 28/4/2009.

REFERÊNCIAS BIBLIOGRÁFICAS

A

ACQUAVIVA, Marcus Cláudio. *Dicionário jurídico brasileiro Acquaviva*. 11. ed. São Paulo: Jurídica Brasileira, 2000.

ALMEIDA. Lacerda de. *Dos efeitos das obrigações*. Rio de Janeiro: Freitas Bastos, 1934.

ALMEIDA COSTA, Mário Júlio de. *Direito das obrigações*. 10. ed Coimbra: Almedina, 2006.

ALVES, João Luiz. *Código Civil anotado*. 3. ed. 4. Volume. Rio de Janeiro: Borsoi, 1958.

AMARAL, Francisco. *Direito Civil: introdução*. 3. ed. Rio de Janeiro: Renovar, 2000.

______. Direito Civil: introdução. 6. ed. Rio de Janeiro: Renovar, 2006.

ANDRADE, Manuel A. de. *Teoria geral da relação jurídica*. Vol. I. Coimbra: Livraria Almedina, 1997.

ANDRADE JR., Attila de Souza Leão. *Comentários ao novo Código Civil. Direito das obrigações*. Volume II. Rio de Janeiro: Forense, 2003.

AQUINO, São Tomás de. *Suma de Teología*. 4. ed. Madri: Biblioteca de Autores Cristianos, 2001.

ASCENSO, José de Oliveira. *O direito: introdução e teoria geral*. 2. ed Rio de Janeiro: Renovar, 2001.

ÁVILA, Humberto. *Teoria dos princípios: da definição à aplicação dos princípios jurídicos*. 5. ed. São Paulo: Malheiros, 2006.

AZEVEDO, Antônio Junqueira de. *Negócio jurídico: existência, validade e eficácia*. 4. ed. São Paulo: Saraiva, 2007.

B

BARACHO, José Alfredo de Oliveira. *Direito Processual Constitucional*. Belo Horizonte: Fórum, 2006.

BARBOZA, Heloísa Helena. Perspectivas do Direito Civil brasileiro para o próximo século. In: *Revista da Faculdade de Direito*. UERJ/Renovar, 1998-1999.

BARCELLOS, Ana Paula. *A eficácia jurídica dos princípios constitucionais. O princípio da dignidade da pessoa humana*. Rio de Janeiro: Renovar, 2002.

BARROSO, Luís Roberto. *O Direito Constitucional e a efetividade de suas normas*. 5. ed. Rio de Janeiro: Renovar, 2001.

______. *Curso de Direito Constitucional Contemporâneo. Os conceitos fundamentais e a construção do novo modelo*. São Paulo: Saraiva, 2009.

______. Fundamentos teóricos e filosóficos do novo Direito Constitucional brasileiro. *Revista de Direito da Procuradoria-Geral do Estado do Rio de Janeiro*. Rio de Janeiro, volume 54, 2001, p. 72.

______. *A dignidade da pessoa humana no Direito Constitucional contemporâneo:* Natureza Jurídica, Conteúdos Mínimos e Critérios de Aplicação. Disponível em: <http://www.luisrobertobarroso.com.br/wp-content/uploads/2010/12/Dignidade_texto-base_11dez2010.pdf>. Acesso em: 10 fev. 2014.

BEVILÁQUA, Clóvis. *Código Civil dos Estados Unidos do Brasil comentado por Clóvis Beviláqua*. V. 1. Edição histórica. Rio de Janeiro: Rio, 1976.

______. *Código Civil comentado*. Vol. IV. Rio de Janeiro: Rio, 1976.

______. *Direito das obrigações*. Bahia: José Luiz da Fonseca Magalhães, 1896.

BITTAR, Carlos Alberto. *Os direitos da personalidade*. 7. ed. Rio de Janeiro: Forense Universitária, 2004.

BODIN DE MORAES, Maria Celina. *Princípios do Direito Civil contemporâneo*. Rio de Janeiro: Renovar, 2006.

______. Constituição e Direito Civil: tendências. *Revista Direito,Estado e Sociedade*, n. 15, Rio de Janeiro: PUC-Rio. Ago.-dez. 1999.

BOÉCIO. Escritos (OPUSCULA SACRA). Tradução, introdução, estudos introdutórios e notas Juvenal Savian Filho. Prefácio de Marilena Chauí. São Paulo: Martins Fontes, 2005.

C

CANELLAS, Alfredo. *Constituição interpretada pelo STF, tribunais superiores e textos legais*. 2. ed. Rio de Janeiro: Freitas Bastos, 2006.

CANOTILHO, José Joaquim Gomes. *Direito Constitucional e teoria da Constituição*. 7. ed. Coimbra: Almedina, 2003.

CANOTILHO, Joaquim José Gomes. *Direito Constitucional e teoria da Constituição*. 7. ed. Coimbra: Almedina, 2010.

CARPENA, Heloísa. Abuso do direito no código de 2002: relativização de direitos na ótica civil-constitucional. In: TEPEDINO, Gustavo. *A parte geral do novo Código Civil*: estudos na perspectiva civil-constitucional. Rio de Janeiro: Renovar, 2002.

CARPENTER, Luiz Frederico Sauerbronn. Prescrição. In: LACERDA. Paulo de. *Manual do Código Civil brasileiro*: parte geral. Vol. IV. Rio de Janeiro: Jacintho Ribeiro dos Santos, 1929.

CARVALHO DE MENDONÇA, Manuel Inácio. *Doutrina e prática das obrigações*. 4. ed. Tomo I. Rio de Janeiro: Forense, 1956.

CARVALHO FILHO, José dos Santos. *Manual de Direito Administrativo*. 15. ed. Rio de Janeiro: Lumen Juris, 2006, p. 373.

CARVALHO SANTOS, J. M. de. *Código Civil brasileiro interpretado*. 5. ed. Vol. III. Rio de Janeiro: Freitas Bastos, 1953.

______. *Código Civil brasileiro interpretado*. Vol. I. 6. ed. Rio de Janeiro: Freitas Bastos. 1955.

______. *Código Civil brasileiro interpretado*. Vol. XI. 6. ed. Rio de Janeiro: Freitas Bastos, 1953.

______. *Código Civil brasileiro interpretado*. 6. ed. Vol XIII. Rio de Janeiro: Freitas Bastos, 1955.

CAVALCANTI, André Uchoa. Abuso do direito. In: MELLO, Cleyson de Moraes; FRAGA, Thelma Araújo Esteves. *Novos direitos: os paradigmas da pós-modernidade*. Niterói: Impetus, 2004.

CAVALIERI FILHO, Sérgio. *Programa de responsabilidade civil*. 6. ed. São Paulo: Malheiros, 2005.

CHAVES, Antônio. *Tratado de Direito Civil*. Volume II. Direito das obrigações. Tomo I. 3. ed. São Paulo: Revista dos Tribunais, 1984.

CUNHA GONÇALVES, Luiz da. *Tratado de Direito Civil*. Vol. I, Tomo I, 2. ed. São Paulo: Max Limonad, 1955.

______. Vol. III, Tomo II. São Paulo: Max Limonad, 1956.

______. Vol. IV. Tomo II. São Paulo: Max Limonad, 1958.

______.Vol. V. Tomo I. São Paulo: Max Limonad, 1955.

D

DANTAS, San Tiago. *Programa de Direito Civil II*: Aulas proferidas na Faculdade Nacional de Direito, fim de 1943 – 1945. Rio de Janeiro: Rio, 1978.

DE RUGGIERO, Roberto. *Instituições de Direito Civil*. Vol. I. São Paulo: Saraiva, 1972.

DELGADO, José Augusto. *Comentários ao novo Código Civil*. Volume XI. Tomo II. Rio de Janeiro: Forense, 2004.

DINIZ, Maria Helena. *Norma constitucional e seus efeitos*. 6. ed. São Paulo: Saraiva, 2003.

DIREITO, Carlos Alberto Menezes; CAVALIERI FILHO, Sérgio. *Comentários ao novo Código Civil*. Volume XIII. Rio de Janeiro: Forense, 2004.

F

FARIAS, Cristiano Chaves de; ROSENVALD, Nélson. *Direito Civil*: teoria geral. 6. ed. Rio de Janeiro: Lumen Juris, 2007.

______. *Direito das obrigações*. Rio de Janeiro: Lumen Juris, 2006.

FLORENCE, Tatiana Magalhães. *Aspectos pontuais da cláusula penal*. In: TEPEDINO, Gustavo. *Obrigações*: estudos na perspectiva civil-constitucional. Rio de Janeiro: Renovar, 2005.

FRAGA, Thelma Araújo Esteves; MELLO, Cleyson de Moraes. *Direito Civil*: introdução e parte geral. Niterói: Impetus, 2004.

FULGÊNCIO, Tito. In: LACERDA, Paulo. *Manual do Código Civil brasileiro*: do direito das obrigações. Vol X. Rio de Janeiro: Jacintho Ribeiro dos Santos, 1928, p. 15.

G

GADAMER, Hans-Georg. *Verdade e método*: traços fundamentais de uma hermenêutica filosófica. Tradução: Flávio Paulo Meurer. Petrópolis: Vozes, 1997.

GAIO JÚNIOR, Antônio Pereira. *Tutela Específica Das Obrigações De Fazer*. 6.ed. Curitiba: Juruá Editora, 2016.

GOMES, Orlando. *Introdução ao Direito Civil*. 19. ed. Rio de Janeiro: Forense, 2007.

______. *Obrigações*. 17. ed. Rio de Janeiro: Forense, 2007.

GONÇALVES, Carlos Roberto. *Direito Civil brasileiro:* parte geral. Vol. I. São Paulo: Saraiva, 2003.

______. *Direito Civil brasileiro*. Vol. II: Teoria geral das obrigações. São Paulo: Saraiva, 2004.

GRAU, Eros Roberto; GUERRA FILHO, Willis Santiago. *Direito cConstitucional:* estudos em homenagem a Paulo Bonavides. São Paulo: Malheiros, 2001.

GRONDIN, Jean. *Introdução à hermenêutica filosófica*. Tradução: Benno Dischinger. São Leopoldo: Unisinos, 1999.

GUASTINI, Ricardo. *Estudios de teoria constitucional*. UNAM/Fontamara, México, 2003.

GUSMÃO, Paulo Dourado de. *Introdução ao estudo do Direito*. 33. ed. Rio de Janeiro: Forense, 2003.

H

HABERMAS, Jürgen. *Um Ensaio sobre a Constituição da Europa*. Tradução: Mirian Toldy; Teresa Toldy. Lisboa: Edições 70, 2012.

HEIDEGGER, Martin. *Sobre o Humanismo*. Tradução de Emmanuel Carneiro Leão. 2. ed. Rio de Janeiro: Tempo Brasileiro, 1995.

______. *Ser e Tempo*. Parte I. Tradução de Márcia Sá Cavalcante Schuback. 12. ed. Petrópolis: Vozes, 2002.

HOFFE, Otfried. *Immanuel Kant*. Tradução Christian Viktor Hamm e Valerio Rohden. São Paulo: Martins Fontes, 2005.

HIRONAKA, Giselda. *Principiologia contratual e a valoração ética no Código Civil brasileiro*. Civilística.com. Rio de Janeiro, a. 3, n. 1, jan.-jun./2014. Disponível em: <http://civilistica.com/principiologia-contratual-e-a-valoracao-etica-no-codigo-civil-brasileiro/>. 03 out. 2016.

K

KANT, Immanuel. *Crítica da razão prática*. Tradução: Valerio Rohden. São Paulo: Martins Fontes, 2002.

______. *Fondements de la métaphysique des Moeurs*. Paris: Librairie Philosophique J. Vrin, 1992.

KELSEN, Hans. *Teoria pura do Direito*. Tradução: João Baptista Machado. São Paulo: Martins Fontes, 1995.

L

LACERDA, Bruno Amaro. A dignidade humana em Giovanni Pico Della Mirandola. *In:* Revista *Legis Augustus* (Revista Jurídica) Vol. 3, n. 1, p. 16-23, setembro 2010.

LARENZ, Karl. *Derecho Divil: parte general*. Traducción y notas: Miguel Izquierdo y Macías-Picavea. Madrid: Editoriales de Derecho Reunidas, 1978.

______. *Derecho justo:* fundamentos de ética jurídica. Tradução: Luis Díez-Picazo. Madrid: Civitas, 2001.

LARENZ, Karl. *Metodologia da Ciência do Direito*. Lisboa: Fundação Calouste Gulbenkian, 1997.

LEAL, Câmara. *Da prescrição e da decadência*, n. 96, p. 146. In: THEODORO JÚNIOR, Humberto. *Comentários ao novo Código Civil*. 2. ed. Vol. III, Tomo II. Rio de Janeiro: Forense, 2003.

LOPES DE OLIVEIRA, J. M. Leoni. *Introdução ao direito*. Rio de Janeiro: Lumen Juris, 2004.

M

MAIA, Paulo Carneiro. Obrigações *Propter rem*. Disponível em: < http://www.revistas.usp.br/rfdusp/article/view/66400/69010>. Acesso em: 12 nov. 2016.

MARTÍNEZ, Gregorio Peces-Barba. *Lecciones de derechos fundamentales*. Madrid: Dykinson, 2004.

MARTINS-COSTA. Judith. *Comentários ao novo Código Civil*. Volume V. Tomo I. 2. ed. Rio de Janeiro: Freitas Bastos, 2006.

MARTINS FILHO, Ives Gandra. *O que significa dignidade da pessoa humana?* Jornal Correio Braziliense, 08/09/08. p. 27.

MASSAÚ, Guilherme Camargo. *Dignidade Humana e Marsilio Ficino:* a perspectiva do Renascimento. In: *Revista Direitos Humanos e Democracia* Unijuí: Unijuí, ano 2, n. 3, jan./jun, 2014.

MELLO, Cleyson de Moraes. *Hermenêutica e Direito.* Rio de Janeiro: Freitas Bastos, 2006.

______. *Introdução ao estudo do Direito.* Rio de Janeiro: Freitas Bastos, 2006.

______. *Código Civil interpretado.* Rio de Janeiro: Freitas Bastos, 2007.

______; FRAGA, Thelma Araújo Esteves (Orgs.). *Direitos humanos*: coletânea de legislação. Rio de Janeiro: Freitas Bastos Editora. 2003.

______. *Direito Civil: introdução e parte geral.* Niterói: Impetus, 2005.

MELLO, Marcos Bernardes de. *Teoria do fato jurídico*: plano da existência. 13. ed. São Paulo: Saraiva, 2007.

MIRANDA, Jorge. *Manual de Direito Constitucional.* V. 4. Coimbra: Coimbra Editores, 1988.

MONTEIRO, Washington de Barros. *Curso de Direito Civil:* direito das obrigações. 1a Parte. Vol. 4. 32. ed. São Paulo: Saraiva, 2003.

MORENTE, Manuel García. *Fundamentos de filosofia:* lições preliminares. Tradução Guillermo de la Cruz Coronado. 8. ed. São Paulo: Mestre Jou, 1980.

MÜLLER, Friedrich. *Métodos de trabalho do Direito Constitucional.* 3. ed. Rio de Janeiro: Renovar, 2005.

N

NADER, Paulo. *Introdução ao estudo do Direito.* 21. ed. Rio de Janeiro: Forense, 2001.

NEGREIROS, Teresa. *Teoria do Contrato – novos paradigmas.* Rio de Janeiro. Renovar. 2002.

NEVES, Castanheira. *O actual problema metodológico da interpretação jurídica* – I. Coimbra: Coimbra Editores, 2003.

NERY JÚNIOR, Nélson; ANDRADE NERY, Rosa Maria de. *Código Civil comentado.* 4. ed. São Paulo: Revista do Tribunais, 2006.

NOVAIS, Jorge Reis. *Direitos fundamentais: trunfos contra a maioria.* Coimbra: Coimbra Editora, 2006.

O

OLIVEIRA, J. M. Leoni Lopes de. *Introdução ao direito.* Rio de Janeiro: Lumen Juris, 2004.

______. *Novo Código Civil anotado.* Vol. I. Rio de Janeiro: Lúmen Júris, 2004.

______. *Novo Código Civil anotado*. 2. ed. Vol. II. Rio de Janeiro: Lumen Juris, 2003.

OLIVEIRA, Carlos Santos de. *Da prova dos negócios jurídicos*. In: TEPEDINO, Gustavo. *A parte geral do novo Código Civil*: estudos na perspectiva constitucional. Rio de Janeiro: Renovar, 2002.

P

PÁDUA, Amélia do R.M. de. *Direito obrigacional*. Apontamentos.

PÁDUA, Amélia de; BUCZYNSKI, Danielle Riegermann; GUERRA, Érica. *Direito empresarial*. Volume I. Rio de Janeiro: Rio, 2005.

PECES-BARBA, Gregorio; FERNÁNDEZ, Eusebio; ASÍS, Rafael de. *Curso de teoría del derecho*. 2. ed. Madrid: Marcial Pons, 2000.

PEREZ LUNO, Antonio-Enrique. *Los derechos fundamentales*. 8. ed. Madrid: Tecnos, 2004.

PEREIRA, Caio Mário da Silva. *Instituições de Direito Civil:* teoria geral das obrigações. V. II, 20. ed. Rio de Janeiro: Forense, 2003.

PINTO, Adriano Moura da Fonseca. *Curso de direito processual civil*. Rio de Janeiro: Freitas Bastos, 2006.

PIOVESAN, Flávia. *Direitos Humanos e o Direito Constitucional Internacional*. 13. ed. São Paulo: Saraiva, 2012.

PONTES DE MIRANDA. *Tratado de direito privado*. Parte especial. Tomo XXII. 2. ed. Rio de Janeiro: Borsoi, 1958.

______. *Tratado de direito privado*. Parte especial. Tomo XXIII. 2. ed. Rio de Janeiro: Borsoi, 1958.

______. *Tratado de direito privado*. Parte especial. Tomo XXIV. 2. ed. Rio de Janeiro: Borsoi, 1959.

Q

QUEIROZ, Cristina. *Direitos fundamentais sociais*. Coimbra: Coimbra, 2006.

R

RÁO, Vicente. *Ato jurídico*. 4. ed. São Paulo: Revista dos Tribunais, 1997.

______. *O direito e a vida dos direitos*. 4. ed. V. 2. São Paulo: Revista dos Tribunais, 1997.

REALE, Miguel. *Filosofia do direito*. 19. ed. São Paulo: Saraiva, 1999.

______. *Lições preliminares de direito*. 27. ed. São Paulo: Saraiva, 2003.

RENNER, Rafael Henrique. *O novo direito contratual*: a tutela do equilíbrio contratual no Código Civil. Rio de Janeiro: Freitas Bastos, 2007.

RIBEIRO, Joaquim de Souza. *O problema do contrato*: as cláusulas contratuais gerais e o princípio da liberdade contratual. Coimbra: Almedina, 2003.

RIZZARDO, Arnaldo. *Parte geral do Código Civil*. 4. ed. Rio de Janeiro: Forense, 2006.

______. *Direito das obrigações*. 3. ed. Rio de Janeiro: Forense, 2007.

RODRIGUES, Ricardo Antonio. *A Pessoa Humana é Relação*. In: Thaumazein, Ano IV, número 08, Santa Maria (dezembro de 2011).

______. *Severino Boécio e a Invenção Filosófica da Dignidade Humana*. In: Seara Filosófica. N. 5, Verão, 2012.

ROPPO, Enzo. *O contrato*. Coimbra: Almedina, 1988.

ROSA, Márcia Ignacio da. *Razoável duração do processo*. Rio de Janeiro: Universidade Estácio de Sá, 2007.

RUGGIERO, Roberto de. *Instituições de Direito Civil*. Volume II. São Paulo: Saraiva, 1958.

S

SARLET, Ingo Wolfgang. *A eficácia dos direitos fundamentais*. 3. ed. Porto Alegre: Livraria do Advogado, 2003.

______. *O novo Código Civil e a constituição*. 2. ed. Porto Alegre: Livraria do Advogado, 2006.

______. *A eficácia dos direitos fundamentais*: uma teoria geral dos direitos fundamentais na perspectiva constitucional. 10. ed. Porto Alegre: Livraria dos Advogados; 2011.

SARMENTO, Daniel. *Direitos fundamentais e relações privadas*. 2. ed. Rio de Janeiro: Lumen Juris, 2006.

______. *A Ponderação de Interesses na Constituição Federal*. Rio de Janeiro: Lumen Juris, 2002

SERPA LOPES, Miguel Maria de. *Curso de Direito Civil*: obrigações em geral. Vol. II. 7. ed. Rio de Janeiro: Freitas Bastos, 2000.

SILVA, José Afonso da. *Aplicabilidade das normas constitucionais*. 2. ed. São Paulo: Malheiros, 1998.

______. *A dignidade da pessoa humana como valor supremo da democracia*. Revista de Direito Administrativo, n. 212, 1998, p.91.

SOUZA, Sylvio Capanema de. Apresentação. In: SOUZA, Sylvio Capanema de. *Comentários ao novo Código Civil*. Volume VIII, Rio de Janeiro: Forense, 2004, p. XI.

SOUZA NETO, Cláudio Pereira de; SARMENTO, Daniel (Orgs.). *A constitucionalização do Direito*: fundamentos teóricos e aplicações específicas. Rio de Janeiro. Lumen Juris, Renovar. 2007.

STEIN, Ernildo. *Nas proximidades da Antropologia*: ensaios e conferências filosóficas. Ijuí: Unijuí, 2003.

T

TEPEDINO, Gustavo. Direitos humanos e relações jurídicas privadas. In: *Temas de Direito Civil*. Rio de Janeiro: Renovar: 1999.

______. O Código Civil, os chamados microssistemas e a Constituição: premissas para uma reforma legislativa. In: TEPEDINO, Gustavo (Org.). *Problemas de Direito Civil Constitucional*. Rio de Janeiro. Renovar. 2000.

______. *Obrigações*: estudos na perspectiva civil-constitucional. Rio de Janeiro: Renovar, 2005.

THEODORO JÚNIOR, Humberto. *Comentários ao novo Código Civil*. Vol. III. Tomo I. Rio de Janeiro: Forense, 2003, p. 41-42.

______. *As novas reformas do Código De Processo Civil*. Rio de Janeiro: Forense, 2006.

TORRES, Ricardo Lobo. *O Direito ao mnimo existencial*. Rio de Janeiro: Renovar, 2009.

V

VARELA, João de Matos Antunes. *Das obrigações em geral*. Vol. I, 10. ed. Coimbra: Almedina, 2006.

VASCONCELOS, Pedro Pais de. *Teoria geral do Direito Civil*. Coimbra: Almedina, 2005.

VESSELIZZA, Juliana de A. França dos anjos. In: FONSECA PINTO, Adriano Moura da (Coord.). *Curso de Direito Processual Civil:* procedimentos especiais. Rio de Janeiro: Freitas Bastos, 2007.

VATTIMO, Gianni. *O fim da modernidade:* niilismo e hermenêutica na cultura pós-moderna. Tradução: Maria de Fátima Boavida. Lisboa: Presença, 1987.

Von TUHR, Andreas. *Derecho Civil:* teoría general del Drecho Civil alemán. Vol. I. Tradução: Tito Ravà. Buenos Aires: Depalma, 1946.

______. *Derecho Civil:* teoría general del Derecho Civil alemán.

VAZ, Henrique Cláudio Lima. *Antropologia filosófica II*. 4. ed. São Paulo: Loyola, 2003.

Z

ZAGREBELSKY. Gustavo. *Historia y Constitución*. Madrid: Trotta, 2005